Java für die Android-Entwicklung für Dummi

Primitive Java-Typen

Name des Typs	Wie ein Literal aussieht	Wertebereich
Integraltypen		
byte	(byte)42	-128 bis 127
short	(short)42	-32768 bis 32767
int	42	-2147483648 bis 2147483647
long	42L	-9223372036854775808 bis 9223372036854775807
Aus Zeichen (Characters) bestehende Typen (die – technisch gesehen – ebenfalls Integrale sind)		
char	'A'	Tausende von Zeichen, Glyphen und Symbolen
Fließkommatypen		
float	42.0F	$-3{,}4 * 10^{38}$ bis $3{,}4 * 10^{38}$
double	42,0 oder 0,314159e1	$-1{,}8 * 10^{308}$ bis $1{,}8 * 10^{308}$
Logische Typen		
boolean	true	true, false

Umlaute und Sonderzeichen in Java

UTF-8	Zeichen	UTF-8	Zeichen	UTF-8	Zeichen
\u00A1	¡	\u00C1	Á	\u00E1	á
\u00A2	¢	\u00C2	Â	\u00E2	â
\u00A3	£	\u00C3	Ã	\u00E3	ã
\u00A4	¤	\u00C4	Ä	\u00E4	ä
\u00A5	¥	\u00C5	Å	\u00E5	å
\u00A6	¦	\u00C6	Æ	\u00E6	æ
\u00A7	§	\u00C7	Ç	\u00E7	ç
\u00A8	¨	\u00C8	È	\u00E8	è
\u00A9	©	\u00C9	É	\u00E9	é
\u00AA	ª	\u00CA	Ê	\u00EA	ê
\u00AB	«	\u00CB	Ë	\u00EB	ë
\u00AC	¬	\u00CC	Ì	\u00EC	ì
\u00AD	-	\u00CD	Í	\u00ED	í
\u00AE	®	\u00CE	Î	\u00EE	î

Java für die Android-Entwicklung für Dummies – Schummelseite

UTF-8	Zeichen	UTF-8	Zeichen	UTF-8	Zeichen
\u00AF	¯	\u00CF	Ï	\u00EF	ï
\u00B0	°	\u00D0	Ð	\u00F0	ð
\u00B1	±	\u00D1	Ñ	\u00F1	ñ
\u00B2	²	\u00D2	Ò	\u00F2	ò
\u00B3	³	\u00D3	Ó	\u00F3	ó
\u00B4	´	\u00D4	Ô	\u00F4	ô
\u00B5	µ	\u00D5	Õ	\u00F5	õ
\u00B6	¶	\u00D6	Ö	\u00F6	ö
\u00B7	·	\u00D7	×	\u00F7	÷
\u00B8	¸	\u00D8	Ø	\u00F8	ø
\u00B9	¹	\u00D9	Ù	\u00F9	ù
\u00BA	º	\u00DA	Ú	\u00FA	ú
\u00BB	»	\u00DB	Û	\u00FB	û
\u00BC	¼	\u00DC	Ü	\u00FC	ü
\u00BD	½	\u00DD	Ý	\u00FD	ý
\u00BE	¾	\u00DE	Þ	\u00FE	þ
\u00BF	¿	\u00DF	ß	\u00FF	ÿ
\u00C0	À	\u00E0	à		

Bildschirmdichten unter Android

Name	Akronym	Ungefähre* Anzahl an Punkten pro Zoll (dpi)	Das Wievielfache der Standard-Bildschirmdichte
DENSITY_LOW	ldpi	120	¾
DENSITY_MEDIUM	mdpi	160	1
DENSITY_HIGH	hdpi	240	1
DENSITY_XHIGH	xhdpi	320	2
DENSITY_XXHIGH	xxhdpi	480	3

*Wenn die Bildschirmdichte eines Gerätes nicht zu einer der Zahlen in Spalte 3 dieser Tabelle passt, versucht Android, das Gerät möglichst optimal einzustufen. So klassifiziert Android zum Beispiel eine Dichte von 265 dpi als hdpi.

Java für die Android-Entwicklung für Dummies

Barry Burd

Java für die Android-Entwicklung für Dummies

Übersetzung aus dem Amerikanischen
von Jutta Schmidt

WILEY

WILEY-VCH Verlag GmbH & Co. KGaA

Bibliografische Information der Deutschen Nationalbibliothek
Die Deutsche Nationalbibliothek verzeichnet diese Publikation
in der Deutschen Nationalbibliografie; detaillierte bibliografische
Daten sind im Internet über http://dnb.d-nb.de abrufbar.

1. Auflage 2014

© 2014 WILEY-VCH Verlag GmbH & Co. KGaA, Weinheim

Original English language edition »Java Programming for Android Developers For Dummies« © 2014 by John Wiley and Sons, Inc.
All rights reserved including the right of reproduction in whole or in part in any form. This translation published by arrangement with John Wiley and Sons, Inc.

Copyright der englischsprachigen Originalausgabe »Java Programming for Android Developers For Dummies« © 2014 by John Wiley and Sons, Inc.
Alle Rechte vorbehalten inklusive des Rechtes auf Reproduktion im Ganzen oder in Teilen und in jeglicher Form. Diese Übersetzung wird mit Genehmigung von John Wiley and Sons, Inc. publiziert.

Wiley, the Wiley logo, Für Dummies, the Dummies Man logo, and related trademarks and trade dress are trademarks or registered trademarks of John Wiley & Sons, Inc. and/or its affiliates, in the United States and other countries. Used by permission.

Wiley, die Bezeichnung »Für Dummies«, das Dummies-Mann-Logo und darauf bezogene Gestaltungen sind Marken oder eingetragene Marken von John Wiley & Sons, Inc., USA, Deutschland und in anderen Ländern.

Das vorliegende Werk wurde sorgfältig erarbeitet. Dennoch übernehmen Autoren und Verlag für die Richtigkeit von Angaben, Hinweisen und Ratschlägen sowie eventuelle Druckfehler keine Haftung.

The Android robot is reproduced or modified from work created and shared by Google and used according to terms described in the Creative Commons 3.0 Attribution License.

Printed in Germany
Gedruckt auf säurefreiem Papier

Coverbild: © Google Inc. und © Silveira Neto silveiraneto.net
Korrektur: Petra Heubach-Erdmann und Jürgen Erdmann, Düsseldorf
Satz: inmedialo Digital- und Printmedien UG, Plankstadt
Druck und Bindung: CPI – Ebner & Spiegel, Ulm

ISBN: 978-3-527-70996-0

Über den Autor

Barry Burd beendete sein Studium der Computerwissenschaften an der Rutgers University mit einem Master of Science und erlangte an der University of Illinois den PhD (Doctor of Philosophy) in Mathematik. Während seiner Lehrtätigkeit als Assistent in Champaign-Urbana wurde er von den Studenten fünf Mal in die universitätsweite Bestenliste aller Lehrkräfte gewählt.

Dr. Burd arbeitet seit 1980 als Professor am Department of Mathematics and Computer Science der Drew University in Madison, New Jersey. Wenn er nicht gerade lehrt, leitet Dr. Burd Kurse für professionelle Programmierer aus Handel, Beratung und Industrie. Außerdem hat er in den USA, in Europa, Australien und Asien auf Konferenzen Vorträge gehalten. Er hat diverse Artikel und Bücher geschrieben, zu denen die bei Wiley erschienenen Titel *Java für Dummies, Mit Java programmieren lernen für Dummies* und *Android Application Development All-in-One For Dummies* gehören.

Dr. Burd lebt mit seiner Frau und zwei Kindern (die beide in den 20ern und sehr selbstständig sind) in Madison, New Jersey. In seiner Freizeit liebt er es, ein »Workaholic« zu sein.

Cartoons im Überblick
von Christian Kalkert

Seite 25

Seite 129

Seite 237

Seite 319

Internet: www.stiftundmaus.de

Wissenshungrig?

Wollen Sie mehr über die Reihe *... für Dummies* erfahren?

Registrieren Sie sich auf www.fuer-dummies.de für unseren Newsletter und lassen Sie sich regelmäßig informieren. Wir langweilen Sie nicht mit Fach-Chinesisch, sondern bieten Ihnen eine humorvolle und verständliche Vermittlung von Wissenswertem.

Jetzt will ich's wissen!

Abonnieren Sie den kostenlosen *... für Dummies*-Newsletter:

www.fuer-dummies.de

Entdecken Sie die Themenvielfalt der *... für Dummies*-Welt:

- **Computer & Internet**
- **Business & Management**
- **Hobby & Sport**
- **Kunst, Kultur & Sprachen**
- **Naturwissenschaften & Gesundheit**

Inhaltsverzeichnis

Über den Autor 7

Einführung 19
Wie Sie dieses Buch verwenden 19
In diesem Buch verwendete Konventionen 19
Was Sie nicht lesen müssen 20
Törichte Voraussetzungen 20
Wie dieses Buch aufgebaut ist 21
    Teil I: Los geht's mit Java für die Android-Entwicklung 21
    Teil II: Eigene Java-Programme schreiben 22
    Teil III: Mit dem großen Ganzen arbeiten: Objektorientierte Programmierung 22
    Teil IV: Android mit Java-Code leistungsfähiger machen 22
    Teil V: Der Top-Ten-Teil 22
    Im Web gibt's noch mehr 23
In diesem Buch verwendete Symbole 23
Wie es weitergeht 24

Teil I
Los geht's mit Java für die Android-Entwicklung 25

Kapitel 1
Alles über Java und Android 27
Die Sicht der Benutzer 27
Die vielen Gesichter von Android 28
Die Sichtweise des Entwicklers 30
    Java 30
    XML 32
    Linux 33
Mit Java von der Entwicklung bis zur Ausführung 34
    Was ist ein Compiler? 34
    Was ist eine virtuelle Maschine? 38
Java, Android und Gartenbau 40

Kapitel 2
Die Werkzeuge, die Sie benötigen — 41

- Was Sie benötigen — 41
- Wenn Sie gerne darauf verzichten, Handbücher zu lesen ... — 43
- An die Beispielprogramme dieses Buches gelangen — 46
- Informationen sammeln — 47
  - Verwenden Sie ein 32-Bit- oder ein 64-Bit-Betriebssystem? — 48
  - Wenn Sie ein Mac-Benutzer sind, besitzen Sie welche Version von OS X? — 53
  - Ist auf Ihrem Computer eine aktuelle Java-Version installiert? — 53
- Java installieren — 54
- Das Android SDK installieren — 55
- Eclipse zum ersten Mal ausführen — 56
  - Mensch, wo ist denn mein Android SDK hin? — 58
  - Eclipse trifft Java! — 60
  - Die Beispielprogramme dieses Buches importieren — 65
  - Ein virtuelles Android-Gerät erstellen — 68

Kapitel 3
Standard-Java-Programme ausführen — 73

- Ein fertiges Java-Programm ausführen — 73
- Einen eigenen Code schreiben und ausführen — 78
  - Ihre Programme von meinen trennen — 78
  - Ein eigenes Programm schreiben und ausführen — 79
- Was ist das für Krimskrams da im Eclipse-Fenster? — 90
  - Das große Ganze verstehen — 91
  - Views, Editoren und anderes Zeugs — 92
  - Sich eine View oder einen Editor genauer ansehen — 94
  - Zurück zum großen Ganzen — 96

Kapitel 4
Eine Android-App erstellen — 97

- Die erste eigene Android-App erstellen — 97
  - Ein Android-Projekt anlegen — 98
  - Das Projekt ausführen — 103
  - Im Falle eines Falles — 107
- Apps auf einem echten Gerät testen — 112
- Eine Android-App analysieren — 115
  - Der Ordner »src« — 115
  - Der Ordner »res« — 116
  - Der Zweig »Android 4.3« — 124
  - Die Datei »AndroidManifest.xml« — 127

Teil II
Eigene Java-Programme schreiben   129

Kapitel 5
Eine Ode an den Code   131

Standardmäßige Oracle-Java-Programme untersuchen   131
    Die Java-Klasse   133
    Die Klassennamen   136
    Warum Java-Methoden mit den Mahlzeiten eines Restaurants verglichen werden können   137
    Was hat Mom's Restaurant mit Java zu tun?   137
    Die Methode »main« in einem standardmäßigen Java-Programm   141
    Den Code mit Satzzeichen versehen   142
    Wunderbare Kommentare   144
    Wie sieht Barry Burds Entschuldigung aus?   147
Eine weitere einzeilige Methode   147
Noch mehr Java-Methoden   148
    Eine wichtige Deklaration   150
    Noch mehr Parameter für Methoden   151
    Weniger Parameter   152
Hallo, Android   153
    Wo ist die Methode »main«?   154
    Eine Klasse erweitern   155
    Methoden überschreiben   155
    Die Methoden einer Activity, die Arbeitspferde sind   156

Kapitel 6
Die Bausteine von Java   159

Information ist das, was sie liefert   160
    Namensgebung von Variablen   162
    Die Namensgebung bei Typen   162
    Zuweisungen und Anfangswerte   163
    Ausdrücke und Literale   164
    Wie Zeichen aneinandergereiht werden   167
    Die primitiven Java-Typen   168
Dinge, die Sie mit Typen machen können   169
    Buchstaben zu Zahlen hinzufügen (Hä?)   171
    Javas exotische Zuweisungsoperatoren   173
    Das wahre Bit   174
    Genauigkeit   175
    Javas logische Operatoren verwenden   177
    Das große Klammern   183

Kapitel 7
Obwohl es hier um Methode geht, spielt auch Wahnsinn eine Rolle 185

Sorgfältig schreiben 186
    Erweitern ist gut; Einschränken ist schlecht 188
    Inkompatible Typen 189
    Einen Hammer einsetzen, damit ein Dübel in ein Loch passt 190
Eine Methode aufrufen 191
    Parameter von Methoden und Java-Typen 194
    Rückgabetypen 195
    Die große Leere 196
    Zahlen anzeigen 197
    Überladen von Methoden durch aufgeblasene Software 198
Primitive Datentypen und vorläufige Werte 202
    Worauf muss ein Entwickler achten? 206
    Ein Wort zum Abschluss 207

Kapitel 8
Was Java (wann) macht 211

Entscheidungen fällen 211
    Auf Gleichheit prüfen 212
    if-Anweisungen und Java 213
    Ein Abstecher, der mit der Bildschirmdichte unter Android zu tun hat 215
    Aus vielen Alternativen auswählen 216
    Einige Formalien, die mit der Java-Anweisung »switch« zu tun haben 223
Anweisungen immer und immer wieder wiederholen 224
    Prüfen und wiederholen 225
    Einige Formalien, die mit der Java-Anweisung »while« zu tun haben 229
    Wiederholen, und dann erst überpüfen 231
    Einige Formalien, die mit der Java-Anweisung »do« zu tun haben 233
    Zählen, zählen, zählen 233
    Einige Formalien, die mit der Java-Anweisung »for« zu tun haben 236
Was kommt als Nächstes? 236

Teil III
Die großen Zusammenhänge: Objektorientierte Programmierung   **237**

Kapitel 9
Warum objektorientierte Programmierung mit dem Verkauf von Käse verglichen werden kann   **239**

Klassen und Objekte	240
Was ist nun eine Klasse wirklich?	241
Was ist ein Objekt?	244
Objekte erstellen	245
Namen wiederverwenden	247
Einen Konstruktor aufrufen	249
Noch mehr von Klassen und Objekten (dieser Mischung Methoden hinzufügen)	251
Konstruktoren mit Parametern	253
Der Standardkonstruktor	256
Das ist es!	257
Einem Objekt mehr Pflichten übertragen	260
Die Mitglieder einer Klasse	263
Referenztypen	263
Parameterübergabe per Referenz	265
Javas Modifikatoren	267
Öffentliche Klassen und Klassen für den standardmäßigen Zugriff	268
Zugriff auf Felder und Methoden	270
»Getter« und »Setter« verwenden	274
Was bedeutet »static«?	276
Wissen, wann ein statisches Mitglied erstellt werden muss	278
Wie geht es weiter?	282

Kapitel 10
Zeit und Geld sparen: Code wiederverwenden   **283**

Das letzte Wort über Mitarbeiter – oder auch nicht	284
Eine Klasse erweitern	285
Methoden überschreiben	288
Java-Annotations	294
Weitere Informationen zu Javas Modifikatoren	296
Die Dinge einfach halten	301
Ein Interface verwenden	301
Einen Rückruf erstellen	305
Wie vielseitig ist dieses Interface?	312
Das Java-Schlüsselwort »super«	315
Und was hat das mit Android zu tun?	315

Teil IV
Android durch Java-Code leistungsfähiger machen   319

Kapitel 11
Eine einfaches Android-Beispiel: Auf das Anklicken einer Schaltfläche reagieren   321

Das erste Beispiel mit einer Schaltfläche   321
   Die Android-App erstellen   322
   Ihrem Java-Code eine View zur Verfügung stellen   329
   Und noch einmal Casting   332
Eine Einführung in innere Klassen   333
Bitte keine Öffentlichkeit!   335
Den einfachen Weg gehen   337
   Ich habe Sie davor gewarnt, den Rest dieses Kapitels zu lesen   338
   Der »mühelose« Weg, um eine Schaltfläche anzuklicken   338

Kapitel 12
Sich gleichzeitig um vieles kümmern   341

Eine Sammelklasse erstellen   341
   Java-Generics   343
   Javas Wrapperklassen   348
   Eine Sammlung schrittweise durchlaufen   349
   Ein warnendes Beispiel   351
   Javas Klassen der mehrfachen Sammlungen   352
   Arrays   353
   Javas »varargs«   355
Sammlungen in einer Android-App verwenden   358
   Das Anfangslayout der zentralen Activity   359
   Die zentrale Activity einer App   361
   Die »List«-Activity einer App   363
   Die Datei »AndroidManifest.xml« einer App   365

Kapitel 13
Eine Android-App für soziale Medien   367

Die Dateien der Twitter-App   368
   Die jar-Datei der Twitter4J-API   368
   Die Manifestdatei   370
   Die Layout-Datei der zentralen Activity   371
   Die Datei »twitter4j.properties«   374
   An den OAuth-Code gelangen   376

Die zentrale Activity der Anwendung	378
Die Methode »onCreate«	384
Die Methoden, die auf eine Schaltfläche achten	384
Das Problem mit den Threads	384
Androids »AsyncTask«	387
Die Klassen »AsyncTask« meiner Twitter-App	389
Auf den Punkt kommen	391
Javas Ausnahmen	392
Catch-Klauseln	394
Die Klausel »finally«	395
Den Schwarzen Peter weitergeben	396

Kapitel 14
Hungry Burds: ein einfaches Android-Spiel — 399

Das Spiel »Hungry Burds«	399
Die Dateien des Projekts	402
Die zentrale Activity	405
Der Code, der ganze Code und nichts als der Code	408
Zufall	411
Den Bildschirm ausmessen	411
Einen Burd entwerfen	414
Android-Animationen	415
Shared Preferences	417
Das hat Spaß gemacht	418

Teil V
Der Top-Ten-Teil — 419

Kapitel 15
Zehn Wege, um Fehler zu verhindern — 421

Großbuchstaben dorthin stellen, wo sie hingehören	421
Aus einer switch-Anweisung aussteigen	422
Werte mit doppelten Gleichheitszeichen vergleichen	422
Listener hinzufügen, um mit Ereignissen umzugehen	422
Den benötigten Konstruktor definieren	423
Nichtstatische Verweise reparieren	423
Gefangen in den Grenzen eines Arrays	423
»Null Pointer« vorhersehen	424
Berechtigungen verwenden	425
Die Meldung »Activity not found«	425

Kapitel 16
(Mehr als) Zehn Websites für Entwickler   427

    Die Websites dieses Buches   427
    Aus erster Hand   427
    Neuigkeiten und Besprechungen   427
    Die Lieblinge aller   428
    Das gibt es auch auf Deutsch   428

Stichwortverzeichnis   429

Einführung

Android ist überall. Mitte 2013 lief Android weltweit auf 80 Prozent aller Smartphones. In einer Studie, die Amerika, Europa, Asien und den Mittleren Osten umfasst, berichtet GlobalWebIndex, dass es 34 Millionen Android-Tablets mehr als iPads gibt. Im Google Play Store warten mehr als eine Million Apps darauf, heruntergeladen zu werden (das sind doppelt so viele wie im Mai 2012). Und mehr als neun Millionen Entwickler schreiben Code und verwenden dabei Java, die Sprache, die Android-Geräte antreibt.

Wenn Sie dieses Buch in der Öffentlichkeit lesen (zum Beispiel in einem Zug auf dem Weg zur Arbeit, am Strand oder im Festzelt eines Schützenfestes), können Sie das stolz erhobenen Hauptes tun, denn Android ist heiß, und Sie sind cool, weil Sie darüber lesen.

Wie Sie dieses Buch verwenden

Sie haben zwei Möglichkeiten, dieses Buch in Angriff zu nehmen: Sie lesen es von Anfang bis zum Ende durch oder Sie arbeiten es kapitelweise ab. Natürlich können Sie auch beides machen (Sie beginnen am Anfang und springen dann zu einem Abschnitt, der Sie ganz besonders interessiert). Dieses Buch ist so aufgebaut, dass am Anfang die Grundlagen zu finden sind und dann die spezielleren Themen folgen. Aber vielleicht kennen Sie einige der Grundlagen bereits oder Sie verfolgen Ziele, bei denen Sie auf bestimmte Themen verzichten können.

Ich möchte Ihnen allgemein nur Folgendes raten:

✔ Wenn Sie etwas schon kennen, langweilen Sie sich nicht damit, es erneut zu lesen.

✔ Wenn Sie neugierig sind, fürchten Sie sich nicht davor, etwas zu überspringen. Sie können immer wieder auf frühere Kapitel zurückgreifen.

In diesem Buch verwendete Konventionen

So gut wie jedes technisch orientierte Buch beginnt mit einer kleinen Legende der verwendeten Schriftarten und *Java für die Android-Entwicklung für Dummies* bildet hiervon keine Ausnahme. Hier kommt eine kurze Übersicht über die Schriftarten, die in diesem Buch verwendet werden:

✔ Neue Begriffe werden *kursiv* gesetzt.

✔ Wenn Sie im normalen Text darauf hingewiesen werden, dass Sie etwas eingeben müssen, werden die Zeichen, die Sie schreiben sollen, in einer besonderen Schriftart wiedergegeben. Ein Beispiel: »Geben Sie `Hier bin ich` in das Textfeld `MeinNeuesProjekt` ein.« Die gleiche Schriftart wird verwendet, wenn Nachrichten auf dem Bildschirm erscheinen. Auch Datei- und Verzeichnisnamen sowie Webadressen werden in dieser Schrift dargestellt.

✔ Code und Anweisungen, die Sie nachvollziehen sollen, sehen zum Beispiel so aus:

```
public void IrgendeinName
```

✔ Wenn Sie auf Menüs zugreifen oder auf eine Schaltfläche tippen oder klicken sollen, werden die entsprechenden Elemente in Kapitälchen gesetzt (zum Beispiel »Klicken Sie auf ABBRECHEN.«).

Was Sie nicht lesen müssen

Suchen Sie sich das erste Kapitel oder den ersten Abschnitt heraus, in dem die Informationen stehen, die Sie noch nicht kennen, und fangen Sie dort mit dem Lesen an. Letztendlich müssen Sie zwar für sich selbst entscheiden, aber hier kommen ein paar Tipps, die Sie vielleicht beherzigen sollten:

✔ **Wenn Sie bereits wissen, was für eine Art Wesen Java ist, und wenn es Sie wenig kümmert, was sich im Hintergrund abspielt, wenn eine Android-App ausgeführt wird:** Überspringen Sie Kapitel 1 und gehen Sie direkt zu Kapitel 2. Sie können mir glauben, dass mir das nichts ausmacht.

✔ **Wenn Sie bereits wissen, wie Sie eine Android-App ans Laufen bekommen:** Überspringen Sie Teil I und beginnen Sie mit Teil II.

✔ **Wenn Sie über Erfahrung beim Schreiben von Computerprogrammen in anderen Sprachen als C und C++ verfügen:** Beginnen Sie mit Teil II. Möglicherweise erscheint Ihnen dieser Teil als zu leicht. Aber wenn Sie dann zu Teil III kommen, geht es ans Eingemachte.

✔ **Wenn Sie Erfahrung im Schreiben von Java-Programmen haben:** Besuchen Sie mich und helfen Sie mir dabei, die nächste Auflage von *Java für die Android-Entwicklung für Dummies* zu schreiben.

Törichte Voraussetzungen

Ich setze in diesem Buch einige Dinge voraus. Wenn bei Ihnen eine dieser Voraussetzungen nicht zutrifft, geht das noch in Ordnung. Wenn keine dieser Voraussetzungen auf Sie zutrifft, sollten Sie sich dieses Buch trotzdem kaufen.

✔ **Ich gehe davon aus, dass Sie Zugriff auf einen Computer haben.** Der Zugriff auf ein Android-Gerät ist hilfreich, aber nicht unbedingt notwendig. Die gesamte Software, die Sie benötigen, um Android-Apps auf einem Laptop oder einem Desktopcomputer zu testen, steht kostenlos zur Verfügung. Sie müssen sie nur herunterladen, installieren und dann loslegen.

✔ **Ich unterstelle, dass Sie mit den Menüstrukturen und Dialogfeldern Ihres Computers umgehen können.** Sie müssen keine herausragenden Erfahrungen als Benutzer von Windows, Linux oder dem Macintosh haben, aber Sie sollten schon in der Lage sein, Programme zu starten, eine Datei zu finden, eine Datei in einem bestimmten Ordner abzulegen – Dinge dieser Art eben. Wenn Sie den Anleitungen dieses Buches folgen, werden Sie viel

Zeit damit zubringen, Code über die Tastatur einzugeben, und Sie zeigen und klicken nur relativ wenig mit der Maus.

Wenn es dazu kommt, dass Sie etwas ziehen und fallen lassen oder ausschneiden und einfügen müssen, geleite ich Sie sorgfältig durch die einzelnen Schritte. Leider ist es aber auch gut möglich, dass Ihr Computer auf eine von Millionen denkbaren Weisen eingerichtet worden ist und meine Anleitung auf genau diese Situation nicht zutrifft. Versuchen Sie in einer solchen Situation, den Schritten in diesem Buch so weit wie möglich zu folgen. Wenn Sie nicht weiterkommen sollten, konsultieren Sie ein Buch mit Anleitungen, die für Ihr System maßgeschneidert worden sind.

✔ **Ich gehe davon aus, dass Sie logisch denken können.** Das ist es nämlich, was Sie für die Anwendungsentwicklung benötigen – logisches Denken. Wenn Sie logisch denken können, sollte alles zu schaffen sein. Wenn Sie von sich selbst der Meinung sind, dass logisches Denken nicht unbedingt zu Ihren Stärken zählt, lesen Sie trotzdem weiter. Sie werden vielleicht angenehm überrascht sein.

✔ **Ich setze so gut wie nichts voraus, wenn es um Ihre Programmiererfahrungen geht.** Ich habe beim Schreiben dieses Buches das Unmögliche versucht: das Buch sowohl für erfahrene Programmierer interessant zu machen und es trotzdem so aufzubauen, dass auch Personen mit wenigen oder keinen Programmierkenntnissen Zugang dazu finden. Ich setze bei Ihnen keinerlei Programmierkenntnisse voraus. Wenn Sie noch nie zuvor eine Schleife oder ein indexiertes Array erstellt haben, ist das in Ordnung.

Wenn Sie aber schon programmiert haben (zum Beispiel in Visual Basic, COBOL oder C++), werden Sie einige interessante Wendungen in Java kennenlernen. Die Entwickler von Java haben die besten Ideen der objektorientierten Programmierung übernommen, haben sie optimiert und auf eine leistungsfähige Weise neu zusammengesetzt. Sie werden in Java viele neue, gut durchdachte Funktionen vorfinden. Und Sie werden sehen, dass Ihnen viele davon als selbstverständlich vorkommen werden.

Wie dieses Buch aufgebaut ist

Dieses Buch ist in Unterabschnitte aufgeteilt, die zu Abschnitten gruppiert werden, die wiederum zu Kapiteln zusammengefasst worden sind, die dann fünf Teile bilden (wie eine dieser russischen Matroschka-Puppen).

Teil I: Los geht's mit Java für die Android-Entwicklung

In Teil I werden alle Grundlagen behandelt. Dieser Teil führt Sie in die wichtigsten Ideen der Softwareentwicklung mit Java und Android ein und geleitet Sie durch die Installation der benötigten Software. Außerdem führen Sie einfache Java- und Android-Programme aus.

Die Anleitungen in diesem Kapitel umfassen sowohl Windows- als auch Macintosh-Computer. Sie gelten für viele Konfigurationen von Computern, zu denen auch nicht mehr ganz so neue Betriebssystemversionen, die Unterscheidung von 32-Bit- und 64-Bit-Systemen und Situationen gehören, bei denen Java schon in irgendeiner Form auf dem Computer vorhanden ist. Die

Installation von Software kann immer Haken und Ösen aufweisen und es kann sein, dass Sie dabei ein paar Hürden überwinden müssen. Wenn Sie Englisch verstehen, werfen Sie einen Blick auf das Ende dieses Kapitels. Dort befinden sich Wege, wie Sie mich (den Autor) erreichen können, um auf die Schnelle einen Lösungsvorschlag zu erhalten. (Ja, ich beantworte E-Mails, Tweets, Facebook-Einträge und Nachrichten, die über Brieftauben bei mir eintreffen.)

Teil II: Eigene Java-Programme schreiben

Die Kapitel 5 bis 8 behandeln die Grundbausteine von Java. Diese Kapitel beschreiben die Dinge, die Sie wissen müssen, um Ihren Computer ans Arbeiten zu bekommen.

Wenn Sie bereits Programme in Visual Basic, C++ oder einer anderen Programmiersprache geschrieben haben, wird Ihnen einiges von dem, was Sie in Teil II lesen, bekannt vorkommen. In diesem Fall können Sie einige der Abschnitte überspringen oder querlesen. Lesen Sie aber nicht *zu schnell*, Java unterscheidet sich doch ein wenig von anderen Programmiersprachen, was ganz besonders die Funktionen betrifft, die in Kapitel 6 beschrieben werden.

Teil III: Mit dem großen Ganzen arbeiten: Objektorientierte Programmierung

Teil III enthält einige meiner Lieblingskapitel. Dieser Teil behandelt die überaus wichtigen Themen, die mit der objektorientierten Programmierung zu tun haben. Sie finden in diesen Kapiteln heraus, wie Sie Lösungen für große Probleme finden. (Gut, die Beispiele in diesen Kapiteln sind nicht umfangreich, aber sie enthalten großartige Ideen.) Sie entdecken in kleinen Schritten, wie Klassen erstellt, vorhandene Klassen wiederverwendet und Objekte entworfen werden.

Haben Sie jemals eines dieser Bücher gelesen, in denen die objektorientierte Programmierung mit unklaren Allgemeinplätzen erklärt wird? Ich bin sehr stolz darauf, behaupten zu können, dass dies auf *Java für die Android-Entwicklung für Dummies* nicht zutrifft. Ich erläutere in diesem Buch alle Konzepte mit einfachen, aber genau passenden Programmbeispielen.

Teil IV: Android mit Java-Code leistungsfähiger machen

Wenn Sie Gefallen an Java gefunden haben und mehr wollen, finden Sie in diesem Teil des Buches alles, was Sie benötigen. Die Kapitel dieses Teils kümmern sich um »das Kleingedruckte« – die Dinge, die bei einem ersten Blick auf das Material nicht sofort ins Auge fallen. Zu diesem Teil gehören einige voll funktionsfähige Android-Apps. Nachdem Sie die früheren Teile dieses Buches gelesen und eigene Programme geschrieben haben, können Sie nun ein wenig tiefer in die Materie eintauchen, indem Sie Teil IV lesen.

Teil V: Der Top-Ten-Teil

Im Top-Ten-Teil, bei dem es sich um einen kleinen Kaufmannsladen für Java-Schmankerl handelt, gibt es Listen – Listen mit Tipps für das Vermeiden von Fehlern, das Aufspüren von Ressourcen und das Auffinden aller möglichen interessanten, tollen Sachen.

Im Web gibt's noch mehr

Sie haben das Buch *Java für die Android-Entwicklung für Dummies* gelesen, den Film *Java für die Android-Entwicklung* gesehen, das *Java-für-die-Android-Entwicklung*-T-Shirt getragen und die *Java-für-Android-Entwicklung*-Schokolade gegessen. Was sollte es noch mehr zu tun geben?

Das ist schnell gesagt. Besuchen Sie einfach die deutsche Website dieses Buches: www.wiley.de/publish/dt/books/ISBN3-527-70996-7. Hier können Sie die Beispieldateien herunterladen, auf die im Buch verwiesen wird. Wenn Sie ein wenig Englisch sprechen, steht einem Besuch der Originalseite nichts im Wege: www.allmycode.com/Java4Android. Dort finden Sie Aktualisierungen, Kommentare, zusätzliche Informationen und Antworten auf oft von Lesern gestellte Fragen. Dort gibt es auch eine kleine Chat-Anwendung, um mir auf die Schnelle Fragen zu stellen, wenn ich online bin. (Wenn ich nicht online bin, gibt es andere Möglichkeiten, mich zu kontaktieren. Schauen Sie sich hierzu die Informationen am Ende dieses Kapitels an.)

In diesem Buch verwendete Symbole

Wenn Sie mir beim Schreiben dieses Buches hätten über die Schultern schauen können, hätten Sie gesehen, wie ich an meinem Computer sitze und mit mir selbst rede. Ich habe mir jeden Satz, den es in meinem Kopf gab, laut vorgelesen. Die meisten Sätze habe ich mehrmals gemurmelt. Wenn mir dann ein besonderer Gedanke kam, mir eine Erläuterung einfiel oder ich auf etwas stieß, das nicht zum regulären Text gehörte, habe ich ein wenig mit dem Kopf gewackelt. Dadurch weiß jeder, der mir zuhört (was in der Regel niemand ist), dass ich im Moment »ganz weit weg« bin.

Natürlich können Sie bei einem Buch mein Kopfschütteln nicht sehen. Also müssen andere Wege her, um auf meine gedanklichen »Eskapaden« aufmerksam zu machen. Ich mache dies mit Symbolen, die Ihnen zeigen sollen, dass ich einen kleinen Umweg beschreite.

Hier eine Liste der Symbole, die ich in diesem Buch verwende:

Ein Tipp ist eine zusätzliche Information – ein hilfreicher Ratschlag, den die anderen Bücher eventuell vergessen haben, Ihnen zu erzählen.

Jeder macht Fehler. Nur der Himmel weiß, wie viele davon auf mein Konto gehen. Wenn ich glaube, dass jemand ganz leicht einen Fehler machen kann, markiere ich den Text mit diesem Symbol.

Frage: Was wirkt stärker als ein Tipp, aber nicht so stark wie eine Warnung?

Antwort: das Erinnerungssymbol.

Gelegentlich mache ich Ausflüge ins Technische. Ein solcher Ausflug kann Ihnen helfen zu verstehen, was die Leute im Hintergrund (diejenigen, die Java entwickelt haben) denken. Das müssen Sie dann zwar nicht lesen, aber vielleicht ist es doch ganz nützlich. Und vielleicht helfen Ihnen diese Anmerkungen später, wenn Sie andere, technischere Bücher über Java und Android lesen sollten. »Wenn Sie sich nicht mehr daran erinnern sollten, was dies und das bedeuten könnte, siehe *blah-blah-blah*.« oder »Weitere Informationen zu diesem Thema finden Sie hier: *blahbity-blah-blah*.«

Dieses Symbol soll Ihre Aufmerksamkeit auf nützliches Material lenken, das Sie online finden können. (Sie müssen nicht besonders lange warten, um auf eines dieser Symbole zu stoßen. Ich habe eines an das Ende dieses Kapitels platziert.)

Wie es weitergeht

Wenn Sie bis hierher gekommen sind, sind Sie so weit, Näheres über das Entwickeln von Anwendungen mit Java und Android zu erfahren. Betrachten Sie mich (den Autor) als Ihren Führer, Ihren Gastgeber, Ihren persönlichen Assistenten. Ich mache alles, was in meiner Macht steht, die Dinge interessant zu halten und – wichtiger noch – Ihnen dabei zu helfen, sie zu verstehen.

Wenn Ihnen das, was Sie lesen, gefällt oder wenn Sie Hilfe benötigen, senden Sie mir eine E-Mail an die Adresse, die ich nur für dieses Buch angelegt habe: `java4android@allmycode.com`. Wenn E-Mail oder Chat nicht zu Ihren Favoriten zählen, können Sie mich auch über Twitter (`@allmycode`) und Facebook (`/allmycode`) erreichen. Denken Sie aber daran, dass Kontakte unbedingt in englischer Sprache erfolgen müssen. Und vergessen Sie Aktualisierungen nicht. Die neuesten befinden sich auf der von mir angelegten Website zu diesem Buch (`www.allmycode.com/java4android`), während Sie die Demodateien zur Übersetzung unter `www.wiley.de/publish/dt/books/ISBN3-527-70996-7` herunterladen können.

Teil I

Los geht's mit Java für die Android-Entwicklung

In diesem Teil ...

✔ Die Software herunterladen

✔ Java und Android installieren

✔ Android-Apps auf dem Computer testen

Alles über Java und Android

In diesem Kapitel
- Wie Benutzer das Android-Ökosystem sehen
- Die Zehn-Cent-Tour durch die Java- und die Android-Technologien

---

Bis Mitte 2000 bezeichnete das Wort *Android* eine mechanische, menschenähnliche Kreatur – zum Beispiel einen überkorrekten, hundertprozentigen Gesetzesvertreter mit eingebautem Maschinengewehr oder einen hyperlogischen Weltraumreisenden, der alles außer der gesprochenen Kommunikation beherrschte. Und dann kaufte Google 2005 Android Inc. – eine 22 Monate alte Firma, die Software für Handys herstellte. Damit änderte sich alles.

2007 gründeten 34 Unternehmen die *Open Handset Alliance*. Deren Aufgabe ist es, Innovationen für mobile Geräte zu fördern und Verbrauchern eine reichhaltigere, preiswertere und bessere mobile Umgebung zu bieten. Ihr zentrales Projekt heißt *Android*, bei dem es sich um ein offenes, kostenlos zur Verfügung stehendes System handelt, das kerneltechnisch auf dem Betriebssystem Linux basiert.

Auch wenn HTC das erste kommerziell nutzbare Android-Handy bereits gegen Ende 2008 auf den Markt brachte, erregte Android erst Anfang 2010 die Aufmerksamkeit eines breiteren Publikums.

Während ich Mitte 2013 dieses Buch schreibe, berichtet Mobile Marketing Watch (www.mobilemarketingwatch.com/google-play-tops-50-billion-app-downloads-34516) von mehr als 50 Milliarden Downloads im Google Play Store für Apps. Im ersten Halbjahr 2013 haben Android-Entwickler mehr verdient als im gesamten Jahr 2012. Und Forbes (www.forbes.com/sites/tristanlouis/2013/08/10/how-much-do-average-apps-make) meldet, dass Google in den 12 Monaten seit Mitte 2012 ungefähr 900 Millionen Dollar an Android-Entwickler ausgezahlt hat, und alles nimmt immer mehr Fahrt auf.

Die Sicht der Benutzer

Ein Endbenutzer denkt über Alternativen nach:

✔ **Möglichkeit Nr. 1: Kein Handy**

Vorteile: Preiswert; keine Störungen aufgrund von Anrufen.

Nachteile: Kein unmittelbarer Kontakt mit Freunden und der Familie; keine Möglichkeit, in Notfällen Hilfe zu holen.

✔ **Möglichkeit Nr. 2: Ein mit zusätzlichen Funktionen ausgestattetes Telefon**

Bei dieser Art von mobilen Telefonen handelt es sich nicht um Smartphones. Auch wenn es keine offizielle Regel gibt, die die Grenze zwischen einem mit zusätzlichen Funktionen ausgestatteten Telefon und einem Smartphone beschreibt, so besitzt ein mit zusätzlichen Funktionen ausgestattetes Telefon ein starres Menü mit vordefinierten Wahlmöglichkeiten, während ein Smartphone im Vergleich dazu über einen »Desktop« verfügt, der aus heruntergeladenen Apps besteht.

Vorteil: Preiswerter als ein Smartphone.

Nachteile: Nicht so vielseitig einsetzbar wie ein Smartphone; auch nicht ansatzweise so cool wie ein Smartphone; macht auf keinen Fall so viel Spaß wie ein Smartphone.

✔ **Möglichkeit Nr. 3: Ein iPhone**

Vorteil: Toll aussehende Grafik

Nachteile: Weniger wandlungsfähig, da abhängig vom Betriebssystem iOS eines einzigen Herstellers; die Auswahl ist auf eine Handvoll Geräte beschränkt

✔ **Möglichkeit Nr. 4: Ein Windows Phone, ein BlackBerry oder ein anderes Gerät, das nicht mit Android läuft oder das von Apple ist**

Vorteil: Ein Smartphone besitzen, ohne zur Menge zu gehören

Nachteil: Die Möglichkeit, plötzlich mit einem verwaisten Produkt dazustehen, wenn sich der Krieg auf dem Markt der Smartphones ausweitet

✔ **Möglichkeit Nr. 5: Ein Android-Smartphone**

Vorteile: Einsatz einer beliebten, offenen Plattform mit vielen Unterstützungsmöglichkeiten durch die Industrie und viel Bewegung in einem leistungsstarken Markt; Schreiben der eigenen Software, die auf dem eigenen Telefon installiert werden kann (ohne dass diese Software an die Website eines Unternehmens geschickt werden muss); Veröffentlichung der Software, ohne dass ein langwieriges Prüfverfahren notwendig ist.

Nachteile: Sicherheitsfragen bei der Verwendung einer offenen Plattform; Frust, wenn sich iPhone-Besitzer über Ihr Telefon lustig machen

Ich bin der Meinung, dass die Vorteile, die Android bietet, die möglichen Nachteile bei Weitem überwiegen. Und da Sie ein Kapitel von *Java für die Android-Entwicklung für Dummies* lesen, ist die Wahrscheinlichkeit groß, dass Sie mir zustimmen.

Die vielen Gesichter von Android

Eine Versionsnummerierung kann ganz schön trickreich sein. Die Modellnummer meines PCs lautet T420s. Als ich das Handbuch für Benutzer heruntergeladen habe, entschied ich mich für einen Leitfaden für Laptops der T400-Serie. (Es gab kein Handbuch für den T420, geschweige denn eines für den T420s.) Wenn es nun aber wirklich zu Problemen kommt, reicht es nicht aus, nur zu wissen, dass man einen T420s besitzt. Ich benötige Treiber, die genau zur siebenstelligen Modellnummer meines Laptops passen. Die Moral von dieser Geschichte ist: Was eine »Modellnummer« ist, hängt von demjenigen ab, der sie wissen will.

Mit diesem Wissen im Hinterkopf sollten Sie sich einmal die Android-Versionen in Abbildung 1.1 anschauen.

Jahr	Plattform	API-Level	Codename	Funktionen
2008	1.0	1		
	1.1	2		Ausgereifte Schnittstelle zum Marktplatz für Apps; bessere Werkzeuge für die Spracheingabe, 800 x 480
	1.5	3	Cupcake	
2009	1.6	4	Donut	
	2.0	5		Bessere Oberfläche für Benutzer, mehrere Bildschirmgrößen, zusätzliche Kamerafunktionen, Unterstützung von Bluetooth 2.1, Multitouch-Unterstützung
	2.0.1	6	Eclair	
	2.1	7		
2010	2.2	8	Froyo	Ein besseres Leistungsverhalten durch Just-in-time-Kompilierung, USB-Anbindung, 720p-Bildschirm, die Möglichkeit, Apps auf einer SD-Karte zu installieren
	2.3	9	Gingerbread	Systemweites Kopieren, Multitouch-Bildschirmtastatur, bessere systeminterne Codeentwicklung, gleichzeitig ablaufende Speicherbereinigung
	2.3.3	10		
	3.0	11		Entworfen für Tablets, neue Bildschirmtastatur, Browser mit Registerkarten, neu entworfene Widgets, »dreidimensionale« Benutzeroberfläche, Fragments für Oberflächen
2011	3.1	12	Honeycomb	
	3.2	13		
	4.0	14	Ice Cream Sandwich	Benutzerdefinierter Launcher für das Starten von Programmen, Erstellen von Screenshots, Entsperren der Oberfläche, Chrome als Browser, Near-Field-Kommunikation, Robot als Schriftart
	4.0.3	15		
2012	4.1.2	16		Erweiterbare Benachrichtigungen, Google Now, glatteres Zeichnen, verbessertes Suchen über Spracheingabe
	4.2.2	17	Jelly Bean	
2013	4.3	18		
	4.4	19	KitKat	Lauffähig auf Geräte mit nur 512 MB RAM, neues Design, bessere Unterstützung von Goggle Now und Google +

Abbildung 1.1: Android-Versionen

Einige Anmerkungen sollen helfen, Abbildung 1.1 besser zu verstehen:

✔ **Die Plattformnummerierung ist für den Verbraucher und die Unternehmen von Bedeutung, die die Hardware vertreiben.**

Wenn Sie beispielsweise ein Telefon mit Android 4.2.2 erwerben, wollen Sie vielleicht doch wissen, ob der Hersteller das Gerät auch auf Android 4.3 oder 4.4 aktualisiert.

✔ **Der API-Level (der auch SDK-Version genannt wird) ist für den Entwickler von Android-Apps von Interesse.**

So hat zum Beispiel das Wort MATCH_PARENT ab Android-API-Level 8 eine besondere Bedeutung. Sie könnten MATCH_PARENT natürlich auch in Code eingeben, der API-Level 7 verwendet. Wenn Sie so etwas machen und erwarten, dass MATCH_PARENT eben mit dieser besonderen Bedeutung funktioniert, werden Sie Ihr blaues Wunder erleben.

Sie können in Kapitel 2 mehr über das *Application Programming Interface* (API; deutsch *Schnittstelle für die Anwendungsprogrammierung*) nachlesen. In Kapitel 4 finden Sie mehr darüber, wie Sie Android-API-Level (SDK-Versionen) in Ihrem Code verwenden.

✔ **Der Codename ist für den Hersteller von Android von Bedeutung.**

Ein *Codename* hat mit der Arbeit der Entwickler zu tun, die Android auf die nächste Versionsstufe heben. Stellen Sie sich die Mannschaft von Google vor, die monatelang hinter verschlossenen Türen am Projekt Cupcake arbeitet, und Sie sind auf der richtigen Spur *(Cupcake* bedeutet auf Deutsch *Törtchen).*

Android-Versionen sind nicht starr. So verfügt zum Beispiel das gute alte Android 2.2 über einen Satz bewährter Funktionen. Sie können Android 2.2 Google-APIs (wie die Funktionalität von Google Maps) hinzufügen und verwenden immer noch 2.2 als Plattform. Sie könnten aber auch Funktionen hinzufügen, die zum Beispiel speziell für das Tablet Samsung Galaxy gemacht worden sind.

Ihre Aufgabe als Entwickler ist es, einen Ausgleich zwischen Portierbarkeit und reichhaltigen Funktionen zu finden. Wenn Sie eine App erstellen, geben Sie eine Android-Zielversion (die in der Entwicklungsumgebung *Target* genannt wird) und eine Minimalversion an. (Sie finden in Kapitel 4 mehr zu diesem Thema.) Je größer die Versionsnummer ist, desto mehr Funktionen kann Ihre App enthalten. Andererseits gilt aber auch, dass je größer die Versionsnummer ist, desto weniger Geräte existieren, auf denen Ihre App laufen kann.

Die Sichtweise des Entwicklers

Android ist ein Wesen mit vielen Gesichtern. Wenn Sie für die Plattform Android entwickeln, greifen Sie auf viele Werkzeuge zu. Dieser Abschnitt gibt Ihnen darüber einen kurzen Überblick.

Java

James Gosling von Sun Microsystems entwickelte Mitte der 1990er die Programmiersprache Java. (Inzwischen ist Sun Microsystems von Oracle aufgekauft worden.) Javas kometengleicher Aufstieg hat etwas mit der Eleganz der Sprache und ihrer gut durchdachten Architektur zu tun. Nach einer kurzen Zeit voller Glanz und Gloria bei der Entwicklung von Applets und im Web etablierte sich Java als eine solide, allgemein nutzbare Sprache, die sich insbesondere für Server und Middleware eignet.

In der Zwischenzeit hat sich Java still und leise in eingebetteten Prozessoren breitgemacht. Sun Microsystems hat Java Mobile Edition (Java ME) entwickelt, mit dem sich kleine Apps erstellen lassen, die auf mobilen Geräten laufen. Java wurde zur zentralen Technologie bei Blu-ray-Playern. So überrascht die Entscheidung, Java zur primären Entwicklungssprache für Android zu machen, eigentlich nicht richtig.

Bei einem *eingebetteten Prozessor* handelt es sich um einen Computerchip, der sich als Teil eines Gerätes für besondere Zwecke vor den Benutzern verbirgt. So sind zum Beispiel die Chips in Autos eingebettete Prozessoren und auch das Silizium, das den Fotokopierer an Ihrer Arbeitsstelle mit Leistung versorgt, ist ein eingebetteter Prozessor. Und sicherlich werden auch die Blumentöpfe auf Ihrer Fensterbank bald mit eingebetteten Prozessoren ausgerüstet sein.

Abbildung 1.2 beschreibt die Entwicklung neuer Java-Versionen im Laufe der Zeit. Jede Java-Version hat, wie Android, mehrere Namen. Bei der *Produktversion* handelt es sich um eine offizielle Bezeichnung, die weltweit genutzt wird, während die *Entwicklerversion* eine Zahl ist, die Versionen identifiziert, damit Programmierer den Überblick behalten. (Im Alltag verwenden Entwickler für die verschiedenen Java-Versionen alle möglichen Bezeichnungen.) Beim *Codenamen* handelt es sich um eine eher spielerisch eingesetzte Bezeichnung, die die Version identifiziert, während sie entwickelt wird.

Jahr	Produktversion	Entwicklerversion	Codename	Funktionen
1995	(Beta)			
1996	JDK* 1.0	1.0		
1997	JDK 1.1	1.1		Innere Klassen, Java Beans, Reflexion
1998	J2SE* 1.2	1.2	Playground	Sammlungen, Swing-Klassen für das Erstellen von GUI-Interface
1999				
2000	J2SE 1.3	1.3	Kestrel	Java Naming and Directory Interface (JNDI)
2001				
2002	J2SE 1.4	1.4	Merlin	Neue Eingabe/Ausgabe, reguläre Ausdrücke, Analyse der XML-Syntax
2003				
2004	J2SE* 5.0	1.5	Tiger	Generische Typen, Annotations, Enum-Typen, varargs, Befehlserweiterungen, statische Importe, neue Concurrency-Klassen
2005				
2006	Java SE* 6	1.6	Mustang	Unterstützung der Skriptingsprache, verbessertes Leistungsverhalten
2007				
2008				
2009				
2010				
2011	Java SE 7	1.7	Dolphin	Strings in Switch-Anweisungen, Umgang mit mehreren Ausnahmen, Testanweisungen bei Ressourcen, Integration in JavaFX
2012				
2014	Java SE 8	1.8		Lambda-Ausdrücke

Abbildung 1.2: Java-Versionen

Die Sternchen markieren in Abbildung 1.2 Änderungen an der Formulierung des Namens der Java-Produktversion. 1996 hießen die Produktversionen *Java Development Kit 1.0* und *Java Development Kit 1.1*. 1998 entschied dann irgendjemand, das Produkt in *Java 2 Development Kit 1.2* umzutaufen, was natürlich zu einer heillosen Verwirrung führte. Damals wurde jeder, der den Ausdruck *Java Development Kit* verwendete, gebeten, nur noch von *Software Development Kit* (SDK) zu sprechen. 2004 wurde *1.* aus dem Plattformnamen entfernt und 2006 verlor der Java-Plattformname auch die *2* und das *.0*.

Zu den für Java-Entwickler bedeutendsten Änderungen kam es 2004. Die Java-Aufseher nahmen bei J2SE 5.0 Änderungen an der Sprache vor, indem neue Funktionen hinzugefügt wurden – zum Beispiel generische Typen, Annotations, varargs und die erweiterte Anweisung for.

Wenn Sie Abbildung 1.1 und Abbildung 1.2 miteinander vergleichen, fällt vielleicht auf, dass Android die Bühne betrat, als Java SE in der Version 6 vorlag. Das Ergebnis davon ist, dass Java für Android-Entwickler in der Version 6 eingefroren wurde. Wenn Sie eine Android-App entwickeln, können Sie entweder J2SE 5.0 oder Java SE 6 verwenden. Sie müssen auf Java SE 7 mit Strings in `switch`-Anweisungen oder auf Java SE 8 mit seinen Lambda-Ausdrücken verzichten. Das geht aber so in Ordnung: Sie werden als Android-Entwickler Funktionen dieser Art selten vermissen.

XML

Wenn Sie zufällig in den Extras Ihres Webbrowsers auf SEITENQUELLTEXT ANZEIGEN (oder so ähnlich) stoßen, sehen Sie eine Menge Tags der *Hypertext Markup Language* (HTML). Bei einem *Tag* handelt es sich um Text, der in eckigen Klammern (< und >) steht und etwas beschreibt, das sich in seiner unmittelbaren Nachbarschaft befindet.

Um zum Beispiel auf einer Webseite fett gedruckte Zeichen zu erhalten, schreibt ein Webentwickler:

```
<b>Schaut euch das hier an!</b>
```

Das b in den spitzen Klammern schaltet Fettschrift (englisch *boldface*) ein und wieder aus.

Das *M* in HTML steht für *Markup* – was auf Deutsch *Auszeichnung* bedeutet und bei dem es sich um einen allgemein gebräuchlichen Ausdruck handelt, der zusätzlichen Text beschreibt, der die Inhalte eines Dokuments erläutert. Wenn Sie den Inhalt eines Dokuments beschreiben, betten Sie Informationen im Dokument selbst ein. So lautet zum Beispiel der Inhalt des oben stehenden Codebeispiels `Schaut euch das hier an!`. Die Auszeichnung (Information über den Inhalt) besteht aus den Tags `<b>` und `</b>`.

Der Standard HTML ist ein Gewächs der *Standard Generalized Markup Language* (SGML; deutsch *Normierte Verallgemeinerte Auszeichnungssprache*), bei der es sich um eine Technologie für alles und jeden handelt, um Dokumente für die Verwendung auf allen möglichen Computern auszuzeichnen, auf denen alle mögliche Software läuft, die von allen möglichen Herstellern verkauft wird.

Mitte der 1990er begann eine Arbeitsgruppe des World Wide Web Consortiums (W3C) damit, die *eXtensible Markup Language* (deutsch *Erweiterbare Auszeichnungssprache*) zu entwickeln, die im Allgemeinen nur als XML bekannt ist. Ziel der Arbeitsgruppe war es, eine Teilmenge von SGML zu erstellen, die verwendet wird, um Daten über das Internet zu übertragen. Die Arbeit war von Erfolg gekrönt: XML hat sich zu einem viel beachteten Standard für das Codieren von Informationen aller Art gemausert. In Kapitel 4 gibt es einen optisch hervorgehobenen Bereich, der XML näher beschreibt.

Java ist ideal, um Anweisungen schrittweise zu deklarieren, und XML eignet sich gut dafür zu beschreiben, wie die Dinge sind (oder sein sollten). Ein Java-Programm sagt:»Mache dies und dann das.« Im Gegensatz dazu sagt ein XML-Dokument:»Das geht auf diese und dies auf jene Weise.«

Android nutzt XML aus zwei Gründen:

✔ **Um die Daten einer App zu beschreiben**

Die XML-Dokumente einer App beschreiben das Layout der Bildschirme der App, die Übersetzung der App in eine oder mehrere andere Sprachen und weitere Arten von Daten.

✔ **Um die App selbst zu beschreiben**

Zu jeder Android-App gehört eine Datei mit dem Namen `AndroidManifest.xml`. Dies ist ein XML-Dokument, das Funktionen der App beschreibt. Das Betriebssystem eines Gerätes verwendet den Inhalt des `AndroidManifest.xml`-Dokuments, um das Ausführen der App zu verwalten.

So kann zum Beispiel die Datei `AndroidManifest.xml` Code vorgeben, der dafür sorgt, dass die App dem Benutzer auch aus anderen Apps heraus zur Verfügung steht. Dieselbe Datei beschreibt auch die Berechtigungen, die die App vom System verlangt. Wenn Sie mit der Installation einer neuen App beginnen, zeigt Android diese Berechtigungen an und bittet um Ihre Genehmigung, damit es die Installation fortsetzen kann. (Ich weiß nicht, wie Sie vorgehen, aber ich lese diese Liste mit den Berechtigungen immer sehr sorgfältig durch.) Sie finden in Kapitel 4 weitere Informationen zur Datei `AndroidManifest.xml`.

Wenn es um XML geht, habe ich schlechte und gute Nachrichten für Sie. Die schlechte Nachricht ist, dass XML nicht ganz so einfach zu beherrschen ist. Das Schreiben des XML-Codes ist im besten Fall langweilig. Im schlechtesten Fall führt das Schreiben des XML-Codes zu einer totalen Verwirrung. Die gute Nachricht ist, dass XML-Code größtenteils über automatisch arbeitende Werkzeuge »hergestellt« wird. Bei Ihnen als Android-Entwickler stellt die Software auf Ihrem Entwicklungscomputer den größten Teil des XML-Codes einer App zusammen. Sie legen dann noch Feinheiten fest, lesen Teile des Codes, um Informationen über seine Herkunft zu erhalten, führen kleinere Anpassungen durch und fügen kleinere Zusätze hinzu. Aber nur in den seltensten Fällen erstellen Sie ganz XML-Dokumente manuell.

Linux

Bei einem *Betriebssystem* handelt es sich um ein umfangreiches Programm, das für das generelle Laufverhalten eines Computers oder eines Gerätes zuständig ist. Die meisten Betriebssysteme bestehen aus Ebenen. Die nach außen gerichteten Ebenen des Betriebssystems schauen in der Regel den Benutzer an. So haben sowohl Windows als auch Mac OS X einen standardmäßigen Desktop. Der Benutzer startet von diesem Desktop aus Programme, verwaltet Fenster und erledigt andere wichtige Dinge.

Die internen Ebenen eines Betriebssystems können (zumindest meistens) vom Benutzer nicht gesehen werden. Während der Benutzer zum Beispiel Solitär spielt, jongliert das Betriebssystem mit Prozessen, verwaltet Dateien, behält die Sicherheit im Auge und erledigt insgesamt die Dinge, um deren Einzelheiten sich der Benutzer nicht kümmern kann.

Auf der untersten Ebene eines Betriebssystems befindet sich der sogenannte Kernel (deutsch: *Kern*) des Systems. Der Kernel läuft direkt auf der Prozessorhardware und führt die Arbeiten aus, die den Prozessor ans Laufen bringen. In einem System, das sauber in Ebenen aufgeteilt worden ist, erledigen die oberen Ebenen die Arbeit, indem sie Aufrufe an die unteren Ebenen tätigen. Eine App mit besonderen Anforderungen an die Hardware sendet diese Anforderungen (direkt oder indirekt) über den Kernel.

Die bekanntesten und beliebtesten überall einsetzbaren Betriebssysteme sind Windows, Mac OS X (bei dem es sich um echtes Unix handelt) und Linux. Sowohl Windows als auch Mac OS X sind Eigentum der entsprechenden Unternehmen. Demgegenüber ist Linux Open Source. Dies ist einer der Gründe dafür, dass die Schöpfer von Android ihr System auf dem Linux-Kernel aufgebaut haben.

Als Entwickler haben Sie den engsten Kontakt mit dem Android-Betriebssystem über die Befehlszeile, die auch *Linux-Shell* genannt wird. Die Shell verwendet Befehle wie cd, um in ein anderes Verzeichnis zu wechseln, ls, um die Dateien und Unterverzeichnisse eines Verzeichnisses aufzulisten, rm, um Dateien zu löschen, und viele weitere Befehle.

In Googles Android Market gibt es eine Menge kostenloser Terminal-Apps. Eine *Terminal-App* ist eine App, bei der die Oberfläche nur aus einem Textbildschirm besteht, auf dem Sie Linux-Shell-Befehle eingeben. Und indem Sie eines der Android-Entwicklerwerkzeuge, die Android Debug Bridge, verwenden, sind Sie in der Lage, einem Android-Gerät über Ihren Entwicklungscomputer Befehle zu erteilen. Wenn Sie sich gerne die virtuellen Hände schmutzig machen, ist die Linux-Shell genau das Richtige für Sie.

Mit Java von der Entwicklung bis zur Ausführung

Bevor es Java gab, musste ein Computerprogramm übersetzt werden, damit es ablaufen konnte. Irgendjemand (oder irgendetwas) übersetzte den Code, den ein Entwickler geschrieben hatte, in einen Code, der einer Geheimsprache ähnelte. Dieser Code konnte vom Computer ausgeführt werden. Aber dann tauchte Java auf und fügte eine eigene Übersetzungsebene hinzu, die letztendlich von Android um eine weitere Ebene ergänzt wurde. Dieser Abschnitt hier beschreibt diese Ebenen.

Was ist ein Compiler?

Ein Java-Programm (zum Beispiel eine Android-Anwendung) durchläuft auf seinem Weg, der mit dem ersten Schreiben des Codes durch Sie beginnt und zum Schluss vom Prozessor ausgeführt wird, verschiedene Übersetzungsschritte. Einer der Gründe hierfür ist recht einfach: Für die meisten Menschen ist es sehr schwer, Anweisungen zu schreiben, mit denen ein Computer problemlos umgehen kann.

Menschen können den Code in Listing 1.1 schreiben und verstehen:

```java
public void checkVacancy(View view) {
  if (room.numGuests == 0) {
    label.setText("Verfügbar");
  } else {
    label.setText("Belegt :-(");
  }
}
```

Listing 1.1: Java-Quellcode

Der Java-Code in Listing 1.1 prüft nach, ob es in einem Hotel noch freie Zimmer gibt. Sie können diesen Code nicht ausführen, ohne noch ein paar zusätzliche Zeilen hinzuzufügen. Aber hier in Kapitel 1 interessieren diese zusätzlichen Zeilen nicht wirklich. Wichtig ist, dass Sie ein wenig blinzeln, wenn Sie auf den Code starren, und versuchen, hinter die ungewohnte Interpunktion zu kommen und herauszufinden, was der Code eigentlich will:

```
Wenn der Raum nicht durch Gäste belegt ist,
  soll der Text der Meldung auf "Verfügbar" gesetzt werden,
anderenfalls
  legen Sie "Belegt :-(" als Meldungstext fest
```

Bei dem Inhalt von Listing 1.1 handelt es sich um *Java-Quellcode*. Die Prozessoren in Computern, Telefonen und anderen Geräten folgen aber normalerweise Anweisungen wie denen in Listing 1.1 nicht. Oder anders ausgedrückt: Prozessoren befolgen keine Java-Anweisungen, die im Quellcode vorliegen. Stattdessen folgen Prozessoren kryptischen Anweisungen wie denen in Listing 1.2.

```
0 aload_0
1 getfield #19 <com/allmycode/samples/MyActivity/room
Lcom/allmycode/samples/Room;>
4 getfield #47 <com/allmycode/samples/Room/numGuests I>
7 ifne 22 (+15)
10 aload_0
11 getfield #41 <com/allmycode/samples/MyActivity/label
Landroid/widget/TextView;>
14 ldc #54 <Available>
16 invokevirtual #56
<android/widget/TextView/setText
(Ljava/lang/CharSequence;)V>
19 goto 31 (+12)
22 aload_0
23 getfield #41 <com/allmycode/samples/MyActivity/label
Landroid/widget/TextView;>
26 ldc #60 <Taken :-(>
28 invokevirtual #56
```

```
<android/widget/TextView/setText
(Ljava/lang/CharSequence;)V>
31 return
```

Listing 1.2: Java-Bytecode

Bei den Anweisungen in Listing 1.2 handelt es sich nicht um Java-Quellcodeanweisungen. Es sind Anweisungen, die in Form eines *Java-Bytecodes* vorliegen. Wenn Sie ein Java-Programm schreiben, schreiben Sie Quellcodeanweisungen (siehe Listing 1.1). Nachdem Sie den Quellcode geschrieben haben, führen Sie mit dem Quellcode ein Programm aus (das heißt, Sie wenden auf diesen Code ein Werkzeug an). Bei diesem Programm handelt es sich um einen Compiler (der im Deutschen auch *Kompiler* geschrieben und vom englischen *to compile* abgeleitet wird, was auf Deutsch *zusammentragen* bedeutet). Er übersetzt Ihre Quellcodeanweisungen in Java-Bytecode. Oder anders ausgedrückt: Der Compiler übersetzt Code, den Sie lesen und verstehen können, in Code, den Computer ausführen können.

Jetzt könnte der Zeitpunkt gekommen sein, an dem Sie fragen: »Was muss ich tun, damit der Compiler ausgeführt wird?« Die aus einem Wort bestehende Antwort auf Ihre Frage lautet: »Eclipse.« Alle Übersetzungsschritte, die in diesem Kapitel beschrieben werden, lassen sich auf den Einsatz von Eclipse reduzieren – einer Software, die Sie mithilfe der Anleitung in Kapitel 2 kostenlos herunterladen können. Wenn Sie also in diesem Kapitel vom Kompilieren und von anderen Übersetzungsschritten lesen, sollten Sie ganz ruhig bleiben. Sie müssen nicht in der Lage sein, eine Lichtmaschine zu reparieren, um ein Auto fahren zu können, und Sie müssen auch nicht verstehen, wie Compiler funktionieren, damit Sie Eclipse nutzen können.

 Niemand (vielleicht bis auf ein paar verrückte Entwickler, die irgendwo in isolierten Computerräumen hocken) schreibt Java-Bytecode. Sie lassen Software (einen Compiler) ablaufen, um Java-Bytecode zu erzeugen. Der einzige Grund, sich näher mit Listing 1.2 zu beschäftigen, ist, dass Sie verstehen, wie viel Schwerstarbeit Ihr Computer leisten muss.

Wenn das Kompilieren als solches schon eine gute Sache ist, sollte doch zweimal Kompilieren noch besser sein. 2007 entwickelte Dan Bornstein von Google *Dalvic Bytecode*. Diese Art von Code stellt einen anderen Weg für Prozessoren dar, Anweisungen zu folgen. (Wenn Sie wissen wollen, woher Bornsteins Vorfahren stammen, nehmen Sie sich eine Karten-App und suchen dort nach Dalvik in Island.) Dalvik-Bytecode ist für die begrenzten Ressourcen eines Handys oder Tablets optimiert worden.

Listing 1.3 enthält ein Beispiel mit Dalvik-Anweisungen. Damit ich diesen Code sehen konnte, habe ich das Programm *Dedexer* verwendet. Sie finden es auf der Website dedexer.source for ge.net.

```
.method public checkVacancy(Landroid/view/View;)V
.limit registers 4
; this: v2 (Lcom/allmycode/samples/MyActivity;)
; parameter[0] : v3 (Landroid/view/View;)
.line 30
iget-object
```

```
v0,v2,com/allmycode/samples/MyActivity.room
Lcom/allmycode/samples/Room;
; v0 : Lcom/allmycode/samples/Room; , v2 :
Lcom/allmycode/samples/MyActivity;
    iget    v0,v0,com/allmycode/samples/Room.numGuests I
; v0 : single-length , v0 : single-length
    if-nez  v0,l4b4
; v0 : single-length
.line 31
iget-object
v0,v2,com/allmycode/samples/MyActivity.label
Landroid/widget/TextView;
; v0 : Landroid/widget/TextView; , v2 :
Lcom/allmycode/samples/MyActivity;
const-string    v1,"Available"
; v1 : Ljava/lang/String;
invoke-virtual
{v0,v1},android/widget/TextView/setText
; setText(Ljava/lang/CharSequence;)V
; v0 : Landroid/widget/TextView; , v1 : Ljava/lang/String;
l4b2:
.line 36
return-void
l4b4:
.line 33
iget-object
v0,v2,com/allmycode/samples/MyActivity.label
Landroid/widget/TextView;
; v0 : Landroid/widget/TextView; , v2 :
Lcom/allmycode/samples/MyActivity;
const-string    v1,"Taken :-("
; v1 : Ljava/lang/String;
invoke-virtual
{v0,v1},android/widget/TextView/setText ;
setText(Ljava/lang/CharSequence;)V
; v0 : Landroid/widget/TextView; , v1 : Ljava/lang/String;
    goto    l4b2
.end method
```

Listing 1.3: Dalvik-Bytecode

Wenn Sie eine Android-App erstellen, führt Eclipse mindestens zwei Kompilierungen durch:

✔ **Ein Kompilierungslauf erstellt aus Ihrer Java-Quelldatei Java-Bytecode.** Die Namen der Quelldateien haben die Erweiterung .java; die Java-Bytecode-Dateien haben die Erweiterung .class.

✔ **Ein weiterer Kompilierungslauf erzeugt aus den Java-Bytecode-Dateien Dalvik-Bytecode-Dateien.** Die Namen der Dalvik-Bytecode-Dateien haben die Erweiterung .dex.

Das ist aber noch nicht alles! Eine Android-App enthält zusätzlich zum Java-Code auch XML-Dateien, Bilddateien und alle möglichen anderen Elemente. Bevor Sie eine App auf einem Gerät installieren, fasst Eclipse diese Elemente in einer Datei zusammen, die dann die Erweiterung .apk erhält. Wenn Sie die App in einem App-Store veröffentlichen, kopieren Sie die .apk-Datei auf die Server des App-Stores. Und zum Schluss besucht ein Benutzer den App-Store und installiert die App, indem er die .apk-Datei herunterlädt.

Um Java-Quellcode zu Java-Bytecode zu kompilieren, verwendet Eclipse ein Programm mit dem Namen *javac*, das auch als »der Java-Compiler« bekannt ist. Um aus dem Java-Bytecode Dalvik-Code zu machen, verwendet Eclipse ein Programm, das den Namen *dx* trägt (und im Allgemeinen als *dx-Tool* bezeichnet wird). Und damit dann letztendlich die .apk-Datei zu erzeugen, verwendet Eclipse das Programm *apkbuilder*.

Was ist eine virtuelle Maschine?

Ich mache weiter vorn in diesem Kapitel im Abschnitt *Was ist ein Compiler?* ein ziemliches Getue um Telefone und Geräte, die Anweisungen wie denen in Listing 1.3 folgen. Wenn sich die Aufregung darüber gelegt hat, sehen Sie, dass eigentlich nur Positives übrig bleibt. Sie müssen dazu aber jedes Wort genau lesen, weil Sie sich ansonsten in die falsche Richtung bewegen. Es geht hier insbesondere um die Passage »folgen Prozessoren kryptischen Anweisungen *wie* denen in Listing ...«. Die Anweisungen in Listing 1.3 ähneln schon stark denen, die ein Telefon oder ein Tablet ausführen kann. Aber Computer führen Java-Bytecode generell nicht direkt aus, und auch Telefone können Anweisungen in Form von Dalvik-Bytecode nicht direkt verwenden. Stattdessen besitzt jeder Prozessor seinen eigenen Satz an ausführbaren Anweisungen, die dann jedes Betriebssystem passgenau verwendet.

Stellen Sie sich vor, dass Sie zwei unterschiedliche Geräte besitzen: ein Smartphone und ein Tablet. Diese Geräte weisen unterschiedliche Prozessortypen auf. Das Telefon verfügt über einen ARM-Prozessor, und das Tablet besitzt einen Intel-Atom-Prozessor. (Das Akronym ARM stand ursprünglich für *Advanced RISC Machine*. Heutzutage bedeutet ARM einfach nur noch *ARM Holdings*. Dabei handelt es sich um ein Unternehmen, dessen Mitarbeiter Prozessoren entwerfen.) Auf einem ARM-Prozessor lautet die Anweisung zum Multiplizieren 000000. Bei einem Intel-Prozessor lauten dieselbe Anweisungen D8, DC, F6, F7 und anders. Für viele ARM-Anweisungen gibt es in der Atom-Architektur keine Entsprechung, und vielen Atom-Anweisungen fehlt ein Äquivalent auf der ARM-Seite. Letztendlich bedeutet dies, dass eine ARM-Anweisung für den Atom-Prozessor eines Tablets sinnlos ist und dass Anweisungen für den Atom-Prozessor bei einem ARM-Prozessor nur zu virtuellen Kopfschmerzen führen.

Was muss ein Entwickler tun? Muss er Übersetzungen aller Apps für alle denkbaren Prozessoren zur Verfügung stellen?

Nein. Es sind virtuelle Maschinen, die Ordnung in dieses Chaos bringen. Dalvik-Bytecode ähnelt zwar dem Code in Listing 1.3, aber er ist nicht auf einen einzelnen Prozessortyp oder ein einzelnes Betriebssystem begrenzt. Es gibt einen Satz von Dalvik-Anweisungen, der auf jedem

Prozessor laufen kann. Wenn Sie ein Java-Programm schreiben und durch Kompilieren zu Dalvik-Bytecode machen, kann Ihr Android-Telefon den Bytecode ausführen, Ihr Android-Tablet kann den Bytecode ausführen und selbst der Supercomputer Ihrer Großmutter ist in der Lage, den Bytecode auszuführen. (Damit das klappt, muss Ihre Großmutter auf der Intel-basierten Maschine *Android-x86* installieren.)

 Sie müssen Dalvik-Bytecode niemals schreiben oder entschlüsseln. Es ist Aufgabe des Compilers, Bytecode »herzustellen«. Und es ist Aufgabe der virtuellen Maschine, Bytecode zu entschlüsseln.

Sowohl der Java- als auch der Dalvik-Bytecode haben virtuelle Maschinen. Bei der *Dalvik Virtual Machine* können Sie eine Bytecode-Datei nehmen, die Sie für ein Android-Gerät erstellt haben, den Bytecode auf ein anderes Android-Gerät kopieren und ihn dort problemlos ablaufen lassen. Dies ist einer der vielen Gründe, warum Android so schnell so beliebt geworden ist. Diese unglaubliche Funktion, die es Ihnen erlaubt, Code auf vielen verschiedenen Arten von Computern ablaufen zu lassen, wird *Portierbarkeit* genannt.

Stellen Sie sich vor, dass Sie der Vertreter von Intel beim United Nations Security Council wären (siehe Abbildung 1.3). Rechts neben Ihnen sitzt der Vertreter von ARM und links von Ihnen hat der Vertreter von Texas Instruments Platz genommen. Auf dem Podium befindet sich der Vertreter von Dalvik und hält einen Vortrag in Dalvik-Bytecode und weder Sie noch die anderen (von Intel und Texas Instruments) verstehen auch nur ein Wort Dalvik-Bytecode.

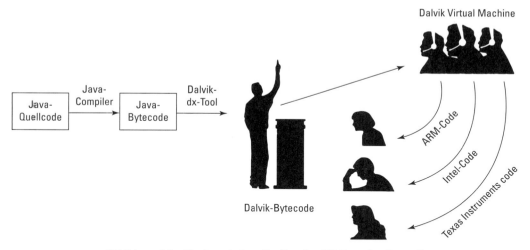

Abbildung 1.3: Ein imaginäres Treffen des UN Security Councils

Aber jeder von Ihnen hat einen Dolmetscher (der im Umfeld der Programmierung auch im Deutschen mit dem englischen Ausdruck für *Dolmetscher* als *Interpreter* bezeichnet wird). Ihr Interpreter übersetzt, während der Vertreter von Dalvik spricht, Dalvik-Bytecode in Intel-Anweisungen. Ein anderer Interpreter übersetzt Dalvik in »ARMisch«. Und der dritte Interpreter (Dolmetscher) übersetzt Bytecode in die Sprache von Texas Instruments.

Stellen Sie sich Ihren Interpreter als einen virtuellen Botschafter vor. Der Interpreter repräsentiert Ihr Land nicht wirklich, aber er erledigt eine wichtige Aufgabe, um die sich auch ein echter Botschafter kümmern muss: Er hört dem Dalvik-Bytecode in Ihrem Auftrag zu. Der Interpreter, der so tut, als wäre er der Intel-Botschafter, kümmert sich um die langweilige Bytecode-Sprache, nimmt jedes einzelne Wort auf und verarbeitet es irgendwie.

Sie besitzen einen Interpreter – diesen virtuellen Botschafter. Auf dieselbe Weise führt ein Intel-Prozessor seine eigene, den Bytecode interpretierende Software aus. Bei dieser Software handelt es sich um die *Dalvik Virtual Machine*. Sie dient zwischen Dalviks Code, der irgendwo laufen soll, und dem System Ihres Gerätes als Dolmetscher (Interpreter). Während die virtuelle Maschine läuft, leitet sie Ihr Gerät durch die Ausführung der Anweisungen des Bytecodes. Sie untersucht den Bytecode Bit für Bit und bringt Anweisungen ans Tageslicht, die im Bytecode beschrieben werden. Die virtuelle Maschine interpretiert Bytecode für ARM-Prozessoren, Intel-Prozessoren, Texas-Instruments-Chips oder beliebige andere Prozessoren. Und genau das macht Java-Code und Dalvik-Code so viel portierbarer als Code, der in einer anderen Sprache geschrieben worden wäre.

Java, Android und Gartenbau

»Du siehst den Wald vor lauter Bäumen nicht«, sagte mein Onkel Harvey. Und meine Tante Clara ergänzte: »Und du siehst die Bäume nicht, die den Wald bilden.« Die beiden diskutierten dann dieses Thema so lange, bis sie müde wurden und ins Bett gingen.

Als Autor möchte ich gerne sowohl den Wald als auch die Bäume darstellen. »Wald« ist dabei der große Überblick, der Ihnen hilft zu verstehen, warum Sie verschiedene Schritte ausführen müssen. Und »Bäume« entspricht den einzelnen Schritten, die Sie von Punkt A zu Punkt B bringen, damit Sie eine Aufgabe vollenden können.

Dieses Kapitel zeigt Ihnen den Wald. Der Rest des Buches zeigt Ihnen die Bäume.

Die Werkzeuge, die Sie benötigen

In diesem Kapitel

- Java installieren
- Die Android-Softwarewerkzeuge herunterladen und installieren
- Die Konfiguration von Eclipse überprüfen
- An den Code gelangen, der in den Beispielen dieses Buches verwendet wird

---

Ergalophile(r), die/der; -len. -len; 1. Liebhaber von Werkzeugen. 2. Eine Person, die Garagenverkäufe besucht und nach rostigen Gegenständen aus Metall Ausschau hält, die vielleicht noch brauchbar sind. 3. Eine Person, deren Computer langsam läuft, weil täglich wahllos kostenlose Software heruntergeladen und installiert wird.

Vor einigen Jahren stieß ich bei einem Garagenverkauf in der Nähe meines Hauses auf einen riesigen Universalschraubenschlüssel (fast 45 cm lang und mehr als 15 kg schwer). Ich war kein guter Klempner und bis zu jenem Tag leckte jedes Rohr, das ich repariert habe, bald schon wieder. Aber ich konnte nicht widerstehen und kaufte dieses wunderbare Stück Hardware. Das einzige Problem war meine Frau, die im Auto saß, das ein Stückchen entfernt geparkt war. Sie reagiert sehr empfindlich auf Einkäufe dieser Art, weshalb ich den Schlüssel nicht zum Auto tragen konnte. »Legen Sie das Teil bitte zur Seite. Ich hole es später ab«, sagte ich dem Verkäufer.

Als ich dann mit leeren Händen wieder am Auto auftauchte, meinte meine Frau: »Ich habe da jemanden gesehen, der den größten Rohrschlüssel aller Zeiten schleppte. Ich bin nur froh, dass du nicht derjenige bist, der das Teil gekauft hat.« Und ich stimmte ihr zu: »Ich kann auf solchen Kram gut verzichten.«

Klar, dass ich später am Tag zurückkehrte und den Schlüssel abgeholt habe, und bis heute liegt er auf unserem Dachboden, wo ihn niemand sehen kann. Falls meine Frau dieses Kapitel jemals lesen sollte, wird sie entweder amüsiert oder ärgerlich sein. Ich hoffe, dass sie nicht verärgert sein wird, aber ich nehme dieses Risiko auf mich, weil ich dieses kleine Drama genieße. Um mein Leben durch ein wenig Spannung zu bereichern, habe ich aus meinem Geheimnis etwas Öffentliches gemacht.

Was Sie benötigen

Dieses Buch erklärt Ihnen, wie Java-Programme geschrieben werden. Aber bevor Sie dies machen können, benötigen Sie einige Softwarewerkzeuge. Hier eine Liste der Werkzeuge, um die Sie sich kümmern müssen:

✔ **Eine Java Virtual Machine**

   Coole Leute sprechen an dieser Stelle von der *JVM* oder einfach nur von *Java*.

✔ **Die Java-Bibliotheken**

Diese Bibliotheken werden gerne auch als *Java Runtime Environment* (JRE; deutsch *Java-Laufzeitumgebung*) oder ebenfalls einfach nur als *Java* bezeichnet.

✔ **Eine integrierte Entwicklungsumgebung**

Sie können Java-Programme erstellen, indem Sie Werkzeuge für Computerfreaks verwenden, die nur mit der Tastatur zu bedienen sind. Aber vielleicht sind Sie es leid, Befehle wieder und immer wieder einzutippen. Eine *integrierte Entwicklungsumgebung* (die auch im Deutschen gerne mit ihrem englischen Kürzel als IDE – für *Integrated Development Environment* – bezeichnet wird) funktioniert ein wenig so wie eine Textverarbeitung. Die hilft Ihnen, Dokumente (Memos, Gedichte und andere Werke der gehobenen Literatur) zu verfassen. Im Unterschied dazu hilft eine IDE dabei, Computerprogramme zu verfassen. Zum Erstellen von Java-Programmen empfehle ich den Einsatz der IDE *Eclipse*.

Außerdem sollten Sie sich die folgenden Dinge besorgen:

✔ **Einige Java-Beispielprogramme, die Ihnen bei Ihren Anfängen helfen können**

Sie können alle Beispiele in diesem Buch unter `www.wiley.de/publish/dt/books/ISBN3-527-70996-7` herunterladen.

✔ **Das Android Software Development Kit**

Das Android *Software Development Kit* (SDK) enthält viele fertig geschriebene und einsetzbare Android-Codebeispiele und einen Haufen von Softwarewerkzeugen, mit denen Sie Android-Apps ausführen und testen können.

Bei dem schon fertig geschriebenen Android-Code handelt es sich um das Android-*Application Programming Interface* (API; auf Deutsch *Programmierschnittstelle*). Die API existiert in verschiedenen Versionen: die Versionen 9 und 10 (beide mit dem Codenamen Gingerbread), die Versionen 11, 12 und 13 (Honeycomb), die Versionen 14 und 15 (Ice Cream Sandwich) und so weiter.

✔ **Zu Android gehörende Zusätze, sogenannte *Add-ons*, für die integrierte Entwicklungsumgebung**

Indem Sie Add-ons verwenden, passen Sie die Eclipse-IDE an, damit Sie Ihnen dabei hilft, Ihre Android-Apps zusammenzubauen, auszuführen und zu testen. Die Eclipse-Add-ons, die mit Android-Apps umgehen können, werden *Android Development Toolkit* (ADT) genannt.

Diese Werkzeuge laufen alle auf dem *Entwicklungscomputer*. Dies ist ein Laptop oder ein Desktopcomputer, den Sie verwenden, um Java-Programme und Android-Apps zu entwickeln. Wenn Sie eine Android-App erstellt haben, kopieren Sie den Code der App vom Entwicklungscomputer auf ein *Zielgerät* – ein Telefon, ein Smartphone, ein Tablet oder (in naher Zukunft) einen Kühlschrank, der unter Android läuft.

2 ➤ Die Werkzeuge, die Sie benötigen

Und hier eine ausgesprochen gute Nachricht: Sie können die gesamte Software, die Sie benötigen, um die Beispiele dieses Buches auszuführen, kostenlos aus dem Web herunterladen. Sie müssen dazu drei verschiedene Adressen aufsuchen:

✔ Die Website des Buches (www.wiley.de/publish/dt/books/ISBN3-527-70996-7)

✔ Wenn Sie www.java.com besuchen, klicken Sie auf eine Schaltfläche, um die Java Virtual Machine zu installieren.

✔ Sie können über eine Schaltfläche auf der Seite http://developer.android.com/sdk das Android SDK herunterladen. Anders als sein Name es ausdrückt, enthält es mehr als nur die Android-Bibliotheken. Im Download befinden sich alles, was es unter www.wiley.de/publish/dt/books/ISBN3-527-70996-7 und www.java.com nicht gab, aber noch benötigt wird.

Die Websites, die ich in diesem Kapitel beschreibe, ändern sich ständig. Und auch die Programme, die Sie von diesen Sites herunterladen, ändern sich in kürzester Zeit. Damit erübrigt sich eine genaue Beschreibung dessen, was Sie tun müssen (zum Beispiel »Klicken Sie in der linken oberen Ecke auf die Schaltfläche ...«). Aus diesem Grund gebe ich in diesem Kapitel zwar auch Einzelschritte vor, beschreibe aber ebenfalls die Ideen, die sich hinter diesen Schritten verbergen. Durchstöbern Sie die vorgeschlagenen Sites und halten Sie nach Wegen Ausschau, um an die Software zu gelangen, die ich beschreibe. Wenn Ihnen eine Website mehrere Möglichkeiten anbietet, nehmen Sie sich die Anleitungen in diesem Kapitel vor, um Hinweise darauf zu finden, welche Option die beste ist. Wenn das Eclipse-Fenster auf Ihrem Computer anders aussieht als in den Abbildungen hier, suchen Sie im Fenster Ihres Computers nach den Einstellungsmöglichkeiten, die ich beschreibe. Wenn Sie das gesuchte Element dann immer noch nicht finden, schauen Sie einmal auf der englischsprachigen Website www.allmycode.com/Java4Android nach oder senden Sie mir eine E-Mail (Java4Android@allmycode.com). Beachten Sie dabei bitte auch, dass ich kein Deutsch spreche, die Mail also in Englisch sein muss.

Wenn Sie gerne darauf verzichten, Handbücher zu lesen ...

Ich beginne diesen Abschnitt mit einem kurzen (aber nützlichen) Überblick über die Schritte, die notwendig sind, um an die Software zu gelangen, die Sie benötigen. Wenn Sie sich mit dem Installieren von Software auskennen und wenn Sie nicht gerade einen skurrilen Computer besitzen, sind Ihnen diese Schritte möglicherweise von Nutzen. Anderenfalls sollten Sie sich die ausführlicheren Anleitungen in den folgenden Abschnitten durchlesen.

1. **Besuchen Sie www.wiley.de/publish/dt/books/ISBN3-527-70996-7 und laden Sie eine Datei herunter, die alle Programmierbeispiele dieses Buches enthält.**

2. **Wenn Sie auf Ihrem Computer keine aktuelle Java-Version haben, besuchen Sie www.java.com und laden Sie die Java Runtime Environment herunter.**

Suchen Sie sich eine Softwareversion aus, die zu Ihrem Betriebssystem (Windows, Mac oder was Sie sonst benötigen) und der Wortlänge des Systems (32 Bit oder 64 Bit) passt.

3. **Besuchen Sie** `http://developer.android.com/sdk` **und laden Sie das Android Software Development Kit (SDK) herunter.**

    Bei dem Paket, das Sie herunterladen, handelt es sich um eine `.zip`-Datei.

4. **Entpacken Sie die heruntergeladene Datei auf Ihrer lokalen Festplatte.**

    Im Original wurde das SDK auf einem Windows-Computer in das Verzeichnis `C:\Users\MyUserName\adt-bundle-windows-x86_64` entpackt. Für die Übersetzung wurde die gesamte Installation im Verzeichnis `C:\buch` vorgenommen und das SDK dort in das Unterverzeichnis `android-sdk` entpackt (siehe Abbildung 2.1). Sie sehen, dass es für die Installation keinen »vorgeschriebenen« Ort gibt.

Abbildung 2.1: Der Ordner für das ADT (SDK) auf einem Windows-Computer

 Wenn die `.zip`-Datei des Android SDKs mehr als einen Ordner enthält, verteilen Sie diese Ordner auf keinen Fall, wenn Sie die Inhalte der `.zip`-Datei entpacken. Entpacken Sie die Datei immer komplett in ein einziges Hauptverzeichnis auf Ihrer Festplatte.

5. **Starten Sie Eclipse.**

    Wenn Sie Eclipse zum ersten Mal ausführen, erscheint der Bildschirm WELCOME.

6. **Blenden Sie den Willkommensbildschirm aus.**

    Bei den meisten Versionen von Eclipse können Sie den Willkommensbildschirm ausblenden, indem Sie auf das kleine Symbol klicken, das wie ein × aussieht und auf einer Registerkarte steht.

7. **Importieren Sie den Code, den Sie in Schritt 1 heruntergeladen haben.**

    Wählen Sie in Eclipse FILE|IMPORT|EXISTING ANDROID CODE INTO WORKSPACE (siehe Abbildung 2.2). Suchen Sie dann nach dem Beispielcode dieses Buches – der `.zip`-Datei aus Schritt 1. (Wenn Ihr Webbrowser das `.zip`-Archiv automatisch entpackt hat, suchen Sie nach dem Ordner, der die Dateien enthält, die den Inhalt des Archivs gebildet haben.)

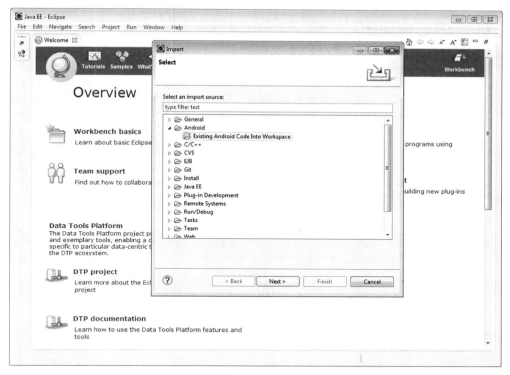

Abbildung 2.2: Vorhandenen Code in Eclipse importieren

8. Erstellen Sie ein virtuelles Android-Gerät.

Sie können Android-Programme auf einem Handy oder einem Tablet testen, aber es ist viel angenehmer, die Tests auf einem *Emulator* vorzunehmen. Ein Emulator ist ein Programm, das sich wie ein Handy oder ein Tablet verhält, aber auf Ihrem Entwicklungscomputer läuft.

Um einen Emulator auszuführen, benötigen Sie ein *Android Virtual Device* (AVD), bei dem es sich um einen Satz von Spezifikationen eines Gerätes handelt (zum Beispiel um den Prozessortyp, die Bildschirmgröße, die Bildschirmauflösung und die Android-Version). Sie legen in Eclipse ein AVD an, indem Sie WINDOW|ANDROID VIRTUAL DEVICE MANAGER wählen und die leeren Felder eines Dialogfelds ausfüllen. Mehr Informationen zu diesem Thema finden Sie weiter hinten in diesem Kapitel im Abschnitt *Ein virtuelles Android-Gerät erstellen*.

Die nächsten Abschnitte liefern Ihnen die Einzelheiten zu den gerade kompakt beschriebenen Schritten.

Diese lästigen Erweiterungen der Dateinamen

Die Dateinamen, die in EIGENE DATEIEN oder einem Fenster des Finders angezeigt werden, können Sie in eine falsche Richtung führen. Sie durchsuchen ein Verzeichnis und sehen den Namen Hypothek. Der echte Name der Datei könnte Hypothek.java, Hypothek.class, Hypothek.irgendEtwas oder wirklich einfach nur Hypothek lauten. Der letzte Teil der Bezeichnungen von Dateinamen wie .java und .class wird *Dateierweiterung* genannt.

Die unangenehme Wahrheit ist, dass Windows und Macs standardmäßig viele Dateierweiterungen ausblenden. Diese unschöne Funktion sorgt bei Entwicklern für Verwirrung. Vermeiden Sie dies, indem Sie die Einstellungen Ihres Computers wie folgt ändern:

- ✔ **In Windows XP:** Wählen Sie START|SYSTEMSTEUERUNG|DARSTELLUNG UND THEMEN. Gehen Sie dann zum vierten Punkt dieser Liste.

- ✔ **In Windows 7:** Wählen Sie START|SYSTEMSTEUERUNG|DARSTELLUNG UND ANPASSUNG|ORDNEROPTIONEN. Gehen Sie dann zum vierten Punkt dieser Liste.

- ✔ **In Windows 8:** Wählen Sie auf der Charms-Leiste EINSTELLUNGEN|SYSTEMSTEUERUNG. Wählen Sie in der Systemsteuerung DARSTELLUNG UND ANPASSUNG|ORDNEROPTIONEN. Gehen Sie dann zum nächsten Punkt dieser Liste.

- ✔ **Alle Windows-Versionen (XP und neuer):** Folgen Sie der Anleitung in einem der vorstehenden Listenpunkte. Klicken Sie im Dialogfeld ORDNEROPTIONEN auf die Registerkarte ANSICHT und deaktivieren Sie das Kontrollkästchen vor ERWEITERUNGEN BEI BEKANNTEN DATEITYPEN AUSBLENDEN.

- ✔ **In Mac OS X:** Wählen Sie im Menu des Finders EINSTELLUNGEN. Klicken Sie in dem sich daraufhin öffnenden Dialogfeld auf die Registerkarte ERWEITERT und aktivieren Sie die Option ALLE DATEINAMENSUFFIXE EINBLENDEN.

An die Beispielprogramme dieses Buches gelangen

Um die Beispielprogramme zu diesem Buch zu erhalten, besuchen Sie www.wiley.de/publish/dt/books/ISBN3-527-70996-7 und klicken auf die Verknüpfung, um die .zip-Datei herunterzuladen, die diese Programme enthält. Speichern Sie die Datei (Java4Android_Programme.zip) auf der Festplatte Ihres Computers.

In einigen Fällen können Sie eine Verknüpfung so oft anklicken, wie Sie wollen, ohne dass Ihnen der Browser die Möglichkeit anbietet, die Datei zu speichern. Wenn Ihnen das passiert, klicken Sie die Verknüpfung mit der rechten Maustaste an (führen Sie auf dem Mac ein ⌘-Klicken durch). Es öffnet sich ein Kontextmenü, in dem Sie ZIEL SPEICHERN UNTER, LINK SPEICHERN UNTER, VERKNÜPFTE DATEI HERUNTERLADEN oder einen ähnlichen Menüpunkt auswählen.

Die meisten Webbrowser legen Dateien auf der Festplatte des Computers im Ordner `Downloads` ab. Aber eventuell ist Ihr Browser etwas anders eingerichtet. Unabhängig davon sollten Sie sich das Verzeichnis merken, das die heruntergeladene Datei `Java4Android_Programme.zip` enthält.

Komprimierte (gepackte) Archivdateien

Wenn Sie www.wiley.de/publish/dt/books/ISBN3-527-70996-7 besuchen und die Beispiele dieses Buches herunterladen, laden Sie eine Datei mit dem Namen `Java4Android_Programme.zip` herunter. Eine `.zip`-Datei ist eine einzelne Datei, die eine Reihe kleinerer Dateien und Ordner enthält. So gibt es zum Beispiel in meiner Datei `Java4Android_Programme.zip` Ordner, die `06-01`, `06-02` und so weiter heißen. Der Ordner `06-02` enthält Unterordner, die wiederum Dateien enthalten. (Im Ordner `06-02` befindet sich der Code aus Listing 6.2 – dem zweiten Listing in Kapitel 6.)

Eine `.zip`-Datei ist ein Beispiel für eine *komprimierte* oder *gepackte Archivdatei*. Andere Beispiele für gepackte Archivdateien sind Dateien mit der Erweiterung `.tar.gz`, `.rar` und `.cab`. Wenn Sie eine solche Datei *entpacken*, holen Sie die ursprünglichen Dateien wieder zurück, die in der größeren Archivdatei gespeichert sind. Das Entpacken stellt normalerweise die Ordnerstruktur wieder her, die in der Archivdatei kodiert ist. Wenn Sie meine Datei `Java4Android.zip` entpacken, gibt es auf der Festplatte die Ordner `06-01`, `06-02` mit Unterordnern wie `src` und `bin`, die wiederum Dateien wie `TypeDemo1.java`, `TypeDemo1.class` und so weiter enthalten.

Wenn Sie die Datei `Java4Android_Programme.zip` herunterladen, kann es sein, dass Ihr Webbrowser die Datei automatisch entpackt. Sollte dies nicht der Fall sein, können Sie den Inhalt der `.zip`-Datei dadurch sehen, dass Sie auf dem Symbol der Datei einen Doppelklick ausführen. (Sie sind dann sogar in der Lage, die Inhalte der Datei zu kopieren und mit ihnen weitere Dateioperationen auszuführen.) Welchen Weg Sie einschlagen, ist eigentlich gleichgültig. Wenn Sie den Anleitungen dieses Kapitels folgen, sollten Sie keine Schwierigkeiten haben, die Inhalte der Datei `Java4Android_Programme.zip` in die Eclipse-IDE zu importieren. Denn im Hintergrund entpackt der Eclipse-Import die `.zip`-Datei ohne Ihr Zutun.

Informationen sammeln

Für viele (zu denen auch Personen mit wenig Erfahrung gehören) ist die Installation von Java und dem Android SDK Routine. Sie besuchen ein paar Websites, klicken auf ein paar Schaltflächen und machen eine Kaffeepause. Aber vielleicht haben Sie, während Sie den Anleitungen in diesem Kapitel folgen, die eine oder andere Frage, stoßen auf Schwierigkeiten oder gelangen an eine Weggabelung? In diesem Fall kann es sehr hilfreich sein, den eigenen Computer zu kennen – denn der enthält die Antworten auf einige der aufgeworfenen Fragen.

Verwenden Sie ein 32-Bit- oder ein 64-Bit-Betriebssystem?

Sie installieren in diesem Kapitel auf Ihrem Computer Java und das Android SDK. Java gibt es in zwei Geschmacksrichtungen: 32 Bit und 64 Bit. Auch das Android SDK kennt diese beiden Formen, und damit das Android SDK mit Java zusammenarbeiten kann, müssen beide die gleiche Form haben. Sie finden in diesem Abschnitt heraus, was für Ihren Computer am besten geeignet ist.

Die Schritte in diesem Abschnitt sind optional. Wenn Sie dieser Mission nicht folgen wollen, besuchen Sie www.java.com und http://developer.android.com/sdk, um die entsprechenden Versionen von Java und dem Android SDK herunterzuladen, die Ihnen von diesen beiden Websites angeboten werden. Entscheiden Sie sich einheitlich! Laden Sie also entweder die 32-Bit-Versionen oder die 64-Bit-Versionen von Java und dem Android SDK herunter und versuchen Sie nicht, diese beiden Versionen zu »mischen«. (Im Windows-Umfeld sind die 32-Bit-Versionen die sicherste Lösung, während sich beim Mac die 64-Bit-Versionen anbieten.)

Windows 8, Windows 7 und Windows Vista:

1. **Drücken Sie die ⊞-Taste.**

   In Windows 8 erscheint der Startbildschirm. In Windows 7 und Windows Vista erscheint das Startmenü.

2. **Geben Sie in Windows 8 Systemsteuerung ein und drücken Sie ⏎. Klicken Sie in Windows 7 und Windows Vista im Startmenü auf SYSTEMSTEUERUNG.**

   Es erscheint die Systemsteuerung.

3. **Wählen Sie in der Systemsteuerung SYSTEM UND SICHERHEIT (Windows 8 und Windows 7) beziehungsweise SYSTEM UND WARTUNG (Windows Vista) und dann SYSTEM.**

   Es erscheint das Fenster SYSTEM.

4. **Suchen Sie das Wort SYSTEMTYP.**

   Hier finden Sie die Information, dass Sie entweder mit einem 32-Bit- oder mit einem 64-Bit-System arbeiten (siehe Abbildung 2.3).

Windows XP

1. **Drücken Sie die ⊞-Taste.**

   Es erscheint das Startmenü.

2. **Klicken Sie im Startmenü auf ARBEITSPLATZ.**

   Es öffnet sich der Windows-Explorer.

3. **Navigieren Sie im Explorer zum Laufwerk C.**

2 ▶ Die Werkzeuge, die Sie benötigen

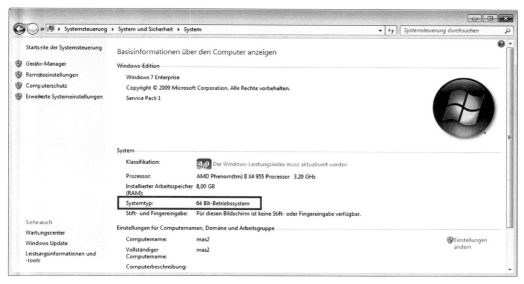

Abbildung 2.3: Den Systemtyp herausfinden

4. **Suchen Sie im Explorer die Ordner** PROGRAMME **und** PROGRAMME (x86).

   Wenn Sie zwar den Ordner PROGRAMME, nicht aber PROGRAMME (x86) finden, läuft auf dem Computer ein 32-Bit-Windows. Wenn sowohl PROGRAMME als auch PROGRAMME (x86) vorhanden sind, besitzen Sie ein 64-Bit-Windows.

Mac OS X

1. **Wählen Sie** APPLE|ÜBER DIESEN MAC.

   Es erscheint das Fenster ÜBER DIESEN MAC.

2. **Suchen Sie im Fenster** ÜBER DIESEN MAC **das Wort** PROZESSOR.

   Wenn es sich bei diesem Prozessor um einen Intel Core Solo oder um einen Intel Core Duo handelt, besitzen Sie einen 32-Bit-Mac. Alle anderen Intel-Prozessoren, einschließlich Intel Core 2 Duo, zeigen, dass Sie einen 64-Bit-Mac haben (siehe Abbildung 2.4).

Hier ein alternativer Weg für Freaks, um herauszufinden, ob auf Ihrem Mac ein 32-Bit- oder ein 64-Bit-Betriebssystem läuft: Geben Sie in Spotlight `Terminal` ein und drücken Sie ⏎. Wenn sich dann die App Terminal geöffnet hat, geben Sie `uname -a` ein und drücken ⏎. Wenn die Antwort des Macs `i386` enthält, besitzen Sie ein 32-Bit-System. Wenn `x86_64` Bestandteil der Antwort des Macs ist, handelt es sich um ein 64-Bit-System.

Abbildung 2.4: Der Prozessortyp eines Macs

Wie viele Bits hat Ihr Computer?

Während Sie den Anleitungen dieses Kapitels folgen, kann es passieren, dass Sie aufgefordert werden, sich für eine von zwei Softwareversionen zu entscheiden – der 32-Bit-Version oder der 64-Bit-Version. Was macht da den Unterschied aus und warum müssen Sie ihn berücksichtigen?

Ein *Bit* ist die kleinste Informationseinheit, die Sie auf einem Computer speichern können. Die meisten Menschen stellen sich unter einem Bit eine Null oder eine Eins vor, eine Darstellung, die eigentlich ganz sinnvoll ist. Um so gut wie jede Zahl wiederzugeben, packen Sie mehrere Bits nebeneinander und machen mit ihnen auf der Basis von zwei ein paar raffinierte Dinge. Die Einzelheiten des Nummerierungssystems sind keine K.-o.-Kriterien. Es ist nur wichtig, sich zu merken, dass jeder Schaltkreis im Computer dieselbe Anzahl an Bits enthält. (Gut, einige Schaltkreise sind Außenseiter und haben ihre eigene Zahl an Bits, aber diese Spezialfälle können hier ignoriert werden.)

In einem Computer älterer Bauart speichert jeder Schaltkreis 32 Bits, bei moderneren Computern sind es 64 Bits. Diese Anzahl an Bits (32 oder 64) wird auch *Wortlänge* des Computers genannt. Daraus folgt, dass in neueren Computern ein Wort 64 Bit lang ist.

»Klasse«, sagen Sie, »ich habe meinen Computer erst letzte Woche gekauft. Es muss also ein 64-Bit-Computer sein.« Nun, so einfach lässt sich das nicht sagen. Denn zusätzlich dazu, dass die Schaltkreise eines Computers eine bestimmte Wortlänge haben, weist auch das Betriebssystem eine Wortlänge auf. Die Anweisungen eines Betriebssystems arbeiten mit einer bestimmten Anzahl an Bits. Ein Betriebssystem mit 32-Bit-Anweisungen kann sowohl auf einem 32-Bit- als auch auf einem 64-Bit-Computer laufen, während ein Betriebssystem mit 64-Bit-Anweisungen nur auf einem 64-Bit-Computer funktioniert. Und damit das alles nicht zu einfach wird, liegen alle Programme, die Sie ausführen (einen Webbrowser, eine Textverarbeitung oder eines Ihrer eigenen Java-Programme), ebenfalls in einer 32-Bit- oder 64-Bit-Version vor. Sie können einen 32-Bit-Webbrowser auf einem 64-Bit-Betriebssystem auf einem 64-Bit-Computer ausführen. Und natürlich läuft der 32-Bit-Webbrowser auch auf einem 32-Bit-Betriebssystem, das auf einem 64-Bit-Computer installiert worden ist. (Siehe hierzu auch die Abbildung unten.)

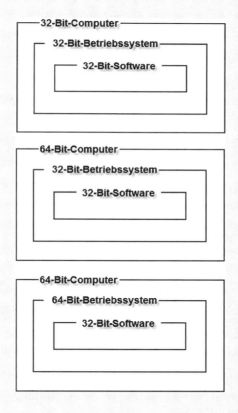

Wenn Sie auf einer Website zwischen 32-Bit- und 64-Bit-Software wählen können, sollte Ihr Hauptaugenmerk der Wortlänge des Betriebssystems und nicht der der Schaltkreise des Computers gelten. Sie können eine 32-Bit-Textverarbeitung auf einem 64-Bit-Betriebssystem ausführen, aber eine 64-Bit-Textverarbeitung läuft nicht auf einem 32-Bit-Betriebssystem (und zwar unabhängig davon, welche Wortlänge das Computersystem aufweist). Die Entscheidung für eine 64-Bit-Software hat einen großen Vorteil: 64-Bit-Software kann auf mehr als 3 GB des schnellen RAM-Arbeitsspeichers zugreifen, und ich habe die Erfahrung gemacht, dass ein Mehr an Arbeitsspeicher zu einer schnelleren Verarbeitung der Daten führt.

Was hat das alles mit den Downloads von Java und dem Android SDK zu tun? Hier kommt die Auflösung:

✔ Wenn Sie ein 32-Bit-Betriebssystem verwenden, können Sie nur etwas mit 32-Bit-Software anfangen.

✔ Wenn Sie ein 64-Bit-Betriebssystem verwenden, lässt sich sowohl 32-Bit- als auch 64-Bit-Software einsetzen. Der größte Teil der 32-Bit-Software funktioniert problemlos auf einem 64-Bit-Betriebssystem.

✔ Sie können auf einem 64-Bit-Betriebssystem zwei Versionen desselben Programms haben. So gibt es zum Beispiel auf meinem Windows-Computer zwei Versionen des Internet Explorers: eine 32-Bit-Version und eine 64-Bit-Version.

✔ Windows speichert normalerweise 32-Bit-Programme im Verzeichnis `Programme (x86)`, während die 64-Bit-Programme im Verzeichnis `Programme` abgelegt werden.

✔ Eine Kette aus Wortlängen ist so stark wie ihr schwächstes Glied. Wenn ich zum Beispiel www.java.com besuche und auf die Verknüpfung Habe ich Java bereits? klicke, hängt die Antwort davon ab, ob die Java-Version auf meinem Computer mit dem Webbrowser übereinstimmt. Auf einem 64-Bit-Betriebssystem erhalte ich als Antwort `Java wird auf Ihrem Computer nicht erkannt`, wenn ich die Verknüpfung mit meinem 32-Bit-Firefox anklicke. Führe ich die gleiche Abfrage mit einem 64-Bit-Browser durch, lautet die Antwort `Java wird auf Ihrem Computer erkannt`.

✔ Hier kommt nun das Wichtigste, das Sie sich über Wortlängen merken sollten: Wenn Sie den Anleitungen dieses Kapitels folgen, installieren Sie Java- und Android-SDK-Software auf dem Computer. Die Wortlänge von Java muss der des Android SDKs entsprechen. Das bedeutet, dass ein 32-Bit-Android-SDK ein 32-Bit-Java und ein 64-Bit-SDK ein 64-Bit-Java verlangen. Ich habe zwar noch nicht alle denkbaren Kombinationen ausprobiert, aber der Versuch, ein 32-Bit-Android-SDK zusammen mit einem 64-Bit-Java laufen zu lassen, führte zu der Fehlermeldung, dass keine Java Virtual Machine gefunden worden sei.

Wenn Sie ein Mac-Benutzer sind, besitzen Sie welche Version von OS X?

Wenn Sie eine brennende Frage beantworten wollen, die mit dem Macintosh-Betriebssystem zu tun hat, folgen Sie diesen Schritten:

1. **Wählen Sie Apple|Über diesen Mac.**

   Es erscheint das Fenster Über diesen Mac.

2. **Suchen Sie im Fenster Über diesen Mac das Wort Version.**

   Sie lesen hier in sehr hellem Grau 10.8 (oder so ähnlich). Schauen Sie sich zu diesem Zweck noch einmal Abbildung 2.4 an.

Die Android-Entwicklungssoftware verlangt mindestens OS X 10.5.8 und einen Intel-Prozessor. Wenn das Fenster Über diesen Mac anzeigt, dass Sie einen PowerPC-Prozessor oder eine Version von OS X besitzen, die älter als OS X 10.5 ist, wird es schwierig für Sie werden, Android-Apps zu entwickeln. Sie können versuchen, Versionen wie 10.5.1 auf 10.5.8 zu aktualisieren. Bei Systemen vor OS X 10.5 und bei Systemen mit einem PowerPC-Prozessor müssen Sie im Web nach Hacks und provisorischen Lösungen (sogenannten *Workarounds*) suchen.

Wenn Sie die Software nicht regelmäßig aktualisieren, wählen Sie im Apple-Menü Software Update. Suchen Sie in dem Fenster, das sich daraufhin öffnet, nach Aktualisierungen (Updates) von OS X und von Elementen, in deren Namen Java vorkommt. Markieren Sie die entsprechenden Elemente und klicken Sie dann auf die Schaltfläche für eine Installation beziehungsweise Programmaktualisierung. Außerdem können Sie den Anleitungen in den nächsten Abschnitten folgen, um herauszufinden, ob die Website www.java.com eine Aktualisierung empfiehlt.

Ist auf Ihrem Computer eine aktuelle Java-Version installiert?

Die Android-Entwicklung verlangt Java 5.0 oder Java 6. Java 6 wird empfohlen (ist aber keine zwingende Notwendigkeit). Java 7 oder spätere Versionen sind des Guten zu viel.

Sie werden höchstwahrscheinlich *Java 1.5* und *Java 1.6* und nicht *Java 5* und *Java 6* vorfinden. Es gibt tatsächlich Menschen, die diesen Unterschied verstehen, aber nur wenige kümmern sich wirklich darum. (Wenn Sie zu diesen wenigen gehören, finden Sie die entsprechenden Erklärungen in Kapitel 1.)

Folgen Sie diesen Schritten, um herauszufinden, ob es auf Ihrem Computer eine aktuelle Version von Java gibt:

1. **Besuchen Sie www.java.com.**

2. **Klicken Sie auf der Startseite von www.java.com auf die Verknüpfung Habe ich Java bereits?**

3. **Klicken Sie auf der Seite Java-Version prüfen auf die gleichnamige Schaltfläche.**

Nach einer kurzen Wartezeit erhalten Sie von der Site die Information, dass Sie zum Beispiel *Java-Version 7 Update 25* oder etwas Ähnliches haben.

✔ Wenn Sie Java-Version 6 oder höher besitzen, hindert Sie nichts mehr daran, loszulegen. Sie müssen keine andere Java-Version installieren, und Sie können den Abschnitt *Java installieren* in diesem Kapitel überspringen.

✔ Wenn die Site java.com nichts davon sagt, dass Sie Java 6 oder höher installiert haben, sollten Sie nicht verzweifeln. Die Site kann sich irren!

Ein 32-Bit-Webbrowser ist nicht in der Lage, die 64-Bit-Version von Java zu entdecken, und zumindest bis Anfang 2013 war es so, dass kein Browser, der im Windows-8-Modus läuft, in der Lage ist, Java überhaupt zu entdecken. Hier gibt es unendlich viele Fallstricke.

Ich empfehle aber, dass Sie immer den Anleitungen im Anschnitt *Java installieren* folgen, wenn die Site java.com der Meinung ist, dass Sie Java 6 oder höher nicht installiert haben. Wenn Sie dann eventuell eine zweite (oder dritte oder vierte) Java-Version installiert haben, schadet das auch nichts.

Java installieren

Sie können an die beste und großartigste Java-Version gelangen, indem Sie www.java.com besuchen. Auf dieser Site stehen Ihnen mehrere Alternativen zur Verfügung:

✔ **(Meine Empfehlung) Klicken Sie auf der Startseite der Site auf die große Schaltfläche KOSTENLOSER JAVA-DOWNLOAD.**

In den meisten Fällen erhalten Sie durch das Klicken auf die Schaltfläche KOSTENLOSER JAVA-DOWNLOAD das Java, das Sie für die Beispiele in diesem Buch benötigen. Wenn Sie unsicher sind, was Sie nach dem Besuch von www.java.com machen sollen, gehen Sie zum Abschnitt *Das Android SDK installieren*, der sich weiter hinten in diesem Kapitel befindet.

Wenn Sie Mac OS X 10.6 oder früher verwenden oder wenn Sie OS X 10.7 einsetzen und es noch nicht auf OS X 10.7.3 oder höher aktualisiert haben und auf die Schaltfläche für den kostenlosen Download klicken, erscheint eine »Sorry, Charlie«-Seite mit der Aufforderung, Java direkt von der Apple-Site herunterzuladen. Folgen Sie den Anleitungen auf dieser Seite, um Java auf Ihrem Computer zu installieren.

✔ **(Optional) Folgen Sie der Verknüpfung HABE ICH JAVA BEREITS?**

Wenn Sie dieser Verknüpfung folgen, sucht der Webbrowser auf dem Computer nach einer Java-Installation. Ich empfehle für die Beispiele dieses Buches Java 6 (das auch als Java 1.6 bekannt ist) oder eine spätere Version (Java 7, Java 8 oder was es sonst noch gibt). Wenn Ihre Java-Version älter als 6 ist (oder wenn die Suche auf dem Computer kein Java findet), empfehle ich, bei www.java.com auf eine der DOWNLOAD-Schaltflächen zu klicken.

✔ **(Optional) Wählen Sie eine der angebotenen Java-Versionen aus.**

Wenn Sie bei www.java.com auf die Schaltfläche KOSTENLOSER JAVA-DOWNLOAD klicken, stoßen Sie auf der Downloadseite, die sich daraufhin öffnet, auf die Verknüpfung SIEHE ALLE JAVA-DOWNLOADS. Hier können Sie unter verschiedenen Java-Versionen wählen, die für Windows, den Mac, Linux oder Sun Solaris bestimmt sind.

Diese Alternative ist dann sehr nützlich, wenn es darum geht, die standardmäßige Auswahl der Schaltfläche KOSTENLOSER JAVA-DOWNLOAD zu überschreiben. Ein Beispiel: Sie wollen die 64-Bit-Version herunterladen, obwohl die Schaltfläche KOSTENLOSER JAVA-DOWNLOAD nur die 32-Bit-Version anbietet. (Siehe hierzu auch den Kasten *Wie viele Bits hat Ihr Computer?*, der sich weiter vorn in diesem Kapitel befindet.) Und vielleicht besuchen Sie später www.java.com mit einem Windows-Computer, um eine Java-Version für Ihren Mac herunterzuladen.

✔ **(Optional) Säubern Sie den Computer mit Ausnahme der letzten von allen Java-Versionen.**

Auf www.java.com verspricht die Verknüpfung ÄLTERE VERSIONEN ENTFERNEN, an die Sie durch Klicken auf die Schaltfläche KOSTENLOSER JAVA-DOWNLOAD gelangen, den gesamten Wust an Java-Installationen zu bereinigen, den Sie im Laufe der Zeit angesammelt haben. Mehrere Java-Versionen auf dem Computer zu haben, brachte mir sowohl Vor- als auch Nachteile und ich bin der Meinung, dass diese Option eine optionale ist.

Verwenden Sie die Verknüpfung ÄLTERE VERSIONEN ENTFERNEN, wenn Sie der Meinung sind, dass aufgetretene Probleme mit Java zu tun haben. Wenn Sie aber erst einmal mehrere Kapitel dieses Buches gelesen und die Beispiele ohne Schwierigkeiten nachvollzogen haben, sollten Sie sich nicht länger um ÄLTERE VERSIONEN ENTFERNEN kümmern.

Das Android SDK installieren

Sie erhalten in diesem Abschnitt vier nützliche Werkzeuge, an die Sie über einen einzigen Download gelangen. Und das geht so:

1. **Besuchen Sie** http://developer.android.com/sdk.
2. **Klicken Sie auf der Webseite auf die Schaltfläche** DOWNLOAD THE SDK.
3. **Stimmen Sie dem juristischen Kauderwelsch zu.**
4. **Entscheiden Sie sich für einen 32-Bit- oder einen 64-Bit-Download.**

    Besuchen Sie gegebenenfalls noch einmal den weiter vorn in diesem Kapitel stehenden Abschnitt *Verwenden Sie ein 32-Bit- oder ein 64-Bit-Betriebssystem?*. Nachdem Sie Ihre Wahl getroffen haben, erscheint eine letzte DOWNLOAD-Schaltfläche. (Zumindest war das bis zum Herbst 2013 so.)

5. **Klicken Sie auf die Schaltfläche** DOWNLOAD **und legen Sie die heruntergeladene Datei auf der Festplatte Ihres Computers ab.**

    Bei der heruntergeladenen Datei handelt es sich um ein großes .zip-Archiv.

6. **Entpacken Sie die heruntergeladene Archivdatei auf der lokalen Festplatte.**

   Für die Übersetzung wurden alle Dateien im Verzeichnis `C:\buch` in eigenen Unterverzeichnissen abgelegt. Der Autor hat seine Dateien unter Windows in das Verzeichnis `C:\Benutzer\MeinBenutzerName\adt-bundle-windows-x86` und auf dem Mac nach `Applications` entpackt. Legen Sie Ihre Dateien dort ab, wo Sie am einfachsten darauf zugreifen können.

   Weiter vorn in diesem Kapitel gibt es den Kasten *Komprimierte Archivdateien*, der Hilfe beim Umgang mit komprimierten Dateien bietet.

   Java kann unter Windows Probleme machen, wenn es in einem Verzeichnisnamen, der von Java angesprochen wird, Leerzeichen gibt. Ich glaube zwar nicht, dass dies bei der Software, die für dieses Buch benötigt wird, der Fall ist, aber ich kann dies auch nicht ausschließen. Extrahieren Sie deshalb die `.zip`-Dateien am besten in ein Verzeichnis, dessen Namen kein Leerzeichen aufweist (oder machen Sie sich zumindest gedanklich einen Knoten ins Taschentuch, falls es doch Schwierigkeiten geben sollte).

Das `.zip`-Archiv, das Sie von `http://developer.android.com/sdk` heruntergeladen haben, enthält diese beiden Komponenten:

- ✔ **Eclipse:** Hierbei handelt es sich um eine angepasste Version der beliebten Entwicklungsumgebung (IDE) Eclipse. Sie können in der Eclipse-Umgebung Java-Apps erstellen, ablaufen lassen und debuggen. Diese Version von Eclipse enthält bereits das Android Development Toolkit (ADT) und zusätzliche Plug-ins, um mit Android-Apps arbeiten zu können.

- ✔ **Das SDK:** (Ja, gut die Hälfte der großen heruntergeladenen Datei besteht aus dem Android SDK.) Das SDK enthält die Android-Bibliothek (eine oder mehrere Versionen der Android-API). Diese Komponente enthält auch einige Softwarewerkzeuge, um Android-Apps auszuführen und zu testen.

So lange Sie noch so gütig sind, meinen Ratschlägen zu folgen, sollten Sie sich den Ort auf der Festplatte merken, an dem das SDK landet. (So befindet sich zum Beispiel der SDK-Ordner in Abbildung 2.1 hier: `C:\buch\android-sdk`.) Ich nenne diesen Ort `ANDROID_HOME`.

Eclipse zum ersten Mal ausführen

Wenn Sie Eclipse zum ersten Mal ausführen, warten ein paar zusätzliche Schritte auf Sie. Folgen Sie dieser Anleitung, um Eclipse ans Laufen zu bringen:

1. **Starten Sie Eclipse.**

   Höchstwahrscheinlich gibt es im Startmenü von Windows kein Symbol für Eclipse. Schauen Sie in diesem Fall im Windows-Explorer (der in Windows 8 nur noch Explorer heißt) nach dem Ordner, der die entpackten Eclipse-Dateien enthält. Führen Sie auf dem Symbol, das die Datei `eclipse.exe` repräsentiert, einen Doppelklick aus. (Wenn Sie nur `eclipse` und nicht `eclipse.exe` sehen, sollten Sie sich weiter vorn in diesem Kapitel mit dem Kasten *Diese lästigen Erweiterungen der Dateinamen* beschäftigen.)

Gehen Sie auf dem Mac zu Spotlight und geben Sie in das Suchfeld Eclipse ein. Wenn dann Eclipse als oberster Eintrag in der Spotlight-Trefferliste erscheint, drücken Sie ⏎.

Wenn Sie Eclipse starten, erscheint das Dialogfeld WORKSPACE LAUNCHER (siehe Abbildung 2.5; standardmäßig wird als Workspace der Ordner C:\Benutzer\Benutzername\workspace vorgeschlagen). Dieses Dialogfeld fragt Sie, wo auf der Festplatte des Computers der Code gespeichert werden soll, den Sie erstellen. (*Workspace* bedeutet auf Deutsch *Arbeitsbereich*.)

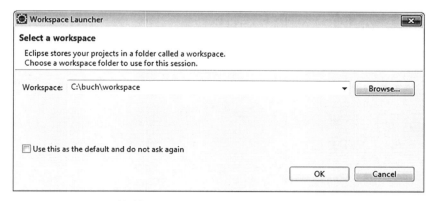

Abbildung 2.5: *Eclipses* WORKSPACE LAUNCHER

2. **Klicken Sie im Dialogfeld WORKSPACE LAUNCHER auf OK, um den Standardeintrag zu akzeptieren (oder ändern Sie ihn, um danach auf OK zu klicken).**

Wie Sie hier vorgehen, hängt von Ihnen ab und hat keine große Bedeutung. Da Sie Eclipse zum ersten Mal verwenden, startet das Programm mit einem WELCOME-Bildschirm (siehe Abbildung 2.6).

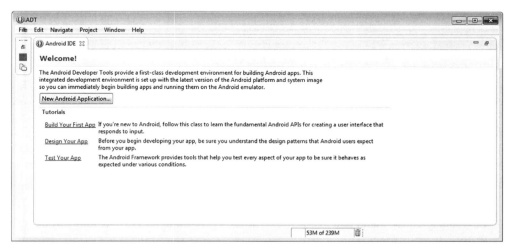

Abbildung 2.6: *Der Bildschirm* WELCOME *der für Android angepassten Version von Eclipse*

3. **Blenden Sie den Willkommensbildschirm aus.**

   Sie sind bei den meisten Versionen von Eclipse in der Lage, den Bildschirm WELCOME auszublenden, indem Sie auf das kleine x klicken, das auf der Registerkarte oberhalb von WELCOME zu sehen ist. Es erscheint, wie Abbildung 2.7 zeigt, eine funkelnagelneue Arbeitsumgebung.

Abbildung 2.7: Die funkelnagelneue Arbeitsumgebung von Eclipse nach dem ersten Starten

Mensch, wo ist denn mein Android SDK hin?

Wenn Sie Eclipse zum ersten Mal starten, hält die Eclipse-IDE auf der Festplatte nach den vorgefertigten, wiederverwendbaren Android-Codedateien Ausschau. (Immerhin verwendet Eclipse diese Dateien, um Ihnen dabei zu helfen, Android-Apps zu schreiben und auszuführen.) Wenn Eclipse diese Dateien nicht findet, präsentiert es Ihnen die unschöne Meldung `Could Not Find SDK Folder`. Damit Eclipse weiß, wo es die Android-SDK-Dateien installieren soll, folgen Sie diesen Schritten:

1. **Wählen Sie unter Windows im Hauptmenü von Eclipse WINDOW|PREFERENCES. Wählen Sie auf dem Mac im Hauptmenü von Eclipse ECLIPSE|PREFERENCES.**

   Es öffnet sich das Dialogfeld PREFERENCES. (*Preferences* sind auf Deutsch die *Voreinstellungen.*)

2. **Markieren Sie im Darstellungsbaum auf der linken Seite des Dialogfelds die Option Android.**

   Erweitern Sie den Android-Zweig nicht. Klicken Sie einfach nur auf das Wort Android. Im Hauptteil des Dialogfelds Preferences erscheint das Feld SDK Location (siehe Abbildung 2.8).

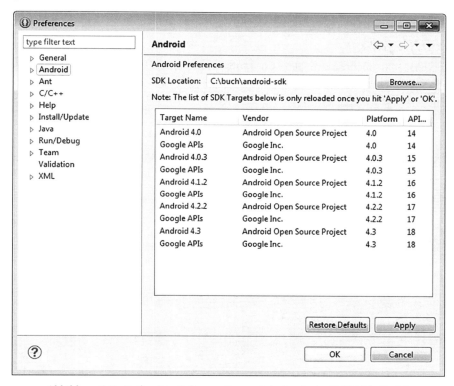

Abbildung 2.8: Teilen Sie Eclipse mit, wo sich das Android SDK befindet.

3. **Klicken Sie auf die Schaltfläche Browse (für *Suchen*), um das ANDROID_HOME-Verzeichnis zu finden.**

   In Abbildung 2.8 ist zum Beispiel das Verzeichnis `C:\buch\android-sdk` ANDROID_HOME.

4. **Klicken Sie auf die Schaltfläche Apply (für *Anwenden*) und dann auf OK, um zur Arbeitsfläche von Eclipse zurückzukehren.**

    Schauen Sie sich noch einmal Abbildung 2.8 an und beachten Sie das Textfeld in der linken oberen Ecke des Fensters – das Feld, das die Wörter `type filter text` (für *Filtertext eingeben*) enthält. Aufgabe dieses Textfelds ist es, die Namen von Eclipse-Preferences zu filtern. Abbildung 2.8 zeigt nur elf Preferences (wie General, Android, Ant und C/C++) an. Aber die Liste der Preferences kann sich zu einem Baum mit ungefähr 150 Zweigen erweitern. Jeder Zweig verfügt im Hauptfenster von PREFERENCES über einen eigenen Satz an Auswahlmöglichkeiten. Wenn Sie beispielsweise wissen wollen, welche Einstellungsmöglichkeiten es in Eclipse für Schriftarten gibt, geben Sie in das kleine Textfeld font ein (das englische Wort für Schriftart – Eclipse versteht leider kein Deutsch). Nun zeigt Eclipse nur die Zweige des Baums an, die das Wort font enthalten.

Eclipse trifft Java!

Normalerweise hält Eclipse auf dem Computer nach einer Java-Installation Ausschau und sucht sich eine installierte Java-Version aus, um Ihre Java-Programme auszuführen. Wenn es auf dem Computer mehr als eine Java-Version gibt, sollten Sie die von Eclipse ausgewählte Java-Version doppelt überprüfen. Die Schritte in diesem Abschnitt zeigen Ihnen, wie das am besten geht.

Die Schritte in diesem Abschnitt sind optional. Folgen Sie ihnen nur dann, wenn Sie den Verdacht hegen, dass Eclipse nicht den Java-Favoriten Ihres Computers verwendet.

1. *Unter Windows:* **Wählen Sie im Hauptmenü von Eclipse WINDOW|PREFERENCES.** *Auf dem Mac:* **Wählen Sie im Hauptmenü von Eclipse ECLIPSE|PREFERENCES.**

   Es erscheint das Dialogfeld PREFERENCES. (Sie können die weiteren Schritte anhand von Abbildung 2.9 nachvollziehen.)

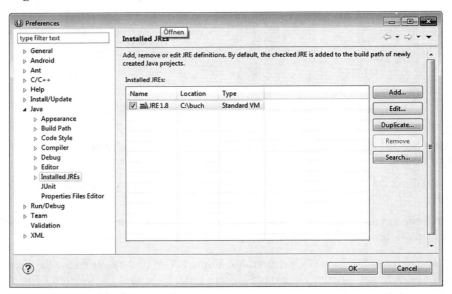

Abbildung 2.9: Die Seite INSTALLED JREs des Eclipse-Dialogfelds PREFERENCES

2. Klicken Sie links im »Baum« des Dialogfelds PREFERENCES auf JAVA und erweitern Sie diesen Zweig.

3. Wählen Sie im Zweig JAVA den Zweig INSTALLED JREs.

4. Schauen Sie nach, ob es im Hauptfenster des Dialogfelds PREFERENCES mehrere installierte Java-Versionen gibt.

   Jede Java-Version in der Liste hat ein Kontrollkästchen. Eclipse verwendet die Version, deren Kontrollkästchen aktiviert worden ist. Wenn die hier ausgewählte Version nicht die von Ihnen bevorzugte ist (wenn es sich dabei zum Beispiel nicht um Java 6 oder höher handelt), müssen Sie eine Änderung vornehmen.

5. Wenn in der Liste INSTALLED JREs die von Ihnen bevorzugte Java-Version erscheint, aktivieren Sie das Kontrollkästchen vor dieser Version.

6. Wenn die von Ihnen bevorzugte Java-Version nicht in der Liste INSTALLED JREs auftaucht, klicken Sie auf die Schaltfläche ADD (für *Hinzufügen*).

   Es erscheint das Dialogfeld JRE TYPE (siehe Abbildung 2.10).

Abbildung 2.10: Das Dialogfeld JRE TYPE

7. **Führen Sie im Dialogfeld JRE Type einen Doppelklick auf Standard VM aus.**

   Es öffnet sich daraufhin das Dialogfeld JRE Definition (siehe Abbildung 2.11). Was Sie dann als Nächstes machen, hängt von verschiedenen Faktoren ab.

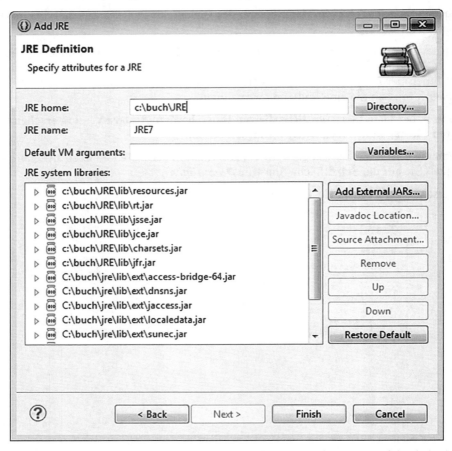

Abbildung 2.11: Das Dialogfeld JRE Definition (nachdem Sie Schritt 8 ausgeführt haben)

8. **Füllen Sie im Dialogfeld das Feld JRE home aus.**

   Wie Sie das machen, hängt vom eingesetzten Betriebssystem ab:

   - *Unter Windows:* Gehen Sie zu dem Verzeichnis, in dem Sie die von Ihnen bevorzugte Java-Version installiert haben. Auf dem Windows-Computer des Autors könnten das die Verzeichnisse `C:\Programme\Java\jre7`, `C:\Programme\Java\jdk1.7.0`, `C:\Programme (x86)\Java\jre8` oder ein anderes sein. Wie Sie Abbildung 2.11 entnehmen mögen, wurde für die Übersetzung das Verzeichnis `C:\buch\jre` als Ziel gewählt – es gibt also keine Vorgaben durch die Software, wohin Sie welche Version von Java installieren sollten.

- *Auf dem Mac:* Verwenden Sie den Finder, um zu dem Verzeichnis zu gelangen, in das Sie Ihre bevorzugte Java-Version installiert haben. Geben Sie den Verzeichnisnamen in das Feld JRE HOME des Dialogfelds ein.

  Auf meinem Mac gibt es ein Java-Verzeichnis, das den Namen `/System/Library/Java/Java Virtual Machines/1.6.0jdk/Contents/Home` trägt. Ein weiteres Java-Verzeichnis heißt `/Library/Java/JavaVirtualMachines/JDK 1.7.0.jdk/Contents/Home`.

  Verzeichnisse wie `/System` und `/Library` erscheinen normalerweise nicht im Finder des Mac. Um zu einem dieser Verzeichnisse zu gelangen, wählen Sie über die Menüleiste des Finders GEHE ZU|GEHE ZU ORDNER. Geben Sie dann in dem Dialogfeld, das sich daraufhin öffnet, `/Library` ein und klicken dann auf GEHE ZU. Es kann passieren, dass Sie auf Ihrem Weg zu dem Verzeichnis, in dem sich Ihre bevorzugte Java-Version befindet, auf ein Symbol `JDK 1.7.0.jdk` oder ein anderes Element stoßen, das die Dateierweiterung `.jdk` trägt. Um den Inhalt eines solchen Elements zu sehen, ⌘-klicken Sie auf das Symbol des Elements und lassen sich den Inhalt des Paketes anzeigen.

  Wenn Sie wieder zum Dialogfeld JRE DEFINITION zurückgekehrt sind, sind Sie noch nicht fertig.

9. **Werfen Sie im Dialogfeld JRE DEFINITION einen Blick auf das Feld JRE NAME. Wenn Eclipse hier nicht automatisch einen Namen eingetragen hat, geben Sie einen ein.**

10. **Lassen Sie das Dialogfeld JRE DEFINITION wieder verschwinden, indem Sie auf die Schaltfläche FINISH klicken.**

    In Eclipse kommt das Dialogfeld PREFERENCES wieder in den Vordergrund. Die Liste mit den installierten JREs enthält nun auch den gerade neu hinzugefügten Eintrag.

11. **Markieren Sie das Kontrollkästchen vor der neu hinzugefügten Java-Version.**

    Sie sind so gut wie fertig. (Sie müssen dazu aber noch einigen weiteren Schritten folgen.)

12. **Markieren Sie links im Dialogfeld PREFERENCES den Zweig JAVA und darin den Unterzweig COMPILER.**

    Sie sehen im Hauptfenster des Dialogfelds PREFERENCES die Dropdownliste COMPILER COMPLIANCE LEVEL (siehe Abbildung 2.12).

13. **Wählen Sie in der Dropdownliste COMPILER COMPLIANCE LEVEL (was auf Deutsch so viel wie *Übereinstimmungsebene des Compilers* bedeutet) `1.5` oder `1.6` aus.**

    Android arbeitet nur mit Java 1.5 oder 1.6 zusammen.

14. **Geschafft! Klicken Sie im Dialogfeld PREFERENCES auf die Schaltfläche OK, um zur Arbeitsoberfläche von Eclipse zurückzukehren.**

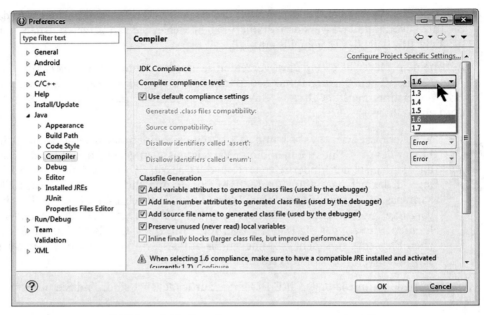

Abbildung 2.12: Den COMPILER COMPLIANCE LEVEL *einstellen*

Abbildung 2.13: Mit dem Importieren der Codebeispiele für dieses Buch beginnen

Die Beispielprogramme dieses Buches importieren

Das Importieren kann ganz schön trickreich werden. Während Sie sich von einem Dialogfeld zum nächsten bewegen, sehen Sie, dass sich die Namen der Auswahlmöglichkeiten stark ähneln. Den Grund dafür bilden die unterschiedlichen Wege, die Eclipse anbietet, um viele Arten von Elementen importieren zu können. Wenn Sie aber der Anleitung hier folgen, sollte alles problemlos funktionieren:

1. **Folgen Sie den Schritten im Abschnitt *An die Beispielprogramme dieses Buches gelangen*, der sich weiter vorn in diesem Kapitel befindet.**
2. **Wählen Sie im Hauptmenü von Eclipse FILE|IMPORT (siehe Abbildung 2.13).**

    In Eclipse öffnet sich das Dialogfeld IMPORT.
3. **Erweitern Sie links im Dialogfeld IMPORT den Zweig GENERAL.**
4. **Führen Sie im Zweig GENERAL einen Doppelklick auf dem Unterzweig EXISTING PROJECTS INTO WORKSPACE aus (siehe Abbildung 2.14).**

    Als Ergebnis dieser Aktion erscheint das Dialogfeld IMPORT PROJECTS.

Abbildung 2.14: Wählen Sie EXISTING PROJECTS INTO WORKSPACE aus.

5. **Aktivieren Sie im Dialogfeld IMPORT PROJECTS entweder das Optionsfeld SELECT ROOT DIRECTORY oder das Optionsfeld SELECT ARCHIVE FILE (siehe Abbildung 2.15).**

    Der Code dieses Buches befindet sich entweder in einem Ordner mit dem Namen Java4Android_Programme oder in der Archivdatei Java4Android_Programs.zip.

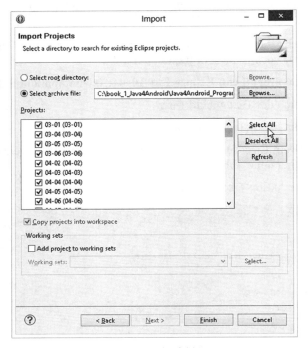

Abbildung 2.15: Das Dialogfeld IMPORT PROJECTS

Safari entpackt auf einem Mac .zip-Archive eigentlich immer automatisch, während dies bei Webbrowsern unter Windows (Internet Explorer, Firefox, Chrome und andere) nicht der Fall ist. Eine vollständige Übersicht über den Umgang mit Archivdateien finden Sie weiter vorn in diesem Kapitel im Kasten *Komprimierte (gepackte) Archivdateien*.

6. **Klicken Sie auf die Schaltfläche BROWSE, um die Datei Java4Android_Programme.zip beziehungsweise den Ordner Java4Android_Programs auf der Festplatte des Computers zu suchen.**

    Wenn Sie nicht genau wissen, wo sich das Gesuchte befinden könnte, schauen Sie zuerst in einem Ordner mit dem Namen Downloads nach.

    Nachdem Sie Java4Android_Programme gefunden haben, zeigt das Eclipse-Dialogfeld IMPORT PROJECTS die Namen der Projekte an, die sich in der Datei befinden (siehe noch einmal Abbildung 2.15).

2 ▶ Die Werkzeuge, die Sie benötigen

7. **Klicken Sie auf die Schaltfläche SELECT ALL.**

   Die Beispiele dieses Buches sind so aufregend, dass Sie bestimmt alle importieren möchten.

8. **Klicken Sie auf die Schaltfläche FINISH.**

   Es erscheint nun wieder die Arbeitsumgebung von Eclipse. Auf der linken Site dieser Arbeitsumgebung werden die Namen aller Java-Projekte dieses Buches angezeigt (siehe Abbildung 2.16).

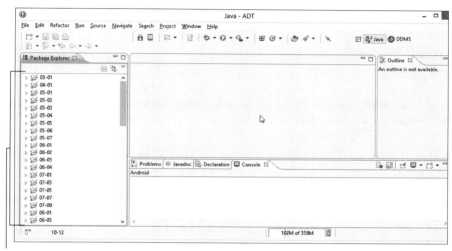

Auflistung der Java-Projekte

Abbildung 2.16: Eclipse zeigt viele Java-Projekte an.

Nachdem Sie den Code importiert haben, kann es passieren, dass Sie viele rote Fehlermarkierungen sehen, die auf Probleme mit den Projekten des Buches hinweisen. Keine Panik! Diese Markierungen werden mit ziemlicher Sicherheit nach wenigen Sekunden wieder verschwunden sein. Sollte das nicht der Fall sein, halten Sie im unteren Teil der Arbeitsumgebung von Eclipse nach einer Nachricht Ausschau, die `Unable to resolve target 'android-15'` oder so ähnlich lautet.

Sollten Sie auf solch eine Nachricht stoßen, bedeutet dies, dass der Code meines Buches einen API-Level verlangt, der auf Ihrem Computer nicht installiert ist. Um dieses Problem zu beheben, gehen Sie so vor:

1. **Wählen Sie im Hauptmenü von Eclipse WINDOW|ANDROID SDK MANAGER.**

   Was Sie nicht überraschen wird, aber es öffnet sich tatsächlich ein Dialogfeld, das den Android SDK Manager anzeigt.

2. **Aktivieren Sie das Kontrollkästchen vor einem Text wie ANDROID 4.0.3 (API 15) beziehungsweise jedes Kontrollkästchen, das als Bezeichnung den fehlenden API-Level enthält.**

3. **Klicken Sie in der unteren rechten Ecke des Android SDK Managers auf die Schaltfläche** INSTALL.

4. **Warten Sie, bis die Installation abgeschlossen worden ist.**

5. **Schließen Sie den Android SDK Manager.**

6. **Starten Sie Eclipse neu.**

Wenn Eclipse neu startet, sehen Sie die roten Markierungen für einige Sekunden. Aber nach einer kurzen (und möglicherweise spannungsgeladenen) Wartezeit verschwinden die Fehlermarkierungen endgültig.

Ein virtuelles Android-Gerät erstellen

Vielleicht juckt es Sie in den Fingern, endlich den ersten Code ablaufen zu lassen, aber zunächst benötigen Sie etwas, das in der Lage ist, ein Android-Programm auszuführen. Besorgen Sie sich ein Android-Gerät (ein Telefon, ein Tablet, einen Android-fähigen Toaster – irgendetwas) oder ein virtuelles Gerät. Ein *Android Virtual Device* (AVD) ist auf dem Entwicklungscomputer eine Testumgebung für Android-Code.

Das Android SDK enthält einen eigenen *Emulator* – ein Programm, das sich zwar wie ein Telefon oder ein Tablet verhält, aber auf dem Entwicklungscomputer läuft. Der Emulator übersetzt Android-Code in Code, den der Entwicklungscomputer ausführen kann. Dabei ist der Emulator aber nicht in der Lage, auf dem Bildschirm ein bestimmtes Telefon oder Tablet anzuzeigen. Der Emulator weiß nicht, welches Gerät Sie anzeigen wollen. Benötigen Sie ein Kamerahandy mit einer Bildschirmauflösung von 800 × 480 Pixeln oder geht es Ihnen um ein Tablet mit einem eingebauten Beschleunigungsmesser und einem Gyroskop? Diese Auswahlkriterien gehören zu einem bestimmten AVD. Bei einem AVD handelt es sich einfach nur um einen Haufen von Einstellungen, die dem Emulator alle Einzelheiten des Gerätes mitteilen, das emuliert werden soll.

Bevor Sie auf Ihrem Computer Android-Apps ablaufen lassen können, müssen Sie zuerst wenigstens ein AVD erstellen. In der Praxis legen Sie mehrere AVDs an und verwenden dann eines davon, um eine bestimmte Android-App auszuführen.

Folgen Sie diesen Schritten, um ein AVD zu erstellen:

1. **Wählen Sie im Hauptmenü von Eclipse** WINDOW|ANDROID VIRTUAL DEVICE MANAGER.

    Es öffnet sich das Fenster ANDROID VIRTUAL DEVICE MANAGER.

2. **Klicken Sie im Fenster** ANDROID VIRTUAL DEVICE MANAGER **auf die Schaltfläche** NEW **(siehe Abbildung 2.17).**

    Es erscheint das Dialogfeld CREATE NEW ANDROID VIRTUAL DEVICE (AVD).

3. **Geben Sie im Feld AVD** NAME **einen Namen für das virtuelle Gerät ein.**

    Sie könnten das Gerät `Meine liebliche Petunie` nennen, aber Abbildung 2.18 zeigt, dass ich das Gerät `Nexus7_Android4.2` getauft habe. Der Name dient hier dazu, mich daran zu erinnern, um was für ein Gerät es sich handeln soll.

2 ➤ *Die Werkzeuge, die Sie benötigen*

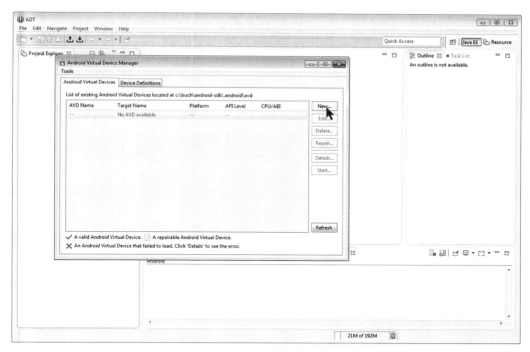

Abbildung 2.17: Der ANDROID VIRTUAL DEVICE MANAGER

4. **Wählen Sie in der Dropdownliste** DEVICE **den Gerätetyp aus.**

   Wie Abbildung 2.18 zeigt, habe ich mich für NEXUS 7 (7 Zoll, 800 x 1280: TVDPI) entschieden.

5. **Legen Sie fest, welche** *Secure Digital Card* **(SD-Karte) es in Ihrem Gerät geben soll.**

   In Abbildung 2.18 habe ich eine SD-Karte mit maßvollen 1000 Mib gewählt, was ungefähr einem Gigabyte entspricht. Ich hätte als Alternative auch das Optionsfeld FILE wählen und den Namen einer Datei auf der Festplatte angeben können. Die Datei würde die Informationen so speichern, als wenn sie auf einer SD-Karte abgelegt worden wären.

 Vor Kurzem wurde jemand in meiner Abteilung neu eingestellt. Wir boten ein Gehalt von *$50K* an, wobei wir von 50.000 Dollar pro Jahr ausgingen. Und dann wurden wir davon überrascht, dass die Person erwartete, jedes Jahr 51.200 Dollar ausbezahlt zu bekommen. Computerwissenschaftler verwenden den Buchstaben K (oder das Präfix Kilo), um 1.024 zu meinen, denn 1.024 ist eine Potenz von 2 (und Potenzen von 2 sind im Computerwesen gern gesehene Gäste). Das Problem liegt nun darin, dass Kilo formell 1.000 und nicht 1.024 bedeutet. Um eine einheitliche Linie (und natürlich viel Spaß beim Erschaffen neuer Wörter) zu haben, erfand eine technische Kommission *Kibibyte* (KiB), was 1.024 Byte bedeutet, *Menibyte* (MiB) mit 1.048.576 Byte und *Gibibyte* (GiB), was 1.073.741.824 Byte meint. Die meisten Menschen (einschließlich der Computerwissenschaftler) wis-

Java für die Android-Entwicklung für Dummies

sen nichts von *KiBs* oder *MiBs* und sie machen sich auch keine Gedanken über den Unterschied zwischen MiBs und ganz normalen Megabytes. Ich bin überrascht, dass sich die Entwickler des Android Virtual Device Managers über so etwas Gedanken gemacht haben.

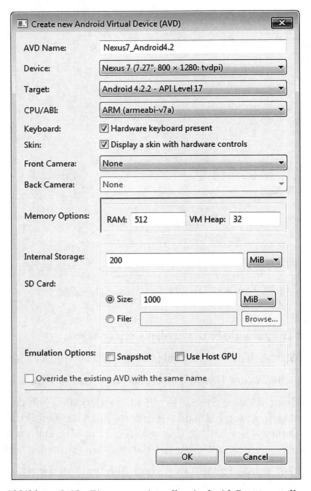

Abbildung 2.18: Ein neues virtuelles Android-Gerät erstellen

6. **Ändern Sie auf einem Windows-Computer den Wert von RAM in 512, weil es mit dem Standardwert 1024 Probleme geben kann, und belassen Sie die restlichen Einstellungen, wie sie sind.**

7. **Klicken Sie zum Abschluss auf die Schaltfläche OK, um zu einer Übersicht über das zu gelangen, was Sie gerade angelegt haben, und klicken Sie erneut auf OK, um zum Android Virtual Device Manager zurückzukehren.**

In der Liste im Fenster ANDROID VIRTUAL DEVICE MANAGER ist jetzt das neue virtuelle Gerät zu sehen (siehe Abbildung 2.19).

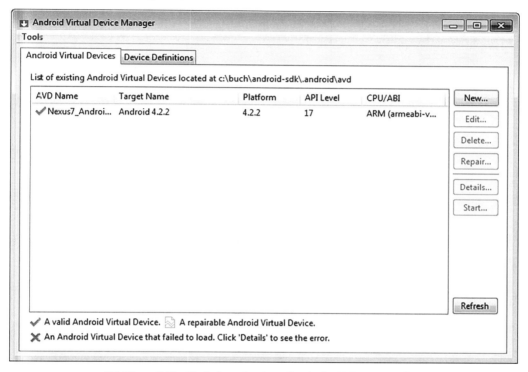

Abbildung 2.19: Sie haben ein virtuelles Android-Gerät angelegt.

Nun sind Sie so weit, dass Sie Ihre erste Android-App ausführen können. Ich kenne Sie zwar nicht, aber ich bin aufgeregt für zwei. Kapitel 3 geleitet Sie durch die Ausführung eines standardmäßigen Oracle-Java-Programms, und Kapitel 4 macht dasselbe mit einer Android-Anwendung. Legen Sie los!

Standard-Java-Programme ausführen

In diesem Kapitel

- Ein Programm kompilieren und ausführen
- Mit einem »Workspace« arbeiten
- Den eigenen Java-Code bearbeiten

Wenn Sie programmiertechnisch ein Neuling sind, bedeutet »Ausführen eines Programms« höchstwahrscheinlich, dass Sie mit der Maus klicken. Sie möchten Internet Explorer ausführen, also führen Sie auf dem Symbol des Internet Explorers einen Doppelklick aus. Mehr ist nicht zu tun. Ansonsten ist Internet Explorer für Sie eine *Black Box*. Warum das Programm das tut, was es tut, ist für Sie nicht von Bedeutung.

Wenn Sie aber Ihre eigenen Programme erstellen, sieht die Sache ein wenig anders aus. Am Anfang gibt es kein Symbol, das angeklickt werden kann, und möglicherweise existiert auch keine durchdachte Vorstellung davon, was das Programm machen (oder nicht machen) soll.

Wie also erstellen Sie ein funkelnagelneues Java-Programm? Wo müssen Sie klicken? Wie speichern Sie Ihr Werk? Wie bekommen Sie das Programm ans Laufen? Was können Sie tun, wenn – zumindest anfangs – das Programm nicht richtig funktioniert? Dieses Kapitel zeigt Ihnen alles, was Sie dazu wissen müssen.

Bei dem Beispiel in diesem Kapitel handelt es sich um ein Standard-Oracle-Java-Programm. Ein solches Programm läuft nur auf einem Desktopcomputer oder einem Laptop. Das Beispiel kann nicht auf einem Android-Gerät ausgeführt werden. Wenn es Ihnen um ein Beispiel geht, das auf einem Android-Gerät läuft, gehen Sie zu Kapitel 4.

Ein fertiges Java-Programm ausführen

Die beste Art, Java kennenzulernen, ist, Java zu »erleben«, indem Sie Ihre eigenen Java-Programme schreiben, testen und ausführen. Anstatt nun ein eigenes Programm zu schreiben, führen Sie eines aus, das ich bereits für Sie erstellt habe. Es berechnet die Zahlung, die monatlich für eine Hypothek fällig wird (siehe Abbildung 3.1).

Wir haben in der Übersetzung die ursprünglichen Beispielprojekte so weit wie möglich beibehalten. Hierzu gehört auch die Namensgebung, da sich eine Namensänderung auf den gesamten vorhandenen und getesteten Code auswirken kann. Angepasst worden sind Beschriftungen an den Stellen, an denen es das Verständnis erfordert. Alle Beispielprojekte sind anschließend mit den zum Zeitpunkt der Übersetzung aktuellen Programmversionen getestet worden.

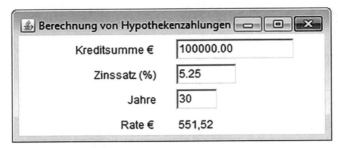

Abbildung 3.1: Das Hypotheken-Programm wird ausgeführt.

Und so bekommen Sie das Hypotheken-Programm ans Laufen:

1. **Als Erstes folgen Sie den Anleitungen in Kapitel 2, die sich mit der Installation von Java, der Installation und Konfiguration von Eclipse und dem Herunterladen der Beispieldateien dieses Buches beschäftigen.**

    Glücklicherweise müssen Sie diesen Anweisungen nur einmal Folge leisten.

2. **Starten Sie Eclipse.**

    Es erscheint das Dialogfeld WORSPACE LAUNCHER von Eclipse (siehe Abbildung 3.2).

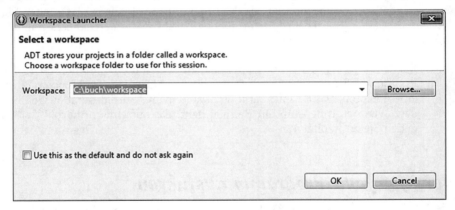

Abbildung 3.2: Der Workspace Launcher in Eclipse

Ein *Workspace* (deutsch *Arbeitsbereich*) ist ein Ordner auf der Festplatte des Computers. Eclipse speichert Java-Programme in einem oder mehreren Workspace-Ordnern. Jeder dieser Workspace-Ordner enthält zusätzlich zu den Java-Programmen einige Eclipse-Einstellungen. Diese Einstellungen speichern Informationen wie die Version von Java, die Sie verwenden, die Farben, die Sie im Editor für Wörter bevorzugen, die Größe des Bearbeitungsbereichs, wenn Sie die Ränder des Editors verschieben, und weitere Voreinstellungen. Sie können mehrere Workspaces haben, in denen es jeweils unterschiedliche Programme und unterschiedliche Einstellungen gibt.

3 ▶ Standard-Java-Programme ausführen

Standardmäßig bietet der Workspace Launcher an, den Workspace wieder zu öffnen, den Sie zuletzt in Eclipse ausgewählt haben. In diesem Beispiel öffnen Sie den Workspace, den Sie in Kapitel 2 verwenden. Nehmen Sie also im Feld WORKSPACE keine Änderungen vor.

3. **Klicken Sie im Dialogfeld WORKSPACE LAUNCHER auf OK.**

   Die große Arbeitsumgebung von Eclipse blickt Sie aus dem Bildschirm des Computers heraus an (siehe Abbildung 3.3).

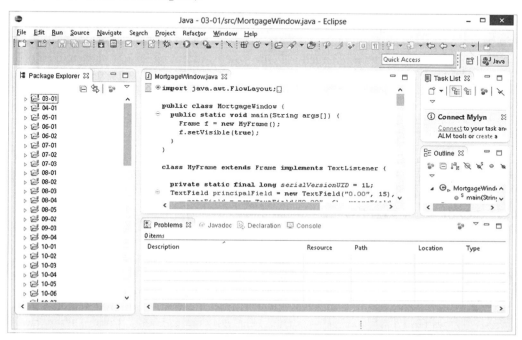

Abbildung 3.3: Die Arbeitsumgebung von Eclipse

Der linke Teil der Arbeitsumgebung ist der Eclipse Package Explorer, der Zahlen wie 03-01, 04-01 und so weiter enthält. Bei jeder Zahl handelt es sich um den Namen eines Eclipse-*Projekts*, bei dem es sich – formal gesehen – um eine Sammlung von Dateien und Ordnern im Workspace handelt. Letztendlich aber ist ein Projekt einfach nur eine Arbeitseinheit. So kann zum Beispiel auch eine in sich geschlossene Sammlung von Programmdateien für die Verwaltung einer CD-Sammlung (zusammen mit den Dateien, die die Daten enthalten) als Eclipse-Projekt betrachtet werden.

Wenn Sie noch einmal einen Blick auf den Package Explorer in Abbildung 3.3 werfen, sehen Sie Projekte, die 03-01, 04-01 und so weiter heißen. Mein Projekt 03-01 enthält den Code aus Listing 3.1. Projekt 04-01 enthält die Android-App, deren Code in Listing 4.1 beginnt (dem ersten Codelisting in Kapitel 4 dieses Buches). Projekt 05-03 enthält den Code in Listing 5.3. Das Projekt 03-01 (mit dem Inhalt *Mortgage*) fällt dabei ein wenig aus der Reihe, weil der Code für das Beispiel der Hypothekenberechnung *(Mortgage* bedeutet auf Deutsch *Hypothek)* nicht als Listing vorhanden ist.

Die Namen von Eclipse-Projekten können Buchstaben, Ziffern, Leerzeichen und andere Zeichen enthalten. Ich habe mich bei den Beispielen dieses Buches auf Ziffern und Bindestriche beschränkt.

Um mehr über Themen wie den Eclipse Package Explorer zu erfahren, schauen Sie sich weiter hinten in diesem Kapitel den Abschnitt *Was ist das für Krimskrams da im Eclipse-Fenster?* an.

Wenn Sie Eclipse starten, kann es passieren, dass Sie andere Elemente als die sehen, die Abbildung 3.3 zeigt. Es könnte der WELCOME-Bildschirm von Eclipse angezeigt werden, der nur wenige Symbole in einem ansonsten kargen Fenster aufweist. Sie könnten auch auf eine Arbeitsumgebung wie die stoßen, die Abbildung 3.3 zeigt, wobei aber im Package Explorer die Liste mit den Zahlen (03-01, 04-01 und so weiter) fehlt. In diesem Fall haben Sie vielleicht in Kapitel 2 einige Anleitungen übersehen, bei denen es um die Konfiguration von Eclipse geht. Sie könnten aber auch im Dialogfeld WORKSPACE LAUNCHER den Namen des Workspaces geändert haben.

Achten Sie darauf, dass auf jeden Fall im Package Explorer die Zahlen 03-01, 04-01 und so weiter stehen. Dies sorgt nämlich dafür, dass Eclipse in der Lage ist, die Beispielprogramme dieses Buches auszuführen.

4. **Klicken Sie im Package Explorer auf den Zweig 03-01.**

    Das Projekt 03-01 wird optisch hervorgehoben.

Um eine kurze Vorschau des Java-Programms angezeigt zu bekommen, das Sie über 03-01 ausführen wollen, erweitern Sie im Package Explorer den Zweig 03-01. Sie sehen nun den Unterzweig src, der wiederum den Zweig (default package) (deutsch *Standardpaket*) enthält. Sie finden nun innerhalb des Zweiges (default package) den Zweig MortgageWindow.java. Dieser Zweig stellt mein Java-Programm dar. Führen Sie auf MortgageWindow.java einen Doppelklick aus, und im Eclipse-Editor erscheint der Code des Programms (siehe Abbildung 3.4).

5. **Wählen Sie im Hauptmenü von Eclipse RUN|RUN AS|JAVA APPLICATION (siehe Abbildung 3.5).**

    Wenn Sie RUN AS|JAVA APPLICATION wählen, führt der Computer den Code der Anwendung aus. (In diesem Beispiel führt der Computer ein Java-Programm aus, das ich geschrieben habe.) Das Programm zeigt das Fenster BERECHNUNG VON HYPOTHEKENZAHLUNGEN auf dem Bildschirm an (siehe Abbildung 3.6).

6. **Geben Sie in die Felder des Programms zur Berechnung von Hypothekenzahlungen die entsprechenden Zahlen ein. (Schauen Sie sich gegebenenfalls noch einmal Abbildung 3.1 an.)**

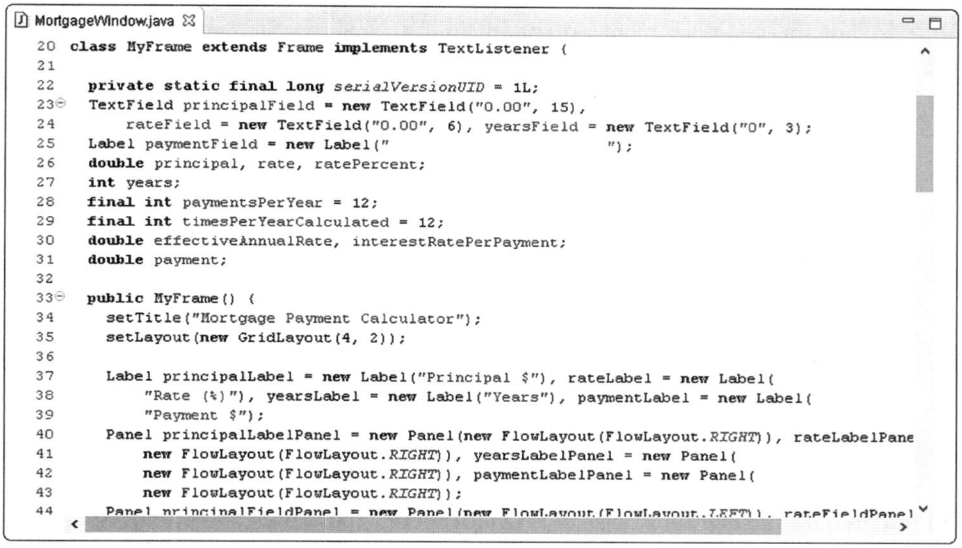

3 ► Standard-Java-Programme ausführen

```
 20  class MyFrame extends Frame implements TextListener {
 21
 22      private static final long serialVersionUID = 1L;
 23      TextField principalField = new TextField("0.00", 15);
 24          rateField = new TextField("0.00", 6), yearsField = new TextField("0", 3);
 25      Label paymentField = new Label("                    ");
 26      double principal, rate, ratePercent;
 27      int years;
 28      final int paymentsPerYear = 12;
 29      final int timesPerYearCalculated = 12;
 30      double effectiveAnnualRate, interestRatePerPayment;
 31      double payment;
 32
 33      public MyFrame() {
 34          setTitle("Mortgage Payment Calculator");
 35          setLayout(new GridLayout(4, 2));
 36
 37          Label principalLabel = new Label("Principal $"), rateLabel = new Label(
 38              "Rate (%)"), yearsLabel = new Label("Years"), paymentLabel = new Label(
 39              "Payment $");
 40          Panel principalLabelPanel = new Panel(new FlowLayout(FlowLayout.RIGHT)), rateLabelPane
 41              new FlowLayout(FlowLayout.RIGHT)), yearsLabelPanel = new Panel(
 42              new FlowLayout(FlowLayout.RIGHT)), paymentLabelPanel = new Panel(
 43              new FlowLayout(FlowLayout.RIGHT));
 44          Panel principalFieldPanel = new Panel(new FlowLayout(FlowLayout.LEFT)), rateFieldPanel
```

Abbildung 3.4: Java-Code im Eclipse-Editor

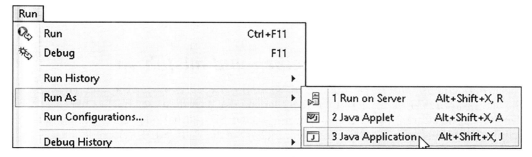

Abbildung 3.5: Eine Möglichkeit, den Code des Projekts 03-01 auszuführen

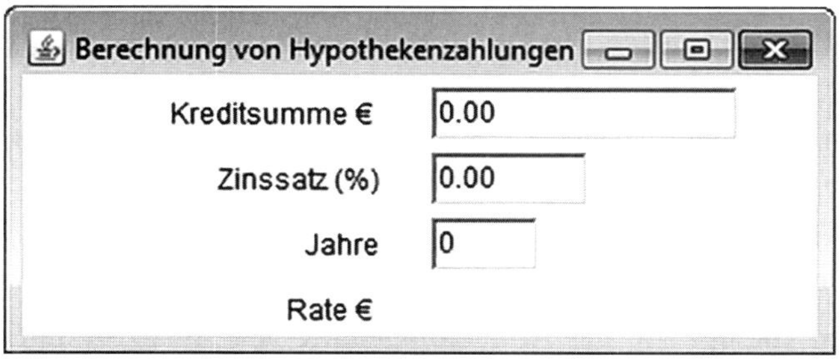

Abbildung 3.6: Der Startbildschirm des Programms zur Berechnung von Hypothekenzahlungen

Wenn Sie in Schritt 6 eine Kreditsumme eingeben, darf diese das Währungssymbol Ihres Landes nicht enthalten, und gruppieren Sie den Betrag auch nicht. (Dies bedeutet für EU-Bürger: kein Euro-Symbol und keine Punkte oder Kommata als Tausendertrennzeichen.) Als Dezimaltrennzeichen dient der Punkt. Geben Sie im Feld ZINSSATZ kein %-Zeichen ein. Es müssen für die Laufzeit des Kredits immer ganze Jahre eingegeben werden. Wenn Sie eine dieser Regeln ignorieren, kann der Java-Code Ihre Zahlen nicht lesen, und mein Java-Programm zeigt in der Zeile ZAHLUNG nichts an.

Ausschlussklausel: Ihre Bank stellt Ihnen mehr (viel mehr) in Rechnung als nur den Betrag, den mein Java-Programm berechnet.

Wenn Sie den Anleitungen in diesem Abschnitt folgen und trotzdem die Ergebnisse nicht sehen, die ich beschreibe, können Sie die folgenden drei Strategien ausprobieren, die von der besten zur schlechtesten hin geordnet sind:

- Überprüfen Sie alle Schritte doppelt und dreifach, um sicher sein zu können, dass Sie nichts übersehen haben.
- Kontaktieren Sie mich (bitte nur in Englisch) per E-Mail unter Java4Android@allmycode.com, @allmycode bei Twitter oder auf Facebook (/allmycode). Wenn Sie beschreiben, was geschehen ist, kann ich vielleicht herausfinden, wo der Fehler liegt, und Sie darüber informieren, wie das Problem behoben wird.
- Geraten Sie in Panik.

Einen eigenen Code schreiben und ausführen

Im vorherigen Abschnitt *Ein fertiges Java-Programm ausführen* finden Sie alles darüber, wie Sie den Java-Code eines Dritten (Code, den Sie von der Website dieses Buches heruntergeladen haben) ausführen. Aber möglicherweise wollen Sie selbst Code schreiben. Dieser Abschnitt zeigt Ihnen, wie Sie Code erstellen, indem Sie die Eclipse-IDE verwenden.

Ihre Programme von meinen trennen

Sie können Ihre Programme vom Beispielcode dieses Buches unabhängig machen, indem Sie einen zweiten Workspace anlegen. Hier kommen zwei (voneinander unabhängige) Wege, um dies zu tun:

- **Wenn Sie Eclipse starten, geben Sie in das Feld WORKSPACE des Dialogfelds WORKSPACE LAUNCHER einen neuen Ordnernamen ein.**

  Wenn der Ordner noch nicht existiert, wird er von Eclipse angelegt. Wenn der Ordner vorhanden ist, listet der Package Explorer alle Projekte auf, die der Ordner enthält.

- **Wählen Sie im Hauptmenü der Arbeitsumgebung von Eclipse FILE|SWITCH WORKSPACE (siehe Abbildung 3.7).**

3 ▶ Standard-Java-Programme ausführen

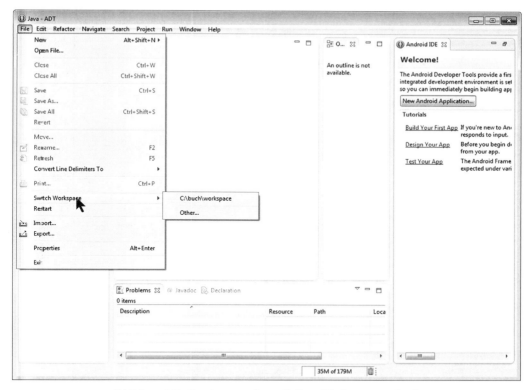

Abbildung 3.7: Zu einem anderen Eclipse-Workspace wechseln

Wenn Sie FILE|SWITCH WORKSPACE wählen, bietet Ihnen Eclipse Workspace-Ordner an, die Sie schon früher geöffnet haben. Wenn sich der Ordner, den Sie suchen, nicht in dieser Liste befindet, wählen Sie die Option OTHER. Daraufhin öffnet Eclipse das Dialogfeld WORKSPACE LAUNCHER.

Ein eigenes Programm schreiben und ausführen

Und so erstellen Sie ein neues Java-Programm:

1. **Starten Sie Eclipse.**
2. **Wählen Sie in der Menüleiste von Eclipse FILE|NEW|JAVA PROJECT.**

    Es erscheint das Dialogfeld CREATE A JAVA PROJECT.

3. **Geben Sie im Dialogfeld CREATE A JAVA PROJECT einen Namen für das Projekt ein und klicken Sie auf FINISH.**

    Abbildung 3.8 zeigt, dass ich als Namen MeinErstesProjekt eingegeben habe. (Wundern Sie sich nicht über die ungewöhnliche Schreibweise, aber Java macht bei Leerzeichen – und bestimmten Sonderzeichen – in Namen gerne Probleme.)

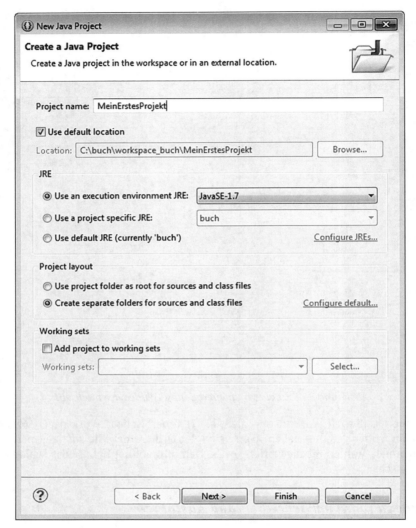

Abbildung 3.8: In Eclipse ein neues Projekt anlegen

Wenn Sie statt auf FINISH auf NEXT klicken, sehen Sie weitere Optionen, die Sie aber im Moment nicht benötigen. Lassen Sie sich nicht verwirren und klicken Sie auf FINISH.

Das Klicken auf FINISH bringt Sie zur Arbeitsumgebung von Eclipse zurück, in deren Package Explorer es nun das Paket `MeinErstesProjekt` gibt (siehe Abbildung 3.9).

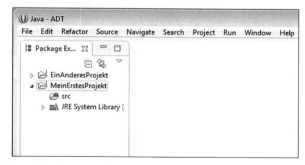

Abbildung 3.9: Ihr Projekt taucht in Eclipse im Package Explorer auf.

4. **Klicken Sie im Package Explorer auf das neu erstellte Projekt.**
5. **Wählen Sie im Hauptmenü von Eclipse FILE|NEW|CLASS.**

   Es erscheint das Dialogfeld JAVA CLASS (siehe Abbildung 3.10).

Abbildung 3.10: Eclipse dazu bringen, eine neue Java-Klasse anzulegen

Eclipse stellt, wie jede andere auf Fenster basierende Umgebung, viele Wege zur Verfügung, um eine Aufgabe zu erledigen. Statt FILE|NEW|CLASS zu wählen, können Sie (unter Windows) auch mit der rechten Maustaste im Package Explorer auf MeinErstesProjekt klicken (beziehungsweise auf dem Mac auf MeinErstesProjekt ein ⌃-Klicken ausführen). Daraufhin öffnet sich ein Kontextmenü, in dem Sie NEW|CLASS wählen. Sie können in Windows aber auch die Tastenkombination Alt+⇧+N drücken (auf dem Mac lautet der Befehl ⌥+⌘+N). Ob Sie sich für das Klicken oder die Tastenkombination entscheiden, hängt von Ihren Vorlieben ab.

6. Geben Sie im Feld NAME des Dialogfelds JAVA CLASS den Namen der neuen Klasse ein.

Ich habe in diesem Beispiel den Namen MeineErsteJavaKlasse gewählt, wobei es im Namen wieder keine Leerzeichen gibt (siehe Abbildung 3.10).

Der Name der Java-Klasse darf keine Leerzeichen enthalten, und der Unterstrich (_) ist das einzige zulässige Interpunktionszeichen, das Sie an dieser Stelle verwenden dürfen. Sie können die Klasse mit Namen wie MeineErsteJavaKlasse oder Meine_Erste_Java_Klasse versehen, nicht aber mit Meine Erste Java Klasse. Unzulässig wären auch die Bezeichnung JavaKlasse,MeineErste und Namen, die mit einer Ziffer beginnen. So könnten Sie einer Java-Klasse zwar den Namen Go4It, nicht aber 2teKlasse geben.

7. Geben Sie im Dialogfeld JAVA CLASS im Feld PACKAGE einen Paketnamen ein (siehe Abbildung 3.10).

In Java gruppieren Sie Ihren Code in sogenannten *Packages* (auf Deutsch in *Paketen*). Und in der Android-Welt hat jede App ihr eigenes Paket.

Machen Sie sich keine Gedanken über Paketnamen. Wenn Sie einen eigenen Domänennamen besitzen (zum Beispiel *allyourcode.org*), sollten Sie den Domänennamen umdrehen (was zu *org.allyourcode* führt) und ein beschreibendes Wort anhängen. So wäre org.allyourcode.meinerstesprojekt ein guter Paketname. Wenn Sie keinen Domänennamen besitzen, funktioniert auch jede beliebige Aneinanderreihung von Wörtern, die durch einen Punkt getrennt werden.

Der Paketname enthält ein oder mehrere Wörter. Jedes Wort kann aus einer beliebigen Kombination von Buchstaben, Ziffern und Unterstrichen (_) bestehen, so lange es nicht mit einer Ziffer beginnt. Ein Paketname ist ein Satz verschachtelter Wörter, die voneinander durch Punkte abgetrennt werden. So ist zum Beispiel org.allyourcode.Go4It ein gültiger Paketname, während dies nicht für org.allyourcode.2bOrNot2b gilt. (Sie können den dritten Teil des Paketnamens, der mit der Ziffer 2 beginnt, nicht starten, was dazu führt, dass Sie keines der drei Bestandteile starten können.)

8. Aktivieren Sie das Kontrollkästchen vor PUBLIC STATIC VOID MAIN(STRING[] ARGS).

Das Häkchen im Kontrollkästchen weist Eclipse an, Standard-Java-Code zu erstellen.

3 ▶ Standard-Java-Programme ausführen

9. Akzeptieren Sie ansonsten überall im Dialogfeld JAVA CLASS die Standardeinstellungen. (Mit anderen Worten: Klicken Sie auf FINISH.)

Das Klicken auf FINISH bringt Sie zur Arbeitsumgebung von Eclipse zurück. Nun enthält `MeinErstesProjekt` eine Datei mit dem Namen `MeineErsteJavaKlasse.java`. Damit Sie es bequemer haben, enthält diese Datei bereits Code. Der Eclipse-Editor zeigt diesen Code an (siehe Abbildung 3.11).

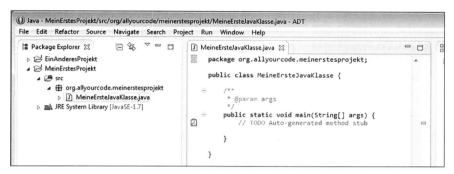

Abbildung 3.11: Eclipse schreibt im Editor einigen Code.

Sehe ich in meinem Java-Programm Formatierungen?

Wenn Sie den Eclipse-Editor verwenden, um ein Java-Programm zu schreiben, sehen Sie Wörter in verschiedenen Farben. Einige Wörter werden blau dargestellt, andere immer schwarz, und Sie sehen sogar fett oder kursiv geschriebene Ausdrücke. Deshalb könnten Sie glauben, dass Sie Formatierungen sehen, was aber nicht der Fall ist. Was Sie da sehen, wird *Einfärben der Syntax* oder *Hervorhebung der Syntax* genannt.

Unabhängig davon, wie Sie das nennen, geht es um Folgendes:

✔ In Microsoft Word werden Elemente, die zum Beispiel in Fettschrift formatiert werden sollen, im Dokument markiert. Wenn Sie dann `MeinPrivatesTagebuch.doc` speichern, wird auch die Anweisung, die Wörter *Liebe* und *Hass* fett zu schreiben, in der Datei `MeinPrivatesTagebuch.doc` gespeichert.

✔ Im Editor eines Java-Programms werden Elemente wie Fettschrift oder Farbe nicht in der Java-Programmdatei markiert. Stattdessen zeigt der Editor jedes Wort auf eine Weise an, die das Lesen des Codes erleichtert.

So haben beispielsweise in einem Java-Programm bestimmte Wörter (wie `class`, `public` und `void`) eine bestimmte Bedeutung. Aus diesem Grund stellt der Eclipse-Editor `class`, `public` und `void` in rötlicher Fettschrift dar. Wenn ich meine Java-Programmdatei speichere, legt der Computer in der Programmdatei nichts über fette farbige Buchstaben ab. Es ist der Editor, der dank seiner Umsicht besondere Wörter mit einem rötlichen Farbton versieht.

Ein anderer Editor wird dieselben Wörter in einer blauen Schriftart darstellen, während andere Editoren (wie Windows Notepad) alles in reinem Schwarz wiedergeben.

10. Ersetzen Sie im neuen Java-Programm eine vorhandene Codezeile.

Geben Sie im Eclipse-Editor eine neue Codezeile ein. Ersetzen Sie die Zeile

```
// TODO Auto-generated method stub
```

durch

```
javax.swing.JOptionPane.showMessageDialog
                        (null, "Hallo");
```

Jedes Programm, das diese Codezeilen enthält, läuft nur auf einem Desktopcomputer oder einem Laptop. Der Code `javax.swing.JOptionPane.showMessageDialog` gehört zum Standard-Java von Oracle, nicht aber zu Android-Java.

Übertragen Sie die neuen Codezeilen exakt so, wie es Listing 3.1 zeigt.

- Schreiben Sie jedes Wort ganz genau so, wie ich das in Listing 3.1 vorgebe.
- Nehmen Sie alle Interpunktionszeichen – die Punkte, die Anführungszeichen, das Semikolon – in den Code auf.

Wenn Sie damit fertig sind, sollte der Code im Editor so aussehen wie der in Listing 3.1.

```
public class MeineErsteJavaKlasse {

  /**
   * @param args
   */
  public static void main(String[] args) {
    javax.swing.JOptionPane.showMessageDialog
                            (null, "Hallo");
  }

}
```

Listing 3.1: Ein Programm, um Grüße anzuzeigen

Java berücksichtigt Groß- und Kleinschreibung. Dies bedeutet, dass Showmessagedialog nicht mit showmessagedialog identisch ist. WeNn sIe Showmessagedialog schReiben, fUnKtioniErt Ihr proGramm nIChT. AchTen Sie dARauf, GroßBuchStaben gEnau So zU veRwenden, wie dAs in LISting 3.1 der fAll isT.

Zwischen »gebogenen« und »geraden« Anführungszeichen gibt es einen Unterschied (wobei Sie die sogenannten »typografischen« Anführungszeichen eigentlich in keiner Programmiersprache verwenden dürfen). Ist es sinnvoll, gerade zwischen den ersten beiden Arten zu unterscheiden? In einem Java-Programm steht ein Wort wie "Hallo" (das von geraden Anführungszeichen eingeschlossen wird) für eine Zeichenfolge (so etwas wird in der Programmierung *String* genannt). Und zwar sorgt der Code in Listing 3.1 dafür, dass die Buchstaben Hallo auf dem Bildschirm des Benutzers erscheinen. Die entsprechende Regel sieht so aus:

> *Verwenden Sie in Java immer gerade Anführungszeichen, wenn Sie eine Zeichenfolge anzeigen wollen; gebogene Anführungszeichen werden, wie typografische, niemals eingesetzt.*

Die Praxis sieht dann so aus, dass Sie, wenn Sie Code von einem Kindle oder einem anderen elektronischen Medium kopieren, dabei in der Regel gebogene Anführungszeichen kopieren. Damit wird der Code fehlerhaft. Glücklicherweise schreiben Sie, wenn Sie im Android-Editor Code eingeben, automatisch gerade Anführungszeichen.

In einem Java-Programm sind Leerzeichen und Einrückungen fast immer ohne Bedeutung. Eigentlich benötige ich in Listing 3.1 die ganzen Leerzeichen vor (null, "Hallo") nicht, aber sie helfen mir dabei, mich daran zu erinnern, dass (null, "Hallo") die Fortsetzung von showMessageDialog ist. Anders ausgedrückt, alle Zeichen zwischen den Wörtern javax und "Hallo" sind Teil eines einzigen großen Java-Befehls. Ich habe diesen Befehl auf zwei Zeilen aufgeteilt, weil er ansonsten über die Breite der Buchseite hinausgelaufen wäre.

Wenn Sie alles richtig geschrieben haben, sollten Sie auf Ihrem Computer das sehen, was Abbildung 3.12 zeigt.

```
*MeineErsteJavaKlasse.java
    package org.allyourcode.meinerstesprojekt;

    public class MeineErsteJavaKlasse {
        /**
         * @param args
         */
        public static void main(String[] args) {
            javax.swing.JOptionPane.showMessageDialog
                                    (null, "Hallo");
        }
    }
```

Abbildung 3.12: Ein Java-Programm im Eclipse-Editor

Wenn Sie den Code nicht so schreiben, wie er in Listing 3.1 gezeigt wird, sehen Sie im Eclipse-Editor gezackte rote Unterstreichungen und links neben der Zeile mit dem fehlerhaften Code ein weißes X, das rot umrandet ist (siehe Abbildung 3.13).

```
*MeineErsteJavaKlasse.java
 1  package org.allyourcode.meinerstesprojekt;
 2
 3  public class MeineErsteJavaKlasse {
 4
 5      /**
 6       * @param args
 7       */
 8      public static void main(String[] args) {
 9          javax.swing.JOptionPane.shoWmESsaGediAlog
10                  (null, "Hallo");
11
12
13      }
14
15  }
16
```

Abbildung 3.13: Ein falsch geschriebenes Java-Programm

Die roten Markierungen im Eclipse-Editor weisen auf Fehler hin, die beim Kompilieren entdeckt und meistens einfach nur *Kompilierungsfehler im Java-Code* genannt werden. Ein *Kompilierungsfehler* ist ein Fehler, der den Computer daran hindert, den Code zu übersetzen. (Siehe hierzu auch die Ausführungen zum Übersetzen von Code in Kapitel 1.)

 In obigem Beispiel erscheint die Fehlermarkierung in Zeile 9 des Programms. Zeilennummerierungen sollten am linken Seitenrand des Editors erscheinen, was sie aber nicht standardmäßig tun. Damit der Eclipse-Editor Zeilennummern anzeigt, wählen Sie (unter Windows) Window|Preferences beziehungsweise (auf einem Mac) Eclipse|Preferences. Wählen Sie dann General|Editors|Text Editors. Aktiveren Sie nun noch das Kontrollkästchen vor Show line numbers.

Um Kompilierungsfehler zu beheben, müssen Sie zu einem engagierten Detektiv werden und sich der Eliteeinheit *Law & Order: AJP (Abteilung für Java-Programmierung)* anschließen. Sie finden nur selten einfache Antworten. Stattdessen müssen Sie die angebotenen »Beweise« langsam und sorgfältig auf Hinweise hin durchkämmen. Vergleichen Sie alles, was Sie im Editor sehen, Zeichen für Zeichen mit meinem Code in Listing 3.1. Übersehen Sie nicht die kleinste Kleinigkeit, wozu auch die Rechtschreibung, die Interpunktion und die Verwendung von Groß- und Kleinbuchstaben gehören.

Eclipse kennt ein paar nette Funktionen, die Ihnen dabei helfen, die Quelle eines Kompilierungsfehlers herauszufinden. So können Sie zum Beispiel den Mauszeiger über der gezackten Unterstreichung schweben lassen. In diesem Fall sehen Sie eine kurze Erklärung des Fehlers und Vorschläge, wie er wieder in Ordnung gebracht werden kann. Ein solcher Vorschlag zur Fehlerbehebung (siehe Abbildung 3.14) wird *Quick Fix* genannt.

In Abbildung 3.14 sagt Ihnen eine Popupmeldung, dass Java nicht weiß, was das Wort `shoWmESsaGediAlog` bedeutet. Das heißt, dass `shoWmESsaGediAlog` nicht definiert worden ist. Der letzte der drei Reparaturvorschläge rät Ihnen, die Schreibweise zu überprüfen, indem `shoWmESsaGediAlog` in `showMessageDialog` geändert wird.

3 ▶ Standard-Java-Programme ausführen

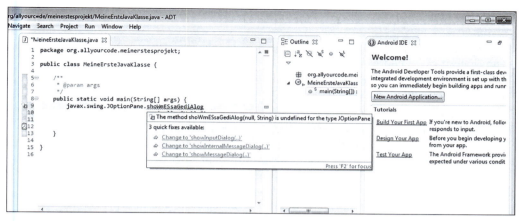

Abbildung 3.14: Eclipse bietet hilfreiche Vorschläge an.

Wenn Sie auf die Option CHANGE TO 'SHOWMESSAGEDIALOG(..)' klicken, ersetzt der Eclipse-Editor `showmESsaGediAlog` durch `showMessageDialog`. Die Fehlermarkierungen des Editors verschwinden, und der ungültige Code, den Abbildung 3.13 zeigt, ändert sich wieder in den richtigen Code, wie ihn Abbildung 3.12 wiedergibt.

11. **Nehmen Sie im Eclipse-Editor alle notwendigen Änderungen oder Korrekturen am Code vor.**

    Wenn Sie dann keine Fehlermeldungen mehr im Editor sehen, sind Sie so weit, dass Sie das Programm ausführen können.

12. **Wählen Sie `MeineErsteJavaKlasse` aus, indem Sie entweder in den Editor oder im Package Explorer auf den Zweig MEINERSTESPROJEKT klicken.**

13. **Wählen Sie im Hauptmenü von Eclipse RUN|RUN AS|JAVA APPLICATION.**

    Das ist der Trick an der Sache. Das neue Java-Programm wird ausgeführt und Sie sehen die `Hallo`-Meldung, die Abbildung 3.15 zeigt.

Abbildung 3.15: Es wird das Programm ausgeführt, das Listing 3.1 zeigt.

Was könnte möglicherweise schiefgehen?

Wenn Sie den Editor von gezackten Unterstreichungen befreit haben, liegt ein Grund zum Feiern vor. Eclipse liebt es, wie Ihr Code nun aussieht. Richtig? Diese Liebe kann aber auf wackligen Beinen stehen, denn der Code kann zusätzlich zu unübersehbaren Kompilierungsfehlern auch andere Fehler enthalten.

Stellen Sie sich vor, dass Ihnen jemand sagt: »Gehen Sie zur Weggabelung und dann halten Sie sich schlechts.« Sie merken sofort, dass der Sprecher einen Fehler gemacht hat, und antworten mit einem höflichen »Hä?« Der sinnlose Ausdruck *sich schlechts halten* ist wie ein Kompilierungsfehler und Ihr »Hä?« kann mit einer gezackten Unterstreichung im Eclipse-Editor verglichen werden. Sie könnten als menschliches Wesen, das zuhört, in der Lage sein, zu erraten, was *sich schlechts halten* bedeutet, während sich der Eclipse-Editor niemals trauen würde, Ihre Fehler im Code selbstständig zu beheben.

Zusätzlich zu Kompilierungsfehlern können sich in einem Java-Programm auch noch andere kleine Monster verstecken:

✔ **Ungeprüfte Ausnahmefehler zur Laufzeit (sogenannte *Runtime Exceptions*):** Sie sehen keine Kompilierungsfehler, aber wenn Sie das Programm ablaufen lassen, endet die Ausführung vorzeitig. Irgendwo mitten in den Ausführungsanweisungen wird Java mitgeteilt, etwas zu machen, das nicht erledigt werden kann. So haben Sie zum Beispiel vielleicht während der Ausführung des Programms zur Berechnung der Hypothekenzahlung, das weiter vorn in diesem Kapitel im Abschnitt *Ein fertiges Java-Programm ausführen* behandelt wird, 1.000.000,00 statt 1000000.00 eingegeben. Abgesehen davon, dass der Punkt als Dezimaltrennzeichen dient, mag Java keine Kommata in Zahlen. Das Programm stürzt ab und Eclipse zeigt eine fürchterlich aussehende Meldung wie die in der ersten Abbildung in diesem Kasten hier an.

Bei dieser Art von Fehler handelt es sich um einen ungeprüften Ausnahmefehler zur Laufzeit – dem Äquivalent einer Person, die Ihnen sagt, dass Sie an der nächsten Weggabelung nach rechts müssen, wenn das einzige Ding, das dort steht, eine riesige Mauer aus Ziegelsteinen ist. Der Eclipse-Editor warnt Sie nicht vor ungeprüften Ausnahmefehlern, denn solange Sie das Programm nicht ablaufen lassen, ist der Computer nicht in der Lage zu erkennen, dass es zu diesem Fehler kommen wird.

✔ **Logische Fehler:** Sie sehen im Eclipse-Editor keine Fehlermarkierungen, und wenn Sie das Programm ausführen, geschieht dies ohne Komplikationen. Nachteilig ist nur, dass das Ergebnis falsch ist. In der zweiten Abbildung in diesem Kasten erzählt Ihnen das Programm, dass Sie nicht 552,20 Euro, sondern ein Vielfaches dessen zahlen müssen, was Ihr Haus wert ist – und das jeden Monat. Vergleichen Sie dies mit einer Wegbeschreibung, bei der Sie rechts abbiegen sollten, obwohl links richtig gewesen wäre. Auf diese Weise können Sie lange in die falsche Richtung fahren.

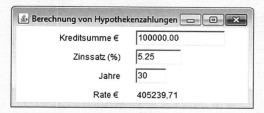

Logische Fehler sind bei der Fehlersuche die größte Herausforderung. Und das Schlechteste dabei ist, dass logische Fehler häufig unentdeckt bleiben. Im März 1985 erhielt ich die monatliche Rechnung für das Heizen meiner Wohnung. Die Rechnung lautete 1.328.932,21 Dollar. Das war ganz offensichtlich ein Computerfehler. Als ich bei der Heizungsfirma anrief, um mich zu beschweren, erhielt ich die lapidare Antwort: »Was regen Sie sich so auf? Zahlen Sie doch einfach nur die Hälfte.«

✔ **Warnungen beim Kompilieren:** Eine Warnung ist nicht ganz so schwerwiegend wie eine Fehlermeldung. Wenn Eclipse in einem Programm ein verdächtiges Verhalten bemerkt, zeigt der Editor eine gelbe winklige Unterstreichung, ein kleines Ausrufezeichen in einem gelben Symbol und ein paar weniger auffällige Hinweise an.

So können Sie zum Beispiel im dritten Bild sehen, dass ich in Zeile 9 den Code aus Listing 3.1 um die materialbezogene Zeile amount = 10 *(amount* bedeutet auf Deutsch *Betrag* oder *Menge)* erweitert habe. Das Problem besteht nun darin, dass ich bisher nirgendwo im Programm amount oder die Zahl 10 verwendet habe. Durch die gelbliche Unterstreichung teilt mir Eclipse im Prinzip mit: »Ihr Code amount = 10 ist nicht so schlimm, dass er die Show stoppen könnte. Eclipse kann es schaffen, das Programm ablaufen zu lassen. Aber sind Sie sicher, dass amount = 10 an dieser Stelle angebracht ist, denn es scheint hier im Programm sinnlos zu sein?«

Ein dezenter Hinweis

```
MyFirstJavaClass.java
 1  package org.allyourcode.myfirstproject;
 2
 3  public class MyFirstJavaClass {
 4
 5    /**
 6     * @param args
 7     */
 8    public static void main(String[] args) {
 9      int amount = 10;
10      javax.swing.JOptionPane.showMessageDialog
11                        (null, "Hello");
12    }
13
14  }
```

Stellen Sie sich vor, dass man Ihnen sagt: »Biegen Sie an der nächsten Weggabelung ab.« Es kann sein, dass Sie die richtige Richtung wählen, aber wenn Sie vorsichtig sind, fragen Sie nach: »In welche Richtung soll ich abbiegen? Nach links oder nach rechts?«

Wenn Sie sicher sind, dass Sie wissen, was Sie tun, können Sie Warnungen ignorieren und sich später darum kümmern. Denken Sie aber daran, dass eine Warnung ein Hinweis darauf sein kann, dass der Code ein ernsthaftes Problem enthält. Meine beeindruckende Empfehlung ist diese: Beachten Sie Warnungen. Wenn Sie nicht herausfinden können, warum eine bestimmte Warnung zu sehen ist, lassen Sie sich von der Warnung nicht daran hindern, Ihren Weg zu gehen.

Was ist das für Krimskrams da im Eclipse-Fenster?

Ob Sie es glauben oder nicht, aber es gab einmal eine Zeit, in der ein Lektor das Manuskript eines meiner Bücher ablehnte, indem er neben *geht's*, *ins* oder *ans* hinkritzelte: »Dies ist kein Wort.« Bis heute weiß ich nicht, was diesem Lektor an Wortverkürzungen nicht gefiel. Ich bin der Meinung, dass sich eine Sprache ständig ändert. Wo wären wir ohne ein paar neue Wörter – Wörter wie *E-Commerce, Download, Malware* oder *SMS*? Die englische Sprache wächst jedes Jahr um ein Prozent – das sind elf Wörter pro Tag.

Tatsächlich ist es so, dass das menschliche Denken einem Hochhaus ähnelt: Sie können das 50. Stockwerk nicht bauen, so lange Sie nicht zumindest einen Teil des 49. Stockwerks fertiggestellt haben. Sie können nicht über *Spam* reden, wenn Sie kein Wort wie *E-Mail* haben. In diesen schnelllebigen, sich ständig ändernden Zeiten benötigen Sie verbale Häuserblöcke. Und das ist der Grund dafür, dass dieser Abschnitt viele neue Begriffe enthält.

In diesem Abschnitt beschreibt jeder neu definierte Ausdruck eine neue Ansicht der Eclipse-IDE. Bevor Sie aber die ganzen neuen Eclipse-Ausdrücke lesen, möchte ich auf folgende Einschränkungen hinweisen:

- ✔ **Das Lesen dieses Abschnitts ist optional (also nicht zwingend erforderlich).** Kehren Sie zu diesem Abschnitt zurück, wenn Sie Probleme haben, einigen der Anleitungen in diesem Buch zu folgen. Wenn Sie aber keine Schwierigkeiten haben, sich in der Eclipse-IDE zu bewegen, sollten Sie die Dinge nicht dadurch komplizierter machen, dass Sie über die Terminologie in diesem Abschnitt jammern.

- ✔ **In diesem Abschnitt werden Begriffe erklärt. Es findet keine formale Definition der Begriffe statt.** Ja, meine Erklärungen sind ziemlich genau, und nein, sie sind nicht wasserdicht. So gut wie jede Erklärung in diesem Abschnitt kennt versteckte Ausnahmen, Weglassungen und Ausschlüsse. Nehmen Sie die Absätze dieses Kapitels als hilfreiche Gedächtnisstützen und nicht als rechtsverbindliche Aussagen.

- ✔ **Eclipse ist ein nützliches Werkzeug.** Aber Eclipse ist kein offizieller Bestandteil des Java-Ökosystems. Auch wenn ich in diesem Buch nicht darauf eingehe, aber Sie sind in der Lage, Java-Programme zu schreiben, ohne jemals etwas von Eclipse gehört zu haben.

3 ➤ Standard-Java-Programme ausführen

Das große Ganze verstehen

 Eclipse gibt es (noch?) nicht in Deutsch. Da es sich bei dieser Umgebung um eine englischsprachige handelt, werden auch in der Übersetzung die englischen Bezeichnungen verwendet. Dadurch sollte es Ihnen leichter fallen, zwischen dem Text im Buch und den Programmen eine Übereinstimmung zu finden. Es wird aber so weit wie möglich versucht, die englischen Begriffe zumindest bei ihrer Vorstellung ins Deutsche zu übersetzen.

Ihre Tour durch Eclipse beginnt mit dem großen Überblick:

✔ **Workbench oder Arbeitsumgebung:** Der Desktop von Eclipse (siehe Abbildung 3.3). Die Workbench ist die Umgebung, in der Sie entwickeln.

✔ **Area oder Bereich:** Ein Teil der Workbench. Die Workbench, die Abbildung 3.3 zeigt, besteht aus fünf Bereichen. Um dies deutlicher zu machen, habe ich in Abbildung 3.16 die Begrenzungen der einzelnen Bereiche optisch besonders hervorgehoben.

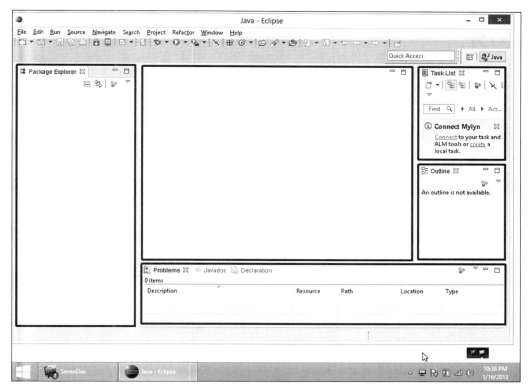

Abbildung 3.16: Die Workbench ist in Bereiche (Areas) aufgeteilt.

✔ **Window:** Eine Kopie der Eclipse-Workbench. Sie können mehrere Kopien der Eclipse-Workbench gleichzeitig geöffnet haben. Jede Kopie läuft in einem eigenen Fenster *(Window)*.

Um ein zweites Fenster zu öffnen, gehen Sie zum Hauptmenü von Eclipse und wählen W<small>INDOW</small>|N<small>EW</small> W<small>INDOW</small>.

✔ **Action oder Aktion:** Eine Auswahlmöglichkeit, die Ihnen normalerweise dann angeboten wird, wenn Sie etwas anklicken. Wenn Sie zum Beispiel im Hauptmenü von Eclipse F<small>ILE</small>| N<small>EW</small> anklicken, sehen Sie eine Liste mit neuen Elementen, die Sie erstellen können. Diese Liste enthält normalerweise P<small>ROJECT</small>, F<small>OLDER</small> und O<small>THER</small>, kann aber auch Objekte wie P<small>A-</small> <small>CKAGE</small>, C<small>LASS</small> und I<small>NTERFACE</small> enthalten. Jedes dieser Dinge (jedes Element des Menüs) wird als *Action* bezeichnet.

Views, Editoren und anderes Zeugs

Die nächsten Begriffe haben mit Dingen zu tun, die *Views*, *Editoren* und *Tabs* (Registerkarten) genannt werden.

Vielleicht haben Sie Probleme, den Unterschied zwischen Views und Editoren zu verstehen. (Eine *View* ist wie ein *Editor*, der wiederum wie eine *View* oder etwas Ähnliches ist.) Wenn Views und Editoren dasselbe zu sein scheinen und Sie nicht sicher sind, den Unterschied zwischen beiden wiedergeben zu können, sollten Sie sich darüber keine Gedanken machen. Wenn Sie ein normaler Eclipse-Benutzer sind, offenbart sich Ihnen der Unterschied zwischen View und Editor, wenn Sie eine Zeit lang mit der Workbench von Eclipse gearbeitet haben. Außerdem müssen Sie nur ganz selten entscheiden, ob das Ding, das Sie da verwenden, eine View oder ein Editor ist.

Sollten Sie einmal die Unterscheidung zwischen View und Editor treffen müssen, halten Sie sich hieran:

✔ **View:** Im Umfeld von Eclipse könnte eine *View* mit dem deutschen *Ansicht* verglichen werden. Eine View ist ein Teil der Eclipse-Workbench, der Ihnen Informationen anzeigt, die Sie durchsuchen können. Im einfachsten Fall füllt eine View einen Bereich der Workbench aus. So füllt zum Beispiel in Abbildung 3.3, die weiter vorn in diesem Kapitel zu finden ist, die View P<small>ACKAGE</small> E<small>XPLORER</small> den ganz linken Bereich der Workbench aus.

Viele Views zeigen Informationen als Liste oder in Form eines Baumes an. So enthält zum Beispiel die View P<small>ACKAGE</small> E<small>XPLORER</small> in Abbildung 3.9 einen Baum.

Sie können eine View verwenden, um Änderungen vorzunehmen. Um zum Beispiel Mein-ErstesProjekt in Abbildung 3.9 zu lösen, klicken Sie in der Baumdarstellung der View P<small>ACKAGE</small> E<small>XPLORER</small> mit der rechten Maustaste auf den Zweig M<small>EIN</small>E<small>RSTES</small>P<small>ROJEKT</small> (führen Sie diese Aktion auf dem Mac als [crtl]-Klicken durch). Wählen Sie dann in dem Kontextmenü, das sich daraufhin öffnet, D<small>ELETE</small>.

Wenn Sie eine View verwenden, um etwas zu ändern, wirkt sich diese Änderung sofort aus. Wenn Sie zum Beispiel im Kontextmenü des Package Explorers D<small>ELETE</small> wählen, wird jedes Element, das Sie im Package Explorer markiert haben, sofort gelöscht. Irgendwie ist dies ein bekanntes Verhalten, denn dasselbe geschieht, wenn Sie den Windows-Explorer oder den Macintosh Finder verwenden.

✔ **Editor:** Ein Teil der Eclipse-Workbench, der Ihnen Informationen anzeigt, die Sie ändern können. Ein normaler Editor zeigt Informationen in Form eines Textes an. Bei diesem Text kann es sich um den Inhalt einer Datei handeln. So zeigt zum Beispiel in Abbildung 3.11 ein Editor den Inhalt der Datei MeineErsteJavaKlasse.java an.

Wenn Sie einen Editor verwenden, um einige Dinge zu ändern, wirken sich diese Änderungen nicht sofort aus. Schauen Sie sich beispielsweise den Editor an, der in Abbildung 3.11 gezeigt wird. Dieser Editor gibt den Inhalt der Datei MeineErste JavaKlasse.java wieder. Sie können alles Mögliche in den Editor eingeben, und mit MeineErsteJavaKlasse.java geschieht erst dann etwas, wenn Sie im Eclipse-Menü FILE|SAVE wählen. Natürlich ist auch dieses Verhalten nichts Neues. Dasselbe geschieht, wenn Sie in Microsoft Word oder einer anderen Textverarbeitung arbeiten und DATEI|SPEICHERN wählen (wie FILE|SAVE auf Deutsch heißt).

Leider werde auch ich wie andere Autoren manchmal ungenau und verwende *View*, wenn ich *View* oder *Editor* meine. Und ich schreibe »der Eclipse-Editor«, wenn ich »ein Eclipse-Editor« oder »der Editor-Bereich der Eclipse-Workbench« schreiben sollte. Wenn Sie mich dabei erwischen, wie ich auf diese Weise unsauber mit der Terminologie umgehe, schütteln Sie einfach Ihren Kopf und machen weiter. Wenn ich aufpasse, verwende ich die offizielle Eclipse-Terminologie. Ich verweise dann auf Views und Editoren als Teile der Eclipse-Workbench. Unglücklicherweise ist diese Terminologie noch nicht allen in Fleisch und Blut übergegangen.

Ein Bereich der Workbench kann mehrere Views oder mehrere Editoren enthalten. Die meisten Eclipse-Benutzer leben sehr gut damit, keinen weiteren Gedanken an »mehrere Views« zu verschwenden (oder sich darüber überhaupt Gedanken zu machen). Wenn Sie aber an der Terminologie der umgebenden Registerkarten und aktiven Views interessiert sind, kommen hier die exklusiven Informationen:

✔ **Registerkarten oder Tabs:** Etwas, das sich unmöglich anders beschreiben lässt als mit dem Begriff *Registerkarte* oder *Tab* und das uns von einer View zu einer anderen oder von einem Editor zu einem anderen bringt. Wichtig ist dabei, dass Views *gestapelt* werden können. Eclipse stellt gestapelte Views so dar, als ob es sich um Seiten eines mit Registern versehenen Notizbuchs handelt. So zeigt zum Beispiel Abbildung 3.17 einen Bereich der Eclipse-Workbench. Dieser Bereich enthält sechs Views (PROBLEMS-View, JAVADOC-View, DECLARATION-View, SEARCH-View, CONSOLE-View und LOGCAT-View). Jede View hat ihre eigene Registerkarte.

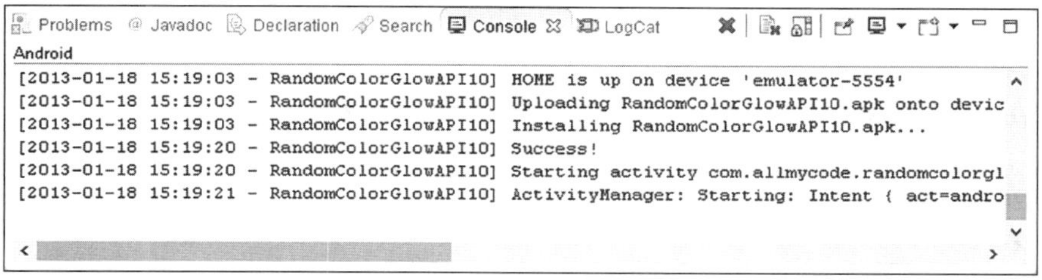

Abbildung 3.17: Ein Bereich enthält mehrere Views.

Abbildung 3.17 zeigt die View CONSOLE, die aber nicht immer als Teil der Eclipse-Perspective JAVA erscheint. (Was Eclipse unter einer *Perspective* versteht, können Sie am Ende dieses Kapitels nachlesen.) Die View CONSOLE wird normalerweise automatisch sichtbar, wenn es zu einem Programmabsturz kommt. Wenn Sie das Erscheinen dieser View erzwingen wollen, wählen Sie WINDOW|SHOW VIEW|OTHER. Daraufhin öffnet sich das Dialogfeld SHOW VIEW. Erweitern Sie dort GENERAL, und es erscheint die View CONSOLE, auf der Sie einen Doppelklick ausführen.

Ein Bündel gestapelter Views ist eine *Gruppe von Registerkarten*. Um eine Registerkarte eines Stapels in den Vordergrund zu holen, klicken Sie auf die Registerkarte der View. Nebenbei bemerkt, alle Informationen über Registerkarten und Views gelten auch für Registerkarten und Editoren. Interessant ist hier nur, wie Eclipse das Wort *Editor* verwendet: Jede mit einem Register versehene Seite des Editors ist ein eigenständiger Editor. So zeigt zum Beispiel der Editor-Bereich in Abbildung 3.18 drei Editoren (und nicht drei Registerkarten, die zu einem Editor gehören). Diese geben die Inhalte von drei Dateien wieder: MyFirstJavaClass.java, MortgageWindow.java und activity_main.xml.

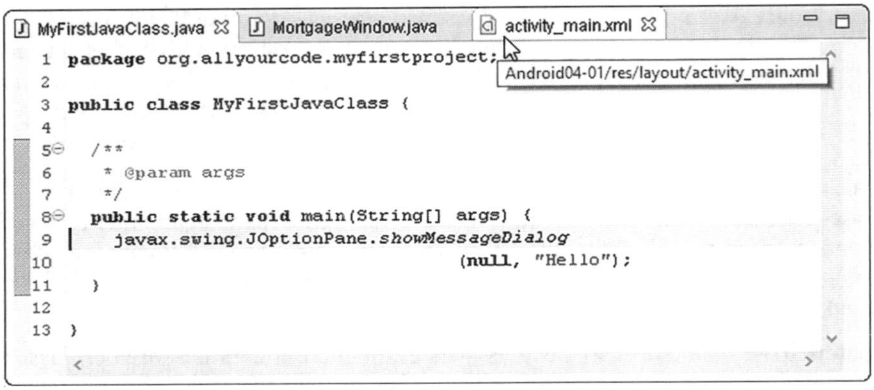

Abbildung 3.18: Der Bereich »Editor« enthält drei Editoren.

✔ **Aktive View:** In einer Gruppe von Registerkarten ist die View oder der Editor aktiv, die beziehungsweise der sich im Vordergrund befindet. In Abbildung 3.18 ist MyFirstJavaClass.java der aktive Editor. Die Editoren MortgageWindow.java und activity_main.xml sind inaktiv. (Es sieht in Abbildung 3.18 so aus, als ob activity_main.xml aktiv wäre, aber dieser Eindruck täuscht und wird nur dadurch hervorgerufen, dass ich den Mauszeiger über der Registerkarte dieses Editors schweben ließ.)

Sich eine View oder einen Editor genauer ansehen

Die Begriffe in diesem Abschnitt haben mit einzelnen Views, einzelnen Editoren und einzelnen Bereichen zu tun.

Symbolleiste: Die Leiste mit Schaltflächen (und anderen kleinen Objekten), die sich oben an einer View befindet (siehe Abbildung 3.19).

3 ▶ Standard-Java-Programme ausführen

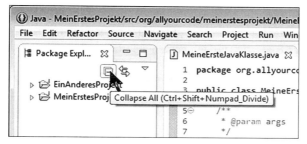

Abbildung 3.19: Die Symbolleiste der View PACKAGE EXPLORER

✔ **Die Schaltfläche MENU:** Ein nach unten zeigender Pfeil auf der Symbolleiste. Wenn Sie auf die Schaltfläche MENU klicken, erscheint eine Dropdownliste mit Aktionen (siehe Abbildung 3.20). Welche Aktionen Sie in der Liste zu sehen bekommen, unterscheidet sich von View zu View.

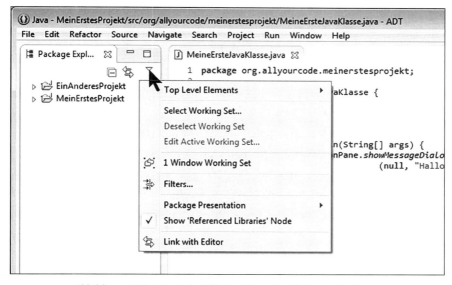

Abbildung 3.20: Die Schaltfläche MENU des Package Explorers

✔ **Die Schaltfläche CLOSE *(Schließen)*:** Eine Schaltfläche, die eine View oder einen Editor entfernt (siehe Abbildung 3.21).

Abbildung 3.21: Die Schaltfläche CLOSE eines Editors

✔ **Ein Chevron:** Ein Doppelpfeil, der anzeigt, dass in einem bestimmten Bereich noch weitere Registerkarten vorhanden sind (dieser Bereich aber zu klein ist, um sie anzuzeigen). Der Chevron, den Abbildung 3.22 zeigt, weist an seiner Seite die Zahl 2 auf. Diese Zahl sagt Ihnen, dass es zusätzlich zu den beiden sichtbaren Registerkarten noch zwei unsichtbare gibt. Indem Sie auf den Chevron klicken, öffnen Sie einen schwebenden Tipp, der eine Liste enthält, über die Sie die Bezeichnungen aller Registerkarten anzeigen können.

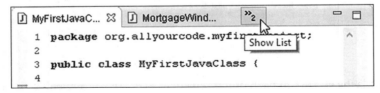

Abbildung 3.22: Der Chevron zeigt an, dass zwei Editoren verborgen sind.

✔ **Markierungsleiste:** Die senkrechte Leiste am linken Rand des Editorenbereichs. Eclipse zeigt hier kleine Warnhinweise in Form von Markierungen an (siehe Abbildung 3.13 weiter vorn in diesem Kapitel).

Zurück zum großen Ganzen

Die folgenden Begriffe haben mit dem allgemeinen Aussehen von Eclipse zu tun:

✔ **Layout:** Eine Anordnung von Views. Das Layout, das zum Beispiel Abbildung 3.3 zeigt, besteht aus sieben Views, von denen vier aktiv sind:

- *Die View PACKAGE EXPLORER*: Sie finden sie auf der äußerst linken Seite.
- *Die Views TASK LIST und OUTLINE:* Sie befinden sich außen an der rechten Seite.
- *Die Views PROBLEMS, JAVADOC, DECLARATION und CONSOLE:* Sie befinden sich am unteren Rand. In diesem Bereich der Arbeitsumgebung von Eclipse ist die View PROBLEMS die aktive.

Das Layout enthält zusammen mit diesen Views einen einzelnen Editorenbereich. Alle Editoren, und zwar unabhängig davon, ob sie geöffnet sind oder nicht, erscheinen hier.

✔ **Perspective:** Ein nützliches Layout. Wenn sich ein bestimmtes Layout als besonders nützlich erwiesen hat, gibt irgendjemand diesem Layout einen Namen. Und wenn ein Layout einen Namen hat, können Sie es bei Bedarf immer benutzen. So zeigt zum Beispiel die Workbench in Abbildung 3.3 Eclipses Perspective JAVA an. Diese Perspective enthält standardmäßig sechs Views, die fast wie die in Abbildung 3.3 angeordnet sind.

Die Perspective JAVA enthält zusammen mit diesen Views einen Editorenbereich. (Klar, der Editorenbereich enthält eine Reihe von Registerkarten, aber deren Zahl hat nichts mit der Perspective JAVA zu tun.)

Sie können die Perspective wechseln, indem Sie im Hauptmenü von Eclipse WINDOW|PERSPECTIVE wählen. Dieses Buch konzentriert sich fast ausschließlich auf Eclipses Perspective JAVA. Wenn Sie aber gerne herumspielen, schauen Sie sich einige der anderen Perspectiven an, um einen Eindruck von der Leistungsfähigkeit und der Vielseitigkeit von Eclipse zu bekommen.

Eine Android-App erstellen

In diesem Kapitel

▶ Eine einfache Android-App erstellen
▶ Fehlerbehebung bei Apps, die Probleme bereiten
▶ Eine App auf einem Emulator oder einem mobilen Gerät testen
▶ Eine App analysieren

Kapitel 3 beschreibt das Schreibern und Ausführen eines ganz einfachen Java-Programms. Dieses Programm läuft, wie viele Java-Programme, auf einem der guten alten Desktopcomputer oder einem Laptop. Der Code in Kapitel 3 verwendet im Hintergrund die leistungsstarken Funktionen von standardmäßigem Oracle-Java. Nun ist es so, dass sich die beiden Java-Arten (Standard-Oracle-Java für Desktopcomputer und Laptops und Androids Java für mobile Geräte) etwas voneinander unterscheiden:

✔ **Standard-Java verwendet die Leistungsfähigkeit und die Geschwindigkeit von Desktopcomputern und Laptops.**

Android-Java ist speziell dafür zugeschnitten worden, auf kleineren Geräten mit weniger Arbeitsspeicher zu laufen.

✔ **Standard-Java verwendet einige Funktionen, die Android-Java nicht kennt.**

So können Sie zum Beispiel den Aufruf `javax.swing.JOptionPane.showMessageDialog` aus dem Programm in Kapitel 3 in Android-Java nicht verwenden.

✔ **Android-Java verwendet einige Funktionen, die es in Standard-Java nicht gibt.**

So steht zum Beispiel die Klasse `Activity` aus dem Beispielprogramm dieses Kapitels in Standard-Java nicht zur Verfügung.

✔ **Das Erstellen einer normalen Android-App verlangt mehr Schritte als das Erstellen einer normalen standardmäßigen Java-App.**

Dieses Kapitel behandelt die Schritte, die Sie nachvollziehen müssen, um eine grundlegende Android-App zu erstellen, die aber eigentlich noch nicht viel kann. (Sie könnten sogar so weit gehen, zu behaupten, dass sie gar nichts macht.) Aber das Beispiel zeigt Ihnen, wie Sie ein neues Android-Projekt erstellen und ausführen.

Die erste eigene Android-App erstellen

Zu einem technischen Gerät gehört in der Regel ein Handbuch. Dessen erster Satz lautet: »Lesen Sie unbedingt zuerst alle 37 Sicherheitshinweise, bevor Sie den Versuch unternehmen dieses Produkt in Betrieb zu nehmen.« Sie lieben so etwas etwa nicht? Sie kommen an die sachdienlichen Hinweise erst dann, wenn Sie sich durch die einleitenden Informationen hindurchgekämpft haben?

In diesem Kapitel gibt es nichts, was Ihr Haus in Brand setzt oder Ihre elektrischen Geräte hochgehen lässt. Bevor Sie aber den Anleitungen dieses Kapitels folgen, muss es auf Ihrem Entwicklungscomputer eine Menge Software geben. Um sicher zu sein, dass Sie diese Software auch wirklich installiert haben, werfen Sie (noch einmal) einen Blick in Kapitel 2.

Wenn Sie dann über die benötigte Software verfügen, sind Sie so weit, dass Sie Eclipse starten und eine echte, lebendige Android-App erstellen können.

Ein Android-Projekt anlegen

Folgen Sie diesen Schritten, um ein erstes Android-Projekt anzulegen:

1. **Starten Sie Eclipse.**

   Einzelheiten zum Starten von Eclipse finden Sie in Kapitel 2.

2. **Wählen Sie im Hauptmenü von Eclipse F<small>ILE</small>|N<small>EW</small>|A<small>NDROID</small> A<small>PPLICATION</small> P<small>ROJECT</small>.**

   Als Reaktion darauf lässt Eclipse das Dialogfeld N<small>EW</small> A<small>NDROID</small> A<small>PPLICATION</small> erscheinen, das Abbildung 4.1 zeigt.

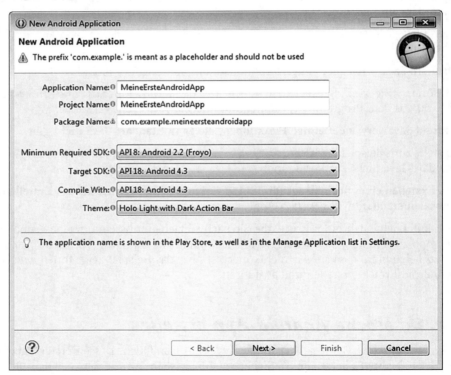

Abbildung 4.1: Die erste Seite des Dialogfelds N<small>EW</small> A<small>NDROID</small> A<small>PPLICATION</small>

3. **Geben Sie im Feld APPLICATION NAME einen Namen für die App ein.**

   Ich habe in Abbildung 4.1 den nicht gerade interessanten Namen MeineErsteAndroid-App verwendet. Normale Benutzer wie Gabi und Walter Musterbenutzer sehen diesen Namen auf dem Android-Startbildschirm unterhalb des Symbols der Anwendung. Wenn Sie vorhaben, Ihre App zu vermarkten, halten Sie diesen Namen kurz, interessant und beschreibend. In diesen Namen dürfen Sie sogar Leerzeichen aufnehmen.

   Die nächsten Schritte enthalten viel Klickerei, wobei Sie aber im Grunde fast immer die Standardeinstellungen übernehmen können.

4. **(Optional) Ändern Sie in den Feldern PROJECT NAME und PACKAGE NAME den Namen des Projekts beziehungsweise den Namen des Java-Pakets, das das Projekt enthält.**

   Eclipse füllt die Felder PROJECT NAME und PACKAGE NAME automatisch aus (wobei dies auf der Grundlage dessen geschieht, was Sie im Feld APPLICATION NAME eingegeben haben). Eclipse hat, wie Abbildung 4.1 zeigt, daraus den Projektnamen MeineErsteAndroidApp und den Paketnamen com.example.meineersteandroidapp gemacht. Eclipse verwendet den Projektnamen, um den Zweig dieses Projekts in der Baumstruktur des Package Explorers zu benennen.

   Wenn Sie üben, können Sie es sich an dieser Stelle einfach machen und den Paketnamen verwenden, den Eclipse vorgibt. Wenn Sie aber mit dem Gedanken spielen, Ihre App zu veröffentlichen, sollten Sie ihr einen eigenen Paketnamen geben und dabei die Regeln verwenden, die in Kapitel 3 beschrieben werden.

   In Android gehört ein Paketname immer nur zu einer einzigen App. Sie können die erste App im Paket org.ihrgesamtercode.ersteapp und die zweite App im Paket org.ihrgesamtercode.zweiteapp unterbringen, aber es ist nicht möglich, alle Apps in einem Paket wie org.ihrgesamtercode.meinkram abzulegen. Sie erhalten in Kapitel 5 einen Überblick über Java-Pakete und Paketnamen.

5. **(Optional) Wählen Sie in den Dropdownlisten des Dialogfelds Werte aus.**

   Wenn Sie herausfinden wollen, was Sie mit MINIMUM REQUIRED SDK API 8 und TARGET SDK API 18 versprechen, schauen Sie sich den Kasten *Android-Versionen verwenden* an, der etwas weiter unten in diesem Kapitel zu finden ist.

   Ich habe in Abbildung 4.1 die Standardeinstellungen akzeptiert, die mir angeboten werden – API 8, API 18 und API 18. Sie können in den Dropdownlisten jeden beliebigen Wert auswählen, so lange Sie ein Android Virtual Device (AVD) erstellt haben, das in der Lage ist, die Projekte des Ziels (englisch *Target*) auszuführen. (So kann beispielsweise ein Android-2.3.3-AVD Projekte ausführen, deren Ziele frühere Android-Versionen wie Android 2.3.1, Android 2.2 oder Android 1.6 sind. Das Projektziel muss nicht hundertprozentig zu einem AVD passen.)

   Wenn Sie irrtümlich ein Ziel ausgewählt haben, zu dem es kein passendes AVD gibt, beschwert sich Eclipse bei Ihnen, wenn Sie versuchen, das Projekt ablaufen zu lassen. (Auch wenn Eclipse mosert, so bietet es Ihnen gleichzeitig aber auch Hilfe dabei an, ein entsprechendes AVD zu erstellen, wodurch sich wieder alles zum Guten wendet.) Kapitel 2 beschreibt ausführlich, wie ein AVD angelegt wird.

Android-Versionen verwenden

Android kennt verschiedene Einsatzmöglichkeiten für Versionsnummern. So ist in Abbildung 4.1 die kleinstmögliche SDK-Version API 8, und als Ziel-SDK wird API 18 angegeben. Was macht den Unterschied aus?

Sie entwerfen eine Android-App, die in einem Bereich von API-Versionen ausgeführt werden kann. Sie können sich die *Minimum SDK Version* als die niedrigste Version dieses Bereiches vorstellen, während die *Target Version* die höchste Version im Bereich ist. Wenn Sie also festlegen, dass API 8 die minimale SDK-Version und API 18 die Ziel-SDK-Version darstellen, entwickeln Sie eine App, die von API-Level 8 bis API-Level 18 ausgeführt werden kann.

Die Idee des Vom-Niedrigsten-zum-Höchsten muss nun noch feiner abgestuft werden. In der offiziellen Android-Dokumentation steht: »... neue Versionen der Plattform sind vollständig abwärtskompatibel.« Dies bedeutet, dass eine App, die sauber unter API 8 läuft, auch auf allen Versionen größer API 8 fehlerfrei ausgeführt werden sollte. (Ich schreibe *sollte*, weil eine vollständige Abwärtskompatibilität nur sehr schwer zu erreichen ist. Aber wenn das Android-Team bereit ist, vollständige Abwärtskompatibilität zu versprechen, bin ich bereit, dies als Chance zu nutzen.)

Bei der *Target Version*, der Zielversion (API 18 in Abbildung 4.1), handelt es sich um die Version, für die Sie die App testen. Wenn Sie das Beispiel dieses Kapitels ausführen, öffnet Eclipse einen Emulator, auf dem API 18 oder höher installiert ist. (Wenn Sie zum Beispiel ein AVD erstellt haben, dessen API-Level 19 ist, und es kein AVD mit API-Level 18 gibt, öffnet Eclipse den Emulator mit API 19.) Und wenn Ihre App Ihre Tests besteht, läuft sie auch auf Geräten sauber, die API 18 verwenden (das auch als Android 4.1 bekannt ist). Aber wie sieht das bei Geräten aus, auf denen andere Android-Versionen laufen? Diese Liste erklärt es Ihnen:

✔ *Die Zielversion der App ist API 18, aber die App verwendet nur Funktionen, die es auch in API 8 und früher gibt:* In diesem Fall können Sie in Eclipse bedenkenlos im Feld MINIMUM RERQUIRED SDK die 8 eingeben.

✔ *Die App verwendet einige Funktionen, die nur in API 18 und später zur Verfügung stehen, aber die App enthält Routinen für Geräte, die API 8 verwenden:* (Der Code der App ist in der Lage, die Android-Version eines Gerätes zu entdecken, und er enthält alternativen Code für verschiedene Versionen.) In diesem Fall müssen Sie keine Bedenken haben, im Feld MINIMUM REQUIRED SDK 8 auszuwählen.

✔ *Die Zielversion der App ist 18:* 2019 installiert jemand Ihre App auf einem Gerät, das unter API 99 (Codename Zucchine Bread) läuft. Da es Abwärtskompatibilität gibt, läuft die App zwar etwas holprig, aber fehlerfrei auch unter API 99. In diesem Fall wird die Zielversion 18 nicht zu einer wirklichen Obergrenze.

Wenn Sie sich für eine Zielversion *(Target Version)* und eine minimale Version des SDKs entscheiden, legt Android diese Werte in der Datei `AndroidManifest.xml` ab. Sie können sich diese Datei in Eclipse im Projektbaum des Package Explorers anschauen.

6. **Klicken Sie auf NEXT.**

   Es erscheint nun erneut ein Dialogfeld NEW ANDROID APPLICATION (siehe Abbildung 4.2 – Namensgebung ist nicht gerade eine der Stärken von Eclipse).

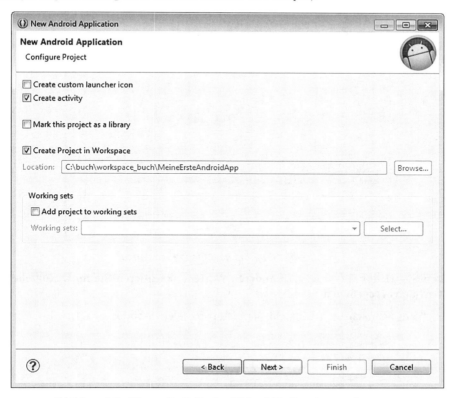

   Abbildung 4.2: Die zweite Seite des Dialogfelds NEW ANDROID APPLICATION

7. **(Optional) Nehmen Sie in der neuesten Erscheinungsform von NEW ANDROID APPLICATION Feineinstellungen vor.**

   In der Praxis empfehle ich, das Kontrollkästchen vor CREATE CUSTOM LAUNCHER ICON zu deaktivieren und die anderen Einstellungen beizubehalten. Insbesondere CREATE ACTIVITY sollte aktiviert bleiben.

8. **Klicken Sie auf NEXT.**

   Es erscheint nun das Dialogfeld CREATE ACTIVITY, das Abbildung 4.3 zeigt. Sie finden die Wahrheit über Activities in Kapitel 5 heraus.

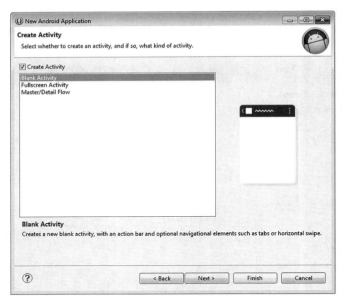

Abbildung 4.3: Eine neue Activity erstellen

9. **Klicken Sie wieder auf NEXT. (Mit anderen Worten, akzeptieren Sie im Dialogfeld CREATE ACTIVITY die vorgegebenen Standards.)**

   Es erscheint als nächstes Dialogfeld BLANK ACTIVITY (siehe Abbildung 4.4).

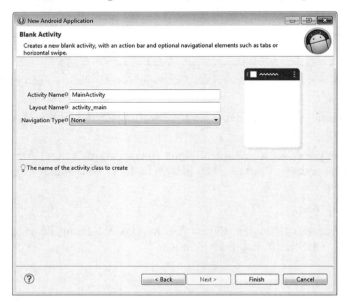

Abbildung 4.4: Eine leere Activity erstellen

10. **Klicken Sie auf FINISH. (Dies bedeutet, dass Sie erneut einfach nur die Standards akzeptieren.)**

   Das Dialogfeld BLANK ACTIVITY schließt sich und die Eclipse-Workbench schiebt sich in den Vordergrund. Der Baum des Package Explorers hat einen neuen Zweig erhalten. Bei der Bezeichnung des Zweiges handelt es sich um den Namen des neuen Projekts, wie Abbildung 4.5 zeigt.

Ihr neues Android-Projekt

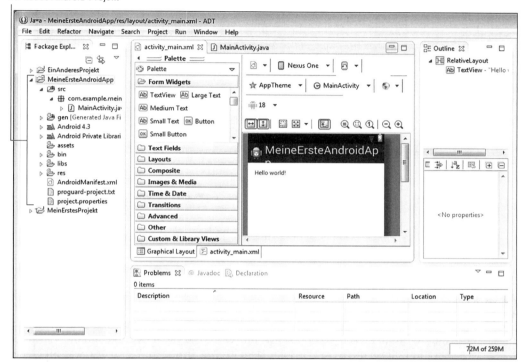

Abbildung 4.5: Ein neuer Zweig MEINEERSTEANDROIDAPP

Herzlichen Glückwunsch – Sie haben eine Android-Anwendung erstellt.

Das Projekt ausführen

Um die Räder Ihrer neuen App anzuwerfen und die App zu einer Fahrt um den Block anzuregen, gehen Sie so vor:

1. **Markieren Sie im Package Explorer von Eclipse den Zweig der App.**

   Siehe hierzu Abbildung 4.5.

2. **Wählen Sie im Hauptmenü RUN|RUN AS|ANDROID APPLICATION.**

   Daraufhin zeigt die View CONSOLE mehrere Textzeilen an. Eine von ihnen sollte den Ausdruck `Launching a new emulator, Waiting for HOME` enthalten und in einer anderen sollte auch mein Lieblingseintrag `Success!` (deutsch *Erfolg*) zu finden sein (siehe Abbildung 4.6).

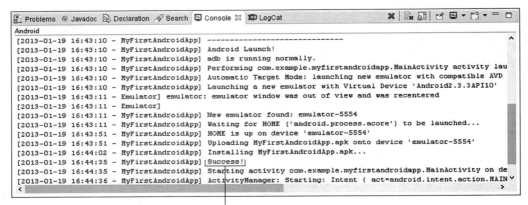

Erfolgreiche Programmausführung

Abbildung 4.6: Die View CONSOLE während des erfolgreichen Starts einer App

Wenn Sie die View CONSOLE nicht sehen, müssen Sie sie aus ihrem Versteck herausholen. Einzelheiten hierzu finden Sie in Kapitel 3.

 In der Sprache der App-Entwicklung handelt es sich bei einer *Console* um ein reines Textfenster, das das anzeigt, was ein laufendes Programm ausgibt. Eine Console kann aber auch Eingaben durch den Benutzer (in diesem Fall den App-Entwickler) akzeptieren. Die Ausführung eines einzelnen Android-Laufs kann zu mehreren gleichzeitigen Consolen führen. Aus diesem Grund kann die View CONSOLE in Eclipse mehrere Consolen gleichzeitig anzeigen. Wenn das, was Sie in der View CONSOLE sehen, keine Ähnlichkeit mit dem Text in Abbildung 4.6 aufweist, zeigt sie vielleicht die falsche Console an. Um dieses Problem zu lösen, halten Sie nach einer Schaltfläche Ausschau, die in der rechten oberen Ecke der View CONSOLE das Bild eines Computerterminals zeigt (siehe Abbildung 4.7). Klicken Sie auf den Pfeil rechts neben der Schaltfläche. Wählen Sie in der sich daraufhin öffnenden Dropdownliste ANDROID aus.

3. **Warten Sie, bis der Android-Emulator den Sperrbildschirm, einen Startbildschirm oder den Bildschirm einer App anzeigt.**

   Zuerst sehen Sie das Wort ANDROID so, als wenn es Teil eines Bildschirms aus *Matrix* wäre (siehe Abbildung 4.8). Danach sehen Sie ANDROID in silbrig glitzernden Buchstaben (siehe Abbildung 4.9). Zum Schluss erblicken Sie den Sperrbildschirm des Gerätes, einen Startbildschirm oder den Bildschirm einer App (siehe Abbildung 4.10).

4 ► Eine Android-App erstellen

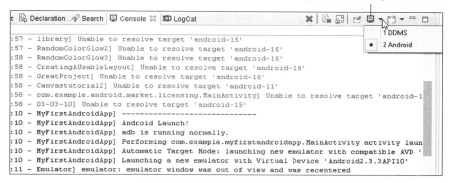

Abbildung 4.7: Eine Console wählen

Abbildung 4.8: Der Emulator startet.

Abbildung 4.9: Android läuft auf dem Emulator.

Abbildung 4.10: Der Sperrbildschirm des Gerätes

4. **Ich kann nicht oft genug betonen, wie wichtig dieser Punkt ist: Warten Sie, bis der Android-Emulator den Sperrbildschirm des Gerätes, einen Startbildschirm oder den Bildschirm einer App anzeigt.**

   Es dauert eine ganze Weile, bis der Emulator gestartet ist. Der Emulator benötigt auf meinem 2-GHz-Prozessor mit 4 GB RAM mehrere Minuten, um ein vollständig hochgefahrenes Android-Gerät zu emulieren. Sie müssen ziemlich viel Geduld haben, wenn Sie es mit dem Emulator zu tun haben.

5. **Warten Sie weiterhin.**

   Während Sie warten, können Sie das Web nach dem Ausdruck `Android Emulator beschleunigen` oder nach `Android emulator speed up` durchsuchen. Viele haben Vorschläge, Lösungsversuche oder andere Hinweise zu diesem Thema veröffentlicht.

   Oh! Ich sehe, dass der Emulator endlich den Sperrbildschirm des Gerätes anzeigt. Es ist an der Zeit weiterzumachen.

6. **Wenn der Emulator den Sperrbildschirm eines Gerätes anzeigt, machen Sie das, was Sie immer machen, um ein Android-Gerät zu entsperren.**

   Sie entsperren normalerweise das Gerät, indem Sie das Schloss von einer Stelle des Bildschirms an eine andere ziehen.

7. **Schauen Sie sich die App auf dem Bildschirm des Emulators an.**

   Abbildung 4.11 zeigt die unter Android laufende Hello-World-App. (Der Bildschirm zeigt sogar `Hello world!` an.) Eclipse erstellt diese kleine App, wenn Sie ein neues Android-Projekt anlegen.

Abbildung 4.11: Die App »Hello World« in Aktion

Die Android-App *Hello World* verfügt über kein Widget, das der Benutzer verschieben könnte, und die App macht überhaupt nichts. Aber für den Anfang ist es nicht schlecht, wenn auf dem Android-Bildschirm eine App erscheint. Wenn Sie den Schritten in diesem Kapitel folgen, sind Sie bald in der Lage, richtig aufregende Apps zu erstellen.

Beenden Sie niemals einen Android-Emulator, außer Sie wissen, dass Sie ihn für die nächste Zeit nicht mehr benötigen. Wenn ein Emulator erst einmal läuft, macht er dies recht zuverlässig. (Er ist zwar ziemlich lahm, aber eben zuverlässig.) Während der Emulator läuft, können Sie den Android-Code ändern und erneut RUN|RUN AS|ANDROID APPLICATION wählen. Wenn Sie das machen, installiert Android die App erneut auf dem laufenden Emulator. Dieser Vorgang zeichnet sich nicht gerade durch Geschwindigkeit aus, aber Sie müssen wenigstens nicht darauf warten, dass der Emulator startet. (Wenn Sie jetzt eine andere App ausführen, eine, deren minimal benötigtes SDK höher ist als das, mit dem der Emulator umgehen kann, ruft Android einen zweiten Emulator auf. Aber normalerweise ist beim Entwickeln das Springen zwischen Emulatoren die Ausnahme und nicht die Regel.)

Im Falle eines Falles

Sie versuchen, Ihre erste Android-App auszuführen. Wenn Ihre Bemühungen im Keim erstickt werden, sollten Sie nicht verzagen. Dieser Abschnitt liefert einige Tipps für eine Lösung vieler Probleme.

Fehlermeldung: R cannot be resolved

Diese Meldung bedeutet auf Deutsch, dass R nicht aufgelöst werden kann. Zu jeder Android-App gehört eine Datei R.java. Die Entwicklungswerkzeuge von Android erzeugen diese Datei automatisch, was dazu führt, dass Sie sich um R.java keine Gedanken machen müssen. Gelegentlich kommt es vor, dass das Erstellen dieser Datei länger als normal dauert. Eclipse findet im restlichen Code des Projekts Verweise auf die Klasse R und beschwert sich darüber, dass es im Projekt keine Klasse R gibt. Ich kann Ihnen in dieser Situation nur den Rat geben, einfach zu warten.

Wenn eine Minute Warten nichts bringt, folgen Sie diesen Schritten, um die Einstellungen des Projekts zu überprüfen:

1. **Markieren Sie im Package Explorer von Eclipse das Projekt.**
2. **Wählen Sie im Hauptmenü PROJECT.**

   Es erscheint eine Liste mit Untermenüs.
3. **Halten Sie nach einem Aktivierungshäkchen vor dem Untermenü BUILD AUTOMATICALLY Ausschau.**
4. **Wenn es das Häkchen nicht gibt, markieren Sie das Untermenü BUILD AUTOMATICALLY und klicken Sie auf das Untermenü, um ein Aktivierungshäkchen hinzuzufügen.**

   Mit ein wenig Glück erscheint nun sofort die Datei R.java.

Falls BUILD AUTOMATICALLY des Projekts aber aktiviert sein sollte und die Datei R.java trotzdem nicht vorhanden ist, probieren Sie folgende Schritte aus:

1. **Markieren Sie das Projekt im Package Explorer.**
2. **Wählen Sie im Hauptmenü PROJECT.**

   Es erscheint eine Liste mit Untermenüs.
3. **Klicken Sie auf CLEAN ... und markieren Sie in dem sich öffnenden Dialogfeld CLEAN das Projekt, das Schwierigkeiten bereitet, und das Optionsfeld CLEAN PROJECTS SELECTED BELOW.**
4. **Klicken Sie auf OK.**

Das Säubern des Projekts *(to clean* bedeutet auf Deutsch *reinigen, säubern)* sollte das Problem beheben. Wenn es aber weiterhin besteht, schließen Sie Eclipse und starten Sie es erneut. (Eclipse kommt gelegentlich »durcheinander« und muss dann neu gestartet werden.)

Wenn Sie Java-Code von einem Android-Projekt in ein anderes kopiert haben, könnte es zu Beginn des Programms zu der nervenden Nachricht Import cannot be resolved (deutsch *Der Import kann nicht aufgelöst werden*) kommen. In diesem Fall können Sie einem Projekt ungewollt die Anweisung gegeben haben, auf das Material der Datei R.java eines anderen Projekts zuzugreifen. Wenn die fehlerhafte Codezeile import *diesOderDas*.R lautet, versuchen Sie, sie zu löschen und damit das Problem zu beheben.

Fehlermeldung: No compatible targets were found

Diese Meldung bedeutet auf Deutsch, dass keine kompatiblen Ziele gefunden werden konnten. Wenn Sie diese Nachricht sehen, weist sie mit ziemlicher Sicherheit darauf hin, dass Sie kein Android Virtual Device (AVD) angelegt haben, das in der Lage ist, Ihr Projekt auszuführen. Wenn Eclipse anbietet, Ihnen dabei zu helfen, ein neues AVD zu erstellen, sollten Sie dieses Angebot akzeptieren. Wählen Sie anderenfalls WINDOW|ANDROID VIRTUAL DEVICE MANAGER, um selbst ein neues AVD anzulegen. Sie finden in Kapitel 2 Informationen über Android Virtual Devices.

Das Starten des Emulators verzögert sich extrem

Sie sehen auch nach fünf oder mehr Minuten immer noch keinen Sperrbildschirm des Gerätes oder dessen Startbildschirm? Versuchen Sie diese Lösungsansätze:

✔ **Schließen Sie den Emulator und starten Sie die Anwendung erneut.**

Manchmal klappt es erst beim zweiten oder dritten Mal. In seltenen Fällen scheiterten meine ersten drei Versuche, aber beim vierten Mal funktionierte dann alles.

✔ **Starten Sie den Emulator manuell.**

Dies bedeutet, dass Sie den Emulator starten, ohne zu versuchen, ein Projekt auszuführen. Folgen Sie dazu diesen vier Schritten:

a. **Wählen Sie im Hauptmenü von Eclipse WINDOW|ANDROID VIRTUAL DEVICE MANAGER,**

Es öffnet sich das Dialogfeld ANDROID VIRTUAL DEVICE MANAGER. Es enthält eine Liste mit den AVDs, die Sie bereits angelegt haben.

Sie finden in Kapitel 2 Hilfe beim Erstellen eines AVDs.

b. **Markieren Sie im Android Virtual Device Manager das AVD, das Sie starten möchten.**

c. **Klicken Sie auf der rechten Seite des Android Virtual Device Managers auf START.**

Eclipse zeigt das Dialogfeld LAUNCH OPTIONS an.

d. **Klicken Sie im Dialogfeld LAUNCH OPTIONS auf die Schaltfläche LAUNCH.**

Akzeptieren Sie die Standardeinstellungen und rufen Sie den Emulator auf.

Wenn Sie dann endlich den Sperrbildschirm des Gerätes oder den Startbildschirm sehen, folgen Sie den Schritten 1, 2, 6 und 7 des weiter oben stehenden Abschnitts *Das Projekt ausführen*.

Wenn Sie zwar den Tricks folgen, die in diesem Abschnitt gezeigt werden, sich der sture Android-Emulator aber standhaft weigert, zu starten, besuchen Sie die Website dieses Buches, die der Autor unter `http://allmycode.com/Java4Android` eingerichtet hat und auf der es weitere Strategien gibt.

✔ **Führen Sie die App auf einem Telefon, einem Tablet oder einem anderen Android-Gerät aus.**

Beim Testen einer nagelneuen App auf einem echten Gerät wird mir eigentlich immer ein wenig mulmig. Aber der Sandkasten Android ist so sicher, dass neue Apps dort problemlos spielen können. Außerdem werden Apps von Telefonen und Tablets viel schneller geladen als vom Emulator.

Wenn Sie wissen wollen, wie Sie Apps auf Android-Geräten installieren können, schauen Sie sich weiter hinten in diesem Kapitel den Abschnitt *Apps auf einem echten Gerät testen* an.

Fehlermeldung: The user data image is used by another emulator

Diese Meldung bedeutet auf Deutsch, dass die Benutzerdaten bereits von einem anderen Emulator verwendet werden. Wenn Sie diese Nachricht sehen, ist der Emulator Teil eines Durcheinanders geworden, das Android daran hindert, seinen Job zu erledigen. Probieren Sie als Erstes, den Emulator zu schließen und neu zu starten.

Wenn ein einfacher Neustart keine Lösung bringt, probieren Sie diese Schritte aus:

1. **Schließen Sie den Emulator.**
2. **Wählen Sie im Hauptmenü von Eclipse WINDOW|ANDROID VIRTUAL DEVICE MANAGER.**

   Sie können in Kapitel 2 mehr über den Android Virtual Device Manager erfahren.

3. **Markieren Sie in der Liste der virtuellen Geräte ein AVD, das in der Lage ist, mit der App umzugehen, und klicken Sie auf START.**
4. **Es erscheint das Dialogfeld LAUNCH OPTIONS, in dem Sie das Kontrollkästchen vor WIPE USER DATA aktivieren und dann auf LAUNCH klicken.**

   Daraufhin startet Eclipse eine neue Ausfertigung des Emulators – dieses Mal ohne Bindungen an irgendetwas.

Wenn Sie den Schritten folgen, die in diesem Abschnitt gezeigt werden, aber weiterhin `User data image is used by another emulator` sehen, besuchen Sie die Website dieses Buches, die der Autor unter `http://allmycode.com/Java4Android` eingerichtet hat und auf der es weitere Hilfestellungen gibt.

Fehlermeldung: Unknown virtual device name

Diese Meldung bedeutet auf Deutsch, dass das virtuelle Gerät unbekannt ist. Android sucht AVDs im Unterverzeichnis `.android/avd` des Home-Verzeichnisses, und manchmal geht diese Suche schief. So pflegt zum Beispiel einer meiner Windows-Computer das Home-Verzeichnis auf dem Laufwerk `i:`. Meine AVDs befinden sich in `i:\Users\barry\.android\avd`. Android ignoriert nun das Home-Verzeichnis des Computers und sucht stattdessen unter `C:\Benutzer\barry`. Wenn Android dann dort keine AVDs findet, beschwert es sich.

Sie können sich nun nette Lösungsmöglichkeiten für dieses Problem ausdenken, zu denen zum Beispiel Umleitungen oder symbolische Verknüpfungen gehören. Lösungen dieser Art verlangen aber eine jeweils ganz individuelle Vorgehensweise. Um die Sache einfach zu halten, kopiere ich mein Verzeichnis i:\Users\barry\.android nach C:\Benutzer\barry\.android, um dem Problem aus dem Weg zu gehen.

Fehlermeldung: INSTALL_PARSE_FAILED_INCONSISTENT_CERTIFICATE

Diese Fehlermeldung weist darauf hin, dass sich eine App, die Sie früher einmal installiert haben, nicht mit der App verträgt, die Sie gerade installieren wollen. Gehen Sie auf dem Bildschirm des Emulators zur Liste der installierten Anwendungen (bei der es sich normalerweise um eine Option des Einstellungsbildschirms handelt). Löschen Sie in dieser Liste alle Anwendungen, die Sie zuvor installiert haben.

Manchmal ist das Auffinden früher installierter Apps im Menü EINSTELLUNGEN|APPS des Emulators, den Sie natürlich zuvor in den Spracheinstellungen auf DEUTSCHLAND umgestellt haben, schwierig. Besuchen Sie in diesem Fall die englischsprachige Website dieses Buches, die der Autor unter http://allmycode.com/Java4Android eingerichtet hat und auf der es eine trickreiche Ad-hoc-Lösung gibt.

Die App startet, aber der Emulator zeigt das Dialogfeld »Force Close or Wait« an

Der offizielle Name des Dialogfelds SCHLIESSEN ERZWINGEN UND WARTEN lautet APPLICATION NOT RESPONDING (ANR; *die Anwendung reagiert nicht*). Android zeigt dieses Dialogfeld immer dann an, wenn eine App für das, was sie machen soll, länger braucht, als dafür vorgesehen ist. Wenn die App auf einem echten Gerät (einem Telefon oder einem Tablet) ausgeführt wird, sollte die ANR-Meldung nicht angezeigt werden.

Auf einem langsamen Emulator sind Meldungen vom Typ »Schließen erzwingen und warten« Teil des Systems. Wenn ich die ANR-Meldung auf einem Emulator sehe, wähle ich in der Regel WAIT. Das Dialogfeld verschwindet innerhalb von zehn Sekunden und die App wird ausgeführt.

Änderungen, die an der App vorgenommen werden, erscheinen nicht im Emulator

Ihre App wird ausgeführt, und Sie wollen an ihr einige Verbesserungen vornehmen. Sie ändern den Code der App, während der Emulator läuft. Aber nachdem Sie RUN|RUN AS|ANDROID APPLICATION gewählt haben, ändert sich am Verhalten der App im Emulator nichts.

Wenn dies geschieht, gibt es irgendwo einen Hemmschuh. Schließen Sie den Emulator und starten Sie ihn erneut. Greifen Sie gegebenenfalls auf den Trick mit dem Löschen der Benutzerdaten zu, den ich weiter vorn in diesem Kapitel im Abschnitt *Fehlermeldung: The user data image is used by another emulator* beschreibe.

Der Bildschirm des Emulators ist zu groß

Manchmal ist die Bildschirmauflösung des Entwicklungscomputers nicht groß genug. (Vielleicht weil Ihre Augen nicht mehr die besten sind.) Dieses Symptom ist kein Ausschlusskriterium, aber wenn Sie die unteren Schaltflächen des Emulators nicht sehen können, ist es nicht mehr ganz so einfach, eine App zu testen. Sie können in diesem Fall die Bildschirmauflösung des Entwicklungscomputers ändern, um dadurch das Fenster des Emulators vollständig anzuzeigen. Andererseits können Sie aber auch das Fenster des Emulators anpassen, was keine Auswirkungen auf das gesamte System hat.

Um die Größe des Emulatorfensters zu ändern, folgen Sie diesen Schritten:

1. **Schließen Sie den Emulator.**
2. **Wählen Sie im Hauptmenü von Eclipse WINDOW|ANDROID VIRTUAL DEVICE MANAGER.**
3. **Markieren Sie in der Liste der virtuellen Geräte ein AVD, das mit Ihrer App umgehen kann, und klicken Sie auf START.**
4. **Es erscheint das Dialogfeld LAUNCH OPTIONS, in das Sie das Kontrollkästchen vor SCALE DISPLAY TO REAL SIZE aktivieren.**
5. **Verringern Sie den Wert im Feld SCREEN SIZE** *(Bildschirmgröße).*

   Wenn Sie den Wert im Feld SCREEN SIZE ändern, passt sich der Wert im Feld SCALE automatisch an. Je kleiner dieser Wert ist, desto kleiner wird der Emulator auf dem Bildschirm des Entwicklungscomputers.

6. **Klicken Sie auf LAUNCH.**

   Eclipse startet nun eine neue Kopie des Emulators – in einem kleineren Emulatorfenster.

Apps auf einem echten Gerät testen

Sie können Emulatoren umgehen und Apps auf einem Handy, einem Tablet oder einer unter Android laufenden Müllpresse testen. Damit das funktioniert, müssen Sie das Gerät und den Entwicklungscomputer vorbereiten und dann beide zusammenbringen. Dieser Abschnitt beschreibt die Vorgehensweise.

Um eine App auf einem echten Android-Gerät zu testen, gehen Sie so vor:

1. **Schalten Sie auf dem Android-Gerät das USB-Debugging ein.**

   Die verschiedenen Android-Versionen haben ihre eigenen Wege, um das USB-Debugging ein- oder auszuschalten. Sie können Ihr Gerät auf den Kopf stellen, um dort die Debuggingoptionen zu finden, oder Sie besuchen diese Sites:

   - www.android-user.de/Apps/USB-Debugging-Modus-auf-Android-Handys-und-Tablets-aktivieren
   - www.teamandroid.com/2012/06/25/how-to-enable-usb-debugging-in-android-phones

Ich habe das USB-Debugging auf meinem Gerät ständig eingeschaltet. Sollten Sie sich aber Gedanken über die Sicherheit machen, schalten Sie das USB-Debugging aus, wenn Sie das Gerät nicht für das Entwickeln von Apps benötigen.

2. **Führen Sie im Package Explorer auf dem Zweig Ihres Projekts einen Doppelklick auf der Datei `AndroidManifest.xml` aus.**

   Eclipse bietet mehrere Wege an, um diese Datei zu untersuchen und zu bearbeiten.

3. **Klicken Sie unten im Eclipse-Editor auf die Registerkarte APPLICATION.**

   Eclipse bietet ein Formular wie das in Abbildung 4.12 an.

4. **Wählen Sie in der Dropdownliste DEBUGGABLE die Option TRUE aus (siehe Abbildung 4.12).**

   Wenn DEBUGGABLE auf TRUE gesetzt worden ist, sind die Android-Tools in der Lage, die Ausführung der App zu beobachten.

Abbildung 4.12: Die Registerkarte APPLICATION der Projektdatei `AndroidManifest.xml`

Die Möglichkeit, etwas zu debuggen, ist gleichzeitig die Möglichkeit, zu hacken. Außerdem verlangsamt das Debuggen eine App. Veröffentlichen Sie niemals eine App, bei der DEBUGGABLE auf TRUE gesetzt worden ist.

5. **Wählen Sie FILE|SAVE, um die neue Datei AndroidManifest.xml zu speichern.**

6. **Richten Sie den Entwicklungscomputer so ein, dass er mit dem Gerät kommunizieren kann.**

   - *Unter Windows:* Besuchen Sie http://developer.android.com/sdk/oem-usb.html, um den USB-Treiber des Gerätes für Windows herunterzuladen. Installieren Sie den Treiber auf dem Entwicklungscomputer.

   - *Auf dem Mac:* Machen Sie nichts. Das funktioniert einfach so.

7. **Verbinden Sie das Gerät über ein USB-Kabel mit dem Entwicklungscomputer.**

Um Wege kennenzulernen, wie Sie prüfen können, dass das Gerät mit dem Entwicklungscomputer verbunden ist, besuchen Sie die englischsprachige Website des Autors zu diesem Buch unter http://allmycode.com/Java4Android.

8. **Führen Sie das Programm in Eclipse aus.**

   Ein verbundenes Gerät hat eine höhere Priorität als ein laufender Emulator. Wenn die Android-Version auf dem Gerät mit der minimalen SDK-Version des Projekts umgehen kann, führt die Auswahl von RUN|RUN AS|ANDROID APPLICATION dazu, dass die App auf dem verbundenen Gerät installiert werden kann.

Vielleicht wollen Sie irgendwann Ihr Gerät wieder vom Entwicklungscomputer trennen. Wenn Sie ein Windows-Benutzer sind, lesen Sie eventuell mit einem gewissen Unwohlsein die Meldung Windows can't stop your device because a program is still using it. Um das Gerät sicher zu trennen, gehen Sie so vor:

1. **Öffnen Sie die Eingabeaufforderung.**

   - *Unter Windows 7 oder früheren Versionen:* Wählen Sie START|ALLE PROGRAMME|ZUBEHÖR|EINGABEAUFFORDERUNG.

   - *Unter Windows 8:* Drücken Sie die Tastenkombination ⊞+Q. Geben Sie dann Eingabeaufforderung ein und drücken Sie ↵.

2. **Navigieren Sie im Fenster der Eingabeaufforderung zum Verzeichnis ANDROID_HOME/Platform-Tools.**

   Wenn das ANDROID_HOME-Verzeichnis beispielsweise C:\Benutzer\IhrName\adt-bundle-windows-x86_64\sdk ist, geben Sie diesen Befehl ein:

   cd C:\Users*yourName*\adt-bundle-windows-x86_64\sdk\platform-tools

   (Das Verzeichnis *Benutzer* heißt in Wirklichkeit Users und muss bei einer direkten Adressierung auch so angesprochen werden.)

3. **Geben Sie in der Eingabeaufforderung adb kill-server ein und drücken Sie ⏎.**

   Der Befehl adb kill-server beendet die Kommunikation zwischen dem Entwicklungscomputer und echten oder virtuellen Android-Geräten.

   - Der Entwicklungscomputer spricht nicht mehr mit dem Gerät am anderen Ende des USB-Kabels.
   - Der Entwicklungscomputer spricht nicht mehr mit laufenden Emulatoren.

   Nachdem Sie den Befehl adb kill-server abgesetzt haben, erscheint die freundliche Nachricht Safe to Remove Hardware (die aussagt, dass die Hardware sicher entfernt werden kann).

4. **Trennen Sie das Android-Gerät vom Entwicklungscomputer.**

   Nachdem das Gerät vom Computer getrennt worden ist, möchten Sie vielleicht die Kommunikation zwischen dem Entwicklungscomputer und einem laufenden Emulator wieder einrichten. Folgen Sie in diesem Fall Schritt 5.

5. **Geben Sie in der Eingabeaufforderung den Befehl adb start-server ein.**

Eine Android-App analysieren

In Abbildung 4.13 zeigt der Package Explorer von Eclipse die Struktur eines neu erstellten Android-Projekts an. Jeder Zweig des Baums stellt eine Datei oder einen Ordner dar, und wenn Sie alle Zweige erweitern, bekommen Sie noch mehr Dateien und Ordner zu sehen. Warum besteht ein Android-Projekt aus so vielen Dateien und Ordnern? Dieser Abschnitt liefert dafür die Antworten.

Der Ordner »src«

Der Ordner src enthält den Java-Quellcode des Projekts. Die Dateien in diesem Verzeichnis haben Namen wie *MainActivity.java*, *MyService.java*, *DatabaseHelper.java* und *NochMehrDaten.java*.

Sie können Hunderte von Java-Dateien in den Ordner src eines Projekts stopfen. Wenn Sie ein neues Projekt anlegen, erstellt Android dort normalerweise nur eine Datei. Ich habe weiter vorn in diesem Kapitel den standardmäßigen Namen MainActivity akzeptiert, was dazu führte, dass Android die Datei *MainActivity.java* erstellt hat (siehe Abbildung 4.4).

Eine Android-Activity stellt, grob gesagt, einen Bildschirm voll mit Komponenten dar. Sie erfahren in Kapitel 5 mehr über Android-Activities.

Der größte Teil dieses Buches beschäftigt sich mit Dateien des Verzeichnisses *src*. In diesem Kapitel konzentriere ich mich aber auf die übrigen Ordner.

Abbildung 4.13: Der Package Explorer zeigt eine Android-App an.

Der Ordner »res«

Das Verzeichnis res eines Projekts enthält Ressourcen, die von der Android-Anwendung verwendet werden. Sie sehen in Abbildung 4.13, dass der Ordner res eine ganze Reihe von Unterordnern enthält: vier drawable-Ordner, ein layout-Verzeichnis, ein menu-Verzeichnis und drei values-Ordner.

Die Unterverzeichnisse »drawable«

Die Ordner drawable enthalten Bilder, Formen und andere Elemente. Jeder drawable-Ordner gehört zu einer bestimmten Bildschirmauflösung. So stehen zum Beispiel im Ordner drawable–hdpi die Buchstaben *hdpi* für *H*igh Number of *D*ots *p*er *I*nch (was auf eine hochauflösende Darstellung auf dem Bildschirm hinweist). Dateien in diesem Verzeichnis werden bei Geräten verwendet, die (grob gesagt) über eine Auflösung von 180 bis 280 Punkte pro Zoll (vielleicht besser bekannt unter der englischen Bezeichnung *Dots per Inch* oder *dpi*) verfügen.

Auf der Website http://developer.android.com/guide/practices/screens_support.html gibt es ausführliche Informationen zu Bildschirmauflösungen unter Android.

Das Verzeichnis drawable-hdpi enthält in Abbildung 4.13 eine Datei mit dem Namen ic_launcher.png. Diese Datei beschreibt das Bild, das auf dem Startbildschirm von Android als Symbol der App erscheint.

Das Unterverzeichnis »values«

Das Verzeichnis values (auf Deutsch *Werte*) einer App enthält eine Datei mit dem Namen strings.xml (siehe Abbildung 4.13). Listing 4.1 gibt den Inhalt einer einfachen strings.xml-Datei wieder.

```
<?xml version="1.0" encoding="utf-8"?>
<resources>

   <string name="app_name" >Meine erste Android-App</string>
   <string name="hello_world">Hello world!</string>
   <string name="menu_settings">Einstellungen</string>

</resources>
```

Listing 4.1: Eine kleine Datei strings.xml

Ein *String* ist einfach nur eine Folge von Zeichen. Da bei der Entwicklung von Software in der Regel auch im Deutschen die englischen Fachbegriffe verwendet werden, behalten wir auch in der Übersetzung diese Terminologie bei, wobei wir aber darauf achten, diese Fachbegriffe zumindest einmal auf Deutsch zu erklären und im Index dieses Buches auf die Erklärungen zu verweisen.

Bei dem Code in Listing 4.1 handelt es sich um XML-Code. Sie finden weiter hinten in diesem Kapitel im Kasten *Alles über XML-Dateien* ausführlichere Informationen zu XML-Code.

Sie fassen in der Datei strings.xml alle Wörter, Ausdrücke und Sätze zusammen, die der Benutzer einer App sehen könnte. Hier befinden sich Hello world! und Meine erste Android-App, die dann von irgendjemandem in verschiedene Sprachen übersetzt werden können. Da alle Ausdrücke in der Datei strings.xml zusammengefasst werden, muss ein Übersetzer nicht erst im Nebel herumstochern, um Ausdrücke im Java-Code zu finden. (Das Herumstochern im Code einer Programmiersprache kann sehr gefährlich sein, weil der Code verschachtelt ist und leicht beschädigt werden kann. Sie können mir glauben, wäre ich ein Übersetzer, würde ich mich über eine Datei wie strings.xml nur freuen.)

Listing 4.1 gibt einen "hello_world"-String wieder, der die Zeichen Hello world! enthält. Sie verweisen im Code auf Hello world!, indem Sie R.string.hello_world eingeben. Um auf die Wörter Hello world! in einer anderen XML-Datei (zum Beispiel der in Listing 4.2) zuzugreifen, geben Sie "@string/hello_world" ein. In beiden Fällen stehen die Texte

R.string.hello_world beziehungsweise "@string/hello_world" für die Wörter Hello world! in Listing 4.1.

Die Verwendung von strings.xml-Dateien hilft bei der *Lokalisierung*. Dieser Ausdruck aus der technischen Welt bedeutet, dass eine App an eine lokale Sprache angepasst wird. Lokalisieren Sie eine App zum Beispiel für Französisch sprechende Benutzer. Sie erstellen zu diesem Zweck einen Ordner values-fr und fügen ihn dem Baum des Projekts aus Abbildung 4.13 hinzu. Sie legen dann in dem Ordner values-fr eine neue Datei strings.xml an, die eine Zeile wie diese hier enthält:

```
<string name="hello_world">Bonjour tout le monde!</string>
```

Für Rumänen erstellen Sie das Verzeichnis values-ro (da Rumänien international Romania genannt wird), das die Datei strings.xml mit dieser Zeile enthält:

```
<string name="hello_world">Salut lume!</string>
```

Wenn nun Android im Code entweder R.string.hello_world oder "@string/hello_world" entdeckt, findet es das Ursprungsland des Benutzers heraus und zeigt automatisch die richtige Übersetzung an. Diese Lokalisierung geschieht, ohne dass Sie Weiteres unternehmen müssen.

Der Ordner »layout«

Das Verzeichnis layout enthält Beschreibungen der Bildschirme der Activities. Dieses Verzeichnis enthält mindestens eine XML-Datei mit dem Namen activity_main.xml, wie Abbildung 4.13 weiter vorn in diesem Kapitel zeigt. Listing 4.2 gibt den Code wieder, aus dem eine einfache activity_main.xml-Datei besteht.

```xml
<RelativeLayout xmlns:android=
    "http://schemas.android.com/apk/res/android"
  xmlns:tools="http://schemas.android.com/tools"
  android:layout_width="match_parent"
  android:layout_height="match_parent"
  tools:context=".MainActivity" >

  <TextView
    android:layout_width="wrap_content"
    android:layout_height="wrap_content"
    android:layout_centerHorizontal="true"
    android:layout_centerVertical="true"
    android:text="@string/hello_world" />

</RelativeLayout>
```

Listing 4.2: Eine kleine Layout-Datei

Der Code in Listing 4.2 legt fest, dass es sich bei dem Layout der Activity der App um ein `RelativeLayout` handelt (wobei es im Moment noch nicht interessiert, was das ist) und dass sich mitten in diesem Layout eine `TextView` befindet. Dieses `TextView`-Ding ist eine Bezeichnung, die wiederum auf die Wörter *Hello world!* verweist (siehe Abbildung 4.11).

Alles über XML-Dateien

Jede Android-App besteht aus Java-Code, aus ein paar XML-Dokumenten und anderen Informationen. (Das Akronym *XML* steht für *eXtensible Markup Language*, was auf Deutsch *erweiterbare Auszeichnungssprache* bedeutet.) Vielleicht kennen Sie sich bereits mit HTML-Dokumenten aus – dem Ein und Alles des World Wide Webs.

Die Listings 4.1 und 4.2 enthalten XML-Dokumente. Jedes XML-Dokument besteht, wie ein HTML-Dokument, aus Tags (Beschreibungen verschiedener Informationseinheiten in spitzen Klammern). Aber ein XML-Dokument beschreibt, anders als ein HTML-Dokument, nicht zwingend eine darstellbare Seite.

Hier ein paar Fakten über XML-Code:

✔ **Ein *Tag* besteht aus Text, der von spitzen Klammern eingeschlossen wird.**

   So besteht zum Beispiel der Code in Listing 4.2 aus drei Tags: Das erste ist das Tag `<RelativeLayout ... >`, das zweite ist das Tag `<TextView .../>` und das dritte ist das Tag `</RelativeLayout>`.

✔ **Ein XML-Dokument kann drei verschiedene Arten von Tags enthalten: Start-Tags, Leeres-Element-Tags und Ende-Tags.**

   Ein *Start-Tag* beginnt mit einer öffnenden spitzen Klammer (<), der ein Name folgt. Das letzte Zeichen eines Start-Tags ist eine schließende spitze Klammer (>).

   Das erste Tag in Listing 4.2 (das Tag `<RelativeLayout ... >`, das über die Zeilen 1 bis 6 geht) ist ein Start-Tag. Sein Name ist `RelativeLayout`.

   Ein *Leeres-Element-Tag* beginnt mit einer öffnenden spitzen Klammer, der ein Name folgt. Die letzten beiden Zeichen eines Leeres-Element-Tags sind ein Schrägstrich (/), dem eine schließende spitze Klammer folgt.

   Das zweite Tag in Listing 4.2 (das Tag `<TextView ... />`, das über die Zeilen 8 bis 13 des Listings geht) ist ein Leeres-Element-Tag.

   Ein *Ende-Tag* beginnt mit einer öffnenden spitzen Klammer, der ein Schrägstrich und ein Name folgen. Das letzte Zeichen eines Ende-Tags ist eine schließende spitze Klammer.

   Das dritte Tag in Listing 4.2 (das Tag `</RelativeLayout>` in der letzten Zeile des Listings) ist ein Ende-Tag. Sein Name ist `RelativeLayout`.

✔ **Ein XML-*Element* besitzt entweder sowohl ein Start-Tag als auch ein Ende-Tag oder es hat ein Leeres-Element-Tag.**

In Listing 4.2 hat das Element `RelativeLayout` des Dokuments sowohl ein Start-Tag als auch ein Ende-Tag. (Beide Tags haben denselben Namen, `RelativeLayout`, wodurch das gesamte Element `RelativeLayout` heißt.)

In Listing 4.2 hat das Element `TextView` des Dokuments nur ein Tag: ein Leeres-Element-Tag.

✔ **Elemente sind entweder ineinander verschachtelt oder es gibt keine Überschneidungen.**

Im folgenden Beispiel enthält ein `TableLayout`-Element zwei `TableRow`-Elemente.

```
<TableLayout xmlns:android=
    "http://schemas.android.com/apk/res/android"
    android:layout_width="fill_parent"
    android:layout_height="fill_parent" >

<TableRow>

    <TextView
        android:layout_width="wrap_content"
        android:layout_height="wrap_content"
        android:text="@string/name" />

</TableRow>

<TableRow>

    <TextView
        android:layout_width="wrap_content"
        android:layout_height="wrap_content"
        android:text="@string/address" />

</TableRow>

</TableLayout>
```

Dieser Code funktioniert, da das erste `TableRow` endet, bevor das zweite beginnt. Im Gegensatz dazu ist der folgende XML-Code nicht zulässig:

```
<!-- Der folgende Code ist kein zulässiger XML-Code. -->
<TableRow>

    <TextView
        android:layout_width="wrap_content"
        android:layout_height="wrap_content"
        android:text="@string/name" />
```

```
<TableRow>

</TableRow>

    <TextView

        android:layout_width="wrap_content"
        android:layout_height="wrap_content"
        android:text="@string/address" />

</TableRow>
```

Dieser neue XML-Code genügt mit zwei Start-Tags, denen zwei Ende-Tags folgen, den Anforderungen nicht.

✔ **Jedes XML-Dokument enthält ein Wurzelelement (auch Rootelement genannt) – ein Element, in das alle anderen Elemente eingebettet sind.**

In Listing 4.2 ist das Element `RelativeLayout` das Wurzelelement. Das einzige andere Element, das es in Listing 4.2 sonst noch gibt (das Element `TextView`), ist in das Element `RelativeLayout` eingebettet.

✔ **Die einzelnen XML-Elemente verwenden individuelle Namen.**

In jedem HTML-Dokument steht das Element `<br />` für *line break* (Zeilenumbruch). In XML gehören die Namen `RelativeLayout` und `TextView` nur zu Dokumenten, die mit dem Android-Layout zu tun haben. Und die Namen `portfolio` und `trade` sind für XML aus der Welt der Finanzprodukte (FpML) reserviert. Die Namen `prompt` und `phoneme` sind sprachbezogenem XML (VoiceXML) eigen. Jede Dokumentenart verfügt über eine eigene Liste mit Namen von Elementen.

✔ **Der Text in einem XML-Dokument beachtet Groß- und Kleinschreibung.**

Wenn Sie zum Beispiel in Listing 4.2 `RelativeLayout` in `relativelayout` ändern, kann die App nicht ausgeführt werden.

✔ **Start-Tags und Leeres-Element-Tags können Attribute enthalten.**

Ein *Attribut* ist ein Name/Wert-Paar. Jedes Attribut hat die Form `name="wert"`. Die Anführungszeichen, die `wert` umgeben, sind zwingend notwendig.

In Listing 4.2 hat das Start-Tag (`RelativeLayout`) fünf Attribute und auch das Leeres-Element-Tag `TextView` verfügt über fünf eigene Attribute. So ist zum Beispiel der Text `android:layout_width="wrap_content"` das erste Attribut des Leeres-Element-Tags `TextView`. Dieses Attribut hat den Namen `android:layout_width` und den Wert `"wrap_content"`.

✔ **Ein nichtleeres XML-Element kann Inhalte aufweisen.**

So wird zum Beispiel im Element `<string name="hello_world">Hello world! </string>` aus Listing 4.1 der Inhalt `Hello world!` vom Start-Tag (`<string name="hello_world">`) und dem Ende-Tag (`</string>`) eingeschlossen.

Der Ordner »gen«

Der Name *gen* steht für *generiert*. Das Verzeichnis gen enthält R.java. Listing 4.3 zeigt den Teil der Datei R.java, der erstellt wird, wenn Sie ein vollkommen neues Projekt anlegen.

```
/* AUTO-GENERATED FILE.  DO NOT MODIFY.
 *
 * This class was automatically generated by the
 * aapt tool from the resource data it found.  It
 * should not be modified by hand.
 */

package com.example.myfirstandroidapp;

public final class R {
  public static final class attr {
  }
  public static final class drawable {
      public static final int ic_launcher=0x7f020000;
  }
  public static final class id {
      public static final int menu_settings=0x7f070000;
  }
  public static final class layout {
     public static final int activity_main=0x7f030000;
  }
  public static final class menu {
     public static final int activity_main=0x7f060000;
  }
  public static final class string {
     public static final int app_name=0x7f040000;
     public static final int hello_world=0x7f040001;
     public static final int menu_settings=0x7f040002;
  }
  // ... (Und so weiter.)
```

Listing 4.3: Diese Datei müssen Sie sich nicht unbedingt anschauen.

Die Werte in R.java bezeichnen die Sprungadressen für die Ressourcenverwaltung von Android. Android verwendet diese Zahlen, um schnell und einfach die Elemente zu laden, die Sie im Verzeichnis res abgelegt haben.

Sie können die Datei R.java nicht ändern. Auch noch lange Zeit, nachdem Sie ein Projekt angelegt haben, beobachtet Android den Inhalt dieser Datei (und aktualisiert ihn bei Bedarf). Wenn Sie R.java löschen, erstellt Android die Datei neu. Wenn Sie R.java bearbeiten, macht Android Ihre Änderungen wieder rückgängig. Wenn Sie im Dialogfeld DO YOU REALLY WANT TO EDIT THIS FILE? mit YES beantworten, akzeptiert Eclipse die Änderungen – die dann sofort von Android wieder vernichtet werden.

R.java und die Legende von den beiden Varietékünstlern

Die Legende erzählt, dass die beiden Freunde Herkimer und Jake 50 Jahre lang im Varieté als Comedy-Team auftraten. Sie führten ihre Show Jahr für Jahr vor und verfeinerten sie immer weiter, indem sie hier einen neuen Witz hinzufügten und dort einen alten herausnahmen. Im Laufe der Jahre entwickelten sie so eine Art Drehbuch, auf das sie sich während ihres Auftritts bezogen. »Lass uns Witz Nummer 35 an das Ende des ersten Liedes verschieben«, sagte Herkimer. Und Jake antwortete: »Ich möchte lieber Witz Nummer 119 erzählen, wenn das Lied endet.«

Letztendlich haben sich Herkimer und Jake in ein Altersheim zurückgezogen. Tag für Tag saßen sie nebeneinander im Fernsehraum, starrten auf die Wiederholungen von Milton Berles Show und die Ed-Sullivan-Show. Manchmal erinnerte etwas auf dem Bildschirm Herkimer an einen der alten Witze des Teams. »Einundfünfzig«, rief er dann. Und beim Hören dieser Zahl begann Jake unbändig zu lachen.

Viele Elemente des Codes einer Android-App sind nummeriert. So kann beispielsweise ein Element auf dem Bildschirm einen von drei Zuständen annehmen; 0, 4 oder 8. Um Ihnen (dem Entwickler) dabei zu helfen, sich daran zu erinnern, was diese Zahlen bedeuten, haben die Entwickler von Android Synonyme für die Zahlen erfunden. Statt nun im Java-Code 0 zu schreiben, geben Sie View.VISIBLE (für *sichtbar*) ein. Ein Element, das diesen Zustand hat, ist auf dem Bildschirm eines Benutzers vollständig sichtbar. Wenn andererseits ein Element den Zustand 4 hat (was dem Synonym View.INVISIBLE entspricht), belegt es zwar Platz auf dem Bildschirm, lässt aber kein einziges Pixel aufleuchten. Der Benutzer sieht dieses Element nicht, aber dessen gespensterhafte Anwesenheit könnte andere Elemente zwingen, sich an eine andere Stelle zu begeben. Und dann ist da noch der Zustand 8 (mit dem Synonym View.GONE), der aussagt, dass ein Element auf dem Bildschirm nicht vorhanden ist. Dieses Element kann früher einmal mitten auf dem Bildschirm zu sehen gewesen sein, und es kann auch sein, dass es später dort wieder erscheint. Aber im Moment, im Zustand View.GONE, beeinflusst es das Layout auf dem Bildschirm nicht.

Wenn es um Zustandswerte und andere Zahlen im Code geht, verwenden die Entwickler von Java eine hexadezimale Notation. In Java sind Zahlen, die mit 0x beginnen, hexadezimale Zahlen (mit der Basis 16). So steht zum Beispiel die Zahl 0x00000004 für 4×16^0 – was im guten alten Dezimalsystem (mit 10 als Basis) der Zahl 4 entspricht. 0x00000024 bedeutet $2 \times 16^1 + 4 \times 16^0$ – oder 36 im Dezimalsystem. Und dann gibt es da noch etwas wie 0x0000001b, das für $1 \times 16^1 + 11 \times 16^0$ steht und 27 im Dezimalsystem entspricht. Glücklicherweise habe ich als Android-Entwickler nur selten etwas damit zu tun, hexadezimale Zahlen in ihre dezimale Entsprechung umzuwandeln. Machen Sie sich also darüber keine Gedanken.

Auf jeden Fall zeigt die App, die Sie in Abbildung 4.11 sehen, den Text Hello world!. Wenn Sie eine Android-App erstellen, bringen Sie nur selten Wörter wie Hello world! im Java-Code der Anwendung unter. Stattdessen verweisen Sie indirekt auf diese Wörter. Die Wörter Hello world! erhalten eine Zahl und Sie verwenden diese Zahl im Java-Code.

Um genauer zu sein, es geschehen diese Dinge:

✔ In der Datei strings.xml gibt es die Zeile <string name="hello_world">Hello world!</string>. Die Datei befindet sich im Unterverzeichnis values des Projektverzeichnisses res.

✔ Eclipse generiert eine Zahl im Code wie 0x7f040001 (siehe Listing 4.3).

✔ Android verbindet die Zahl 0x7f040001 mit dem Synonym R.string.hello_world, indem es den Text hello_world=0x7f040001 im string-Abschnitt der Datei R.java aufnimmt (siehe Listing 4.3).

✔ Im Java-Code gibt es den Text R.string.hello_world. Als Alternative können Sie den Text @string/hello_world in die Datei activity_main.xml aufnehmen.

Dieser indirekte Weg, um auf die Wörter Hello world! zu verweisen, scheint unnötig kompliziert zu sein. Aber diese indirekte Vorgehensweise ist genau das, was Ihnen dabei hilft, Apps zu erstellen, die Menschen auf der ganzen Welt nutzen können. Schauen Sie sich die Informationen über Lokalisierung an, die Sie weiter vorn in diesem Kapitel im Abschnitt *Der Ordner »res«* nachlesen können. Indem Sie einfach ein neues Verzeichnis values-fr anlegen, erlauben Sie es dem Gerät eines Benutzers, automatisch eine andere Sprache auszuwählen und statt des englischen Ausdruckes Hello world! Bonjour tout le monde!, Hallo Welt! oder Hej Verden! anzuzeigen.

Der Zweig »Android 4.3«

Der Baum, den ein paar Seiten weiter vorne Abbildung 4.13 zeigt, besitzt einen Zweig mit dem Namen Android 4.3, bei dem es sich nicht um ein Verzeichnis im Dateisystem des Computers handelt. In der View PACKAGE EXPLORER erinnert Sie der Zweig Android 4.3 (oder Android 3 oder Was-für-ein-Android-auch-immer) daran, dass das Projekt vorgefertigten Android-Code (die Android-API) enthält.

Bei einer .jar-Datei handelt es sich um eine komprimierte Archivdatei, die einen nützlichen Strauß von Java-Klassen enthält. Letztendlich ist eine .jar-Datei ein .zip-Archiv. Sie können jede .jar-Datei mit WinZip oder StuffIt Express oder der zum Betriebssystem gehörenden Entkomprimierungsroutine entpacken. (Vielleicht müssen Sie dazu den Dateinamen von wasauchimmer.jar in wasauchimmer.zip ändern.) Auf jeden Fall enthält eine android.jar-Datei vorgefertigten Android-Code (die Android-API) für eine bestimmte Android-Version. In Abbildung 4.13 erinnert Sie ein Zweig im Package Explorer daran, dass Ihr Projekt eine Referenz auf einen weiteren Ort auf der Festplatte enthält (an dem die .jar-Datei für Android 4.3 liegt).

Die Datei android.jar enthält Code, der in Java-Paketen gruppiert ist, und jedes Paket enthält Java-Klassen. Abbildung 4.14 und Abbildung 4.15 zeigen Ihnen die Spitze des android.jar-Eisbergs. Die Datei enthält Android-spezifische Klassen und Klassen, die Java einfach nur dabei helfen, seinen Job zu erledigen. Abbildung 4.14 zeigt einige Android-spezifische Pa-

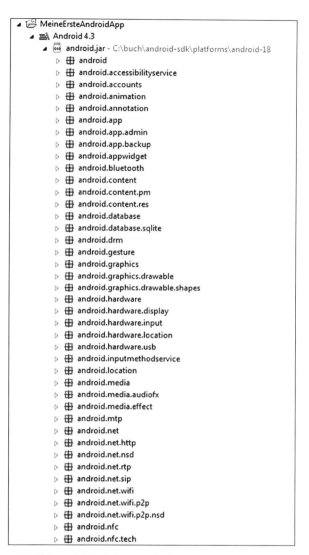

Abbildung 4.14: Pakete und Klassen in `android.jar`

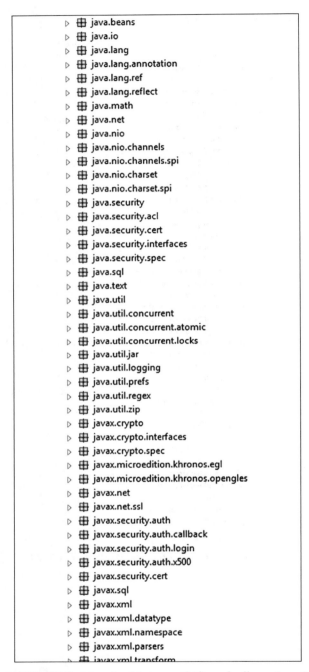

Abbildung 4.15: Die Datei `android.jar` *enthält auch allgemeinen Java-Code.*

kete in *android.jar*. Abbildung 4.15 gibt einige Java-Pakete aus der Datei android.jar für den allgemeinen Gebrauch wieder.

Die Datei »AndroidManifest.xml«

Wenn Sie den Anleitungen weiter vorn in diesem Kapitel gefolgt sind, ist Ihnen vielleicht schon die Datei AndroidManifest.xml aufgefallen. Merken Sie sich, dass jede Android-App über eine Datei mit dem Namen AndroidManifest.xml verfügt. Diese Datei sorgt für die Informationen, die ein Gerät benötigt, um die App ausführen zu können. Die Datei AndroidManifest.xml in Listing 4.4 speichert Optionen, für die Sie sich entschieden haben, als Sie ein funkelnagelneues Android-Projekt angelegt haben. So enthält das Listing beispielsweise den Paketnamen, das minimal benötigte SDK (das Attribut android:minSdkVersion) und das Ziel-SDK (das Attribut android:targetSdkVersion).

```xml
<?xml version="1.0" encoding="utf-8"?>
<manifest
  xmlns:android= "http://schemas.android.com/apk/res/android"
  package="com.example.myfirstandroidapp"
  android:versionCode="1"
  android:versionName="1.0" >

  <uses-sdk
    android:minSdkVersion="8"
    android:targetSdkVersion="16" />

  <application
    android:allowBackup="true"
    android:icon="@drawable/ic_launcher"
    android:label="@string/app_name"
    android:theme="@style/AppTheme" >
    <activity
      android:name= "com.example.myfirstandroidapp.MainActivity"
      android:label="@string/app_name" >
      <intent-filter>
        <action android:name="android.intent.action.MAIN" />

        <category android:name="android.intent.category.LAUNCHER" />
      </intent-filter>
    </activity>
  </application>
</manifest>
```

Listing 4.4: Eine AndroidManifest.xml-*Datei*

Meiner Meinung nach sind die activity-Elemente die wichtigsten Bestandteile der Datei AndroidManifest.xml. Der Code in Listing 4.4 enthält nur ein activity-Element. Eine einzelne Android-App kann aber leicht viele Activities enthalten und jede Activity muss in der Datei AndroidManifest.xml über ein eigenes activity-Element verfügen. Sie erhalten in Kapitel 5 einen Überblick über Activities.

Eine Android-Activity ist »ein Bildschirm voll mit Komponenten«. Wenn Sie einer Android-Anwendung den Java-Code einer Activity hinzufügen, müssen Sie gleichzeitig der Datei AndroidManifest.xml ein activity-Element hinzufügen. Sollten Sie dies vergessen, sehen Sie eine ActivityNotFoundException, wenn Sie versuchen, die Anwendung auszuführen. (Und Sie können mir glauben, dass ich diesen Fehler viele, viele Male gemacht habe.)

In einem activity-Element beschreibt ein intent-filter-Element die Aufgaben, die diese Activity für Apps auf dem Gerät ausführen kann. (Intent-Filter sind recht kompliziert, weshalb ich in diesem Buch diese Büchse der Pandora nicht öffnen werde.) Damit Sie aber eine Idee davon bekommen: android.intent.action.MAIN zeigt an, dass es sich bei dem Code dieser Activity um den Startpunkt für die Ausführung der App handelt. Und die Kategorie android.intent.category.LAUNCHER weist darauf hin, dass das Symbol dieser Activity auf dem App-Bildschirm des Gerätes erscheinen kann.

Teil II
Eigene Java-Programme schreiben

In diesem Teil ...

✔ Die ersten Java-Programme selbst schreiben

✔ Java-Bausteine zusammensetzen

✔ Während der Programmausführung einen neuen Kurs einschlagen

Eine Ode an den Code

In diesem Kapitel

▶ In einem einfachen Java-Programm die Anweisungen lesen

▶ Eine App für die Java-Console schreiben

▶ Das Fachchinesisch *Android-Activity* verstehen

Für die meisten Menschen bilden die Wörter *Hello World* einen freundlichen Ausdruck. Ist *Hello World* der Titel eines Liedes? Ist es der heitere Slogan eines DJs im Radio? Vielleicht. Aber unter Computerprogrammierern hat *Hello World* eine besondere Bedeutung.

Eine *Hello-World-App* ist das einfachste Programm, das in einer bestimmten Programmiersprache oder auf einer bestimmten Plattform ausgeführt werden kann. Autoren erstellen Hello-World-Apps, um den Leuten zu zeigen, wie sie anfangen können, Code für ein bestimmtes System zu schreiben.

Um Ihnen dabei zu helfen, einen Einstieg in Java und Android zu bekommen, habe ich dieses Kapitel dazu auserkoren, ein paar Hello-World-Programme zu erklären. Diese Programme können nicht viel. (Sie könnten sogar so weit gehen, zu behaupten, dass die Programme eigentlich gar nichts machen.) Aber sie stellen einige grundlegende Konzepte von Java vor.

Wenn Sie sich Hello-World-Apps für mehr als 450 verschiedene Programmiersprachen anschauen wollen, besuchen Sie `www.roesler-ac.de/wolfram/hello.htm`.

Standardmäßige Oracle-Java-Programme untersuchen

Listing 5.1 ist eine Kopie des Beispiels aus Kapitel 3.

```
package org.allyourcode.myfirstproject;
public class MyFirstJavaClass {

  /**
  @param args
   */
  public static void main(String[] args) {
    javax.swing.JOptionPane.showMessageDialog
                           (null, "Hello");
  }

}
```

Listing 5.1: Ein kleines Java-Programm

Wenn Sie das Programm aus Listing 5.1 ausführen, zeigt der Computer das Wort `Hello` in einem Dialogfeld an (siehe Abbildung 5.1). Ich gebe zu, dass die Arbeit, ein Java-Programm zu schreiben und ablaufen zu lassen, nur um `Hello` auf den Bildschirm eines Computers zu zaubern, in keinem Verhältnis zum Ergebnis steht, aber alle Anstrengungen müssen irgendwo anfangen.

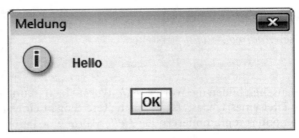

Abbildung 5.1: Das Programm aus Listing 5.1 ausführen

Abbildung 5.2 beschreibt die Bedeutung des Codes aus Listing 5.1

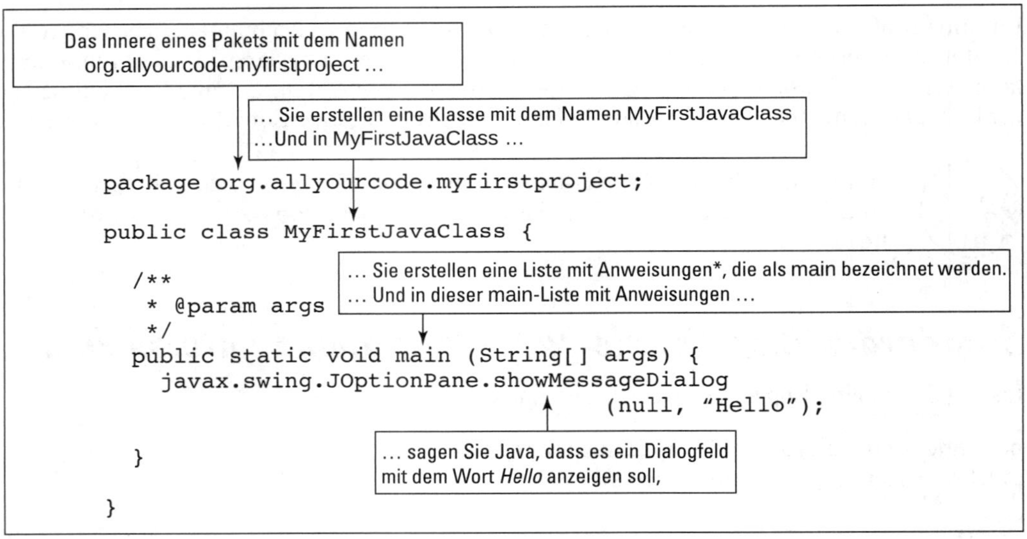

```
                    ┌────────────────────────────────────────┐
                    │ Das Innere eines Pakets mit dem Namen  │
                    │ org.allyourcode.myfirstproject ...     │
                    └────────────────────────────────────────┘
                                ┌────────────────────────────────────────────────┐
                                │ ... Sie erstellen eine Klasse mit dem Namen    │
                                │ MyFirstJavaClass ...Und in MyFirstJavaClass ...│
                                └────────────────────────────────────────────────┘
    package org.allyourcode.myfirstproject;

    public class MyFirstJavaClass {

       /**                      ┌──────────────────────────────────────────────────────────────────┐
        * @param args           │ ... Sie erstellen eine Liste mit Anweisungen*, die als main      │
        */                      │ bezeichnet werden. ...Und in dieser main-Liste mit Anweisungen ...│
                                └──────────────────────────────────────────────────────────────────┘
       public static void main (String[] args) {
          javax.swing.JOptionPane.showMessageDialog
                                       (null, "Hello");
                                ┌──────────────────────────────────────────────┐
       }                        │ ... sagen Sie Java, dass es ein Dialogfeld    │
                                │ mit dem Wort Hello anzeigen soll,             │
    }                           └──────────────────────────────────────────────┘
```

Abbildung 5.2: Was Sie in Listing 5.1 machen (*Nebenbei bemerkt, eine Liste mit Anweisungen (wie die Liste mit dem Namen main) wird Methode genannt.)

Die nächsten Abschnitte zeigen, erklären, analysieren, sezieren und entmystifizieren das Java-Programm aus Listing 5.1.

Die Java-Klasse

Java ist eine objektorientierte Programmiersprache. Ihr primäres Ziel als Java-Entwickler ist es, Klassen und Objekte zu beschreiben. Eine *Klasse* ist eine Art Kategorie, vergleichbar Kategorien wie »alle Kunden«, »alle Konten«, »alle geometrischen Formen« oder – weniger greifbar – die Kategorie »alle MyFirstJavaClass-Elemente« (siehe Listing 5.1). Und so wie Listing 5.1 die Wörter class MyFirstJavaClass enthält, könnte ein anderes Stückchen Code Konten beschreiben und die Wörter class Konto enthalten. Dieser Code könnte dann das beschreiben, was sein Name aussagt (zum Beispiel eines Ihrer Schweizer Bankkonten).

Der letzte Absatz enthält eine kurze Beschreibung, was es bedeutet, eine *Klasse* zu sein. In Kapitel 9 gibt es eine ausführliche Einführung in dieses Thema.

Vielleicht wissen Sie, was mit »Kategorie aller Kunden« und »Kategorie aller geometrischen Formen« gemeint ist, aber vielleicht fragen Sie sich, was »Kategorie aller MyFirstJavaClass-Elemente« bedeutet oder inwieweit ein Computerprogramm (wie das aus Listing 5.1) eine Kategorie sein kann. Hier meine Antwort (die, das gebe ich zu, nicht besonders präzise ist): Ein Java-Programm wird aus esoterischen und technischen Gründen zu einer »Klasse«. Es gibt nicht immer echte und sinnvolle Gründe dafür, ein Java-Programm als eine Kategorie anzusehen. Es tut mir leid, aber besser geht's nicht.

Das gesamte Programm in Listing 5.1 bildet mit Ausnahme der ersten Zeile eine Klasse. Wenn ich ein Programm wie dieses erstelle, lasse ich mir für meine neue Klasse einen guten Namen einfallen. In diesem Listing habe ich mich für MyFirstJavaClass entschieden (wobei Sie aber auch problemlos deutschsprachige Bezeichnungen verwenden können (wie zum Beispiel MeineErsteJavaKlasse), so lange Sie auf Sonderzeichen und Umlaute verzichten). Aus diesem Grund startet der Code mit class MyFirstJavaClass, was Abbildung 5.3 grafisch darstellt.

```
                    Deklaration des Pakets
                              ↓
package org.allyourcode.myfirstproject;

public class MyFirstJavaClass {

  /**
   * @param args
   */
  public static void main (String[] args) {
    javax.swing.JOptionPane.showMessageDialog
                                (null, "Hello");
  }

}
        ↑
Die Klasse MyFirstJavaClass
```

Abbildung 5.3: Ein einfaches Java-Programm ist eine Klasse.

Bei dem Code im größeren der beiden Kästchen in Abbildung 5.3 handelt es sich – genau gesagt – um die *Deklaration* einer Klasse. Ich bin also etwas ungenau, wenn ich in Abbildung 5.3 schreibe, dass dieser Code eine Klasse *ist*. In Wirklichkeit *beschreibt* dieser Code eine Klasse.

Die Deklaration einer Klasse besteht aus zwei Teilen: Der erste Teil ist die *Kopfzeile* (auch im Deutschen unter Entwicklern gerne *Header* genannt), und der Rest – der Teil, der von geschweiften Klammern ({}) umgeben ist – bilden den *Körper der Klasse*, der auch als *Body* bezeichnet wird (siehe Abbildung 5.4).

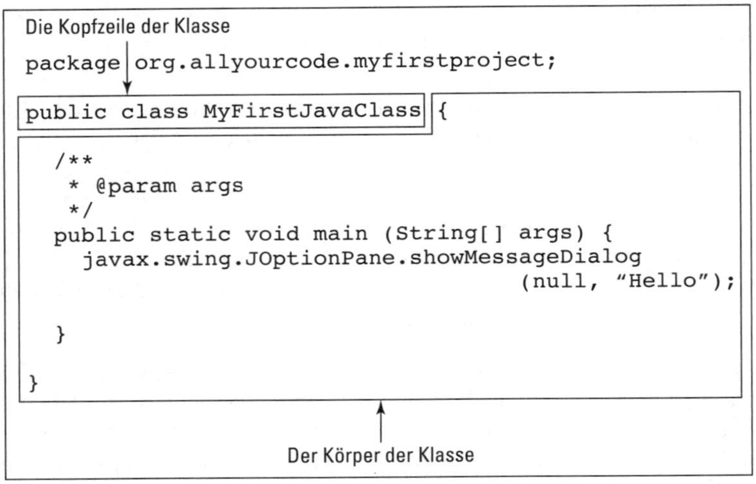

```
Die Kopfzeile der Klasse
package org.allyourcode.myfirstproject;
public class MyFirstJavaClass {
   /**
    * @param args
    */
   public static void main (String[] args) {
      javax.swing.JOptionPane.showMessageDialog
                                     (null, "Hello");
   }
}
                    Der Körper der Klasse
```

Abbildung 5.4: Die Kopfzeile und der Körper einer Klassendeklaration

Das Wort `class` ist unter Java ein *reserviertes Wort*. Dieses Wort (`class`) wird unabhängig davon, wer ein Java-Programm schreibt, immer auf dieselbe Weise verwendet. Andererseits ist `MyFirstJavaClass` in Listing 5.1 auch ein *Bezeichner* – ein Name für etwas (das heißt ein Name, der etwas kennzeichnet). Das Wort `MyFirstJavaClass`, auf das ich gekommen bin, als ich Kapitel 3 schrieb, wird zum Namen einer bestimmten Klasse – der Klasse, die ich erstelle, indem ich das Programm schreibe.

Die Wörter `package`, `public`, `static` und `void` aus Listing 5.1 sind ebenfalls reservierte Java-Schlüsselwörter. Sie haben wie `package` und `class` unabhängig davon, wer ein Java-Programm schreibt, immer dieselbe Bedeutung. Wenn Sie mehr über reservierte Wörter und Bezeichner erfahren wollen, schauen Sie sich in diesem Kapitel den Kasten *Wörter, Wörter, nichts als Wörter* an. Um herauszufinden, was die Wörter `public`, `static` und `void` bedeuten, lesen Sie die Kapitel 9 und 10.

Wörter, Wörter, nichts als Wörter

Die Sprache Java verwendet zwei Arten von Wörtern: reservierte Wörter und Bezeichner. Sie können genau sagen, welche Wörter reservierte Wörter sind, weil Java davon nur 50 kennt. Hier die komplette Liste:

abstract	continue	for	new	switch
assert	default	goto	package	synchronized
boolean	do	if	private	this
break	double	implements	protected	throw
byte	else	import	public	throws
case	enum	instanceof	return	transient
catch	extends	int	short	try
char	final	interface	static	void
class	finally	long	strictfp	volatile
const	float	native	super	while

Als Regel gilt, dass ein reserviertes Wort (auch *Schlüsselwort* genannt) ein Wort ist, dessen Bedeutung sich (auch von einer Java-Version zu einer anderen) nicht ändert. Deutschsprachige Entwickler stehen hier nicht vor den Problemen der Englisch sprechenden Entwicklergemeinde, weil Java, wie die meisten Programmiersprachen, auf dem Englischen beruht. So kann zum Beispiel im Englischen die Bedeutung des Wortes if (für *wenn, falls*) nicht geändert werden, Sie können in einem Java-Programm zwar schreiben if (x > 5), um »wenn x größer als 5 ist« auszusagen, aber if (x > if) führt zu einer Fehlermeldung, weil es eine Variable mit dem Namen if nicht geben kann (während die Variable wenn existieren kann).

In Listing 5.1 handelt es sich bei den Wörtern package, public, class, static und void um Schlüsselwörter, während so gut wie alles andere in diesem Listing ein *Bezeichner* ist. Ein Bezeichner ist eigentlich nichts als ein Name für etwas. Zu den Bezeichnern im Listing gehören Paketnamen wie org.allyourcode.myfirstproject, der Klassenname MyFirstJavaClass und eine Reihe anderer Wörter. (Verwechseln Sie *Bezeichner* nicht mit Bezeichnung. Das eine heißt auf Englisch *Identifier*, während Bezeichnung auf Englisch *Label* genannt wird.)

Im Englischen und in den meisten anderen gesprochenen Sprachen sind die Namen von Bezeichnern wieder- oder mehrfach verwendbar. So gibt zum Beispiel eine Suche im Web in den Vereinigten Staaten vier Personen mit dem Namen Barry Burd zurück. Sogar weltbekannte Namen werden mehrfach verwendet. (Einer meiner Kommilitonen hieß zum Beispiel *John Wayne*, und in den 1980ern gab es zwei verschiedene Bücher mit dem Titel *Pascalgorithms*.) In der Android-API gibt es eine vorgefertigte Klasse Activity, was Sie aber nicht daran hindern muss, den Namen Activity mit einer anderen Bedeutung zu versehen.

Natürlich kann das mehrfache Vorhandensein von Namen zu Problemen führen, weshalb es keine gute Idee ist, Namen mehrfach zu verwenden. (Wenn Sie etwas Eigenes mit dem Namen `Activity` erstellt haben, wird es schwierig werden, in Android auf die vorgefertigte Klasse `Activity` zu verweisen. Mein Kommilitone an der Universität hatte immer mit dem Problem zu kämpfen, dass alles lachte, wenn ihn jemand aufrief.)

dIE pROGRAMMIERSPRACHE jAVA BEACHTET gROSS- UND kLEINSCHREIBUNG. WENN SIE EIN WORT VON kleinbuchstaben IN GROSSBUCHSTABEN ODER VON GROSSBUCHSTABEN IN kleinbuchstaben ÄNDERN; ÄNDERN SIE GLEICHZEITIG DIE bEDEUTUNG DIESES wORTES.

WENN SIE ZUM BEISPIEL VERSUCHEN, class DURCH Class ZU ERSETZEN, WÜRDE DAS GESAMTE pROGRAMM AUFHÖREN ZU FUNKTIONIEREN.

Das gilt zum Beispiel auch für den Namen einer Datei, die eine bestimmte Klasse enthält. So ist zum Beispiel der Name der Klasse in Listing 5.1 `MyFirstJavaClass`. Dieser Name enthält vier Großbuchstaben und zwölf Kleinbuchstaben. Damit gehört der Code im Listing zu einer Datei mit dem Namen `MyFirstJavaClass.java`, die wiederum vor der Dateierweiterung `.java` aus genau vier Großbuchstaben und zwölf Kleinbuchstaben besteht.

Die Klassennamen

Ich bin unter verschiedenen Namen bekannt. Mein Vorname ist Barry, und ich benutze ihn für ungezwungene Kommunikationen. Ein längerer Name, der auch auf dem Einband dieses Buches steht, ist Barry Burd. Mein formeller Name, den ich auch beim Unterschreiben meiner Steuererklärung verwende, ist Barry A. Burd, und in meinem Pass (dem offiziellsten aller Dokumente) steht Barry Abram Burd.

Ähnlich ist das mit Elementen in Java-Programmen, die verschiedene Namen haben können. So hat zum Beispiel die Klasse, die in Listing 5.1 erstellt wird, den Namen `MyFirstJavaClass`. Die ist der *einfache Name* der Klasse, der diese Bezeichnung deshalb trägt, weil er einfach und ein Name ist.

Listing 5.1 beginnt mit der Zeile `package org.allyourcode.myfirstproject`. Diese erste Zeile ist eine *Deklaration des Pakets*. Aufgrund dieser Deklaration befindet sich die Klasse `MyFirstJavaClass` in einem Paket mit dem Namen `org.allyourcode.myfirstproject`. Das führt dazu, dass der *vollqualifizierte Name* der Klasse `org.allyourcode.myfirstproject.MyFirstJavaClass` ist.

Wenn Sie zusammen mit mir in meinem Wohnzimmer sitzen, nennen Sie mich vielleicht Barry. Wenn Sie mich aber noch nie getroffen haben und in einer Menschenmenge suchen, rufen Sie vielleicht nach Barry Burd. Auf dieselbe Weise hängt die Entscheidung, ob der einfache oder der vollqualifizierte Name einer Klasse gewählt wird, von dem entsprechenden Kontext ab. Sie finden zu diesem Thema weiter hinten in diesem Kapitel im Abschnitt *Eine wichtige Deklaration* mehr zu diesem Thema.

Warum Java-Methoden mit den Mahlzeiten eines Restaurants verglichen werden können

Ich bin wie eine Fliege an der Wand von *Mom's Restaurant* in einer kleinen Stadt an der Insterstate 80. Ich sehe alles, was im Restaurant vor sich geht. Mom rackert sich Jahr für Jahr ab und kämpft gegen den Einfluss weit verbreiteter, niedrige Qualität anbietender Restaurantketten, während Moms Speisekarte die gute alte Zeit widerspiegelt.

Ich sehe, wie Sie *Mom's* betreten. Schau an – Sie übergeben Mom eine Bewerbung. Vielleicht sind Sie ein ganz ordentlicher Koch. Wenn Sie den Job bekommen, erhalten Sie sorgfältig abgeschriebene Kopien aller Rezepte des Restaurants. Hier ist eines:

Rührreier (für 2 Personen):
5 große Eier, geschlagen
¼ Tasse 2%ige Milch
1 Tasse Mozzarella, gehackt
Abschmecken mit Salz und Pfeffer
Eine Prise Knoblauchpulver

Eier und Milch in einer mittelgroßen Schüssel verrühren. So lange schlagen, bis die Mischung glatt ist und in eine vorgeheizte Bratpfanne geschüttet werden kann. Bei mittlerer Hitze und ständigem Rühren erhitzen. Für 2 bis 3 Minuten beziehungsweise so lange auf dem Ofen halten, bis die Eier fast vollständig gestockt sind. Mit Salz, Pfeffer und Knoblauchpulver abschmecken. Nach und nach unter ständigem Rühren den Käse hinzugeben. Weitere 2 bis 3 Minuten garen, servieren.

Vor Ihrem ersten richtigen Arbeitstag schickt Sie Mom nach Hause, damit Sie in Ruhe die Rezepte studieren können. Und sie fordert Sie ernsthaft auf, noch nicht zu kochen. »Hebe deine ganze Energie für deinen ersten Arbeitstag auf.«

An Ihrem ersten Arbeitstag binden Sie sich eine Schürze um. Mom dreht das Schild an der Eingangstüre um, damit *Offen* nach draußen zeigt, und Sie sitzen am Herd, drehen Däumchen und warten. Mom sitzt an der Kasse und versucht, nonchalant auszusehen. (Auch nach 25 Jahren im Geschäft hat sie immer noch die Sorge, dass ihre Stammgäste nicht kommen.)

Und dann ist es so weit! Hier kommt Joe, der Friseur. Joe bestellt die Frühstücksspezialität: zwei Rührreier.

Was hat Mom's Restaurant mit Java zu tun?

Wenn Sie sich im Einzelnen mit dem Code einer Java-Klasse beschäftigen, stoßen Sie auf diese beiden wichtigen Elemente:

✔ **Methodendeklaration:** das Rezept

»Fall jemals jemand fragen sollte, ist hier das Rezept für Rührreier.«

✔ **Methodenaufruf:** die »Bestellung des Kunden«

Joe sagt: »Ich hätte gerne die Frühstücksspezialität mit zwei Rührreiern.«

So gut wie jede Programmiersprache verfügt über Elemente, die den Methoden von Java vergleichbar sind. Wenn Sie sich bereits mit anderen Sprachen beschäftigt haben, fallen Ihnen vielleicht Begriffe wie *Unterprogramm*, *Prozedur*, *Funktion*, *Subroutine*, *Unterprozedur* oder PERFORM-*Anweisung* ein. Unabhängig davon, was Sie nun in der von Ihnen bevorzugten Programmiersprache *Methode* nennen, es handelt sich immer um ein Bündel von Anweisungen, die an einer Stelle zusammengefasst werden und auf ihre Ausführung warten.

Methodendeklaration

Eine *Methodendeklaration* ist ein Plan, der die Schritte beschreibt, die Java nachvollziehen muss, falls und wenn die Methode für eine Aktion aufgerufen wird. Ein *Methodenaufruf* ist einer der Aufrufe zur Durchführung einer Aktion. Sie als Java-Entwickler schreiben sowohl Methodendeklarationen als auch Methodenaufrufe. Abbildung 5.5 hebt die Methodendeklaration und den Methodenaufruf in Listing 5.1 hervor.

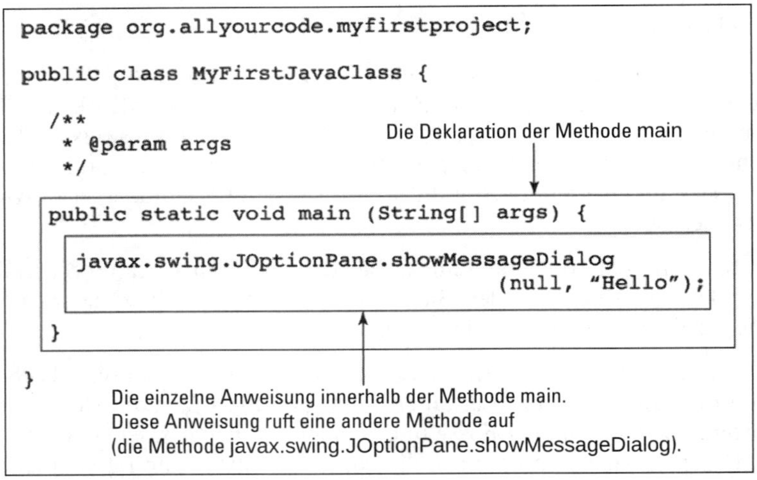

```
package org.allyourcode.myfirstproject;

public class MyFirstJavaClass {

    /**
     * @param args
     */
    public static void main (String[] args) {
        javax.swing.JOptionPane.showMessageDialog
                                      (null, "Hello");
    }
}
```

Die Deklaration der Methode main

Die einzelne Anweisung innerhalb der Methode main.
Diese Anweisung ruft eine andere Methode auf
(die Methode javax.swing.JOptionPane.showMessageDialog).

Abbildung 5.5: Eine Methodendeklaration und ein Methodenaufruf

Da ich bequem bin, bezeichne ich den Code im äußeren Rahmen von Abbildung 5.5 als Methode. Eigentlich müsste ich ihn *Methodendeklaration* nennen.

Bei einer Methodendeklaration handelt es sich um eine Liste mit Anweisungen: »Mache dies, dann das und nun noch jenes.« Die Deklaration in Listing 5.1 (und in Abbildung 5.5) enthält nur eine einzige Anweisung.

Und dann hat jede Methode einen Namen. In Listing 5.1 ist der Name der Methodendeklaration main. Die anderen Wörter – wie public, static und void – sind keine Bestandteile der Methodendeklaration. Sie sind *Modifikatoren* (so etwas Ähnliches wie Adjektive in der deutschen Sprache). Die Kapitel 9 und 10 enthalten mehr Informationen zu Modifikatoren.

Eine Methodendeklaration besteht aus zwei Teilen: dem *Methodenkopf* (der ersten Zeile der Methode) und dem *Methodenkörper* (dem Rest der Methode, dem Teil, der so von geschweiften Klammern – {} – umgeben ist, wie es Abbildung 5.6 zeigt).

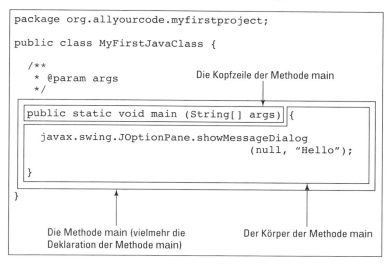

Abbildung 5.6: Die Kopfzeile und der Körper einer Methode

Methodenaufruf

Ein *Methodenaufruf* enthält den Namen der Methode, die aufgerufen wird, und Text in runden Klammern. Der Code in Listing 5.1 enthält einen einzigen Methodenaufruf:

```
javax.swing.JOptionPane.showMessageDialog
                       (null, "Hello")
```

In diesem Code ist `javax.swing.JOptionPane.showMessageDialog` der Name einer Methode und `null, "Hello"` bildet den Teil in den runden Klammern.

Eine Java-Anweisung endet normalerweise mit einem Semikolon. Eine vollständige Java-Anweisung müsste also so aussehen:

```
javax.swing.JOptionPane.showMessageDialog
                       (null, "Hello");
```

Diese Anweisung sagt dem Computer, dass er die Befehle ausführen soll, die sich innerhalb der Methodendeklaration `javax.swing.JOptionPane.showMessageDialog` befinden.

Die Methodennamen

Methoden haben, wie viele Java-Elemente, mehrere Namen – angefangen bei ganz kurzen bis hin zu ganz langen. So ruft zum Beispiel der Code in Listing 5.1 eine Methode auf, deren einfacher Name `showMessageDialog` ist.

In Java »lebt« jede Methode in einer Klasse und showMessageDialog existiert in der Klasse JOptionPane. Daraus ergibt sich für die Methode showMessageDialog der längere Name JOptionPane.showMessageDialog.

Bei einem *Package* (auf Deutsch *Paket*) handelt es sich um eine Sammlung von Klassen. Die Klasse JOptionPane ist Teil eines API-Pakets mit dem Namen javax.swing. Aus diesem Grund lautet der vollqualifizierte Name der Methode showMessageDialog javax.swing.JOptionPane.showMessageDialog. Welchen Namen einer Methode Sie letztendlich im Code verwenden, hängt vom Kontext ab. Kapitel 9 beschreibt näher, wann Sie einen einfachen und wann Sie einen vollqualifizierten Namen verwenden müssen.

In Java enthält ein Paket Klassen, und eine Klasse enthält Methoden. (Eine Klasse kann auch andere Elemente enthalten, aber das erzähle ich Ihnen im Einzelnen in den Kapiteln 9 und 11.) Der vollqualifizierte Name einer Klasse enthält einen Paketnamen, dem der einfache Name der Klasse folgt. Der vollqualifizierte Name einer Methode enthält einen Paketnamen, dem der einfache Name einer Klasse folgt, an den wiederum der einfache Name der Methode angehängt wird. Um die einzelnen Bestandteile des Namens voneinander abzugrenzen, verwenden Sie jeweils einen Punkt.

Parameter von Methoden

Der Aufruf in Listing 5.1 führt dazu, dass ein Dialogfeld angezeigt wird:

```
javax.swing.JOptionPane.showMessageDialog
                        (null, "Hello");
```

Das Dialogfeld enthält in seiner Titelleiste das Word *Meldung* und es zeigt als Symbol ein kleines *i* an. (Dieser Buchstabe steht für *Information*.) Warum nun sehen Sie den Titel *Meldung* und das *i* als Symbol? Merken Sie sich einfach, dass die Methode zwei Parameter aufruft: null und "Hello".

Was die beiden Werte null und "Hello" bewirken, hängt ausschließlich von den Anweisungen in der Deklaration der Methode showMessageDialog ab. Wenn Sie wollen, können Sie die Anweisungen nachlesen, weil der gesamte Code der Java-API einsehbar ist – aber vielleicht sind Sie gar nicht daran interessiert, sich alle 2.600 Codezeilen der Klasse JOptionPane zu Gemüte zu führen.

Hier eine kurze Übersicht über das, was die Werte null und "Hello" im Aufruf von showMessageDialog bewirken:

✔ **Der Wert null steht in Java (und eigentlich nicht nur dort) für »nichts«.**

Insbesondere der erste Parameter null des Aufrufs von showMessageDialog ist ein Kennzeichen dafür, dass das Dialogfeld kein Bestandteil eines anderen Fensters sein soll. Dies bedeutet, dass das Dialogfeld irgendwo auf dem Bildschirm des Computers erscheinen kann.

✔ **In Java kennzeichnen doppelte Anführungsstriche eine Folge von Zeichen (einen sogenannten String).**

Der zweite Parameter ("Hello") sagt der Methode showMessageDialog, dass sie im Dialogfeld die Buchstabenfolge Hello anzeigen soll.

Sie können selbst ohne meine Beschreibung der Methode showMessageDialog darauf verzichten, die 2.600 Zeilen Code der Java-API zu lesen. Beschäftigen Sie sich stattdessen lieber mit der unentbehrlichen Java-Dokumentation. Sie finden sie unter www.oracle.com/technetwork/java/javase/documentation. (Wenn Sie in der Suchmaschine Ihrer Wahl java dokumentation eingeben, erhalten Sie auch verschiedene deutschsprachige Angebote zu diesem Thema.)

Die Methode »main« in einem standardmäßigen Java-Programm

Abbildung 5.7 ist eine Kopie des Codes aus Listing 5.1. Sie enthält Pfeile, die anzeigen, was geschieht, wenn der Computer den Code ausführt. Der größte Teil des Codes enthält die Deklaration einer Methode mit dem Namen main. (Dieser Begriff bedeutet im Deutschen *Haupt-* oder *zentral*.)

```
package org.allyourcode.myfirstproject;
public class MyFirstJavaClass {
    /**                    Hier beginnen
     * @param args                |
     */                           ↓
    public static void main (String[] args) {

                        Um diesen Aufruf von
                     showMessageDialog auszuführen, ...

        javax.swing.JOptionPane.showMessageDialog
                                (null, "Hello");
                                                   Java-API

                                              ... wird in der Java-API
                                              showMessageDialog
                                              gesucht.
    }
}
```

Abbildung 5.7: Alles fängt mit der Methode main an.

Die Methode main ist wie jede andere Java-Methode ein Rezept.

```
Rührei (für 2 Personen):
5 große Eier, geschlagen
¼ Tasse 2%ige Milch
... und so weiter ...
```

oder

```
Wie die Anweisungen von main für My<FirstJavaClass zu befolgen sind:
Zeige "Hello" in einem Dialogfeld an
```

Das Word `main` spielt in Java eine besondere Rolle. So schreiben Sie niemals einen Code, der ausdrücklich eine Methode `main` für eine Aktion aufruft. Bei dem Wort `main` handelt es sich um den Namen der Methode, die aufgerufen wird, wenn die Programmausführung beginnt.

Wenn das Programm `MyFirstJavaClass` abläuft, findet der Computer automatisch die Methode `main` des Programms und führt jede Anweisung aus, die sich im Körper der Methode befindet. Die Methode `main` des Programms `MyFirstJacvaClass` besteht aus nur einer Anweisung. Sie fordert den Computer auf, auf dem Bildschirm in einem Dialogfeld `Hello` auszugeben (siehe Abbildung 5.1).

Die Anweisungen einer Methode werden erst dann ausgeführt, wenn die Methode aufgerufen wird. Wenn Sie einer Methode den Namen `main` geben, wird diese Methode automatisch aufgerufen.

Den Code mit Satzzeichen versehen

Die Interpunktion, also das Setzen von Satzzeichen, spielt sowohl in der englischen als auch in der deutschen Sprache eine entscheidende Rolle. Wenn Sie mir nicht glauben, fragen Sie einmal die Korrektoren dieses Buches.

Aber unabhängig davon ist die Interpunktion auch in Java-Programmen von großer Bedeutung. Die folgende Liste enthält einige Regeln für eine Interpunktion unter Java:

✔ **Schließen Sie den Körper einer Klasse in geschweifte Klammern ({}) ein.**

In Listing 5.1 wird der Körper der Klasse `MyFirstJavaClass` von geschweiften Klammern eingeschlossen.

Die Platzierung einer geschweiften Klammer (am Ende einer Zeile, am Anfang einer Zeile oder auf einer eigenen Zeile) hat keine Bedeutung. Wichtig ist nur, dass Sie einheitlich vorgehen. Wenn Sie geschweifte Klammer im gesamten Code einheitlich platzieren, können Sie den Code später viel leichter lesen und verstehen. Und wenn Sie Ihren eigenen Code verstehen, sind Sie auch in der Lage, besseren Code zu schreiben. Wenn Sie ein Programm entwerfen, kann Eclipse den Code automatisch so anordnen, dass die Platzierung geschweifter Klammern (und anderer Elemente des Programms) konsistent ist. Damit dies geschieht, klicken Sie mit der Maus irgendwo in den Editor und wählen SOURCE|FORMAT.

✔ **Schließen Sie den Körper einer Methode in geschweifte Klammern ein.**

In Listing 5.1 wird der Körper der Methode `main` von geschweiften Klammern eingeschlossen.

✔ **Eine Java-Anweisung endet mit einem Semikolon (;).**

So endet zum Beispiel der Aufruf der Methode showMessageDialog mit einem Semikolon.

✔ **Eine Deklaration endet mit einem Semikolon.**

In Listing 5.1 endet die erste Codezeile (die die Deklaration des Pakets enthält) mit einem Semikolon.

✔ **Ungeachtet der beiden vorstehenden Regeln dürfen Sie ein Semikolon niemals direkt hinter einer schließenden geschweiften Klammer setzen.**

Listing 5.1 endet mit zwei schließenden geschweiften Klammern, und keiner dieser Klammern folgt ein Semikolon.

✔ **Verwenden Sie runde Klammern, um die Parameter einer Methode einzuschließen, und verwenden Sie Kommata, um die Parameter untereinander abzugrenzen.**

In Listing 5.1 (wo sonst?) erfolgt der Aufruf der Methode showMessageDialog mit zwei Parametern: null und "Hello". Die Deklaration der Methode main weist nur den Parameter args auf.

Das String[]-Ding in der Parameterliste der Methode main ist kein eigenständiger Parameter. String[] ist der Typ des Parameters args. In Kapitel 6 erhalten Sie weitergehende Informationen über Typen.

✔ **Verwenden Sie doppelte Anführungsstriche (""), um Zeichenfolgen zu kennzeichnen.**

In Listing 5.1 sagt der Parameter "Hello" der Methode showMessageDialog, dass sie im Dialogfeld die Zeichen Hello anzeigen soll.

✔ **Verwenden Sie Punkte, um die Teile eines qualifizierten Namens voneinander abzugrenzen.**

In der Java-API enthält das Paket javax.swing die Klasse JOptionPane, die wiederum die Methode showMessageDialog enthält. Damit lautet der vollqualifizierte Name der Methode javax.swing.JOptionPane.showMessageDialog.

✔ **Verwenden Sie in einem Paketnamen Punkte.**

Die Punkte im Namen eines Pakets können einen leicht in die falsche Richtung führen. Der Paketname verweist auf die Verwendung des Codes im Paket. Aber ein Paketname wird nicht in Unterpakete und Unter-Unterpakete aufgeteilt.

So gibt es zum Beispiel in der Java-API die Pakete javax.swing, javax.security.auth, javax.security.auth.login und viele andere. Das Wort javax bedeutet für sich alleine nichts, und das Paket javax.security.auth.login befindet sich nicht im Paket javax.security.

Die eigentliche Aufgabe der Punkte eines Paketnamens ist es, den Ort einer Datei auf der Festplatte herauszufinden. So muss sich zum Beispiel der Code in Listing 5.1 aufgrund seines Paketnamens in einem Ordner mit dem Namen MyFirstProject befinden, der ein Unterordner des Ordners allyourcode sein muss, der sich wiederum im Ordner org befinden muss (siehe Abbildung 5.8).

Abbildung 5.8: Die Ordner, die ein Java-Programm enthalten

Wunderbare Kommentare

Listing 5.2 ist eine erweiterte Version des Codes aus Listing 5.1. Es enthält zusätzlich zu den reservierten Wörtern, Bezeichnern und der Interpunktion auch Text, der dafür gedacht ist, dass ihn menschliche Wesen (wie Sie und ich) lesen.

```
/*
 *  Listing 5.2 in
 *  "Java für die Android-Entwicklung für Dummies"
 *
 *  Copyright 2013 Wiley Publishing, Inc.
 *  Alle Rechte vorbehalten.
 */

package org.allyourcode.myfirstproject;

/**
 *  MyFirstJavaClass zeigt auf dem Bildschirm des
 *  Computers ein Dialogfeld an.
 *
 *  @author   Barry Burd
 *  @version  1.0 02/02/13
 *  @see      java.swing.JOptionPane
 */
public class MyFirstJavaClass {

  /**
   *  Der Punkt, an dem die Ausführung beginnt.
   *
   *  @param args
   *         (Nicht verwendet.)
   */
```

```
    public static void main(String[] args) {
        javax.swing.JOptionPane.showMessageDialog
                                (null, "Hello"); //null?
    }
}
```

Listing 5.2: Drei Arten von Kommentaren

Ein *Kommentar* ist ein besonderer Textbereich in einem Programm. Sein Zweck ist es, dabei zu helfen, das Programm zu verstehen. Ein Kommentar ist Teil der Dokumentation eines guten Programms.

Die Java-Programmierung kennt drei Arten von Kommentaren:

✔ **Herkömmliche Kommentare:** Die ersten sieben Zeilen in Listing 5.2 bilden einen herkömmlichen Kommentar. Der Kommentar beginnt mit /* und endet mit */. Alles zwischen dem öffnenden /* und dem schließenden */ ist nur für menschliche Augen bestimmt. Keine der Informationen über "Java für die Android-Entwicklung für Dummies" oder Wiley Publishing, Inc. wird vom Compiler übersetzt. (Sie finden in Kapitel 1 Informationen über Compiler.)

In Listing 5.2 haben die Zeilen 2 bis 6 jeweils ein zusätzliches Sternchen (*) erhalten. Ich bezeichne sie als *zusätzlich*, weil diese Sternchen nicht notwendig sind, wenn Sie einen Kommentar schreiben. Sie sorgen eigentlich nur dafür, dass der Kommentar nett aussieht. Letztendlich habe ich diese Sternchen hinzugefügt, weil die meisten Java-Programmierer aus mir unerfindlichen Gründen auf diesen zusätzlichen Sternchen bestehen.

✔ **Kommentare am Zeilenende:** Bei dem Text //null in Listing 5.2 handelt es sich um einen Kommentar an einem Zeilenende. Er beginnt mit zwei Schrägstrichen und reicht bis an das Ende der Eingabezeile. Auch hier gilt, dass der Text in diesem Kommentar vom Compiler nicht übersetzt wird.

✔ **Javadoc-Kommentare:** Ein Javadoc-Kommentar beginnt mit einem Schrägstrich und zwei Sternchen (/**). In Listing 5.2 gibt es zwei Javadoc-Kommentare – einen, der mit dem Text MyFirstJavaClass zeigt auf dem Bildschirm des Computers ein Dialogfeld an ... beginnt und einen weiteren, der mit dem Text Der Punkt, an dem ... beginnt.

Ein Javadoc-Kommentar ist eine Sonderform des herkömmlichen Kommentars. Er ist für Leute gedacht, die sich normalerweise niemals um den Java-Code kümmern,

Halt, das macht eigentlich keinen Sinn. Wie können Sie den Javadoc-Kommentar in Listing 5.2 sehen, wenn Sie keinen Blick auf den Code werfen?

Nun, mit ein paar Punkten und Klicks sind Sie in der Lage, alle Javadoc-Kommentare aufzufinden und in eine gut aussehende Webseite zu verwandeln, wie sie Abbildung 5.9 zeigt.

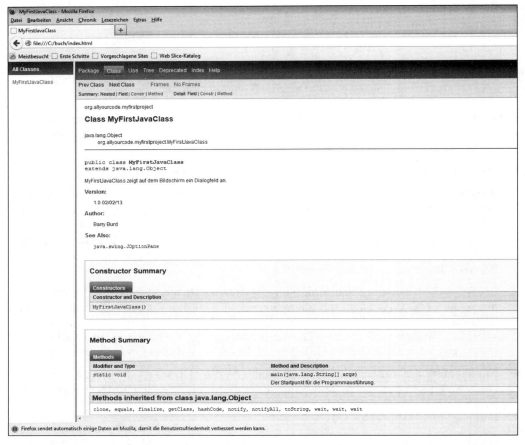

Abbildung 5.9: Javadoc-Kommentare, die aus dem Code von Listing 5.2 generiert wurden

Um Ihren eigenen Code als Dokumentationsseiten anzuzeigen, folgen Sie diesen Schritten:

1. **Bringen Sie in Ihrem Code Javadoc-Kommentare unter.**
2. **Öffnen Sie durch einen Doppelklick Ihre Java-Klasse im Editor und wählen Sie im Hauptmenü von Eclipse PROJECT|GENERATE JAVADOC.**
3. **Wählen Sie im Feld JAVADOC COMMAND des Dialogfelds über die Schaltfläche CONFIGURE die Datei javadoc.exe aus, die sich im Verzeichnis bin Ihrer Installation des Java-SDKs befindet.**

   Es erscheint das Dialogfeld GENERATE JAVADOC.
4. **Markieren Sie im Dialogfeld GENERATE JAVADOC das Eclipse-Projekt, dessen Code Sie dokumentieren wollen.**

5. **Merken Sie sich im Dialogfeld GENERATE JAVADOC den Namen des Ordners im Feld DESTINATION.**

Der Computer bringt die neu erstellten Seiten der Dokumentation in diesem Ordner unter. Wenn Sie einen anderen Ablageort bevorzugen, können Sie den Namen des Ordners im Feld DESTINATION ändern.

6. **Klicken Sie auf FINISH.**

Der Computer erstellt nun die Seiten der Dokumentation.

Wenn Sie den Ordner Destination besuchen und auf dem Symbol der neuen Datei index.html einen Doppelklick ausführen, erscheinen Ihre wunderbaren (und informativen) Dokumentationsseiten.

Sie können auf die Dokumentationsseiten für die internen Java-API-Klassen zugreifen, indem Sie www.oracle.com/technetwork/java/javase/documentation besuchen. Javas API enthält Tausende von Klassen, weshalb Sie darauf verzichten sollten, die Namen der Klassen und ihrer Methoden auswendig zu lernen. Besuchen Sie einfach diese Onlinedokumentation.

Wie sieht Barry Burds Entschuldigung aus?

Ich habe meinen Studenten jahrelang erzählt, dass sie in ihrem Code alle nur denkbaren Kommentare unterbringen können, und jahrelang habe ich Beispielcode (wie den in Listing 5.1) erstellt, der ein paar Kommentare enthält. Warum?

Die Antwort besteht aus vier kleinen Wörtern: »Kennen Sie Ihr Publikum.« Wenn Sie komplizierten Code für das echte Leben schreiben, besteht Ihr Publikum aus anderen Programmierern, IT-Managern und Leuten, die Hilfe benötigen, um herauszufinden, was Sie getan haben. Als ich aber ganz einfachen Code für dieses Buch geschrieben habe, musste ich daran denken, dass Sie mein Publikum sind – ein Anfänger der Java-Programmierung. Ihre Vorgehensweise sieht am besten so aus, dass Sie sich weniger um meine Kommentare kümmern, als sich mit meinen Java-Anweisungen auseinanderzusetzen, die der Java-Compiler entschlüsselt. Aus diesem Grund finden Sie in den Listings dieses Buches nur ganz wenige Kommentare.

Eine weitere einzeilige Methode

Listing 5.3 enthält ein anderes Hello-World-Programm. Der Code in diesem Listing ist ein wenig einfacher als das Programm in Listing 5.1

```
package com.allmycode.hello;
public class HelloText {
  public static void main(String[] args) {
      System.out.println("Hello");
  }
}
```

Listing 5.3: Ein auf der Console basierendes Hello-World-Programm

In Listing 5.3 heißt der Methodenaufruf `System.out.println("Hello")`. Er sendet Text an die Eclipse-View CONSOLE (siehe Abbildung 5.10). Es ist eigentlich sinnlos, Text an die Console zu senden. Aber wenn Sie Code schreiben, macht ein neues Programm häufig nicht das, was Ihnen vorschwebt. Indem Sie nun einen schnellen Aufruf von `System.out.println` hinzufügen, fällt es leichter zu verstehen, wie sich das Programm verhält.

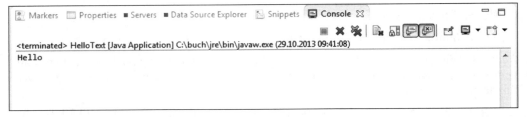

Abbildung 5.10: Die View CONSOLE in Eclipse

Wenn Sie Interesse an konkreten Beispielen haben, bei denen ich `System.out.println` für die Untersuchung des Verhaltens eines Programms verwende, schauen Sie sich Kapitel 13 an.

Noch mehr Java-Methoden

Um sich mit etwas mehr als der Schlichtheit der Listings 5.1 und 5.3 zu beschäftigen, mischt der Code in Listing 5.4 Codedeklarationen und Methodenaufrufe.

```java
package com.allmycode.games;

import javax.swing.JOptionPane;

public class CountLives {

  public static void main(String[] args) {
    countdown();
  }

  static void countdown() {
    JOptionPane.showMessageDialog(null,
        "Sie haben noch 2 Leben.", "Das Spiel",
        JOptionPane.INFORMATION_MESSAGE);
    JOptionPane.showMessageDialog(null,
        " Sie haben noch 1 Leben.", "Das Spiel",
        JOptionPane.WARNING_MESSAGE);
    JOptionPane.showMessageDialog(null,
        "Sie haben keine Leben mehr.", "Das Spiel",
        JOptionPane.ERROR_MESSAGE);
  }

}
```

Listing 5.4: Ein Goodbye-World-Programm

Die Abbildungen 5.11, 5.12 und 5.13 zeigen die Ergebnisse der vollständigen Ausführung des Codes aus Listing 5.4.

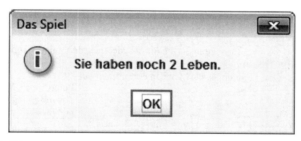

Abbildung 5.11: Die INFORMATION_MESSAGE *des ersten Aufrufs von* showMessageDialog

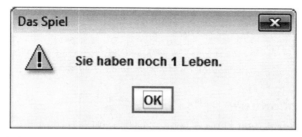

Abbildung 5.12: WARNING_MESSAGE *des zweiten Aufrufs von* showMessageDialog

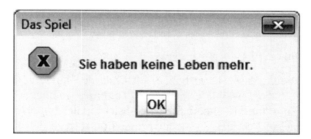

Abbildung 5.13: ERROR_MESSAGE *des dritten Aufrufs von* showMessageDialog

Abbildung 5.14 liefert einen schematischen Überblick über das, was geschieht, wenn der Computer den Code aus Listing 5.4 ausführt. Die Methode main ruft die Methode countdown auf, die wiederum dreimal die Java-Methode showMessageDialog aufruft.

```
public class CountLives {
                    Beginnen Sie hier
                            |
    public static void main (String[] args) {
                        Führen Sie die Anweisung(en) in der Methode main aus
        countdown();
    }           Rufen Sie die Methode countdown auf

    static void countdown() {
        JOptionPane.showMessageDialog(null,
            "You have 2 more lives.", "The Game",
            JOptionPane.INFORMATION_MESSAGE);
        JOptionPane.showMessageDialog(null,
            "You have 1 more life.", "The Game",
            JOptionPane.WARNING_MESSAGE);
        JOptionPane.showMessageDialog(null,
            "You have no more lives.", "The Game",
            JOptionPane.ERROR_MESSAGE);
    }
}
```

Abbildung 5.14: Dem Ablauf folgen

Eine wichtige Deklaration

Vergleichen Sie die Aufrufe von showMessageDialog in Listing 5.1 mit denen in Listing 5.4. In Listing 5.1 verwenden Sie den vollqualifizierten Namen javax.swing.JOptionPane.showMessageDialog, während Sie in Listing 5.4 nur auf den einfachen Namen JOptionPane.showMessageDialog zurückgreifen. Wieso das?

Die Antwort steht ziemlich weit oben in Listing 4.4. Dort befindet sich die Zeile

import javax.swing.JOptionPane;

Diese Zeile, die ankündigt, dass Sie vorhaben, im Code den kurzen Namen JOptionPane zu verwenden, macht klar, was Sie mit JOptionPane meinen. (Sie meinen damit javax.swing.JOptionPane.) Nachdem Sie Ihre Absicht in der *Importdeklaration* angekündigt haben, können Sie im Rest des Codes der Klasse CountLive den Kurznamen JOptionPane verwenden.

Wenn Sie zu Beginn des Java-Codes keine Importdeklaration einfügen, müssen Sie jedes Mal den kompletten Namen javax.swing.JOptionPane wiederholen, wenn Sie im Code JOptionPane verwenden wollen. (Siehe hierzu auch Listing 5.1.)

Die Einzelheiten dieses Importgeschäfts können nervig sein, aber (glücklicherweise) verfügen viele IDEs über Funktionen, die Ihnen dabei helfen, Importdeklarationen zu schreiben. So können Sie zum Beispiel in Eclipse darauf verzichten, Importdeklarationen einzugeben. Sie können Code schnell entwerfen und dabei den kürzeren Namen JOptionPane.showMessageDialog verwenden. Wählen Sie dann im Hauptmenü von Eclipse SOURCE|ORGANIZE IMPORTS. Dies veranlasst Eclipse, für Sie die fehlende Importdeklaration hinzuzufügen.

Noch mehr Parameter für Methoden

Vergleichen Sie den Aufruf von showMessageDialog in Listing 5.1 mit denen in Listing 5.4. Der Aufruf in Listing 5.1 besitzt zwei Parameter, während jeder Aufruf in Listing 5.4 über vier Parameter verfügt. Dies geht so auch in Ordnung, weil die Java-API mindestens zwei verschiedene Deklarationen von showMessageDialog kennt. Eine davon hat zwei Parameter:

```
public static void showMessageDialog
      (Komponente elternKomponente, Nachrichtenobjekt) {
// ... usw.
```

Eine zweite Deklaration hat vier Parameter:

```
public static void showMessageDialog
      (Komponente elternKomponente, Nachrichtenobjekt,
              Titel als String, int Nachrichtentyp) {
// ... usw.
```

Dieses Beispiel zeigt das *Überladen von Methoden*. Die Java-API überlädt den Methodennamen showMessageDialog, indem sie zwei (oder mehr) Wege anbietet, um showMessageDialog aufzurufen. Ein Aufruf mit zwei Parametern bezieht sich auf eine Methodendeklaration, und ein Aufruf mit vier Parametern verweist auch auf andere Deklarationen, wie Abbildung 5.15 zeigt. Der Computer entscheidet, welche Methodendeklaration genommen wird, indem er die Parameter im Methodenaufruf zählt (und noch weitere Elemente überprüft, die in Kapitel 7 beschrieben werden).

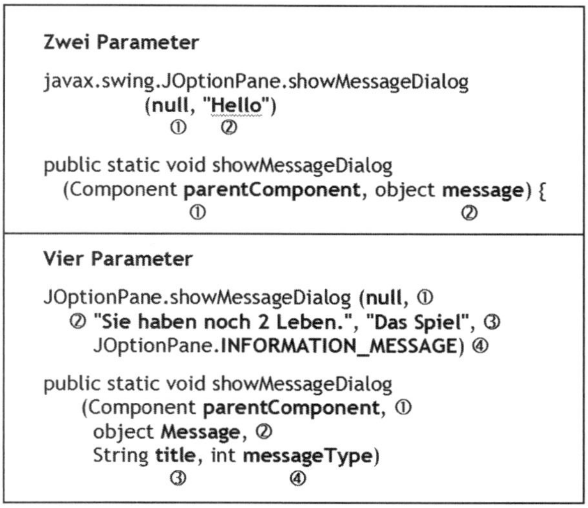

Zwei Parameter

javax.swing.JOptionPane.showMessageDialog
   (null, "Hello")
    ①   ②

public static void showMessageDialog
   (Component **parentComponent**, object **message**) {
    ①   ②

Vier Parameter

JOptionPane.showMessageDialog (null, ①
   ② "Sie haben noch 2 Leben.", "Das Spiel", ③
   JOptionPane.INFORMATION_MESSAGE) ④

public static void showMessageDialog
   (Component **parentComponent**, ①
    object **Message**, ②
    String **title**, int **messageType**)
        ③   ④

Abbildung 5.15: Parameter im Aufruf stimmen mit Parametern in der Deklaration überein.

Und das passiert in der Version von `showMessageDialog` mit vier Parametern:

✔ **Wenn der erste Parameter null ist, erscheint das Nachrichtenfeld nicht als Bestandteil eines anderen Fensters.**

Dieser Parameter erfüllt den gleichen Zweck wie der erste Parameter der aus zwei Parametern bestehenden Version von `showMessageDialog`.

✔ **Der zweite Parameter sagt der Methode `showMessageDialog`, welche Zeichen im Dialogfeld angezeigt werden sollen.**

Dieser Parameter erfüllt den gleichen Zweck wie der erste Parameter der aus zwei Parametern bestehenden Version von `showMessageDialog`.

✔ **Der dritte Parameter sagt der Methode `showMessageDialog`, welche Zeichen in der Titelleiste des Dialogfelds angezeigt werden sollen.**

In Listing 5.4 (und in Abbildung 5.11, Abbildung 5.12 und Abbildung 5.13) enthält die Titelleiste eines jeden Fensters die Wörter `Das Spiel`.

✔ **Der vierte Parameter sagt `showMessageDialog`, welches Symbol im Dialogfeld angezeigt werden soll.**

Abbildung 5.11, Abbildung 5.12 und Abbildung 5.13 zeigen drei der fünf vorhandenen Symbole an, die bei einem Aufruf von `showMessageDialog` im Dialogfeld erscheinen können. Bei den übrigen beiden Symbolen handelt es sich um das Fragezeichen (über den Parameter `JOptionPane.QUESTION_MESSAGE`) und kein Symbol (über den Parameter `JOptionPane.PLAIN_MESSAGE`).

Der Aufruf der Methode `showMessageDialog` in Listing 5.4 illustriert einen Punkt aus dem Kasten *R.java und die Legende von den beiden Varietékünstlern* in Kapitel 4, in dem die Wörter `View.VISIBLE`, `View.INVISIBLE` und `View.GONE` für die Zahlen 0, 4 und 8 stehen. Android verwendet diese drei Werte, um verschiedene Ebenen der Sichtbarkeit auf dem Bildschirm darzustellen. Auf dieselbe Weise entsprechen die Namen `JOptionPane.ERROR_MESSAGE`, `JOptionPane.INFORMATION_MESSAGE` und `JOptionPane.WARNING_MESSAGE` den Zahlen 0, 1 und 2. Die Anweisungen in der Deklaration von `showOptionPane` reagieren auf jede dieser Zahlen, indem jeweils das entsprechende Symbol angezeigt wird.

Weniger Parameter

Es muss noch eine weitere Geschichte über die Parameter von Methoden in Listing 5.4 erzählt werden. Ich rufe in diesem Listing in derselben Klasse eine Methode mit dem Namen `countdown` auf und deklariere sie.

Wenn Sie eine Methode aufrufen, die in derselben Klasse deklariert wird, können Sie den einfachen Namen der Methode verwenden. Das ist wie im echten Leben. Niemand aus meiner Familie ruft mich zu Hause Barry Burd (außer wenn sie richtig sauer auf mich sind).

Vielleicht erinnern Sie sich daran, wie ein Computer die Parameter einer Methode abzählt und das Ergebnis mit der Anzahl an Parametern in der Deklaration der Methode abgleicht. In Listing 5.4 hat der Aufruf von countdown keine Parameter (sondern nur ein leeres Paar runder Klammern) und die Deklaration der Methode countdown weist dieselbe Anzahl an Parametern auf, nämlich keinen. Damit stimmen der Aufruf und die Deklaration überein und der Computer führt die Anweisungen der Deklaration aus.

Um eine Methode ohne Parameter zu deklarieren (oder aufzurufen), verwenden Sie ein leeres Paar runder Klammern.

Hallo, Android

Das Verzeichnis src eines Android-Projekts enthält den Java-Quellcode des Projekts. Die Dateien in diesem Verzeichnis haben Namen wie MainActivity.java, MeinService.java, DatabaseHelper.java und MehrZeugs.java.

Sie können im src-Verzeichnis eines Android-Projekts Hunderte von Java-Dateien anlegen. Wenn Sie aber ein neues Projekt erstellen, erzeugt Eclipse normalerweise dort nur eine Datei. Standardmäßig ist dies die Datei MainActivity.java, die Datei für die zentrale Activity des Projekts. Listing 5.5 gibt den Code dieser Datei wieder.

```
package com.allmycode.myfirstandroidapp;

import android.os.Bundle;
import android.app.Activity;
import android.view.Menu;

public class MainActivity extends Activity {

  @Override
  protected void onCreate(Bundle savedInstanceState) {
    super.onCreate(savedInstanceState);
    setContentView(R.layout.Activity_main);
  }

  @Override
  public boolean onCreateOptionsMenu(Menu menu) {
    // Entpackt das Menü; dies fügt einer vorhandenen
    // Aktionsleiste Elemente hinzu.
    getMenuInflater().inflate(R.menu.Activity_main, menu);
    return true;
  }

}
```

Listing 5.5: Android erstellt dieses Gerüst einer Activity-Klasse.

Wo ist die Methode »main«?

Um damit beginnen zu können, ein standardmäßiges Java-Programm auszuführen, sucht der Computer eine Methode mit dem Namen main. Die gibt es nun aber im Code von Listing 5.5 nicht. Okay, ich gebe auf – wie also findet ein Smartphone den Startpunkt für das Ausführen einer Android-App?

Zur Antwort gehört der XML-Code einer App. Sie können ein Standard-Java-Programm erstellen, das nur aus Java-Code besteht, während eine Android-App zusätzlichen Code haben muss. Zunächst einmal benötigt jede Android-App eine eigene AndroidManifest.xml-Datei. Diese Datei wird in Kapitel 4 beschrieben.

Listing 5.6 besteht aus einem Stückchen Code einer AndroidManifest.xml-Datei. (Bei dem Code, der hier in Fettschrift gesetzt worden ist, handelt es sich um den interessantesten Teil, was nicht bedeutet, dass der nicht in Fettschrift gesetzte Code uninteressant wäre. Er ist einfach nur nicht ganz so interessant.)

```
AndroidManifest.xml File
<Activity
  android:name="com.allmycode.myfirstandroidapp.MainActivity"
  android:label="@string/app_name" >
  <intent-filter>
    <action android:name="android.intent.action.MAIN" />

    <category android:name="android.intent.category.LAUNCHER" />
  </intent-filter>
</Activity>
```

Listing 5.6: Das Element Activity *in der Datei* AndroidManifest.xml

Und hier kommt das, was der Code in Listing 5.6 Ihrem Android-Gerät mitteilt:

✔ **Der Code des Elements action gibt an, dass es sich bei dem Programm, aus dem Listing 5.6 besteht (der Klasse com.allmycode.myfirstandroidapp.MainActivity), um MAIN handelt.**

 Das bedeutet, dass das Programm in Listing 5.5 den Startpunkt für die Ausführung einer App bildet. Ihr Android-Gerät reagiert darauf so, dass es auf das Listing zurückgreift und dessen Methoden onCreate und onCreateOptionsMenu und verschiedene andere Methoden ausführt, die in diesem Ausschnitt nicht zu sehen sind.

✔ **Das Element category des Codes fügt dem Application-Launcher-Bildschirm des Gerätes ein Symbol hinzu.**

 Auf den meisten Android-Geräten sehen die Benutzer den Home-Bildschirm. Wenn sie dann dort auf das eine oder andere Element tippen, erscheint der Startbildschirm, der die Symbole der einzelnen Apps enthält. Indem der Benutzer diesen Bildschirm scrollt, kann er ein gesuchtes Anwendungssymbol finden. Wenn der Benutzer dieses Symbol dann antippt, startet die Anwendung.

In Listing 5.6 sorgt der Wert LAUNCHER des Elements category für das Symbol, über das com.allmycode.myfirstandroidapp.MainActivity (das Java-Programm in Listing 5.5) auf dem Startbildschirm des Gerätes erscheint.

Jetzt wissen Sie es. Mit den geheimen Zutaten (insbesondere mit den Elementen action und category in der Datei AndroidManifest.xml) werden die Methoden onCreate und onCreateOptionsMenu zum Anfangspunkt für das Ausführen des Programms.

Eine Klasse erweitern

In Listing 5.5 erzählen die Wörter extends und @Override eine wichtige Geschichte – eine Geschichte, die für alle Java-Programme und nicht nur für Android-Apps gilt. Diese beiden Begriffe erzählen von einer Klasse in der Android-API. Die Klasse android.app.Activity der API bildet die Grundlage aller Android-Anwendungen.

In der Sprache der Android-Programmierer handelt es sich bei einer *Activity* um einen »Bildschirm voll mit Komponenten«. Jede Android-Anwendung kann viele Activities enthalten. So könnte zum Beispiel die erste Activity einer App eine Liste der Filme anzeigen, die von in der Nähe gelegenen Kinos gezeigt werden. Wenn Sie auf den Titel eines Films klicken, überdeckt Android die Activity mit der Liste einer anderen Activity (vielleicht mit einer, die eine Vorschau des Films anzeigt).

Wenn Sie die Klasse android.app.Activity erweitern, können Sie eine neue Art von Android-Activity erstellen. In Listing 5.5 sagen die Wörter extends Activity dem Computer, dass es eine MainActivity gibt, die ein Beispiel für eine Android-Activity ist. Das ist gut so, denn die Typen von Google haben mehr als 5.000 Zeilen Java-Code geschrieben, um zu beschreiben, was eine Android-Activity machen kann. Dadurch, dass es sich hierbei um das Beispiel einer Android-Activity handelt, sind Sie in der Lage, deren gesamten vorgefertigten Code zu nutzen.

Wenn Sie eine vorhandene Java-Klasse (wie die Klasse Activity) erweitern, erstellen Sie eine neue Klasse, die bereits über die Funktionen der vorhandenen Klasse verfügt. Sie können in Kapitel 10 Einzelheiten zu diesem wichtigen Konzept nachlesen.

Methoden überschreiben

In Listing 5.5 ist MainActivity so etwas wie eine Android-Activity. Aus diesem Grund sorgt auch MainActivity mit unheimlich viel praktischem, vorgefertigtem Code für einen Bildschirm voller Komponenten.

Natürlich kommt es vor, dass Sie in Apps auch auf diesen vorgefertigten Code verzichten wollen. Denn unabhängig davon, welcher Partei Sie Ihre Sympathien schenken, sollten Sie niemals blind auf das vertrauen, was Ihnen der Parteivorstand erzählt. Hören Sie sich an, was dort gesagt wird, und übernehmen Sie das, was Ihren Prinzipien entspricht. Den Rest füllen Sie mit eigenen Gedanken. Und genau das ist es, was der Code in Listing 5.5 macht, indem er sich dort selbst zu einer Android-Activity macht und zwei der vorhandenen Methoden der Klasse Activity *überschreibt*.

In Listing 5.5 weist das Wort @Override darauf hin, dass das Listing die vorgefertigten Methoden onCreate und onCreateOptionsMenu der API nicht verwendet. Stattdessen enthält die neue MainActivity Deklarationen für eigene onCreate- und onCreateOptionsMenu-Methoden, wie Abbildung 5.16 zeigt.

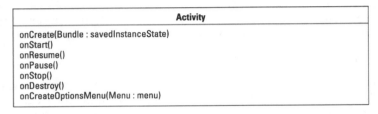

Abbildung 5.16: Ich mag die vorgefertigten Methoden onCreate und onCreateOptionsMenu nicht.

Hier geht es insbesondere um die Methode onCreate, die in Listing 5.5 setContentView(R.layout.activity_main) aufruft, das dann das Material anzeigt, das in der Datei res/layout/activity_main.xml beschrieben und auf dem Bildschirm angezeigt wird (das sind zum Beispiel die Schaltflächen und die Textfelder). Sie erhalten in Kapitel 4 eine Einführung in die Datei res/layout/activity_main.xml.

Die andere Methode in Listing 5.5 (die Methode onCreateOptionsMenu) macht etwas Ähnliches mit der Datei res/menu/activity_main.xml, um Elemente in der Aktionsleiste der App anzuzeigen.

Die Methoden einer Activity, die Arbeitspferde sind

Jede Android-Activity hat einen *Lebenszyklus* – eine Reihe von Zuständen, die die Activity von ihrer Geburt bis zu ihrem Tod und ihrer Wiedergeburt und so weiter durchläuft. Wenn ein Telefon eine Activity startet, ruft es deren Methode onCreate auf. Außerdem ruft das Telefon die Methoden onStart und onResume der Activity auf.

Ich entscheide mich in Listing 5.5 dafür, meine eigene Methode onCreate zu deklarieren, aber ich verzichte auf eigene Methoden onStart und onResume. Statt diese beiden Methoden zu überschreiben, verwende ich still und leise die vordefinierten Methoden onStart und onResume der Activity. Um herauszufinden, warum Sie sich für ein Überschreiben von onResume entscheiden sollten, schauen Sie sich Kapitel 14 an.

Wenn das Telefon die Ausführung einer Activity beendet, ruft es drei zusätzliche Methoden auf: onPause, onStop und onDestroy. Ein vollständiger Durchlauf einer Activity von ihrer Geburt bis zu ihrem Tod beinhaltet somit die Ausführung von wenigstens sechs Methoden – onCreate, dann onStart, gefolgt von onResume und später von onPause, dem dann onStop und zum Schluss onDestroy folgen. Asche zu Asche und Staub zu Staub.

Sie müssen deshalb nicht verzweifeln. Android-Activities kennen die Wiedergeburt. Wenn Sie zum Beispiel mehrere Apps gleichzeitig ausführen, geht dem Telefon vielleicht der Arbeitsspeicher aus. In diesem Fall kann Android einige der laufenden Activities abschießen. Sie als Benutzer des Telefons merken nichts davon, dass Activities zwangsweise beendet worden sind. Wenn Sie zu einer abgeschossenen Activity zurückgehen, erstellt Android die Activity neu.

Und hier noch etwas: Wenn Sie ein Telefon vom Hochformat in das Querformat drehen, zerstört das Telefon die *aktuelle* Activity (die Activity für das Hochformat) und erstellt die Activity im Querformat neu. Das Telefon ruft alle sechs Lebenszyklusmethoden (onPause, onStop und so weiter) auf, um die Anzeige der Activity seitlich zu drehen.

Wirklich, Methoden wie onCreate und onCreateOptionsMenu in Listing 5.5 sind die Arbeitspferde der Android-Entwicklung.

Die Bausteine von Java

In diesem Kapitel

- Dingen Werte zuweisen
- Dinge dazu bringen, bestimmte Arten von Werten zu speichern
- Operatoren zuweisen, um neue Werte zu erhalten

---

*I*ch bin in vielen Städten Auto gefahren und hier kommt meine ehrliche Meinung dazu:

✔ Das Fahren in New York ist ein einziger Krampf. Hier versucht ein Fahrer nur, den Zusammenstoß mit anderen Fahrzeugen zu vermeiden, ohne verhindern zu können, dass andere mit ihm zusammenstoßen. Auch die Fußgänger unternehmen in New York nichts, um nicht mit anderen zu kollidieren. Darüber hinaus ist es ganz normal, Fahrzeuge zu schneiden. Jeder, der sich nicht so verhält, kommt entweder aus New Jersey oder ist ein Tourist. Und Ihre Sicherheit hängt in New York davon ab, in welcher Art von Auto Sie ein Ziel ansteuern.

✔ Ein Fahrer muss in bestimmten Teilen Kaliforniens in der Lage sein, sein Fahrzeug blitzschnell anzuhalten, weil irgendjemand unachtsam die Straße überquert. Einige Fahrer halten sogar schon an, bevor der Fußgänger weiß, dass er gleich auf die Straße latschen wird.

✔ Die Straßen in Boston sind kurvig und unübersichtlich, und vernünftige Straßenschilder sind eine Seltenheit. Straßenkarten sind veraltet, weil ständig gebaut wird oder es zu anderen Unvorhersehbarkeiten kommt. Aus diesem Grund ist es alles andere als einfach, in Boston Auto zu fahren. Sie finden in Boston Ihr Ziel erst dann, wenn Sie den Weg dorthin bereits kennen, und es ist wohl überflüssig zu betonen, dass ich in Boston darauf verzichte, mit dem Auto zu fahren.

✔ London ist zwar ziemlich überfüllt, aber die Fahrer sind recht höflich (zumindest Ausländern gegenüber). Vor einigen Jahren verursachte ich auf den Straßen Londons innerhalb einer Woche drei Autounfälle, und jedes Mal entschuldigte sich der Fahrer des anderen Wagens bei mir!

Ganz besonders betroffen war ich, als ein Londoner Taxifahrer sein Bedauern darüber äußerte, dass der Unfall (den ich verursacht hatte) auch in seinen Papieren eingetragen wird. Anscheinend sind die Regeln für Londoner Taxifahrer sehr streng.

Dies bringt mich zu einem anderen Thema, dem Training, dem sich jeder Taxifahrer unterziehen muss, bevor er in London ein Taxi fahren darf. Taxifahrer beginnen ihre Laufbahn damit, dass sie die Straßenkarte von London auswendig lernen. Auf dieser Karte gibt es mehr als 25.000 Straßen, deren Anordnung keinen Regeln folgt. Rechteckige Gitternetze sind nicht vorhanden und nummerierte Straßen sind so gut wie unbekannt. Es dauert einige Jahre, alle Straßennamen auswendig zu lernen, und die Taxifahrer müssen eine Prüfung bestehen, um die entsprechende Lizenz zu erhalten.

Diese unglaublich weitschweifige Diskussion über Fahrer, Straßen und meine Neigung, Autounfälle zu verursachen, bringt mich zu dem zentralen Punkt dieses Abschnitts: Die in Java vorhandenen Typen sind leicht zu erlernen. Im Gegensatz zu den 25.000 Straßen Londons und den Elementen des Periodensystems hat Java nur acht interne Typen. Dies sind die *primitiven Typen* von Java und alle werden in diesem Kapitel beschrieben.

Information ist das, was sie liefert

»Realität! Für Sancho ist es ein Gasthaus, für Don Quijote eine Burg und für andere ist es etwas anderes!«

– Miguel de Cervantes, ein wenig aktualisiert nach Don Quijote de la Mancha

Wenn Sie glauben, dass ein Computer den Buchstaben J speichert, so irren Sie sich, denn in Wirklichkeit speichert er 01001010. Und anstatt den Buchstaben K abzulegen, speichert der Computer 01001011. Alles im Computer ist eine Folge von Nullen und Einsen. Und jeder Computerfreak weiß, dass 0 oder 1 ein *Bit* ist.

Nun steht aber 01001010 nicht nur für den Buchstaben J, sondern auch für die Zahl 74. Dieselbe Ziffernfolge kann aber auch $1,0369608636003646 * 10^{-43}$ bedeuten. Und wenn dann die Bits als Bildschirmpixel interpretiert werden, kann dieselbe Sequenz verwendet werden, um die Punkte darzustellen, die Abbildung 6.1 zeigt. Die Bedeutung von 01001010 hängt also davon ab, wie die Software die Folge von Nullen und Einsen interpretiert.

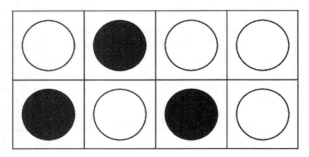

Abbildung 6.1: Die extreme Vergrößerung von acht schwarzen und weißen Pixeln des Bildschirms

Wie können Sie nun dem Computer klarmachen, wofür 01001010 steht? Die Antwort liegt in der Idee von *Typ*. Bei dem Typ einer Variablen handelt es sich um den Wertebereich, den die Variable speichern kann. Listing 6.1 verdeutlicht dies.

```
package com.allmycode.demos;
import javax.swing.JOptionPane;
public class TypeDemo1 {
  public static void main(String[] args) {
    int anInteger = 74;
    char aCharacter = 74;
```

```
        JOptionPane.showMessageDialog(null, anInteger,
            "Eine ganzzahlige (int) Variable",
                JOptionPane.PLAIN_MESSAGE);
        JOptionPane.showMessageDialog(null, aCharacter,
            "Eine alphanumerische (char) Variable",
                JOptionPane.PLAIN_MESSAGE);
    }

}
```

Listing 6.1: Spielereien mit Java-Typen

Wenn Sie den Code aus Listing 6.1 ausführen, sollte das Ergebnis so aussehen wie das in Abbildung 6.2 und Abbildung 6.3.

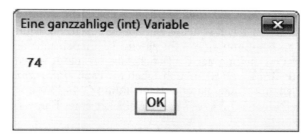

Abbildung 6.2: `01001010` als »int«-Wert (int) anzeigen

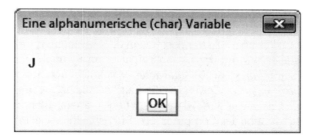

Abbildung 6.3: `01001010` als »char«-Wert (char) anzeigen

In Abbildung 6.2 interpretiert der Computer `010010101` als ganze Zahl. In Abbildung 6.3 liest der Computer dieselben Bits (`01001010`) als Darstellung des Buchstabens J. Dieses unterschiedliche Verhalten ist das Ergebnis der *Typendeklaration* in Listing 6.1 zu Beginn der Methode main.

```
    int anInteger = 74;
    char aCharacter = 74;
```

Jede dieser Deklarationen besteht aus drei Teilen: einem Variablennamen, einer Typenbezeichnung und einem Anfangswert. Die nächsten Abschnitte beschreiben diese Teile.

Namensgebung von Variablen

Die Bezeichner anInteger und aCharacter in Listing 6.1 sind Namen von Variablen oder – einfacher noch – Variablen. Bei einem *Variablennamen* handelt es sich um eine Art Spitznamen für einen Wert (zum Beispiel für den Wert 74).

Ich habe beide Variablennamen für das Beispiel in Listing 6.1 erfunden, und ich habe mich dabei bewusst für *beschreibende* Variablennamen entschieden. Ich hätte in Listing 6.1 auch statt anInteger (was *eineGanzzahl* bedeutet) und aCharacter (was *einZeichen* bedeutet) auch die Namen blume und fisch wählen können. Ich habe mich aber für anInteger und aCharacter entschieden, weil beschreibende Namen anderen dabei helfen, den Code zu lesen und zu verstehen. (Darüber hinaus helfen letztendlich beschreibende Namen auch mir, meinen eigenen Code – ganz besonders nach einiger Zeit – noch lesen und verstehen zu können!)

Wenn Sie einen erfahrenen Java-Programmierer darstellen wollen, beginnen Sie jeden Variablennamen mit einem Kleinbuchstaben, um dann Wörter im Namen durch Großbuchstaben voneinander abzugrenzen. So beginnt zum Beispiel anzahlOffenerRechnungen mit einem Kleinbuchstaben und grenzt Wörter durch die Verwendung der Großbuchstaben O und R voneinander ab. Diese Mischung aus Groß- und Kleinbuchstaben wird auch *Binnenmajuskel* oder *Binnenversalie* genannt. Die englische Bezeichnung *Camel Case* ist hier vielleicht bildhafter, weil diese Schreibweise an die Höcker eines Kamels erinnert.

Die Namensgebung bei Typen

In Listing 6.1 sind die Wörter int und char Bezeichnungen von Typen. Dabei sagt int dem Computer, dass das, was die Variable anInteger enthält, ein ganzzahliger Wert ist (ein Wert also, der keine Nachkommastellen hat). Und das Wort char (in der zweiten Typendeklaration) informiert den Computer darüber, dass er das, was in der Variablen aCharacter steht, als ein Zeichen (einen Buchstaben, ein Interpunktionszeichen, ein Symbol oder sogar eine einzelne Ziffer) interpretieren soll (*char* steht für *Character*, was auf Deutsch *Zeichen* bedeutet). Dies führt in Listing 6.1 dazu, dass der Computer die Zahl 74 ausgibt, wenn ich ihn beim ersten Aufruf von showMessageDialog auffordere, anInteger anzuzeigen. Beim zweiten Aufruf von showMessageDialog gibt der Computer den Buchstaben J wieder, wenn ich den Wert von aCharacter darstellen lasse.

In Listing 6.1 informieren die Wörter int und char den Computer darüber, welche Typen meine Variablen haben. Die Namen anInteger und aCharacter erinnern mich, den Programmierer, daran, um welche Art von Variablen es sich dabei handelt, während die Namen anInteger und aCharacter dem Computer keine Informationen über den Variablentyp liefern. Auch die Deklaration von int rocky = 74 und char bullwinkle = 74 ginge in Ordnung, so lange ich in Listing 6.1 rocky und bullwinkle dauerhaft verwende.

Zuweisungen und Anfangswerte

Beide Typendeklarationen enden in Listing 6.1 mit einem Anfangs- oder Initialisierungswert. Eine Initialisierung legt, wie es der Name schon vermuten lässt, den Wert fest, den die Variable am Anfang hat. Ich habe in beiden Deklarationen die Variablen mit dem Wert 74 initialisiert.

Sie können eine Typendeklaration auch ohne Initialisierung erstellen. So könnte ich zum Beispiel den Code in Listing 6.1 ändern, wodurch die ersten vier Zeilen der Methode main wie folgt aussähen:

```
int anInteger;
char aCharacter;
anInteger = 74;
aCharacter = 74;
```

Bei einer Zeile wie anInteger = 74 handelt es sich um eine Zuordnung oder Zuweisung, die den Wert einer Variablen ändert. Eine Zuweisung ist nicht Teil einer Typendeklaration, sondern ein eigenständiger Vorgang (der in der Regel erst viele Zeilen nach der Deklaration vorgenommen wird).

Sie können eine Variable initialisieren und dann ihren Wert in einer Zuweisungsanweisung ändern.

```
int year = 2008;
System.out.println(year);
System.out.println("Globale Finanzkrise");
year = 2009;
System.out.println(year);
System.out.println("Obama wird US-Präsident ");
year = 2010;
System.out.println(year);
System.out.println("Öl strömt in den Golf von Mexiko");
```

Manchmal benötigen Sie einen Namen für einen Wert, der sich während der Ausführung des Programms nicht ändert. In solchen Fällen weist das Schlüsselwort final auf eine Variable hin, deren Wert nicht erneut zugewiesen werden kann.

```
final int ZAHL_DER_PLANETEN = 9;
```

Eine final-Variable ist eine Variable, deren Wert sich nicht ändert. (Soweit ich weiß, nennt niemand ein solches Ding ernsthaft *Invariable*.)

Sie können den Wert einer final-Variablen initialisieren, aber danach ist es nicht möglich, einer solchen Variablen einen neuen Wert zuzuweisen. Oder anders ausgedrückt: Wenn Sie final int ZAHL_DER_PLANETEN = 9 deklariert haben, ist diese Anweisung nicht zulässig:

```
ZAHL_DER_PLANETEN = 8
```

Wenn nun Pluto kein Planet mehr ist, können Sie auf diese Änderung nur damit reagieren, dass Sie in der Deklaration `final int ZAHL_DER_PLANETEN = 9` die Zahl 9 in 8 ändern.

In Java ist das Wort `final` einer der Java-Modifikatoren. Ein *Modifikator* kann mit einem Adjektiv verglichen werden. Ein Modifikator bewirkt eine leichte Änderung der Bedeutung einer Deklaration. So modifiziert (oder ändert) zum Beispiel in diesem Abschnitt das Wort `final` die Deklaration von `ZAHL_DER_PLANETEN`, wodurch der Wert von `ZAHL_DER_PLANETEN` zu einem unveränderbaren gemacht wird. Sie erhalten in den Kapiteln 9 und 10 mehr Informationen über Java-Modifikatoren.

Als Regel gilt, dass Sie `final`-Variablen verwenden, um Werten, die sich nie (oder nur ganz selten) ändern, einen einprägsamen Namen zu geben. In einem Java-Programm steht zum Beispiel `6,626068e-34` für $6,626068 * 10^{-34}$, was dasselbe ist wie dies hier:

0,0000000000000000000000000000000006626068

In einer Anwendung für die Quantenphysik möchten Sie die Zahl `6,626068e-34` sicherlich nicht allzu oft in Ihrem Code eingeben. (Sie könnten sich bei der Eingabe der Zahl selbst dann vertun, wenn Sie sie kopieren und einfügen.) Um zu verhindern, dass sich Fehler in Ihren Code einschleichen, deklarieren Sie

```
final double PLANCK_KONSTANTE = 6.626068e-34;
```

Von nun an geben Sie in Ihrem Code nicht immer wieder `6,626068e-34` ein, sondern Sie verwenden nur noch den Namen `PLANCK_KONSTANTE`.

Sie können in jeder Variablen – einschließlich `final`-Variablen – Kleinbuchstaben verwenden. Aber Java-Programmierer schreiben Code nur sehr selten auf diese Weise. Damit Sie nicht wie ein kompletter Anfänger aussehen, verwenden Sie im Namen einer `final`-Variablen nur Großbuchstaben und Ziffern. Und trennen Sie die einzelnen Namensbestandteile mit Unterstrichen voneinander ab.

In der Spezifikation der Sprache Java gibt es eine Hintertür, die es Ihnen erlaubt, unter bestimmten Umständen eine Zuweisungsanweisung zu verwenden, um eine Variable mit einem Initialisierungswert zu versehen. Sie können zum Beispiel für eine Variable wie `betrag` in der Methode in einer Zeile `final int betrag` schreiben und in einer zweiten Zeile `amount = 0` angeben. Was ich Ihnen rate? Vergessen Sie diese Hintertür. Vergessen Sie sogar, was Sie hier in dieser Anmerkung gelesen haben!

Ausdrücke und Literale

In einem Computerprogramm handelt es sich bei einem *Ausdruck* um Text, der einen Wert hat. So haben zum Beispiel in Listing 6.1 die Zahl 74 und die Wörter `anInteger` und `aCharacter` Werte. Wenn ich in meinem Java-Programm den Namen `anInteger` an zehn verschiedenen Stellen nutzen würde, hätte ich es mit zehn Ausdrücken zu tun, von denen jeder einen Wert hat. Wenn ich mich dazu entschließe, irgendwo in meinem Programm anInteger + 17 einzugeben, dann ist anInteger + 17 ein Ausdruck, weil anInteger + 17 einen Wert hat. In Listing 6.1 gibt es zusätzlich zu 74, anInteger und aCharacter eine ganze Reihe von Ausdrücken, die Sie ruhig allein herausfinden können.

Ein *Literal* ist eine Art Ausdruck, dessen Wert sich von einem Java-Programm zu einem anderen nicht ändert. So bedeutet zum Beispiel der Ausdruck 74 in jedem Java-Programm »der numerische Wert 74«. Und der Ausdruck J bedeutet »der zehnte Großbuchstabe im lateinischen Alphabet« und das Wort true (für *wahr*) bedeutet »das Gegenteil von false«. Bei den Ausdrücken 74, J und true handelt es sich um Literale. Ähnlich ist es mit dem Text "Eine ganzzahlige (int) Variable" in Listing 6.1, der ebenfalls ein Literal ist, weil er in allen Java-Programmen dasselbe aussagt.

In Java bedeuten einfache Anführungszeichen, dass es sich um ein Zeichen handelt. Sie können die zweite Deklaration in Listing 6.1 wie folgt ändern:

char aCharacter = 'J';

Die Ausführung des Programms wird durch diese Änderung nicht beeinflusst. Das Dialogfeld, das in Abbildung 6.3 gezeigt wird, enthält auch weiterhin den Buchstaben J.

In Java handelt es sich bei einem char-Wert um eine Zahl in Verkleidung. Sie erhalten in Listing 6.1 dasselbe Ergebnis, wenn die Deklaration des Typs char aCharacter = 'J' lautet. Sie können mit char-Werten sogar rechnen. Wenn Sie zum Beispiel in Listing 6.1 die zweite Deklaration in char aCharacter = 'J' +2 ändern, erhalten Sie den Buchstaben L.

Die 01000001 01000010 01000011er

Was hat 01001010 mit der Zahl 74 oder dem Buchstaben J zu tun?

Die Antwort darauf hängt mit der binären Darstellung dieser Zahl zusammen. Das allgemein bekannte, auf der 10 basierende (Dezimal-)System hat eine 1er-Spalte, eine 10er-Spalte, eine 100er-Spalte und so weiter. Demgegenüber hat das auf der 2 basierende (Dual-)System eine 1er-Spalte, eine 2er-Spalte, eine 4er-Spalte, eine 8er-Spalte und so weiter. Die Abbildung zeigt, wie Sie mithilfe der dualen Spaltenwerte aus 01001010 die Zahl 74 erhalten.

Die Verbindung zwischen 01001010 und dem Buchstaben J scheint willkürlich zu sein. In den frühen 1960ern hat eine Gruppe von IT-Profis den American Standard Code for Information Interchange (ASCII) ersonnen. In der ASCII-Darstellung hat jedes Zeichen 8 Bit.

Sie können die Darstellung einiger Zeichen der Tabelle am Ende dieses Kastens entnehmen. So bildet zum Beispiel unser Freund 01001010 (bei dem es sich um die binäre Darstellung der Dezimalzahl 74 handelt) auch den Weg, wie der Computer den Buchstaben J speichert. Die Entscheidung, dass 01000001 A und 01001010 J ist, hat ihren Ursprung in den technischen Gegebenheiten der Hardware des 20. Jahrhunderts.

In den späten 1980ern, als die moderne Kommunikation zu einer immer stärker werdenden Globalisierung führte, begann eine Gruppe von Experten damit, an einer Erweiterung des Codes zu arbeiten. Bei dieser Erweiterung sollte jedes Zeichen aus bis zu 32 Bits besteht. Die unteren acht Unicode-Bits haben dieselbe Bedeutung wie beim ASCII-Code, aber bei so vielen zur Verfügung stehenden Bits hat der Unicode-Standard auch Platz für andere Sprachen als Englisch. Eine char-Variable von Java ist eine 16-Bit-Unicode-Zahl, was bedeutet, dass ein char davon abhängt, wie Sie es interpretieren: entweder eine Zahl zwischen 0 und 655 oder ein Buchstabe in einer der vielen Unicode-Sprachen.

Damit haben Sie die Möglichkeit, in einem Java-Programm auch nicht englische Zeichen als Bezeichner zu verwenden. Ich habe in der folgenden Abbildung Eclipse eingesetzt, um ein Programm auszuführen, das als Bezeichner und in der Ausgabe Hebräisch verwendet. Die Wörter entsprechen in einigen der Anweisungen nicht der normalen Reihenfolge, weil ich Sprachen gemischt habe, die von links nach rechts beziehungsweise von rechts nach links gelesen werden. Ansonsten handelt es sich bei dem, was die Abbildung zeigt, um das gute alte Java.

```
UnicodeTest.java ⊠

    package com.allmycode.unicode;

    public class UnicodeTest {

        public static void main(String[] ארגס) {
            int 1 = איין;
            int 2 = צוויי;
            int דריי = איין + צוויי;
            System.out.println("ענטפער : ");
            System.out.println(דריי);
        }

    }
```

Problems @ Javadoc Declaration Search Console ⊠ LogC
<terminated> UnicodeTest (1) [Java Application] C:\Program Files\Java\jdk1.6.0_32\bin\
ענטפער :
3

Bits	Interpretation als Ganzzahl	Interpretation als Zeichen	Bits	Interpretation als Ganzzahl	Interpretation als Zeichen
00100000	32	Leerzeichen	00111111	63	?
00100001	33	!	01000000	64	@
00100010	34	»	01000001	65	A
00100011	35	#	01000010	66	B
00100100	36	$	01000011	67	C
00100101	37	%	.	.	.
00100110	38	&	.	.	.
00100111	39	'	etc.	etc.	etc.
00101000	40	(	01011000	88	X
00101001	41	)	01011001	89	Y
00101010	42	*	01011010	90	Z
00101011	43	+	01011011	91	[
00101100	44	,	01011100	92	\
00101101	45	-	01011101	93	]
00101110	46	.	01011110	94	^
00101111	47	/	01011111	95	_
00110000	48	0	01100000	96	'
00110001	49	1	01100001	97	a
00110010	50	2	01100010	98	b
00110011	51	3	01100011	99	c
00110100	52	4	.	.	.
00110101	53	5	.	.	.
00110110	54	6	etc.	etc.	etc.
00110111	55	7	01111000	120	x
00111000	56	8	01111001	121	y
00111001	57	9	01111010	122	z
00111010	58	:	01111011	123	{
00111011	59	;	01111100	124	|
00111100	60	<	01111101	125	}
00111101	61	=	01111110	126	~
00111110	62	>	01111111	127	delete

Wie Zeichen aneinandergereiht werden

In Java ist ein einzelnes Zeichen nicht dasselbe wie ein String. Vergleichen Sie das Zeichen J mit der Zeichenfolge (dem *String*) "Eine ganzzahlige (int) Variable" in Listing 6.1. Ein Literal, das aus einem einzelnen Zeichen besteht, hat einfache Anführungsstriche, während ein String-Literal doppelte Anführungsstriche besitzt.

In Java kann ein String mehr als ein Zeichen enthalten, was aber nicht zwingend notwendig ist. (Überraschung!) Sie können schreiben

```
char aCharacter = 'J';
```

weil ein Zeichenliteral mit einfachen Anführungsstrichen auskommt. Aber da String einer der Java-Typen ist, können Sie auch schreiben

```
String meinVorname = "Barry";
```

und die String-Variable meinVorname mit dem String-Literal "Barry" initialisieren. Und obwohl "A" nur ein Zeichen enthält, können Sie schreiben

```
String meinMittleresInitial = "A";
```

weil auch "A" durch die doppelten Anführungsstriche zu einem String-Literal wird.

Da nun in Java ein einzelnes Zeichen nicht dasselbe wie ein aus einem Zeichen bestehender String ist, ist das hier nicht zulässig:

```
//Machen Sie das hier niemals:
char derLetzteBuchstabe = "Z";
```

Die primitiven Java-Typen

Java kennt zwei Arten von Typen: Primitive und Referenzen. Primitive Typen sind die Atome – die Grundbausteine. Im Gegensatz dazu sind Referenztypen die Dinge, die Sie erstellen, indem Sie primitive Typen (und andere Referenztypen) kombinieren. Dieses Kapitel behandelt (fast ausschließlich) primitive Typen. Kapitel 9 führt Sie in Javas Referenztypen ein.

Ich kümmere mich in diesem Kapitel stark um Javas String-Typ. Dieser Typ gehört eigentlich in Kapitel 9, weil es sich dabei um einen Referenztyp handelt. Ich kann aber nicht bis Kapitel 9 warten, damit ich in meinen Beispielen Zeichenfolgen verwenden darf. Betrachten Sie das String-Material als informative (und nützliche) Vorschau.

Tabelle 6.1 beschreibt alle acht primitiven Java-Typen

Name des Typs	Wie ein Literal aussieht	Wertebereich
Integraltypen		
byte	(byte)42	-128 bis 127
short	(short)42	-32768 bis 32767
int	42	-2147483648 bis 2147483647
long	42L	-9223372036854775808 bis 9223372036854775807
Aus Zeichen (Characters) bestehende Typen (die – technisch gesehen – ebenfalls Integrale sind)		
char	'A'	Tausende von Zeichen, Glyphen und Symbolen
Fließkommatypen		
float	42.0F	$-3{,}4 * 10^{38}$ bis $3{,}4 * 10^{38}$
double	42,0 oder 0,314159e1	$-1{,}8 * 10^{308}$ bis $1{,}8 * 10^{308}$
Logische Typen		
boolean	true	true, false

Tabelle 6.1: Javas primitive Typen

Sie können Javas Primitive in drei Kategorien einteilen:

✔ **Integrale**

Die integralen Typen stellen ganze Zahlen dar – Zahlen, bei denen es rechts vom Komma keine Ziffern mehr gibt. So stellt zum Beispiel die Zahl 42 in einem Java-Programm den int-Wert 42 dar – wie in 42 Cent, 42 Clowns oder 42 Eier. Eine Familie kann kaum 2,5 Kinder habe, was eine int-Variable zu einem guten Ort für die Anzahl Kinder macht, die eine Familie hat.

Das Ding, das einen integralen Typ von anderen unterscheidet, ist der Wertebereich, der sich mit den einzelnen Typen darstellen lässt. So können Sie mit dem Typ int einen Bereich von -2147483648 bis +2147483647 ansprechen.

Wenn Sie Zahlen ohne Nachkommastellen benötigen, können Sie so gut wie immer den Typ int verwenden. Die Java-Typen byte, short und long sind für besondere Wertebereiche (und für pingelige Programmierer) reserviert.

✔ **Fließkommazahlen**

Die Fließkommatypen stellen Zahlen mit Nachkommastellen dar, wobei diese Nachkommastellen auch nur Nullen sein können. Als Beispiel mag ein alter hölzerner Zollstock dienen, der 1,001 Meter lang ist, während sein neues Gegenstück eine Länge von 1,0000 Metern hat.

Die beiden Fließkommatypen (double und float) unterscheiden sich im Wertebereich. Der von double ist viel größer und genauer als der von float.

✔ **Logisch**

Eine boolean-Variable kann einen von zwei Werten annehmen: true *(wahr)* oder false *(falsch)*. Und so, wie Sie einer int-Variablen 74 zuweisen können, sind Sie auch in der Lage, einer boolean-Variablen zum Beispiel true zuzuweisen:

```
int anzahlEisAmStiel;
boolean mitZitronengeschmack;
anzahlEisAmStiel = 22;
mitZitronengeschmack = true;
```

Sie können mit numerischen Variablen rechnen und Sie sind in der Lage, auch mit logischen Variablen eine Art von »Berechnungen« durchzuführen. Hierzu gibt es im nächsten Abschnitt weitere Informationen.

Dinge, die Sie mit Typen machen können

Sie können mit Java-*Operatoren* Berechnungen durchführen. Die am häufigsten verwendeten arithmetischen Operatoren sind + (Addition), – (Subtraktion), * (Multiplikation), /(Division) und % (Prozent).

✔ **Wenn Sie einen arithmetischen Operator verwenden, um zwei int-Werte zu kombinieren, ist das Ergebnis wieder ein int-Wert (eine Ganzzahl)**

So ist zum Beispiel das Ergebnis von 4 + 15 der Wert 19. 14 / 5 ergibt 2 (weil 5 zweimal in 14 »geht«, und selbst wenn der Rest größer als 1/2 ist, wird er nicht berücksichtigt).

Dieselben Regeln gelten für die anderen integralen Typen. Wenn Sie zum Beispiel einen long-Wert und einen long-Wert addieren, erhalten Sie wieder einen long-Wert.

✔ **Wenn Sie einen arithmetischen Operator verwenden, um zwei double-Werte zu kombinieren, ist das Ergebnis wieder ein double-Wert.**

So ergibt zum Beispiel 4,0 + 15,0 den Wert 19,0. Und 14,0 / 5,0 ergibt 2,8.

Dieselbe Regel gilt für float-Variablen. Ein float-Wert, den Sie zu einem anderen float-Wert addieren, ergibt wieder einen float-Wert.

✔ **Wenn Sie einen arithmetischen Operator verwenden, um einen int-Wert mit einem double-Wert zu kombinieren, ist das Ergebnis ein double-Wert.**

Java erweitert den int-Wert, um ihn mit dem double-Wert kombinieren zu können. So ist zum Beispiel 4 + 15,0 dasselbe wie 4,0 + 15,0, nämlich 19,0. Und 14 / 5,0 ist dasselbe wie 14,0 / 5,0: 2,8.

Diese Erweiterung geschieht auch dann, wenn Sie zwei verschiedene Arten integraler Werte oder zwei verschiedene Arten von Fließkommazahlen kombinieren. So ist zum Beispiel die Zahl 9000000000000000000 zu groß, um ein int-Wert zu sein, weshalb

9000000000000000000 + 1

dasselbe ist wie

9000000000000000000L + 1

was zu dem Ergebnis

9000000000000000001L

führt.

Zwei weitere beliebte Operatoren sind das Inkrement (die *Erhöhung*) ++ und das Dekrement (die *Minderung*) --. Das häufigste Einsatzgebiet von Inkrement und Dekrement sieht so aus:

x++;
y--;

Sie können die Operatoren aber auch vor den Variablen platzieren:

++x;
--y;

Beide Formen (die Platzierung der Operatoren vor oder hinter den Variablen) wirken sich auf dieselbe Weise auf die Werte der Variablen aus. Der Inkrement-Operator ++ erhöht den Wert um 1, während der Dekrement-Operator -- 1 vom Wert abzieht. Wenn Sie den Wert von etwas wie x++ anzeigen (oder auf andere Weise untersuchen), sehen Sie, dass es bei beiden Formen doch einen Unterschied gibt. Abbildung 6.4 stellt das etwas verwirrende Ergebnis dar.

```
package come.allmycode.demos;

import javax.swing.JOptionPane;

public class IncrementTest {

  public static void main (String[] args) {
    int x = 10;
    JOptionPane.showMessageDialog (null, ++x);

    JOptionPane.showMessageDialog (null, x);

    JOptionPane.showMessageDialog (null, x++);

    JOptionPane.showMessageDialog (null, x);
  }
}
```

- Zeigt 11 an, weil der Wert von ++x derselbe ist wie der von x+1
- Zeigt 11 an, da ++x (aus der vorherigen Anweisung) 1 zu x hinzugefügt hat
- Zeigt (welche Überraschung!) 11 an, da der Wert von x++ derselbe ist wie der Wert von x
- Zeigt 12 an (Überraschung!), da x++ (aus der vorherigen Anweisung) x um 1 erhöht hat

Abbildung 6.4: Was ++x und x++ voneinander unterscheidet

Wenn Sie sich in der Praxis daran erinnern, dass x++ den Wert einer Variablen um 1 erhöht, reicht das in der Regel aus.

Das kuriose Verhalten, das Abbildung 6.4 zeigt, hat seinen gedanklichen Ursprung in den Assemblersprachen der 1970er Jahre. Diese Sprachen kennen Anweisungen, die Inkrement- und Dekrementoperationen auf den internen Registern des Prozessors ausführen.

Buchstaben zu Zahlen hinzufügen (Hä?)

Sie können Strings und char-Werte anderen Elementen hinzufügen. Listing 6.2 enthält einige Beispiele.

```
package com.allmycode.demos;

public class PlusSignTest {

  public static void main(String[] args) {
    int x = 74;
    System.out.println("Hallo, " + "Welt!");
    System.out.println
      ("Der Wert von x ist " + x + ".");
    System.out.println
      ("Der zweite Buchstabe des Alphabets ist " + 'B' + ".");
    System.out.println
      ("Die sechste Primzahl ist " + 13 + '.');
    System.out.println
      ("Die Summe aus 18 und 21 ist " + 18 + 21 +
                      ". Ups! Das ist falsch.");
    System.out.println
      ("Die Summe von 18 und 21 ist " + (18 + 21) +
                      ". Das ist besser.");

  }
}
```

Listing 6.2: Javas vielseitig einsetzbares Pluszeichen

Der Typ String gehört eigentlich eher in Kapitel 9, weil es sich dabei nicht um einen primitiven Typ handelt. Ich ziehe es aber trotzdem vor, diesen Typ schon in diesem Kapitel zu behandeln.

Wenn Sie den Code in Listing 6.2 ablaufen lassen, wird dieser Text ausgegeben:

```
Hallo, Welt!
Der Wert von x ist 74.
Der zweite Buchstabe des Alphabets ist B.
Die sechste Primzahl ist 13.
Die Summe aus 18 und 21 ist 1821. Ups! Das ist falsch.
Die Summe aus 18 und 21 ist 39. Das ist besser
```

Damit es zu dieser Ausgabe kommt, geschieht Folgendes:

✔ **Wenn Sie das Pluszeichen (+) verwenden, um zwei Zeichenfolgen zu verknüpfen, verkettet es die Zeichenfolgen.**

Verkettung von Zeichenfolgen ist eine hochtrabende Bezeichnung dessen, was geschieht, wenn Sie Strings hinter einem anderen anzeigen. In Listing 6.2 ergibt die Verkettung von

"Hallo, " und "Welt!" die Zeichenfolge Hallo, Welt!

✔ **Wenn Sie einen String einer Zahl hinzufügen, wandelt Java die Zahl in einen String um und verkettet die beiden Zeichenfolgen.**

In Listing 6.2 hat die Variable x einen Anfangswert von 74. Der Code zeigt "Der Wert von x ist " + x (einen String plus eine int-Variable) an. Wenn der String "Der Wert von x ist" der Zahl 74 hinzugefügt wird, macht Java aus der Ganzzahl (int) 74 den String "74". Damit wird aus "Der Wert von x ist " + x das neue "Der Wert von x ist " + "74", was dann nach der Verkettung zu Der Wert von x ist 74 wird.

Diese automatische Umwandlung einer Zahl in einen String ist immer dann praktisch, wenn Sie eine kurze Erklärung zu einer Zahl ausgeben wollen.

Im Computer selbst wird die Zahl 74 als 00000000000000000000000001001010 dargestellt (mit 1 an der Stelle der 64, 1 an der Stelle der 8 und 1 an der Stelle der 2). Im Gegensatz dazu wird der String "74" computerintern als 00000000001101110000000000110100 dargestellt. (Warum das so ist, können Sie weiter vorn in diesem Kapitel im Kasten *Die 01000001 01000010 01000011er* nachlesen.) Sie sehen also, dass die Zahl 74 und der String "74" nicht dasselbe sind.

✔ **Wenn Sie einer beliebigen Art von Wert einen String hinzufügen, wandelt Java den anderen Wert in einen String um und verkettet die Zeichenfolgen.**

Der dritte Aufruf von System.out.println in Listing 6.2 fügt einem String den char-Wert 'B' hinzu. Das Ergebnis ist dann ein String, der auch den Buchstaben B enthält.

✔ **Die Reihenfolge, in der der Computer Operationen ausführt, kann das Ergebnis beeinflussen.**

Die letzten beiden Aufrufe von System.out.println in Listing 6.2 illustrieren diesen Punkt. Im vorletzten Aufruf arbeitet der Computer von links nach rechts. Er beginnt, indem er "Die Summe von 18 und 21 ist " und 21 miteinander verbindet, was letztendlich zu dem grotesken String Die Summe von 18 und 21 ist 1821 führt.

Ich habe dieses Problem im letzten Aufruf von System.out.println dadurch gelöst, dass ich 18 und 21 in runde Klammern gepackt habe. Damit addiert der Computer 18 und 21 und erhält 39. Dann verknüpft er "Die Summe von 18 und 21 ist " mit 39 und ist dadurch in der Lage, Die Summe von 18 und 21 ist 39 auszugeben.

Javas exotische Zuweisungsoperatoren

Sie können in Java einer Variablen 2 hinzufügen, indem Sie eine Anweisung wie diese verwenden:

```
anzahlAnElefanten = anzahlAnElefanten + 2
```

Aber eine solche Anweisung ist der Schrecken eines jeden erfahrenen Java-Entwicklers. Da können Sie gleich nach einem Arbeitstag auch weiterhin in Schlips und Kragen herumlaufen oder sich ernsthaft über das unterhalten, was an der »Perforation« Ihrer Heimatstadt passiert. Warum? Weil Java einen interessanten *zusammengesetzten Zuweisungsoperator* kennt, der dieselbe Aufgabe schneller erledigt. Die Anweisung

```
anzahlAnElefanten += 2
```

fügt 2 der `anzahlAnElefanten` hinzu und macht es Ihnen leicht, die Absicht des Programmierers zu erkennen. Stellen Sie sich für ein »dummes« Beispiel vor, dass Sie in einem Programm mehrere Variablen mit ähnlichen Namen verwenden:

```
int anzahlAnElefanten;
int anzahlAnTanten;
int anzahlAnWanten;
int anzahlAnKanten;
int anzahlAnKonten;
```

Dann zwingt Sie eine Anweisung wie

```
anzahlAnTanten += 2;
```

nicht dazu, beide Seiten der Zuweisung (auf Schreibfehler) zu überprüfen. Stattdessen sorgt der Operator += dafür, dass die Absicht der Anweisung kristallklar wird.

Zu den übrigen zusammengesetzten Java-Operatoren gehören −=, *=, /=, %= und andere. Wenn Sie zum Beispiel `anzahlAnElefanten` mit `anzahlAnTagen` multiplizieren wollen, schreiben Sie

```
anzahlAnElefanten *= anzahlAnTagen
```

Eine zusammengesetzte Zuweisung wie `anzahlAnElefanten += 2` mag in der Ausführung etwas weniger Zeit kosten als das umständlichere `anzahlAnElefanten = anzahlAnElefanten + 2`. Der Hauptgrund für das Verwenden zusammengesetzter Zuweisungen ist, das Lesen und Verstehen des Programms für andere Entwickler zu erleichtern. Das, was Sie dabei an Verarbeitungszeit sparen, können Sie ignorieren – es ist vernachlässigbar klein.

Das wahre Bit

Ein `boolean`-Wert ist entweder `true` *(wahr)* oder `false` *(falsch)*. Hier stehen Ihnen also im Gegensatz zu den Tausenden von Werten, die eine `int`-Variable annehmen kann, nur zwei Möglichkeiten zur Verfügung. Aber diese beiden Werte können ziemlich viel bewirken. (Wenn Ihnen jemand sagt: »Sie haben in der Lotterie gewonnen« oder: »Ihr Schuh ist offen«, kümmern Sie sich schon darum, ob diese Aussage wahr oder falsch ist, nicht wahr?)

Wenn Sie Dinge miteinander vergleichen, ist das Ergebnis ein `boolean`-Wert (der im Deutschen auch *Boole'scher* oder *logischer Wert* genannt wird). So führt die Anweisung

```
System.out.println(3 > 2);
```

in der View CONSOLE von Eclipse zum Wort `true`. Sie können natürlich Werte nicht nur mit Javas Operator > (größer als) vergleichen, sondern auch mit < (kleiner als), >= (größer als oder gleich) und <= (kleiner als oder gleich).

Außerdem sind Sie in der Lage, ein doppeltes Gleichheitszeichen (==) einzusetzen, um herauszufinden, ob zwei Werte auch wirklich gleich sind. Die Anweisung

```
System.out.println(15 == 9 + 9);
```

sorgt in der View CONSOLE für das Wort `false`. Sie können aber auch testen, ob etwas ungleich ist. So führt zum Beispiel die Anweisung

```
System.out.println(15 != 9 + 9);
```

zu einem `true` in der View CONSOLE. (Die Tastatur eines Computers hat kein Zeichen für »ungleich«. Merken Sie sich als Eselsbrücke, dass das Ausrufezeichen einen Strich durch das Gleichheitszeichen macht.)

Bei einem Ausdruck, dessen Wert entweder `true` oder `false` ergibt, handelt es sich um eine *Bedingung*. In diesem Abschnitt sind Ausdrücke wie `3 > 2` und `15 != 9 + 9` Beispiele für Bedingungen.

Das Symbol, um Gleichheit zu überprüfen, ist nicht dasselbe wie das Symbol, das verwendet wird, um eine Zuweisung oder eine Initialisierung vorzunehmen. Zuweisungen und Initialisierungen verwenden ein einfaches Gleichheitszeichen (=), während ein Vergleich auf Gleichheit doppelte Gleichheitszeichen (==) benötigt. Jeder verwendet in seiner Karriere als Programmierer immer wieder einmal irrtümlich für einen Gleichheitsvergleich einfache Gleichheitszeichen. Der Trick besteht nun nicht darin, diesen Fehler zu vermeiden, sondern ihn abzufangen, wenn er passiert.

Es ist zwar ganz nett, in der View CONSOLE von Eclipse `true` oder `false` anzuzeigen, aber `boolean`-Werte haben eine andere Aufgabe, als hübsch auszusehen. Wenn Sie herausfinden wollen, wie `boolean`-Werte den Ablauf eines Programms steuern können, schauen Sie sich Kapitel 8 an.

Genauigkeit

Selbst wenn Sie die doppelten Gleichheitszeichen richtig verwenden, müssen Sie aufpassen. Abbildung 6.5 zeigt Ihnen, was geschieht, wenn Sie 21 Grad Celsius auf dem Papier in Fahrenheit umrechnen wollen.

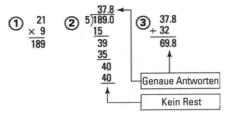

Abbildung 6.5: Eine genaue Umrechnung von Celsius in Fahrenheit

Wenn Sie nun aber dem Java-Programm die folgende Anweisung hinzufügen, sehen Sie `false` und nicht `true`:

`System.out.println(9.0 / 5.0 * 21 + 32.0 == 69.8);`

Java ist eine englischsprachige Programmiersprache. Wenn Sie nicht Ihre ganze Java-Entwicklungsumgebung sprachtechnisch umstellen wollen, verwenden Sie als Dezimalzeichen den Punkt und nicht das Komma.

Warum ist `9.0 / 5.0 * 21 + 32.0` nicht dasselbe wie `69.8`? Die Antwort ist, dass Javas arithmetische Operatoren nicht das Dezimalsystem verwenden – sie nutzen das *binäre* System. Und in der binären Arithmetik laufen die Dinge etwas anders ab als in Abbildung 6.5.

Abbildung 6.6 zeigt Ihnen, wie der Computer 189,0 durch 5 teilt. Vielleicht verstehen Sie nicht (und vielleicht wollen Sie das sogar gar nicht), wie der Computer 100101.110011001100110011 ... berechnet, aber wenn Sie nach 64 Bits oder so aufhören, lautet die Antwort nicht genau 37.8. Sie sieht vielmehr so aus: 37.800000000000004, was nicht ganz genau 37.8 ist. Und wenn Sie in einem Java-Programm fragen, ob `9.0 / 5.0 * 21 + 32.0` hundertprozentig mit `69.8` übereinstimmt, sagt der Computer eben: »Nein, das ist falsch.«

```
           100101.110011001100110011 ... etc.
    101)10111101.000000000
        101
        0111
        0101
         1001
         0101
         100 0
         010 1
            1 10
            1 01
              1000
              0101
               110
               101
              1000
```

Abbildung 6.6: Ein Problem bei der Division, das kein Ende findet

Vermeiden Sie es, double- oder float-Werte auf Gleichheit oder Ungleichheit hin miteinander zu vergleichen (indem Sie == beziehungsweise != verwenden). Auch von einem derartigen Vergleich von Strings (wie im Ausdruck "kennw0rt" == "kennw0rt") wird abgeraten.

Javas logische Operatoren verwenden

Situationen des täglichen Lebens verlangen unter Umständen lange Verkettungen von Bedingungen. Hier ein Beispiel, das ich in einem Schreiben der Abteilung des US Departments of Education für die Darlehensgewährung an Studenten gefunden habe:

> *Zinsen fallen auf täglicher Basis an und werden ab dem Tag der Auszahlung auf alle nicht subventionierten Darlehen und bei allen weiteren Auszahlungen nicht subventionierter Darlehen am oder nach dem 1. Juli 2012 und vor dem 1. Juli 2014 mit Beginn der tilgungsfreien Zeit* berechnet.*
>
> **Tilgungsfreie Zeit – Eine sechsmonatige Zeitspanne, bevor die erste Rate eines subventionierten oder eines nicht subventionierten Darlehens zur Rückzahlung ansteht. Die tilgungsfreie Zeit beginnt mit dem Tag, an dem der Student seinen Abschluss gemacht, die Universität verlassen oder sein Studium vor dem Ende der ersten Hälfte der Regelstudienzeit aufgegeben hat.*

Was bin ich froh, dass ich mich um so etwas nicht kümmern muss!

Die gute Nachricht ist, dass die Bedingungen einer App mithilfe der Operatoren &&, || und ! ausgedrückt werden können. Fangen wir am besten mit Listing 6.3 an. Hier berechnet der Code des Listings den Preis für eine Eintrittskarte ins Kino.

```java
package com.allmycode.tickets;

import javax.swing.JOptionPane;

public class Regular {

  public static void main(String[] args) {
    String ageString;
    int age;
    boolean chargeRegularPrice;

    ageString = JOptionPane.showInputDialog("Alter?");
    age = Integer.parseInt(ageString);
    chargeRegularPrice = 18 <= age && age < 65;
    JOptionPane.showMessageDialog(null,
        chargeRegularPrice, "Normaler Preis?",
        JOptionPane.INFORMATION_MESSAGE);
  }

}
```

Listing 6.3: Bezahlen Sie den normalen Preis für eine Eintrittskarte?

Abbildung 6.7 zeigt die Ausführung des Codes aus Listing 6.3, wobei hier der Wert von age (deutsch *Alter*) zunächst mit 17 angegeben wird. Abbildung 6.8 zeigt, was geschieht, wenn als Alter 18 eingegeben wird.

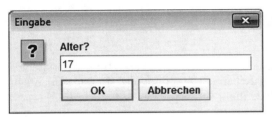
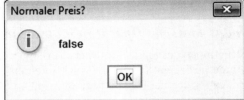

Abbildung 6.7: Ein Jugendlicher geht ins Kino.

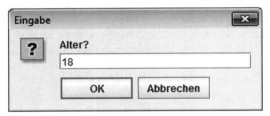
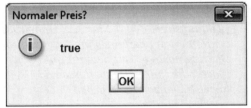

Abbildung 6.8: Wenn Sie Alkohol trinken dürfen, können Sie für eine Eintrittskarte auch den vollen Preis bezahlen.

Abbildung 6.7 und Abbildung 6.8 sehen vielleicht etwas merkwürdig aus, weil ich mich entschlossen habe, statt eines benutzerfreundlichen Textes (wie Berechnen Sie diesem Penner den vollen Preis) die Wörter true und false anzuzeigen. Dies wird sich ändern, wenn ich in Kapitel 8 die Java-Anweisung if behandle.

In Listing 6.3 ist der Wert von chargeRegularPrice abhängig von der Bedingung 18 <= age && age < 65 entweder true oder false. Der Operator && steht für eine logische *und*-Verknüpfung. Deshalb ist 18 <= age && age < 65 so lange true, wie age größer oder gleich 18 *und* age kleiner als 65 ist.

Um eine Bedingung wie 18 <= age && age < 65 zu erstellen, müssen Sie die Variable age zweimal verwenden. Sie dürfen nicht 18 <= age < 65 schreiben. Menschen könnten noch verstehen, was 18 <= age < 65 aussagen soll, Java aber nicht.

Ich warne weiter vorn in diesem Kapitel im Abschnitt *Genauigkeit* vor der Verwendung des Operators ==, wenn es darum geht, zwei double-Werte miteinander zu vergleichen. Wenn Sie double-Werte zwingend miteinander vergleichen müssen, geben Sie sich selbst etwas Spielraum. Statt fahrTemp = 69.8 zu schreiben, sollten Sie so etwas wie das hier eingeben:

(69.7779 < fahrTemp) && (fahrTemp < 69.8001)

Listing 6.3 weist noch zwei weitere interessante Neuerungen auf. Eine ist die Verwendung von `JOptionPane.showInputDialog`. Diese Methode zeigt ein Dialogfeld wie das erste in Abbildung 6.8 (und das erste in Abbildung 6.9) an. Das Dialogfeld hat ein eigenes Textfeld für eine Eingabe durch den Benutzer. Normalerweise gibt der Benutzer etwas in das Textfeld ein und drückt OK. Was auch immer ein Benutzer in das Textfeld schreibt, wird zum Wert des Aufrufs von `JOptionPane.showInputDialog`, wie Abbildung 6.9 zeigt.

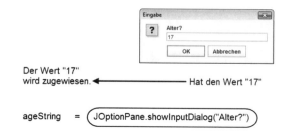

Abbildung 6.9: Ein kompletter Methodenaufruf hat einen Wert.

Beachten Sie, dass in Abbildung 6.9 der gesamte Methodenaufruf `JOptionPane.showInputDialog("Alter?")` zu einem Synonym für "17" (oder welches Alter auch immer Sie im Dialogfeld in das Textfeld eingeben) wird. Aus der Anweisung

`ageString = JOptionPane.showInputDialog("Alter?");`

wird letztendlich die Anweisung

`ageString = "17";`

Die Methode `showInputDialog` gibt immer eine Folge von Zeichen zurück, weshalb es in Listing 6.3 wichtig ist, dass ich `appString` als `String`-Typ deklariere. Das Problem liegt darin, dass eine Folge von Zeichen nicht dasselbe ist wie eine Zahl. Sie können deshalb den Operator < nicht verwenden, um "17" mit "18" zu vergleichen. Java führt mit Zeichenfolgen selbst dann keine Berechnungen durch, wenn diese Zeichenfolgen (Strings) wie Zahlen aussehen.

Bevor Sie die Benutzereingabe mit den Zahlen 18 und 65 vergleichen, müssen Sie die Eingabe des Benutzers in eine Zahl umwandeln. (Sie müssen also einen String wie "17" zum Wert 17 machen.) Zu diesem Zweck rufen Sie die Java-Methode `Integer.parseInt` auf:

✔ Der Parameter der Methode `Integer.parseInt` ist ein `String`-Wert.

✔ Der Wert eines Aufrufs von `Integer.parseInt` ist ein `int`-Wert.

Aus diesem Grund weist die Anweisung

`age = Integer.parseInt(ageString);`

der Variablen `age` einen `int`-Wert zu. Das ist auch gut so, denn im Listing ist `age` als `int`-Typ deklariert worden.

Listing 6.4 illustriert den Java-Operator ||. (Wenn Sie nicht genau wissen, wie Sie den Operator || erzeugen können, drücken Sie zweimal die Tasten [AltGr] + [<]. Dieser Operator steht für ein *logisches* Oder. Aus diesem Grund bedeutet age < 18 || 65 <= age, dass das Ergebnis true ist, so lange age kleiner als 18 *oder* größer beziehungsweise gleich 65 ist.

```
package com.allmycode.tickets;

import javax.swing.JOptionPane;

public class Discount {
  public static void main(String[] args) {
    String ageString;
    int age;
    boolean chargeDiscountPrice;

    ageString = JOptionPane.showInputDialog("Alter?");
    age = Integer.parseInt(ageString);
    chargeDiscountPrice = age < 18 || 65 <= age;
    JOptionPane.showMessageDialog(null,
        chargeDiscountPrice, "Reduzierter Preis?",
        JOptionPane.INFORMATION_MESSAGE);
  }
}
```

Listing 6.4: Den reduzierten Eintrittspreis bezahlen

Führen Sie den Code von Listing 6.4 aus, und Sie sehen Ergebnisse wie die in Abbildung 6.10 und Abbildung 6.11.

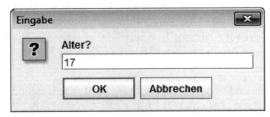 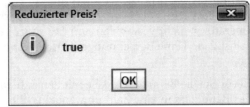

Abbildung 6.10: Schön, wieder jung zu sein.

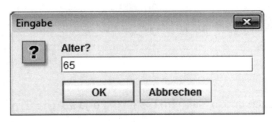 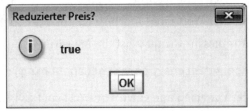

Abbildung 6.11: Und gut auch, alt zu werden.

Listing 6.5 fügt dem logischen Eintopf den Operator ! hinzu. Wenn Sie sich mit Sprachen wie Java nicht so gut auskennen, müssen Sie den Gedanken daran aufgeben, dass das Ausrufezeichen »Ja, auf jeden Fall« bedeuten könnte. Stattdessen meint der Java-Operator ! *nicht*. In Listing 6.5, in dem isSpecialShowing true oder false sein kann, bedeutet der Ausdruck !isSpecialShowing das Gegenteil von isSpecialShowing. Wenn also isSpecialShowing als Ergebnis true liefert, führt ein Aufruf von !isSpecialShowing zu false – und umgekehrt.

```java
package com.allmycode.tickets;

import javax.swing.JOptionPane;

public class Discount2 {

  public static void main(String[] args) {
    String ageString;
    int age;
    boolean chargeDiscountPrice;
    String specialShowingString;
    boolean isSpecialShowing;

    ageString = JOptionPane.showInputDialog("Alter?");
    age = Integer.parseInt(ageString);

    specialShowingString = JOptionPane.showInputDialog
        ("Sondervorstellung (true/false)?");
    isSpecialShowing =
        Boolean.parseBoolean(specialShowingString);
    chargeDiscountPrice =
        (age < 18 || 65 <= age) && !isSpecialShowing;

    JOptionPane.showMessageDialog(null,
        chargeDiscountPrice, "Reduzierter Preis?",
        JOptionPane.INFORMATION_MESSAGE);
  }

}
```

Listing 6.5: Wie sieht das mit Sondervorstellungen aus?

Führen Sie den Code aus Listing 6.5 aus, und Sie sehen Dialogfelder wie die in Abbildung 6.12 und Abbildung 6.13.

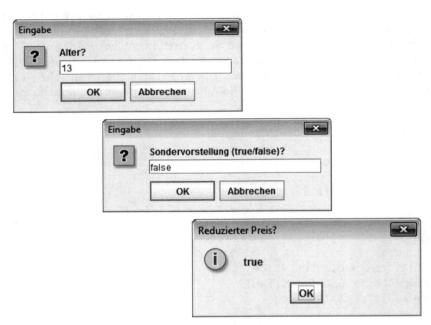

Abbildung 6.12: Ein besonderer Preis für keine besondere Vorstellung

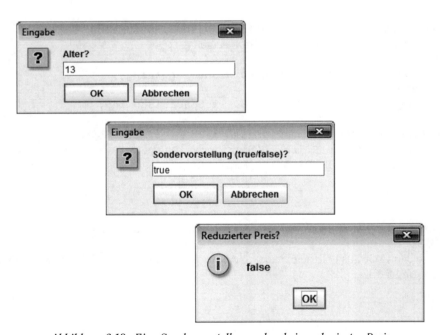

Abbildung 6.13: Eine Sondervorstellung, aber kein reduzierter Preis

Die erste Bedingung in Listing 6.5 gewährt Jugendlichen und Senioren einen reduzierten Eintrittspreis, so lange es sich nicht um eine Sondervorstellung ("special showing") handelt. Im Falle einer Sondervorstellung erhält niemand einen reduzierten Eintrittspreis.

Ich zwinge in Abbildung 6.12 und Abbildung 6.13 die Benutzer dazu, das Wort true oder false manuell (ohne Anführungszeichen) in ein Eingabefeld zu schreiben. Abbildung 6.14 zeigt wie die Antwort des Benutzers zu einem String wird, der dann in meiner Variablen specialShowingString abgelegt wird.

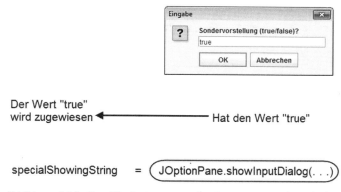

Abbildung 6.14: Das Wort »true« aus der Benutzereingabe erhalten

In der nächsten Anweisung in Listing 6.5 macht Boolean.parseBoolean mit boolean-Werten das, was Integer.parseInt mit int-Werten macht. Die Methode Boolean.parseBoolean wandelt den Wert von specialShowingString (dem String "true" oder "false") in einen ehrenhaften boolean-Wert um. Der Computer kann nun den Operator ! und gegebenenfalls die Operatoren && und || anwenden.

 Sie können jede Bedingung auf mehreren Wegen ausdrücken. Statt zum Beispiel anzahlAnKatzen != 3 auszuprobieren, können Sie auch den etwas umständlicheren Weg !(anzahlAnKatzen == 3) testen. Und anstatt meinAlter < deinAlter zu verwenden, können Sie dieselbe Antwort über deinAlter > mein Alter oder !(meinAlter > deinAlter) erhalten. Und statt a != b && c != d zu schreiben, erhalten Sie dasselbe Ergebnis mit !(a == b || c == d). (Ein Mann namens Augustus DeMorgen hat mir den letzten Trick verraten.)

Das große Klammern

Die große Bedingung in Listing 6.5 (die Bedingung (age < 18 || 65 <= age) && !isSpecialShowing) verdeutlicht die Notwendigkeit (und die Bedeutung) von runden Klammern (aber nur dann, wenn sie wirklich benötigt werden (oder wenn sie dabei helfen, den Code zu verstehen)).

Wenn Sie keine Klammern verwenden, suchen Javas Prioritätsregeln nach der Bedeutung des Ausdrucks. Sie fragen sich, ob die Zeile

`age < 18 || 65 <= age && !isSpecialShowing`

für den Ausdruck

`(age < 18 || 65 <= age)` `&& !isSpecialShowing`

oder für

`age < 18 ||` **`(65 <= age && !isSpecialShowing)`**

steht.

Der Computer kümmert sich, entsprechend den Prioritätsregeln bei der Abwesenheit von Klammern, zunächst um `&&`, bevor er `||` verarbeitet. Wenn Sie also auf Klammern verzichten, prüft der Computer zuerst `65 <= age && !isSpecialShowing`. Dann verknüpft er das Ergebnis mit einem Test der Bedingung `age < 18`. Stellen Sie sich einen 16 Jahre alten Jugendlichen vor, der am Tag einer Sondervorstellung eine Eintrittskarte für das Kino kauft. Die Bedingung `65 <= age && !isSpecialShowing` ist `false`, aber die Bedingung `age < 18` ist `true`. Da nun eine der beiden Bedingungen des Operators `||` erfüllt wird (`true` ist), ist der gesamte nicht in Klammern stehende Ausdruck `true` – was zum Leidwesen des Managements des Kinos dazu führt, dass der Sechzehnjährige seine Eintrittskarte verbilligt erwerben kann.

Manchmal können Sie sich Javas Prioritätsregeln auch zunutze machen und in einem Ausdruck auf die Klammern verzichten. Dabei stehe ich aber vor einem Problem: Ich habe keine Lust, Prioritätsregeln auswendig zu lernen, und wenn ich die Online-Dokumentation für die Beschreibung der Programmiersprache Java unter docs.oracle.com/javase/specs/jls/se5.0/html/j3TOC.html besuche, habe ich kein Interesse daran, erst einmal herauszufinden, welche Regeln zu einer bestimmten Bedingung gehören.

Wenn ich einen Ausdruck wie den in Listing 6.5 erstelle, verwende ich so gut wie immer Klammern. Im Allgemeinen gilt, dass ich auf jeden Fall die runden Klammern einsetze, wenn ich Zweifel daran habe, wie sich der Computer ohne Klammern verhalten wird. Außerdem bin ich der Überzeugung, dass Klammern das Lesen des Codes erleichtern.

Manchmal, wenn ich mir nicht ganz sicher bin, schreibe ich ein kleines Java-Programm, um die Prioritätsregeln zu testen. So führe ich zum Beispiel Listing 6.5 ohne und mit den Klammern für Bedingungen aus. Ich schicke dann einen Sechzehnjährigen zu einer Sondervorstellung ins Kino, um herauszufinden, ob er die Eintrittskarte zu einem reduzierten Preis erhält. Dieses kleine Experiment zeigt mir dann, dass Klammern nicht optional sind.

Obwohl es hier um Methode geht, spielt auch Wahnsinn eine Rolle

In diesem Kapitel

- Geeignete Java-Typen
- Methoden sinnvoll aufrufen
- Parameter von Methoden verstehen

Ich vergleiche in Kapitel 5 die Deklaration einer Methode mit einem Rezept für Rühreier. In diesem Kapitel berechne ich die Steuern und das Trinkgeld für ein Essen im Restaurant. Und in Kapitel 9 vergleiche ich eine Java-Klasse mit dem Warenbestand eines Käsegeschäfts. Diese Vergleiche sind nicht so weit hergeholt, wie es auf den ersten Blick aussieht. Die Deklaration einer Methode hat viel mit einem Rezept gemeinsam und eine Java-Klasse hat viel Ähnlichkeit mit einer leeren Inventurliste. Aber statt an Methoden, Rezepte und Java-Klassen zu denken, lesen Sie vielleicht zwischen den Zeilen. Möglicherweise wundern Sie sich darüber, dass der Autor so viele Metaphern aus dem Bereich der Lebensmittel verwendet.

Der Grund dafür, dass ich mich so viel mit Lebensmitteln beschäftige, hat mit der Gegenwart zu tun. Wie das viele Männer meines Alters zu hören bekommen, soll ich etwas für meine Gesundheit tun und ein paar Kilo verlieren, regelmäßig Sport treiben und Möglichkeiten finden, den alltäglichen Stress zu reduzieren. (So habe ich zum Beispiel mit meinem Lektor bei Wiley gesprochen und dargelegt, dass der Stress eines Abgabetermins für mein Buch meiner Gesundheit alles andere als förderlich ist, traf dort aber in dieser Angelegenheit auf taube Ohren. Ich schätze, man glaubte mir – aus welchen Gründen auch immer – nicht so richtig.)

Zusätzlich muss ich mich gesund ernähren und eine Diät einhalten: keine Schokolade, keine Cheeseburger, keine Pizza, kein fettes Essen, nichts Tiefgefrorenes, keine kleinen süßen Häppchen zwischendurch und nichts mehr von dem, was ich normalerweise esse. Stattdessen soll ich kleine Portionen Gemüse, Kohlehydrate und Eiweißhaltiges zu mir nehmen, und das auch noch zu festgelegten Tageszeiten. Hört sich toll an, nicht wahr?

Ich habe mich ernsthaft bemüht. Ich habe mich zwei Wochen lang an diesen Plan gehalten. Mein Eindruck von meiner Gesundheit und meinem Gewichtsverlust wurde immer besser. Ich war kaum hungrig. (Damit meine ich, dass ich nicht vor Hunger gestorben bin, aber gestern hatte ich kurz eine Halluzination und glaubte, dass die Tastatur meines Computers eine riesige Tafel Schokolade von Hersheys sei. Und heute Morgen wollte ich an den Möbeln meines Büros herumknabbern. Wenn ich damit anfange, meine Maus zu schälen, höre ich mit dem Schreiben auf und genehmige mir einen Happen zwischendurch.)

So oder so, aber die Arena der Feinschmecker stellt für die objektorientierte Programmierung viele gute Vergleichsbilder zur Verfügung. Die Deklaration einer Methode ist nun einmal wie ein Rezept. Eine Deklaration macht eigentlich nichts und wartet still und leise darauf, ausgeführt zu werden. Wenn Sie eine Deklaration erstellen, die dann niemand aufruft, ist sie wie ein Rezept für einen Eintopf, den niemand kocht.

Andererseits handelt es sich bei einem *Methodenaufruf* um die Aufforderung, etwas zu tun – den Befehl, dem Rezept der Deklaration zu folgen. Wenn Sie eine Methode aufrufen, erwacht die Deklaration der Methode und folgt den Anweisungen im Körper der Deklaration.

Zusätzlich kann der Aufruf einer Methode Parameter enthalten. Sie rufen

`JOptionPane.showMessageDialog (null, ticketPrice)`

mit den Parametern `null` und `ticketPrice` auf. Der erste Parameter, `null`, sagt dem Computer, dass das Dialogfeld kein Bestandteil eines vorhandenen Fensters ist. Der zweite Parameter, `ticketPrice`, erklärt dem Computer, was im Dialogfeld angezeigt werden soll. In der Welt der Lebensmittel rufen Sie vielleicht `hackbraten(6)` auf, was »Folgen Sie dem Rezept für Hackbraten und kochen Sie für sechs Personen« bedeuten kann.

Eine Methode hat zwei Seiten: Bei der ersten handelt es sich um die Deklaration, während die zweite aus Anweisungen besteht, die Aufrufe an die Methode absetzen.

Sorgfältig schreiben

Eine Heimwerkerweisheit sagt so etwas Ähnliches wie: »Ein quadratischer Dübel hält in keinem runden Loch.« Diese Weisheit geht in der Java-Programmierung noch einen Schritt weiter: »Sie machen, wie alle Programmierer, manchmal einen Fehler und versuchen, quadratische Dübel an ein rundes Loch anzupassen. Das Eingabesystem von Java warnt Sie vor diesem Fehler und verhindert, dass der fehlerhafte Code ausgeführt wird.«

Hier ein Beispiel, das Dübel und Löcher aufzeigt: Die letzte Volkszählung in den USA hat ergeben, dass es im Jahr 2000 in jeder Familie durchschnittlich 0,9 Kinder gegeben hat. Mitte 2000 hatte die Familie Duffar (aus der gleichnamigen Telenovela) bereits 12 Kinder. Aber unabhängig davon ist die durchschnittliche Anzahl an Kindern pro Familie in einer Volkszählung immer ein `double`-Wert, während die Zahl der Kinder, die eine bestimmte Familie hat, aus einem `int`-Wert (einem ganzzahligen Wert) besteht.

Ich versuche in Abbildung 7.1 zu berechnen, um wie viel die Familie Duggar vom nationalen Durchschnitt abweicht. Ich zeige Ihnen keine laufende Anwendung, weil das Programm nicht funktioniert. Es ist fehlerhaft. Es ist eine beschädigte Lieferung. Oder wie Cousin Jeff sagen würde: »Dieses Programm ist wie eine rauschende Feier auf einem lecken Floß auf einem schlammigen Fluss.«

Der Code in Abbildung 7.1 hat mit zwei Arten von Wertetypen zu tun – `double`-Werten (in der Variablen `averageNumberOfKids`) und `int`-Werten (in der Variablen `numberOfDuggarKids`). Sie könnten dazu neigen, `1` einzugeben, wenn der Computer Sie nach der durchschnittlichen Zahl von Kindern pro Familie (im originalen Code `Average kids per family`) fragt. Aber der Wert, der in der Variablen `averageNumberOfKids` gespeichert wird, ist vom Typ `double`. Auch eine Eingabe wie `1` oder `1.0` hindert den Computer nicht daran, die Eingabe in der Variablen `averageNumberOfKids` als `double` zu speichern.

7 ➤ Obwohl es hier um Methode geht, spielt auch Wahnsinn eine Rolle

```
 Kids.java ⊠
  1  package com.allmycode.stats;
  2
  3  import javax.swing.JOptionPane;
  4
  5  public class Kids {
  6
  7      public static void main(String[] args) {
  8          String averageKidsString = JOptionPane
  9              .showInputDialog("Average kids per family?");
 10          double averageNumberOfKids = Double
 11              .parseDouble(averageKidsString);
 12
 13          int numberOfDuggarKids = 12;
 14          double difference;
 15
 16          difference = numberOfDuggarKids - averageNumberOfKids;
 17
 18          int anotherDifference;
 19          // This program can't be compiled because of
 20          // the following line of code:
 21          anotherDifference = numberOfDuggarKids - averageNumberOfKids
 22                                                   ┌─ Type mismatch: cannot convert from double to int
 23          JOptionPane.showMessageDialog(null, diffe │ 2 quick fixes available:
 24          JOptionPane.showMessageDialog(null, anoth │  Add cast to 'int'
 25      }                                            │  Change type of 'anotherDifference' to 'double'
 26  }                                                │                          Press 'F2' for focus
 27 }
```

Abbildung 7.1: Schreiben, damit ein Dübel in ein Loch passt

Bei dem Ausdruck numberOfDuggarKids - averageNumberOfKids handelt es sich um ein int, von dem ein double abgezogen wird. Dies sorgt dafür, dass (entsprechend meinem weisen Ratschlag in Kapitel 6) aus numberOfDuggarKids - averageNumberOfKids der Typ double wird. Wenn Sie nun bei der Frage nach der durchschnittlichen Anzahl an Kindern pro Familie 1 eingeben, führt numberOfDuggarKids - averageNumberOfKids zu 11.0, und das ist fast dasselbe wie der int-Wert 11. Aber Java mag »fast dasselbe wie« überhaupt nicht.

Denken Sie daran, dass Java amerikanischen Ursprungs ist und damit in der nicht lokalisierten Standardversion bei der Eingabe von Zahlen den Punkt als Dezimalzeichen verwendet.

Die strengen Regeln für das Schreiben von Java-Programmen besagen, dass Sie einer int-Variablen (wie anotherDifference) keine double-Werte (wie 11.0) zuweisen können. Sie verlieren nichts an Genauigkeit, wenn Sie die 0 von 11.0 abschneiden. Aber wenn es rechts vom Dezimalzeichen Ziffern gibt (und sei es nur eine 0), lässt es Java nicht zu, einen double-Wert in eine int-Variable zu stecken. Jetzt wissen Sie, warum Sie bei der Frage nach einem Durchschnittswert keine Ganzzahl wie 1, sondern gleich den echten Wert (wie zum Beispiel 0.9) eingeben sollen. Damit stehen Sie in unserem Beispiel natürlich nun vor dem unlösbaren Problem, in einer int-Variablen 11.1 unterbringen zu müssen.

Sie können in solch einer Situation versuchen, Java davon zu überzeugen, dass alles in Ordnung ist, indem Sie eine der guten alten Zuweisungsanweisungen wie diese hier verwenden:

```
double averageNumberOfKids;
averageNumberOfKids = 1;
```

Wenn Sie das machen, sind Sie gezwungen, am Java-Code weitere Änderungen vorzunehmen, damit `numberOfDuggarKids - averageNumberOfKids` einen anderen Wert als `11.0` annehmen kann. Aber unabhängig davon mag Java Zuweisungen wie `11.0` zur int-Variablen `anotherDifference` ebenfalls nicht. Und auch die folgende Anweisung ist nicht zulässig:

```
anotherDifference = numberOfDuggarKids - averageNumberOfKids;
```

Wenn Sie in Ihrem Java-Code Zahlen (wie `1` im vorherigen Absatz oder die Zahl `12` in Abbildung 7.1) aufnehmen, nehmen Sie eine *harte Codierung* der Werte vor. In diesem Buch führt meine großzügige Verwendung von harten Codierungen dazu, dass die Beispiele einfach und (was noch wichtiger ist) anschaulicher werden. Aber in echten Anwendungen sind harte Codierungen generell keine gute Idee. Wenn Sie einen Wert hart codieren, lässt er sich nur noch schwer ändern. Letztendlich sieht der einzige Weg, einen hart codierten Wert zu ändern, so aus, dass Sie am Code herumbasteln müssen, und jeder Code kann (unabhängig davon, ob es sich dabei um Java oder eine andere Sprache handelt) beschädigt werden. Es ist viel sicherer, Werte über ein Dialogfeld einzugeben (oder sie von einer Festplatte oder SD-Karte einzulesen), als ein Stückchen Code anpassen zu müssen. Denken Sie immer an das, was ich sage, und nicht an das, was ich mache. Vermeiden Sie in Ihren Programmen hart codierte Werte.

Erweitern ist gut; Einschränken ist schlecht

Java hindert Sie daran, Zuweisungen vorzunehmen, die möglicherweise einen Wert einschränken könnten (siehe Abbildung 7.2). Wenn es zum Beispiel die Deklarationen

```
int numberOfDuggarKids = 12;
long lotsAndLotsOfKids;
```

gibt, ist der folgende Versuch, einen long-Wert auf einen int-Wert einzuschränken, nicht zulässig:

```
numberOfDuggarKids = lotsAndLotsOfKids; //Geht nicht!
```

Ein Versuch, einem int-Wert auf einen long-Wert zu erweitern, ist eine gute Sache:

```
lotsAndLotsOfKids = numberOfDuggarKids;
```

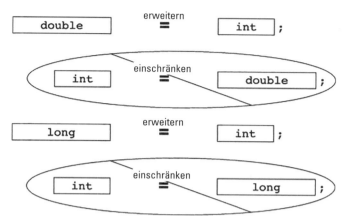

Abbildung 7.2: Erweitern und einschränken

Wenn Sie sich noch einmal mit Abbildung 7.1 beschäftigen, fällt Ihnen vielleicht auf, dass ich einem double-Wert einen int-Wert zuweise und dabei keine Probleme habe:

```
double difference;
difference = numberOfDuggarKids - averageNumberOfKids;
```

Die Zuweisung eines int-Werts zu einem double-Wert ist zulässig, weil es sich dabei um ein Beispiel für eine Erweiterung handelt.

Inkompatible Typen

Neben technischen Begriffen wie Erweitern und Einschränken gibt es noch die gute, alte Inkompatibilität. Sie verhindert, dass der Versuch Erfolg hat, zwei Elemente, die nichts gemeinsam haben, zueinander passend zu machen. Dieser Versuch wird leider immer wieder unternommen, obwohl keine Hoffnung besteht, dass das eine irrtümlich für das andere gehalten werden könnte. Es ist nicht möglich, einem boolean-Wert einen int-Wert oder einem int-Wert einen boolean-Wert zuzuweisen:

```
int numberOfDuggarKids;
boolean isLarge;
numberOfDuggarKids = isLarge; //Geht nicht!
isLarge = numberOfDuggarKids; //Geht nicht!
```

Keine dieser Zuweisungen lässt sich realisieren, weil boolean-Werte nicht numerisch sind. Aus diesem Grund macht eben keine dieser Zuweisungen Sinn.

Java ist eine stark typisierte Programmiersprache. Sie lässt es nicht zu, dass Sie Zuweisungen vornehmen, die zu einem Verlust an Genauigkeit führen oder in Sinnlosigkeit enden.

Einen Hammer einsetzen, damit ein Dübel in ein Loch passt

In einigen Situationen können Sie Javas Verbot der Einschränkung umgehen, indem Sie einen Wert *umwandeln*, was *casten* genannt wird. (In Java wird zur *expliziten Typenumwandlung* gerne auch *Casting* gesagt.) Sie können zum Beispiel die long-Variable lotsAndLotsOfKids *(ganzVieleKinder)* anlegen und die Zuweisung numberOfDuggarKids = (int) lotsAndLotsOfKids so vornehmen, wie es Listing 7.1 zeigt.

```
package com.allmycode.stats;
import javax.swing.JOptionPane;

public class MoreKids {

  public static void main(String[] args) {
    long lotsAndLotsOfKids = 2147483647;
    int numberOfDuggarKids;

    numberOfDuggarKids = (int) lotsAndLotsOfKids;
    JOptionPane.showMessageDialog (null, numberOfDuggarKids);
  }

}
```

Listing 7.1: Typenumwandlung

Der Typenname (int) in den Klammern ist ein *Umwandlungsoperator*. Er sagt dem Computer, dass Sie sich über die möglichen Fallstricke im Klaren sind, die das Ablegen eines long-Wertes in einer int-Variablen mit sich bringen kann.

Wenn Sie den Code in Listing 7.1 ausführen wollen, kann der Wert von lotsAndLotsOfKids zwischen -2147483648 und 2147483647 liegen. Wenn Sie dies beherzigen, funktioniert die Zuweisung numberOfDuggarKids = (int) lotsAndLotsOfKids fehlerfrei. (**Denken Sie daran:** Der Wertebereich eines int-Wertes reicht von -2147483648 bis 2147483647. Ich verweise hier auf Tabelle 6.1.)

Wenn der Wert von lotsAndLotsOfKids außerhalb dieses Wertebereichs liegt, schlägt die Zuweisung in Listing 7.1 fehl. Wenn ich diesen Code mit der Initialisierung

```
long lotsAndLotsOfKids = 2098797070970970956L;
```

ablaufen lasse, wird der Wert von numberOfDuggarKids zu −287644852 (einer negativen Zahl!).

Wenn Sie einen anderen Umwandlungsoperator verwenden, teilen Sie dem Computer mit: »Ich weiß genau, was ich mache und dass das riskant ist.« Und wenn Sie dann doch nicht so genau wissen, was Sie da machen, erhalten Sie eben die falschen Antworten. So ist es nun einmal im Leben.

Eine Methode aufrufen

Nachdem ich im letzten Abschnitt ziemlich viel Wirbel um die Sicherheit von Typenzuweisungen gemacht habe, sollte ich den gleichen Aufwand für die Sicherheit von Typen bei Methodenaufrufen betreiben. Zu einem Aufruf einer Methode gehören Werte, die ein Zwei-Wege-System bilden: einer vom Aufruf zur ausgeführten Methode und einer von der laufenden Methode zurück zum Aufruf. Hier die entsprechenden Einzelheiten:

✔ **Bei einem Methodenaufruf hat jeder Parameter einen Wert. Der Computer sendet diesen Wert an einen der Parameter der Deklaration.**

Bei einem Methodenaufruf hat jeder Parameter einen Typ. Die Typen der Parameter in der Deklaration der Methode müssen mit den Parametertypen des Methodenaufrufs übereinstimmen.

✔ **Die Deklaration einer Methode kann eine return-Anweisung enthalten und die return-Anweisung kann einen bestimmten Wert berechnen. In solch einem Fall gibt der Computer diesen Wert an die gesamte Methode zurück.**

Bei einem *Return-* oder *Rückgabetyp* einer Methode handelt es sich um den Typ des Wertes, der von der return-Anweisung berechnet wird. Der Rückgabetyp ist also der Typ des Wertes des Methodenaufrufs.

Um dieses Konzept mit ein wenig Leben zu füllen, schauen Sie sich einmal Listing 7.2 an.

```
package com.allmycode.money;
import java.text.NumberFormat;
import javax.swing.JOptionPane;

public class Mortgage {

  public static void main(String[] args) {
    double principal = 100000.00, ratePercent = 5.25;
    double payment;
    int years = 30;
    String paymentString;

    payment = monthlyPayment(principal, ratePercent, years);
```

```
    NumberFormat currency = NumberFormat.getCurrencyInstance();
    paymentString = currency.format(payment);
    JOptionPane.showMessageDialog(null,
        paymentString, "Monatliche Zahlung",
        JOptionPane.INFORMATION_MESSAGE);

}

static double monthlyPayment
 (double pPrincipal, double pRatePercent, int pYears) {

    double rate, effectiveAnnualRate;
    int paymentsPerYear = 12, numberOfPayments;
    rate = pRatePercent / 100.00;
    numberOfPayments = paymentsPerYear * pYears;
    effectiveAnnualRate = rate / paymentsPerYear;
    return pPrincipal * (effectiveAnnualRate /
        (1 - Math.pow(1 + effectiveAnnualRate,
          -numberOfPayments)));
}

}
```

Listing 7.2: Parameter- und Rückgabetypen

Auch hier habe ich, um das Beispiel einfach zu halten, die Werte der Variablen `principal`, `ratePercent` und `years` fest vorgegeben, wodurch mit Listing 7.2 nur eine vordefinierte Berechnung durchgeführt werden kann. In einer echten Anwendung sollten Sie die Benutzer auffordern, in die Variablen eigene Werte einzugeben.

Abbildung 7.3 zeigt, was der Code aus Listing 7.2 ausgibt, wenn er ausgeführt wird.

Abbildung 7.3: Zahlen und weinen Sie.

7 ➤ Obwohl es hier um Methode geht, spielt auch Wahnsinn eine Rolle

Ich habe in Listing 7.2 die Parameter principal und pPrincipal, ratePercent und pRatePercent und years und pYears gewählt. Ich verwende den Buchstaben p, um den Parameter einer Deklaration vom Parameter eines Aufrufs zu unterscheiden. Ich mache dies, um zu verdeutlichen, dass die Namen eines Aufrufs nicht mit den Namen in der Deklaration übereinstimmen müssen. Tatsächlich sind bei dieser Aufrufs-/Deklarationsnamensgebung sogar viele Variationen möglich, die allesamt gültig sind. So können Sie zum Beispiel im Aufruf und in der Deklaration auch dieselben Namen verwenden;

```
payment = monthlyPayment(principal, ratePercent, years);
```

```
static double monthlyPayment
    (double principal, double ratePercent, int years) {
```

Sie können im Aufruf auch Ausdrücke verwenden, bei denen es sich nicht um eindeutige Variablennamen handelt:

```
payment = monthlyPayment(amount + fees, rate * 100, 30);
```

```
static double monthlyPayment
    (double pPrincipal, double pRatePercent, int pYears) {
```

Wenn Sie eine der Methoden der Java-API aufrufen, kennen Sie nur in den seltensten Fällen die Namen der Parameter, die in der Deklaration der Methode verwendet werden. Aber darüber müssen Sie sich keine Gedanken machen. Das Einzige, was von Bedeutung ist, sind die Positionen der Parameter in der Liste und die Kompatibilität dieser Parameter:

✔ **Der Wert des äußerst linken Parameters wird zum Wert des äußerst linken Parameters der Deklaration, und zwar unabhängig davon, welchen Namen dieser Parameter hat.**

Natürlich müssen die Typen dieser beiden Parameter kompatibel sein.

✔ **Der Wert des zweiten Parameters des Aufrufs wird zum Wert des zweiten Parameters der Deklaration, und zwar unabhängig davon, welchen Namen dieser zweite Parameter hat.**

Und so weiter.

Echte Java-Entwickler beginnen die Namen von Variablen und Methoden mit Kleinbuchstaben. Sie können diese Übereinkunft ignorieren und Methoden erstellen, die beispielsweise MonatlicheZahlung oder MONATLICHE_ZAHLUNG heißen. Aber vielen Entwicklern werden sich die Nackenhaare sträuben, wenn sie solch einen Code lesen.

Parameter von Methoden und Java-Typen

Listing 7.2 enthält sowohl die Deklaration als auch einen Aufruf der Methode `monthlyPayment`. Abbildung 7.4 stellt dar, wie die Typen bei diesen beiden Teilen des Programms übereinstimmen.

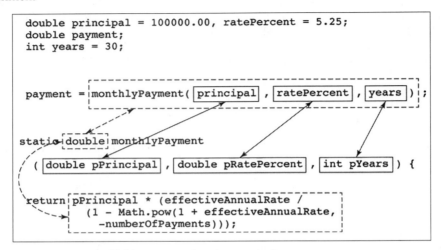

Abbildung 7.4: Jeder Wert passt wie angegossen.

Wie Abbildung 7.4 zeigt, hat der Aufruf der Methode `monthlyPayment` drei Parameter, und im Kopfbereich der Deklaration von `monthlyPayment` gibt es ebenfalls drei Parameter. Die drei Parameter des Aufrufs haben die Typen `double`, `double` und `int`. Natürlich haben auch die Parameter der Deklaration die Typen `double`, `double` und `int`.

Ich weise weiter vorn in diesem Kapitel im Abschnitt *Sorgfältig schreiben* darauf hin, dass ein Parameter eines Methodenaufrufs und ein Parameter der entsprechenden Deklaration nicht hundertprozentig übereinstimmen müssen. Sie können sich hier die Erweiterung zunutze machen. So wäre es zum Beispiel auch in Ordnung, wenn Sie Listing 7.2 den folgenden Aufruf hinzufügten:

`payment = monthlyPayment(`**`100000`**`, `**`5`**`, years);`

Sie können einen `int`-Wert (wie `100000`) an den Parameter `pPrincipal` übergeben, weil dieser Parameter vom Typ `double` ist. Java erweitert die Werte `100000` und `5` zu `100000.0` und `5.0`. Denken Sie aber daran, dass Java Werte niemals einschränkt. Der folgende Aufruf sorgt im Editor von Eclipse für einen dicken roten Farbfleck:

`payment = monthlyPayment(principal, ratePercent, `**`30.0`**`);`

Sie können nun einmal keinen double-Wert (wie `30.0`) in den Parameter `pYears` stopfen, weil dieser Parameter vom Typ `int` ist.

In der Deklaration einer Methode hat jeder Parameter die Form

`nameDesTyps nameDerVariable`.

So handelt es sich zum Beispiel in der Deklaration, die mit `static double monthlyPayment(double pPrincipal` beginnt, bei dem Wort `double` um einen *nameDesTyps*, und das Wort `pPrincipal` ist ein *nameDerVariable*. Demgegenüber ist in einem Methodenaufruf jeder Parameter ein Ausdruck, der einen bestimmten Wert hat. In der Methode `main` von Listing 7.2 enthält der Aufruf `monthlyPayment(principal, ratePercent, years)` drei Parameter: `principal`, `ratePercent` und `years`. Jeder dieser Parameter hat einen Wert. Deshalb ist der Aufruf `monthlyPayment(principal, ratePercent, years)` durch die Initialisierung in der Methode `main` im Wesentlichen identisch mit einem Aufruf wie `monthlyPayment(100000.00, 5.25, 30)`. Es ist tatsächlich so, dass `monthlyPayment(100000.00, 5.25, 30)` oder `monthlyPayment(10 * 1000.00, 5 + 0.25, 30)` in Java gültig sind. Bei den Parametern eines Methodenaufrufs kann es sich um einen beliebigen Ausdruck handeln. Die einzige Bedingung ist, dass die Ausdrücke im Aufruf aus Typen bestehen, die zu den entsprechenden Parametern in der Deklaration der Methode kompatibel sind.

Rückgabetypen

Die Kopfzeile einer Methodendeklaration sieht normalerweise so aus:

einigeWörter rückgabeTypen methodenName(parameter) {

So enthält zum Beispiel Listing 7.2 die Deklaration einer Methode, die diese Kopfzeile hat:

`static` **`double`** `monthlyPayment`
    `(double pPrincipal, double pRatePercent, int pYears)`

In dieser Kopfzeile ist *rückgabeTyp* `double`, *methodenName* ist `monthlyPayment` und die *parameter* sind `double pPrincipal`, `double pRatePercent` und `int pYears`.

Die Parameterliste der Deklaration einer Methode unterscheidet sich von der Parameterliste des Methodenaufrufs. Die Parameterliste der Deklaration enthält die Namen aller Parametertypen. Im Gegensatz dazu gibt es in der Parameterliste des Aufrufs keine Namen.

Der vollständige Aufruf einer Methode kann einen Wert enthalten, und der *rückgabeTyp* sagt dem Computer, von welchem Typ dieser Wert ist. In Listing 7.2 ist der *rückgabeTyp* `double`, weshalb der Aufruf

`monthlyPayment(principal, ratePercent, years)`

einen Wert vom Typ `double` enthält. (Siehe hierzu auch Abbildung 7.4.)

Ich habe in Listing 7.2 die Werte von principal, ratePercent und years hart codiert. Wenn Sie also Listing 7.2 ausführen, ist der Wert des Methodenaufrufs monthlyPayment immer 552,20. Der Wert des Aufrufs besteht aus dem, was hinter dem Wort return folgt, wenn die Methode ausgeführt wird. Und in Listing 7.2 ergibt die Ausführung von

pPrincipal * (effectiveAnnualRate /
  (1 − Math.pow(1 + effectiveAnnualRate, −numberOfPayments)))

immer 552,20. Außerdem ist, um beim Thema Typensicherheit zu bleiben, der Ausdruck hinter dem Wort return vom Typ double.

Nur Buchautoren und schlechte Programmierer codieren Werte wie principal, ratePercent und years hart. Ich habe dies getan, um das Beispiel so einfach wie möglich zu halten. Normalerweise sollten Werte wie diese Teil der Importe des Programms sein, damit sich die Werte von einer Programmausführung zur nächsten ändern können.

Die große Leere

Eine Methode, die eine monatliche Hypothekenzahlung berechnet, gibt natürlich einen Wert zurück. Aber die Methode main eines Java-Programms oder die (ohne eine Eingabe durch Benutzer funktionierende) Java-eigene Methode showMessageDialog hat kaum einen Grund, einen Wert zurückzugeben.

Wenn eine Methode keinen Wert zurückgibt, existiert im Körper der Methode auch keine return-Anweisung. Stattdessen enthält die Kopfzeile der Methodendeklaration das Wort void (was auf Deutsch *Leerstelle*, *Leere* oder *Lücke* bedeutet). Die Methode main eines Programms gibt keinen Wert zurück. Wenn Sie also eine main-Methode erstellen, schreiben Sie:

public static **void** main(String args[]) {

Um bis zur Schmerzgrenze genau zu sein: Sie können auch in einer Methode, die keinen Wert zurückgibt, eine return-Anweisung unterbringen. Wenn Sie das machen, hat die return-Anweisung keinen Ausdruck. Es gibt dann nur das Wort return, dem ein Semikolon folgt. Wenn der Computer diese return-Anweisung ausführt, beendet er den Ablauf der Methode und kehrt zu dem Code zurück, der die Methode aufgerufen hat. Diese selten verwendete Form der return-Anweisung ist in Situationen gut, in denen Sie die Ausführung einer Methode beenden wollen, bevor die letzte Anweisung in der Deklaration der Methode erreicht worden ist.

7 ➤ Obwohl es hier um Methode geht, spielt auch Wahnsinn eine Rolle

Zahlen anzeigen

Hier ein paar Zeilen, die es (nicht zusammenhängend) in Listing 7.2 gibt:

```
import java.text.NumberFormat;

NumberFormat currency = NumberFormat.getCurrencyInstance();
paymentString = currency.format(payment);
```

Zusammengenommen zeigen diese Anweisungen, wie leicht es ist, Zahlen mit lokalen Währungsformatierungen zu versehen. Ich erhalte auf vielen Computern beim Aufruf von `get-CurrencyInstance()` ohne Parameter eine Zahl (wie 552,20), die für die Währung in Deutschland formatiert worden ist (wie Abbildung 7.3 zeigt). Aber wenn Ihr Computer so eingerichtet wird, dass er glaubt, in den USA zu laufen, erhalten Sie ein Meldungsfeld wie das in Abbildung 7.5.

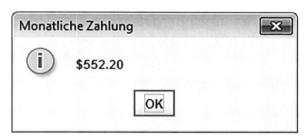

Abbildung 7.5: Das Symbol des US-Dollars wird angezeigt.

Ein Land, seine Sprache oder eine Variation davon wird *Gebietsschema* genannt. Und indem Sie dem Aufruf `getCurrencyInstance` einen Parameter hinzufügen, sind Sie in der Lage, eine Formatierung für ein anderes als das eigene Gebietsschema vorzunehmen. (Ein Gebietsschema heißt auf Englisch *Locale*, und das ist dann gleichzeitig auch die Bezeichnung des entsprechenden Parameters.) Indem Sie zum Beispiel

```
NumberFormat.getCurrencyInstance(Locale.GERMANY)
```

aufrufen, erhält jeder in jedem Land dieser Erde ein Dialogfeld mit dem Währungssymbol, das Abbildung 7.3 zeigt.

Wenn es um verfügbare Gebietsschemata geht, steht das standardmäßige Oracle-Java etwas besser da als Android-Java. So funktioniert der Trick mit `Locale.GERMANY` zwar sowohl mit Standard-Java als auch mit Android-Java, aber einige Variationen der Sprache Thai verwenden eigene Symbole für Ziffern (siehe Abbildung 7.6). Um eine Zahl aus Thai-Ziffern zu bilden, benötigen Sie

```
NumberFormat.getCurrencyInstance(new Locale("th", "TH", "TH"))
```

Abbildung 7.6: Thai-Ziffernsymbole

Diese Art von »Gebietsschema« funktioniert nur in Standard-Java.

Überladen von Methoden durch aufgeblasene Software

Kapitel 5 führt Sie in das Überladen von Methoden ein. Aber dieses Kapitel zeigt Ihnen kein vollständiges Beispiel für das Überladen von Methoden. Listing 7.3 bringt dies in Ordnung.

```
package com.allmycode.money;

import java.text.NumberFormat;
import javax.swing.JOptionPane;

public class Mortgage {

  public static void main(String[] args) {
    double principal = 100000.00, ratePercent = 5.25;
    double payment;
    int years = 30;
    String paymentString;
    NumberFormat currency = NumberFormat.getCurrencyInstance();

    payment =
        monthlyPayment(principal, ratePercent, years);
    paymentString = currency.format(payment);
    JOptionPane.showMessageDialog(null,
        paymentString, "Monatliche Zahlung",
        JOptionPane.INFORMATION_MESSAGE);

    ratePercent = 3.0;
    payment = monthlyPayment(principal, ratePercent);
    paymentString = currency.format(payment);
```

7 ▶ Obwohl es hier um Methode geht, spielt auch Wahnsinn eine Rolle

```java
      JOptionPane.showMessageDialog(null,
          paymentString, " Monatliche Zahlung ",
          JOptionPane.INFORMATION_MESSAGE);

      payment = monthlyPayment();
      paymentString = currency.format(payment);
      JOptionPane.showMessageDialog(null,
          paymentString, " Monatliche Zahlung ",
          JOptionPane.INFORMATION_MESSAGE);

   }

   static double monthlyPayment
    (double pPrincipal, double pRatePercent,
        int pYears) {

     double rate, effectiveAnnualRate;
     int paymentsPerYear = 12, numberOfPayments;
     rate = pRatePercent / 100.00;
     numberOfPayments = paymentsPerYear * pYears;
     effectiveAnnualRate = rate / paymentsPerYear;
     return pPrincipal * (effectiveAnnualRate /
             (1 - Math.pow(1 + effectiveAnnualRate,
                -numberOfPayments)));
   }

   static double monthlyPayment
    (double pPrincipal, double pRatePercent) {

      return monthlyPayment(pPrincipal, pRatePercent, 30);
   }

   static double monthlyPayment() {
      return 0.0;
   }
}
```

Listing 7.3: Sättigend, aber nicht fett (ich bin eben immer noch hungrig)

Abbildung 7.7 zeigt die drei Dialogfelder, die Sie sehen, wenn Sie den Code aus Listing 7.3 ausführen.

Abbildung 7.7: Den Code aus Listing 7.3 ausführen

Die Methode monthlyPayment hat in Listing 7.3 drei Deklarationen, die alle über eine eigene Parameterliste verfügen, Jede dieser Parameterlisten stellt ein anderes Bündel an Typen dar. Der Name monthlyPayment ist als Name einer Methode *überladen*.

✔ **Die erste Deklaration monthlyPayment ist eine Kopie der Deklaration aus Listing 7.2.**

Wenn Sie die erste Deklaration aufrufen, sorgen Sie dafür, dass drei Parameter Werte erhalten: zwei double-Werte und ein int-Wert:

```
monthlyPayment(principal, ratePercent, years)
```

✔ **Die zweite monthlyPayment-Deklaration hat nur zwei Parameter.**

Wenn Sie die zweite Deklaration aufrufen, weisen Sie nur zwei double-Parametern Werte zu:

```
monthlyPayment(principal, ratePercent)
```

Wenn der Computer auf diesen Aufruf von monthlyPayment mit zwei double-Parametern trifft, führt er die monthlyPayment-Deklaration aus, die ebenfalls zwei double-Parameter hat. (Siehe Listing 7.3.) Diese automatische Wahl der Methodendeklaration ist es, die zu einer Überladung führt.

Beachten Sie den Trick, auf den ich im Körper der aus zwei Parametern bestehenden Deklaration monthlyPayment zurückgreife. Um diese Deklaration zu erstellen, konnte ich nicht einfach die aus drei Parametern bestehende monthlyPayment-Deklaration kopieren.

```
// (Fügen Sie hier ein Räuspern ein.) Dieses
// Kopieren von Code ist wirklich keine gute Idee.
static double monthlyPayment
  (double pPrincipal, double pRatePercent) {
   double rate, effectiveAnnualRate;
   int paymentsPerYear = 12, numberOfPayments;
   rate = pRatePercent / 100.00;
   numberOfPayments = paymentsPerYear * 30;
   effectiveAnnualRate = rate / paymentsPerYear;
   return pPrincipal * (effectiveAnnualRate /
           (1 - Math.pow(1 + effectiveAnnualRate,
             -numberOfPayments)));
}
```

Verzichten Sie auf das Duplizieren von Code. Das Kopieren von Code sorgt auf dem ganzen Weg nur für Fehler. In Listing 7.3 kopiere ich den aus drei Parametern bestehenden Code nicht, sondern rufe die aus drei Parametern bestehende Methode monthlyPayment aus dem Körper der aus zwei Parametern bestehenden Methode monthlyPayment auf. Ich weise dem dritten Parameter pYears den Standardwert 30 zu. Ich muss in der Dokumentation des Programms unmissverständlich darauf hinweisen, dass die aus zwei Parametern bestehende Methode monthlyPayment davon ausgeht, dass eine Hypothek (englisch *Mortgage*) über 30 Jahre läuft.

✔ **Die dritte monthlyPayment-Deklaration hat keine Parameter.**

Wenn Sie die dritte Deklaration in Listing 7.3 aufrufen, übergeben Sie keinem Parameter einen Wert. Stattdessen folgen Sie dem Methodennamen, der nur ein leeres Paar Klammern hat:

monthlyPayment()

Die parameterlose Methode monthlyPayment kann in Situationen sinnvoll werden, in denen Sie nicht wissen, was es sonst noch zu tun gibt. Sie müssen etwas über einen Kreditnehmer anzeigen, der noch keine Entscheidung über die Höhe der Raten oder die Laufzeit des Kredits getroffen hat. Da es so gut wie keine Informationen über die Hypothek gibt, zeigen Sie als monatliche Zahlung den temporären Wert 0,00 € an.

Damit das Überladen von Methoden funktioniert, müssen die Parametertypen eines Aufrufs mit den Parametertypen einer Deklaration übereinstimmen. In Listing 7.3 weisen keine zwei Deklarationen von monthlyPayment dieselbe Zahl an Parametern auf, was zeigt, dass es keine allzu große Herausforderung ist, Parameterübereinstimmung zu erreichen.

Zur Übereinstimmung gehört nun aber mehr als dieselbe Zahl an Parametern. Sie können zum Beispiel dem Code in Listing 7.3 eine weitere aus zwei Parametern bestehende Deklaration hinzufügen:

```
static double monthlyPayment
    (double pPrincipal, int pYears) {
```

Es gibt mehr als eine aus zwei Parametern bestehende monthlyPayment-Deklaration – die alte mit zwei double-Parametern und eine neue mit einem double- und einem int-Parameter. Wenn Sie monthlyPayment(principal, 15) aufrufen, greift der Computer auf die neu hinzugefügte Methode zu. Er macht dies, weil die neue Methode mit dem double- und dem int-Parameter besser zum Aufruf passt als die alte Deklaration monthlyPayment (double pPrincipal, double pRatePercent) in Listing 7.3.

Primitive Datentypen und vorläufige Werte

Java kennt zwei Arten von Typen: primitive Typen und Referenztypen. Die acht primitiven bilden die Grundbausteine. Im Gegensatz dazu handelt es sich bei den Referenztypen um die Dinge, die Sie erstellen, indem Sie primitive Typen (und andere Referenztypen) miteinander verbinden. Ich behandele Referenztypen ab Kapitel 9.

Hier kommen zwei Gedankengänge, an die Sie sich erinnern sollten, wenn Sie über primitive Typen und Parameter von Methoden nachdenken:

✔ **Wenn Sie einer Variablen einen Wert mit einem primitiven Typ zuweisen, identifizieren Sie den Namen dieser Variablen durch den Wert.**

  Dasselbe gilt, wenn Sie eine Variable eines primitiven Typs mit einem bestimmten Wert initialisieren.

✔ **Wenn Sie eine Methode aufrufen,** *kopieren* **Sie jeden Parameterwert des Aufrufs und initialisieren die Parameter der Deklaration über diese Kopien.**

Das Schema, in dem Sie die Werte des Aufrufs kopieren, wird *vorläufige Werte* genannt. Listing 7.4 zeigt Ihnen, warum Sie sich um so etwas kümmern sollten.

```java
import javax.swing.JOptionPane;

public class Scorekeeper {

  public static void main(String[] args) {
    int score = 50000;
    int points = 1000;
    addPoints(score, points);
    JOptionPane.showMessageDialog(null, score,
        "Neue Bestmarke", JOptionPane.INFORMATION_MESSAGE);
  }
```

7 ► Obwohl es hier um Methode geht, spielt auch Wahnsinn eine Rolle

```
  static void addPoints(int score, int points) {
    score += points;
  }

}
```

Listing 7.4: Punkte sammeln

In Listing 7.4, in dem es um das Sammeln von Punkten eines Spiels geht (der *Scorekeeper* ist der *Punktezähler*), verwendet die Methode addPoints einen zusammengesetzten Java-Zuweisungsoperator, um 1000 (den Wert von point) dem vorhandenen score (dem *Punktestand*, der aktuell 50000 beträgt) hinzuzufügen. Um die Dinge so einfach wie möglich zu halten, habe ich im Methodenaufruf und in der Methodendeklaration dieselben Parameternamen verwendet (bei beiden score und points).

Was passiert nun, wenn ich den Code aus Listing 7.4 ausführe? Ich erhalte das Ergebnis, das Abbildung 7.8 zeigt.

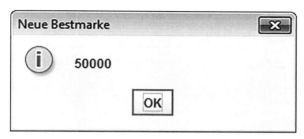

Abbildung 7.8: Wo sind die zusätzlichen 1000 Punkte?

Aber warten Sie! Normalerweise lautet das Ergebnis nicht 50000, wenn 1000 und 50000 addiert werden. Was ist da schiefgelaufen?

Bei der Java-Funktion der vorläufigen Werte *kopieren* Sie den Wert eines jeden Parameters eines Aufrufs. Sie initialisieren die Parameter der Deklaration mit den kopierten Werten. Sie haben also unmittelbar nach dem Aufruf zwei Paare von Variablen: die ursprünglichen Variablen score und points in der Methode main und die neuen Variablen score und points in der Methode addPoints. Diese neuen Variablen enthalten Kopien der Werte aus der Methode main (siehe Abbildung 7.9).

Die Anweisung im Körper der Methode addPoints fügt dem Wert, der in der Variablen score gespeichert wird, 1000 hinzu. Nachdem 1000 Punkte hinzugefügt worden sind, sehen die Variablen des Programms so aus wie das, was Abbildung 7.10 zeigt.

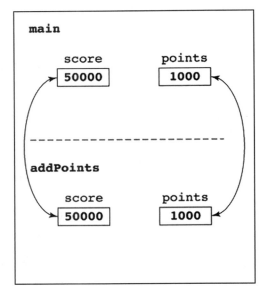

Abbildung 7.9: Java kopiert die Werte von Variablen.

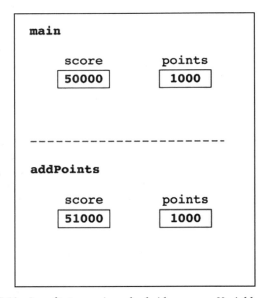

Abbildung 7.10: Java fügt nur einer der beiden score-Variablen 1000 hinzu.

Risiken und Fallstricke einer vorläufigen Parameterübergabe

Wie würden Sie den Wert von 2 + 2 ändern? Was sollte 2 + 2 ergeben? Sechs? Zehn? Dreihundert? In älteren Versionen der Programmiersprache FORTRAN könnten Sie aus 2 + 2 so gut wie alles machen. So ergibt das folgende Stückchen Code (das für Java übersetzt wurde) als Ergebnis der Addition 2 + 2 den Wert 6:

```
public void increment(int score) {
   score++;
}
...
increment(2);
JOptionPane.showMessageDialog(null, 2 + 2);
```

Als die ersten Computersprachen entwickelt wurden, haben sich die Entwickler keine Gedanken darüber gemacht, wie kompliziert die Übergabe von Parametern sein kann. Sie waren auch nicht besonders sorgfältig, als es um das Festlegen von Regeln für das Kopieren von Parameterwerten oder darum ging, was sie sonst noch mit Parametern anstellen wollten. Das Ergebnis war, dass einige Versionen von FORTRAN wahllos Speicheradressen übergaben. Auch wenn die Übergabe von Adressen für sich allein keinen Weltuntergang bedeutet, so ist es doch mehr als ärgerlich, wenn beim Entwerfen einer Sprache nicht sorgfältig gearbeitet wird.

Bei einigen frühen Implementierungen von FORTRAN kam es dazu, dass der Computer automatisch (und ohne Warnung) aus dem Literal 2 eine Variable mit dem Namen zwei machte. (Die Variable hieß zwar in Wirklichkeit nicht zwei, aber für unsere Zwecke hier spielt der echte Name keine Rolle.) FORTRAN ersetzte dann überall dort, wo der Programmierer den literalen Wert 2 eingab, diesen durch den Variablennamen zwei. Und dann, während der Computer diesen Code ausführte, sendete er die Adresse der Variablen zwei an die Methode increment. Diese Methode wollte dann dem, was in der Variablen zwei gespeichert war, 1 hinzufügen und ihre Arbeit fortsetzen. Nun enthielt die Variable zwei die Zahl 3. Irgendwann wurde dann der Aufruf showMessageDialog erreicht, und der Computer addierte selbstständig das, was sich in zwei befand, und erhielt 3 + 3, was 6 ergibt.

Wenn Sie meinen, dass die Parameterübergabe etwas ist, über das es sich nicht lohnt nachzudenken, liegen Sie falsch. Die unterschiedlichen Programmiersprachen verwenden unterschiedliche Arten von Parameterübergaben. Und in vielen Fällen führen die ganz kleinen Einzelheiten auf dem Weg, wie Parameter übergeben werden, zu ganz großen Unterschieden.

Beachten Sie, dass der Wert der score-Variablen der Methode main unverändert bleibt. Nach der Rückkehr des Aufrufs zur Methode addPoints verschwinden deren Variablen. Alles, was nun noch übrigbleibt, sind die ursprüngliche Methode main und ihre Variablen (siehe Abbildung 7.11).

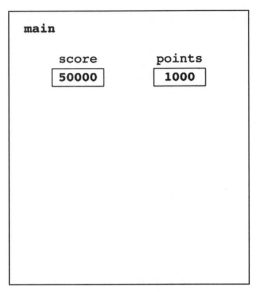

Abbildung 7.11: Es gibt die Variable mit dem Wert 51000 nicht mehr.

Zum Schluss ruft der Computer in Listing 7.4 `showMessageDialog` auf, um den Wert der Variablen `score` der Methode `main` anzuzeigen.

Worauf muss ein Entwickler achten?

Das Programm in Listing 7.4 weist einen dicken, fetten Fehler auf. Es addiert keine 1000 zum Spielstand eines Benutzers. Das ist nicht gut.

Es gibt mehrere Wege, um den Fehler in Listing 7.4 auszumerzen. So könnten Sie darauf verzichten, die Methode `addPoints` aufzurufen, indem Sie in die Methode `main` `score += points` aufnehmen. Das ist aber keine zufriedenstellende Lösung. Methoden wie `addPoints` haben einen Sinn, weil sie die Arbeit in kleine, verständliche Brocken aufteilen. Und Probleme werden nicht dadurch vermieden, dass man versucht, sie einfach zu umgehen.

Ein besserer Weg, um den Fehler loszuwerden, sieht so aus, dass Sie die Methode `addPoints` dazu bringen, einen Wert zurückzugeben. Listing 7.5 zeigt, wie das geht.

```java
import javax.swing.JOptionPane;

public class Scorekeeper {

  public static void main(String[] args) {
    int score = 50000;
    int points = 1000;
    score = addPoints(score, points);
```

```
    JOptionPane.showMessageDialog(null, score,
        "Neue Bestmarke",
        JOptionPane.INFORMATION_MESSAGE);
  }

  static int addPoints(int score, int points) {
    return score + points;
  }
}
```

Listing 7.5: *Ein neues und verbessertes Programm zum Zählen von Punkten*

In Listing 7.5 gibt die neue und verbesserte Methode `addPoints` einen int-Wert zurück, nämlich den Wert von `score + points`. Damit wird der Wert von `addPoints(score, points)` zu 51000. Und zum Schluss ändere ich den Wert von `score`, indem ich den Wert des Methodenaufrufs, 51000, der Variablen `score` zuweise.

Javas kleinliche Regeln sorgen dafür, dass das Jonglieren mit den Werten der Variable `score` glaubwürdig und vorhersehbar erfolgt. Es gibt in der Anweisung `score = addPoints(score, points)` keinen Konflikt zwischen dem alten Wert von `score` (50000 in der Parameterliste von `addPoints`) und dem neuen Wert (51000 auf der linken Seite der Zuweisungsanweisung).

Abbildung 7.12 zeigt das Ergebnis, das das einmalige Ausführen des Codes in Listing 7.5 erzielt. Vielleicht haben Sie dieses Ergebnis schon erahnt. (Letztendlich bleibt es dabei, dass 50000 + 1000 51000 ergeben.) Aber ich wollte nicht darauf verzichten, dieses Beispiel zu beenden und zu zeigen, wie das richtige Ergebnis erreicht wird.

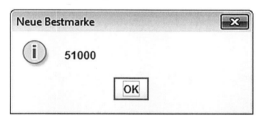

Abbildung 7.12: *Und nun gibt es doch noch eine neue Bestmarke.*

`addPoints` dazu zu bringen, einen Wert zurückzugeben, ist nicht der einzige Weg, um das Problem aus Listing 7.4 zu korrigieren. Zu den Themen, die in Kapitel 9 behandelt werden, gehören mindestens zwei weitere Wege (die Felder verwenden und Objekte übergeben).

Ein Wort zum Abschluss

Das Programm in Listing 7.6 berechnet die Gesamtkosten eines Essens im Restaurant, das netto 100 Euro kostet.

Eine Vorbemerkung, damit es einfacher wird, den Sinn dieses Beispiels zu verstehen: In den USA sind die Preise auf der Speisekarte in der Regel mit ihrem Nettowert ausgezeichnet. Auf diesen werden die Umsatzsteuer (hier als *Tax* bezeichnet) und ein fester Prozentsatz als Trinkgeld (englisch *Tip*) aufgeschlagen und im Rechnungsbetrag ausgewiesen. Dies ist eine Vorgehensweise, die in Deutschland so nicht existiert. Um Steuern und Trinkgeld realitätsnäher zu gestalten, wurde der Steuersatz auf 19 Prozent erhöht und das Trinkgeld auf 10 Prozent verringert.

```java
package org.allyourcode.food;

import java.text.NumberFormat;
import javax.swing.JOptionPane;

public class CheckCalculator {

  public static void main(String[] args) {
    NumberFormat currency =
        NumberFormat.getCurrencyInstance();
    JOptionPane.showMessageDialog(null,
        currency.format(addAll(100.00, 0.19, 0.10)));
  }

  static double addAll
      (double bill, double taxRate, double tipRate) {
    bill *= 1 + taxRate;
    bill *= 1 + tipRate;
    return bill;
  }

}
```

Listing 7.6: Und noch ein Beispiel aus der Welt des Essens

Die Ausführung dieses Programms zeigt Abbildung 7.13.

Abbildung 7.13: Unterstützen Sie Ihre lokale Gastronomie.

Listing 7.6 ist ganz nett, aber der Code berechnet das Trinkgeld, nachdem die Mehrwertsteuer zum Nettobetrag hinzugefügt worden ist. Einige meiner weniger großzügigen Freunde sind der Ansicht, dass das Trinkgeld nur auf der Nettosumme basieren sollte. Ihrer Meinung nach sollte der Code zwar die Steuern berechnen, sich dann aber wieder an den Nettobetrag der Rechnung (100,00 Euro) erinnern und diesen für die Berechnung des Trinkgeldes verwenden. Hier kommt die Version der Methode addAll meiner Freunde.

```
static double addAll
      (double bill, double taxRate, double tipRate) {
   double originalBill = bill;
   bill *= 1 + taxRate;
   bill += originalBill * tipRate;
   return bill;
}
```

Die neue (geizigere) Summe wird in Abbildung 7.14 gezeigt.

Abbildung 7.14: Jeder eingesparte Euro ist ein verdienter Euro.

Die überarbeitete Methode ist viel zu kompliziert. (Als ich dieses Beispiel erstellt habe, habe ich mich bei dieser kleinen Methode zwei- oder dreimal verschrieben, bevor sie endlich fehlerfrei lief.) Wäre es da nicht einfacher, darauf zu bestehen, dass sich der Wert des Parameters bill (deutsch *Rechnung*) niemals ändert? Anstatt sich mit dem Rechnungsbetrag (amount) herumärgern zu müssen, legen Sie neue Variablen an, die tax *(Steuern)* und tip *(Trinkgeld)* genannt werden, und bilden in der Anweisung return die Endsumme:

```
static double addAll
      (double bill, double taxRate, double tipRate) {
   double tax = bill * taxRate;
   double tip = bill * tipRate;
   return bill + tax + tip;
}
```

Wenn Sie dann die neuen Variablen tax und tip haben, speichert der Parameter bill immer nur den ursprünglichen Wert – den Wert des Essens ohne Steuern und Trinkgeld.

Nachdem Sie diesen verbesserten Code entwickelt haben, machen Sie sich im Geiste eine Notiz, dass sich der Wert der Variablen bill nicht ändern sollte. Wenn dann Monate später

Benutzer das große Geld für Ihre App ausgeben und mehr Funktionen verlangen, machen Sie aus dem Programm einen komplizierten, alles berücksichtigenden Rechner für Rechnungen in Restaurants, der lokale Währungsformate und weltweit alle Regeln für das Geben von Trinkgeldern berücksichtigt. Was auch immer Sie da anstellen, wichtig ist und bleibt ein einfacher Zugriff auf den ursprünglichen `bill`-Wert.

Nachdem Ihre App produktiv geworden ist, werden Sie nur noch dadurch abgelenkt, dass Sie das eingenommene Geld zählen, Ihre Bediensteten bezahlen und den Geruch neuer Ledersitze im eigenen Jet »ertragen« müssen. Bei all diesem Stress vergessen Sie Ihr Versprechen, die Variable `bill` niemals zu ändern. Sie passen den Wert der Variablen irgendwo in der Mitte Ihres aus 1000 Zeilen bestehenden Programms an. Und damit haben Sie alles durcheinandergebracht.

Aber warten Sie! Sie können Java dazu bringen, Sie daran zu erinnern, dass der Wert des Parameters `bill` nicht geändert werden darf. Um dies zu erreichen, fügen Sie der Parameterliste der Methodendeklaration das Schlüsselwort `final` (einer der Java-Modifikatoren) hinzu. Und wenn Sie einmal dabei sind, machen Sie dies auch bei den anderen Parametern (`taxRate` und `tipRate`) der Parameterliste der Methode `addAll`:

```
static double addAll (final double bill,
                      final double taxRate,
                      final double tipRate) {
  double tax = bill * taxRate;
  double tip = bill * tipRate;
  return bill + tax + tip;
}
```

Durch diese Verwendung von `final` sagen Sie dem Computer, dass Sie den Wert eines Parameters nicht ändern dürfen. Wenn Sie die neueste Version von `addAll` im Code von Listing 7.6 unterbringen, wird `bill` zu `100,00` und bleibt dies auch während der gesamten Ausführung der Methode `addAll`. Wenn Sie zufällig dem Code die Anweisung

```
bill += valetParkingFee;
```

hinzufügen, markiert Eclipse diese Zeile als Fehler, weil der Wert eines `final`-Parameters nicht geändert werden kann. Ist es nicht gut zu wissen, dass Sie sich, obwohl Sie sich um Ihre Bediensteten und den Jet kümmern müssen, immer darauf verlassen können, dass Java beim Schreiben eines guten Computerprogramms hilft?

Was Java (wann) macht

In diesem Kapitel

- Mit Java-Anweisungen Entscheidungen treffen
- Mit Java-Anweisungen Aktionen wiederholen

Das menschliche Denken kreist um Substantive und Verben. Substantive (oder Hauptwörter) bilden »das Material«, und Verben (oder Tuwörter) sind die Aktionen des Materials. Substantive sind die Teile, und Verben sind der Klebstoff. Substantive sind und Verben tun etwas. Wenn Sie Substantive verwenden, sagen Sie »Buch«, »Raum« oder »Material«. Wenn Sie Verben verwenden, sagen Sie »mache dies«, »schleppe diese Last« oder »hebe dieses Paket an«.

Auch Java kennt Substantive und Verben. Zu Javas Substantiven gehören int, JOptionPane und String und Android-spezifische Begriffe wie Activity, Application und Bundle. Zu den Java-Verben gehören das Zuweisen von Werten, das Auswählen von Alternativen, das Wiederholen von Aktionen und das unterschiedliche Ausführen von Aktionen. Dieses Kapitel behandelt einige der Java-Verben. (Substantive stelle ich dann im nächsten Kapitel vor.)

Entscheidungen fällen

Wenn Sie Computerprogramme schreiben, müssen Sie sich ständig für den einen oder den anderen Weg entscheiden. Hat der Benutzer das richtige Kennwort eingegeben? Wenn die Antwort Ja ist, lasse den Benutzer arbeiten; anderenfalls schmeiße den Dummkopf raus. Die Programmiersprache Java benötigt einen Weg, um ein Programm in eine von zwei Richtungen gehen zu lassen. Glücklicherweise verfügt die Sprache über einen solchen Weg: die if-Anweisung. Listing 8.1 zeigt, wie die if-Anweisung eingesetzt wird.

```
package com.allmycode.tickets;

import javax.swing.JOptionPane;

public class TicketPrice {

  public static void main(String[] args) {
    String ageString;
    int age;
    String specialShowingString;
    String price;
```

```
        ageString = JOptionPane.showInputDialog("Alter?");
        age = Integer.parseInt(ageString);

        specialShowingString = JOptionPane.showInputDialog
            ("Sondervorstellung (j/n)?");

        if ((age < 18 || 65 <= age) &&
            specialShowingString.equals("n")) {
          price = "7,00 €";
        } else {
          price = "10,00 €";
        }

        JOptionPane.showMessageDialog(null,
            price, "Preis der Eintrittskarte",
            JOptionPane.INFORMATION_MESSAGE);
    }

}
```

Listing 8.1: Eine `if`*-Anweisung verwenden*

Listing 8.1 greift eine Frage neu auf, mit der ich mich ursprünglich in Kapitel 6 beschäftige: Wie viel muss jemand für eine Eintrittskarte ins Kino bezahlen? Die meisten Leute bezahlen 10 Euro. Aber wenn es im Kino keine Sonderveranstaltungen gibt, müssen Jugendliche (unter 18) und Senioren (über 65) nur 7 Euro bezahlen.

In Listing 8.1 findet eine `if`-Anweisung heraus, ob jemand berechtigt ist, die Eintrittskarte zu einem ermäßigten Preis zu erwerben. Wenn die Bedingung

`(age < 18 || 65 <= age) && specialShowingString.equals("n")`

wahr ist, gilt `"7,00 €"` als `price`; anderenfalls wird `price` im Nachrichtenfeld zu `"10,00 €"` (siehe Abbildung 8.1).

Auf Gleichheit prüfen

Java kennt verschiedene Wege, um einen Test auf Gleichheit durchzuführen: »Ist dieser Wert der gleiche wie jener Wert?« Keiner dieser Wege ist besser als ein anderer. Wenn Sie herausfinden wollen, ob das Alter einer Person 35 ist, sollten Sie auf keinen Fall `if (alter = 35)` schreiben. Stattdessen verwenden Sie ein doppeltes Gleichheitszeichen (==): `if (alter == 35)`. In Java ist das einfache Gleichheitszeichen (=) für eine *Zuweisung* reserviert. Aus diesem Grund bedeutet `if (alter = 35)` »alter steht für den Wert 35«, während `if (alter == 35)` »Wahr oder Falsch: Steht `alter` für den Wert 35?« bedeutet.

Etwas anderes ist der Vergleich zweier Zeichenfolgen (Strings). Wenn Sie zwei Strings miteinander vergleichen, verwenden Sie die doppelten Gleichheitszeichen nicht. Wenn Sie sie trotzdem einsetzen, ruft dies eine Frage hervor: »Wird dieser String genau an der gleichen Stelle

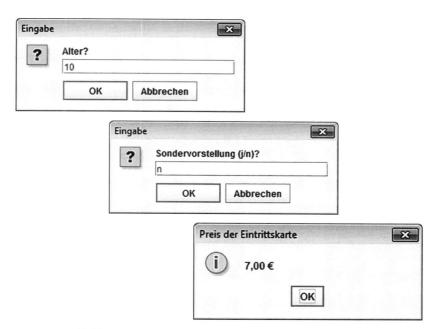

Abbildung 8.1: Den Preis für die Eintrittskarte herausfinden

im Arbeitsspeicher abgelegt wie dieser andere String?« Und das ist sicherlich nicht das, was Sie bewirken möchten. Stattdessen wollen Sie doch normalerweise fragen: »Besteht dieser String aus den gleichen Zeichen wie jener String?« Um die zweite (passendere) Frage zu stellen, verwenden Sie die Java-Methode equals. Um diese Methode aufzurufen, lassen Sie einem der beiden Strings einen Punkt und das Wort equals folgen. Danach kommt dann in runden Klammern eine Liste, die den anderen String enthält:

```
if (specialShowingString.equals("n")) {
```

Die Methode equals vergleicht zwei Zeichenfolgen miteinander, um herauszubekommen, ob es in ihnen dieselben Zeichen gibt. In dem kleinen Beispiel dieses Absatzes sind sowohl die Variable specialShowingString als auch der Text "n" jeweils einem String zugeordnet. Die Bedingung specialShowingString.equals("n") ist wahr, wenn specialShowing-String einem String zugeordnet ist, dessen einziges Zeichen aus dem Buchstaben n besteht.

if-Anweisungen und Java

Eine if-Anweisung hat diese Form:

```
if (bedingung) {
    Anweisungen, die ausgeführt werden, wenn
        die Bedingung wahr ist
} else {
```

```
    Anweisungen, die ausgeführt werden, wenn
       die Bedingung falsch ist
}
```

In Listing 8.1 wurde die folgende Bedingung getestet:

```
(age < 18 || 65 <= age) &&
specialShowingString.equals("n")
```

Die Bedingung ist entweder `true` *(wahr)* oder `false` *(falsch)* – `true` bei Jugendlichen und Senioren, wenn es sich nicht um eine Sondervorstellung handelt, und in allen anderen Fällen `false`.

Bedungen in if-Anweisungen

Die Bedingung einer `if`-Anweisung muss von runden Klammern eingeschlossen sein. Bei dieser Bedingung muss es sich um einen `boolean`-Ausdruck handeln – einen Ausdruck, dessen Wert entweder `true` oder `false` ist. So geht zum Beispiel die folgende Bedingung in Ordnung:

```
if (numberOfTries < 17) {
```

(*Tries* sind *Versuche*.) Aber es gibt in anderen Sprachen wie zum Beispiel C++ ganz sonderbare Bedingungen wie die folgende, die in Java nicht verwendet werden können (siehe Kapitel 6, wenn es um weitere Informationen zu den primitiven Typen von Java wie `boolean` geht):

```
if (17) { //Dies ist ungültig.
```

Auf Klammern verzichten

Sie können bei einer `if`-Anweisung auf die runden Klammern verzichten, wenn es zwischen der Bedingung und dem Wort `else` nur eine Anweisung gibt. Sie können auch auf Klammern verzichten, wenn es hinter dem Wort `else` nur eine Anweisung gibt. So geht zum Beispiel das folgende Stückchen Code vollständig in Ordnung:

```
if ((age < 18 || 65 <= age) &&
    specialShowingString.equals("n"))
  price = "7,00 €";
else
  price = "10,00 €";
```

Dieser Code ist richtig, weil es zwischen der Bedingung und `else` nur eine Anweisung (`price = "7,00 €"`) gibt und hinter dem Wort `else` ebenfalls nur eine Anweisung (`price = "10,00 €"`) existiert.

Eine `if`-Anweisung kann auch dann ein ausgefülltes und glückliches Leben führen, wenn der `else`-Teil fehlt. Das folgende Beispiel enthält eine vollständige `if`-Anweisung:

```
price = "10,00 €";
```

```
if ((age < 18 || 65 <= age) &&
    specialShowingString.equals("n"))
  price = "7,00 €";
```

Zusammengesetzte Anweisungen

Bei einer `if`-Anweisung handelt es sich um eine der *zusammengesetzten* Anweisungen Javas, weil eine `if`-Anweisung normalerweise andere Java-Anweisungen enthält, wie das zum Beispiel bei der `if`-Anweisung in Listing 8.1 mit den Zuweisungsanweisungen `price = "7,00 €"` und `price = "10,00 €"` der Fall ist.

Eine zusammengesetzte Anweisung kann sogar andere zusammengesetzte Anweisungen enthalten. Im folgenden Beispiel enthält eine `if`-Anweisung (mit der Bedingung `age < 18 || 65 <= age`) eine andere `if`-Anweisung (mit der Bedingung `specialShowingString.equals("n")`):

```
price = "10,00 €";
if (age < 18 || 65 <= age) {
  if (specialShowingString.equals("n")) {
    price = "7,00 €";
  }
}
```

Ein Abstecher, der mit der Bildschirmdichte unter Android zu tun hat

Bei der *Bildschirmdichte* eines Gerätes handelt es sich um die Anzahl an Pixeln, die auf dem Bildschirm in einen Quadratzoll gequetscht werden. Ältere Geräte und preiswertere Geräte haben eine geringe Bildschirmdichte, während neuere teurere Geräte in einem Wettbewerb um die höchste Bildschirmdichte stehen.

Android unterstützt ein breites Spektrum an Bildschirmdichten, wobei diese aber in Gruppen zusammengefasst werden, wie Tabelle 8.1 zeigt.

Name	Akronym	Ungefähre[*] Anzahl an Punkten pro Zoll (dpi)	Das Wievielfache der Standard-Bildschirmdichte
DENSITY_LOW	ldpi	120	¾
DENSITY_MEDIUM	mdpi	160	1
DENSITY_HIGH	hdpi	240	1
DENSITY_XHIGH	xhdpi	320	2
DENSITY_XXHIGH	xxhdpi	480	3

Tabelle 8.1: Android-Bildschirmauflösungen (*Wenn die Bildschirmdichte eines Gerätes nicht zu einer der Zahlen in Spalte 3 dieser Tabelle passt, versucht Android, das Gerät möglichst optimal einzustufen. So klassifiziert Android zum Beispiel eine Dichte von 265 dpi als hdpi.)

Bildschirmauflösungen können große Unterschiede hervorrufen. Ein Bild, das auf einem Bildschirm mit einer niedrigen Dichte gut aussieht, kann auf einem Bildschirm mit einer hohen Dichte verwaschen wiedergegeben werden. Und ein Bild, das für einen Bildschirm mit hoher Dichte entworfen wurde, kann für einen Bildschirm mit niedriger Dichte viel zu groß sein. Aus diesem Grund bietet Eclipse beim Erstellen einer neuen Anwendung an, unterschiedliche Symbole für die App zu erstellen (siehe Abbildung 8.2).

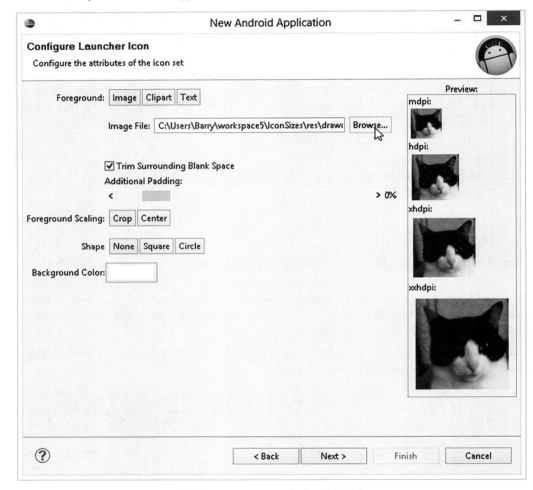

Abbildung 8.2: Ein Symbol, viele Größen

Aus vielen Alternativen auswählen

Eine Java-if-Anweisung erstellt eine Art Weggabelung: Der Computer erhält zwei Alternativen, aus denen er eine wählen kann. Aber es können auch Probleme auftauchen, die zu Gabelungen mit vielen Enden führen. Welches ist nun der beste Weg, um unter fünf oder sechs Alternativen zu einer Entscheidung zu kommen?

Mir sind Gabelungen mit vielen Enden unheimlich. Ich hasse es auch im alltäglichen Leben, Entscheidungen zu fällen. (Wenn ein Problem auftaucht, hoffe ich immer, dass der Grund dafür nicht an einem Fehler von mir liegt.) Ich musste mich deshalb regelrecht zwingen, den Stoff des letzten Abschnitts (über Entscheidungen) zu schreiben.

Ich erstellte als Vorbereitung für diesen Abschnitt die vier Symbole, die in Abbildung 8.2 gezeigt werden. Diese Symbole sind für vier der Bildschirmdichten gedacht, die in Tabelle 8.1 aufgeführt werden. Es gibt je ein Symbol für eine mittlere, eine hohe, eine extra hohe und eine extra-extra hohe Dichte.

Jedes Symbol hat den Namen cat.png bekommen, und ich habe die vier Symbole in vier verschiedenen Ordnern untergebracht. Für das Symbol ic_dialog_alert.png habe ich einen fünften Ordner angelegt (siehe Abbildung 8.3).

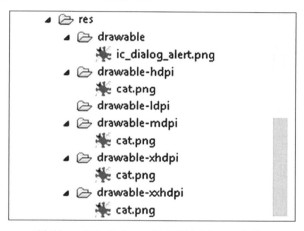

Abbildung 8.3: Ordner, die Bilddateien enthalten

Diese Ordnerstruktur entspricht der einer Android-App. Damit das Beispiel nicht zu kompliziert wird, habe ich ein einfaches Java-Programm erstellt, das die Symbole anzeigt. Listing 8.2 gibt dieses Programm wieder.

```
package com.allmycode.icons;

import javax.swing.ImageIcon;
import javax.swing.JOptionPane;

public class ShowIcons {

  public static void main(String[] args) {
    String densityCodeString = JOptionPane
        .showInputDialog("Density?");
    int densityCode = Integer.parseInt(densityCodeString);
    String iconFileName = null, message = null;
```

```
    switch (densityCode) {
    case 160:
      iconFileName = "res/drawable-mdpi/cat.png";
      message = "mdpi";
      break;
    case 240:
      iconFileName = "res/drawable-hdpi/cat.png";
      message = "hdpi";
      break;
    case 320:
      iconFileName = "res/drawable-xhdpi/cat.png";
      message = "xhdpi";
      break;
    case 480:
      iconFileName = "res/drawable-xxhdpi/cat.png";
      message = "xxhdpi";
      break;
    default:
      iconFileName = "res/drawable/ic_dialog_alert.png";
      message =  "Kein passendes Symbol";
      break;
    }

    ImageIcon icon = new ImageIcon(iconFileName);
    JOptionPane.showMessageDialog(null, message,
        "Symbol", JOptionPane.INFORMATION_MESSAGE, icon);
  }
}
```

Listing 8.2: Von einem Symbol zu einem anderen wechseln

Bei dem Code in Listing 8.2 handelt es sich um ein standardmäßiges Oracle-Java-Programm. Der Code zeigt einige Ideen auf, die mit der Dichte des Bildschirms unter Android zu tun haben, wobei Sie aber daran denken müssen, dass es sich hier *nicht* um eine Android-Anwendung handelt. Dieses Programm kann nicht auf einem Android-Gerät ausgeführt werden. Ich beginne in Kapitel 10 mit Beispielen, die auch auf Android-Geräten laufen.

In Listing 8.2 fordert das Programm den Benutzer auf, einen Wert für die Bildschirmdichte einzugeben. Wenn der Benutzer beispielsweise 160 eingibt, reagiert das Programm damit, dass mein Symbol mit der mittleren Dichte (das Bild cat.png aus dem Ordner res/drawable-mdpi) und das entsprechende Akronym angezeigt werden. Abbildung 8.4 zeigt zwei Läufe des Programms.

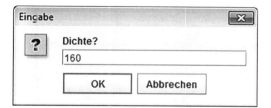
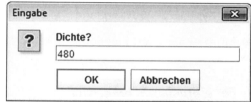
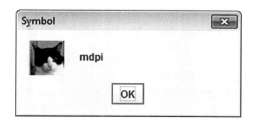

Abbildung 8.4: Den Code von Listing 8.2 ausführen

Warum das Symbol für die mittlere Dichte? Das Programm gelangt zur Anweisung switch von Listing 8.2. Diese Anweisung enthält einen Ausdruck (den Wert von densityCode). Außerdem enthält die Anweisung switch auch die case-Klauseln, denen (optional) die Klausel default folgt. Das Programm vergleicht den Wert in densityCode auf Gleichheit mit 160 (der Zahl in der ersten case-Klausel). Wenn der Wert von densityCode gleich 160 ist, führt das Programm die Anweisungen aus, die den Wörtern case 160 folgen. In Listing 8.2 lauten die Anweisungen im Anschluss an case 160:

```
iconFileName = "res/drawable-mdpi/cat.png";
message = "mdpi";
break;
```

Die ersten beiden Anweisungen legen als Vorbereitung für das Anzeigen eines Meldungsfensters die Werte für iconFileName und message fest. Die dritte Anweisung (die Anweisung break) verlässt die gesamte switch-Anweisung und überspringt dabei alle anderen case-Klauseln und geht hinter die Klausel default, um zum letzten Teil des Programms zu gelangen. Im Anschluss an die switch-Anweisung erstellt die Anweisung

```
ImageIcon icon = new ImageIcon(iconFileName);
```

eine neue Variable icon, um auf das Bild in der Datei iconFileName zu verweisen. (Ich habe in Kapitel 9 noch mehr zu dieser Art von Anweisung zu sagen.) Zum Schluss sorgt die Anweisung

```
JOptionPane.showMessageDialog(null, message,
   "Symbol", JOptionPane.INFORMATION_MESSAGE, icon);
```

dafür, dass das `icon`-Bild auf dem Bildschirm des Benutzers im Meldungsfenster angezeigt wird (siehe Abbildung 8.4).

Ein einfacher Schrägstrich?

Die beiden Betriebssysteme Windows und Macintosh haben Verzeichnisse (die auch *Ordner* genannt werden). Diese Verzeichnisse können Unterverzeichnisse enthalten, die wiederum eigene Unterverzeichnisse haben können. Am Ende der Nahrungskette gibt es dann die einfache Datei, die ein Dokument, ein Bild, einen Ton oder was sonst noch enthält. Auf meinem Windows-Computer haust eine meiner `cat.png`-Dateien in einem Verzeichnis mit dem Namen `drawable-hdpi`, das ein Unterverzeichnis von `res` ist, das sich wiederum in Eclipse im Projektordner `08-02` befindet. Der Eclipse-Projektordner befindet sich im Verzeichnis `workspace`, das wiederum im Verzeichnis `Barry` liegt, das Bestandteil des Verzeichnisses `Users` ist, wie die Abbildung in diesem Kasten zeigt. (Auch auf einem deutschsprachigen Windows-System wird dieser Ordner immer als `Users` adressiert, und zwar auch dann, wenn er dort *Benutzer* zu heißen scheint.) Es ist also ein weiter Weg bis zum Aufruf eines Bildes.

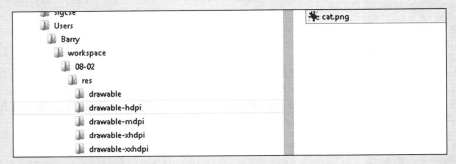

Wenn Sie in New York den Times Square besichtigen, können Sie sagen: »Ich gehe zu McDonald's in der 34th Street.« Sie können auf »Ich gehe zu McDonald's in der 34th Street in New York City, USA« verzichten. Ähnliches gilt für meinen Code, der nicht auf die Datei `cat.png` mit einer Menge Verzeichnisse und Unterverzeichnisse verweist. Ich kann mir stattdessen die Tatsache zunutze machen, dass sich Listing `08-02` in meinem Verzeichnis `08-02` befindet. Aus dieser Position heraus bin ich in der Lage, direkt auf das Verzeichnis `res` zu verweisen, das ein unmittelbarer Bestandteil des Ordners `08-02` ist. Ich kann in beiden Betriebssystemen (Windows und Macintosh) den nach vorn geneigten Schrägstrich (/) verwenden, um aus dem Verzeichnis `08-02` heraus auf mein Katzenbild zu zeigen:

```
res/drawable-hdpi/cat.png
```

Unter Windows funktioniert der nach vorn geneigte Schrägstrich in vielen Situationen, die mit Verzeichnissen und/oder Dateien zu tun haben. Trotzdem wird dort in der Regel der umgekehrte Schrägstrich (\; neudeutsch auch *Backslash* genannt) verwendet, weshalb ich bei diesem Betriebssystem normalerweise so auf ein Katzenbild zugreife:

res\drawable-hdpi\cat.png

Aber es gibt ein Problem. Ein einzelner Backslash (\) hat in einem Java-Programm eine besondere Bedeutung. Diese hängt von dem Zeichen ab, das unmittelbar hinter dem Backslash steht. So sagt zum Beispiel \n aus, dass eine neue Zeile begonnen werden soll, \t steht für »Gehe zur Position des nächsten Tabulators« und \\ bedeutet »Ein einzelner umgedrehter Schrägstich (oder *Backslash*)«. In Listing 8.2 sagt der mit doppelten Anführungsstrichen versehene String "res\\drawable-mdpi\\cat.png", dass auf res\drawable-mdpi\cat.png zugegriffen werden soll. Unter Windows bietet also das Geschäft mit dem doppelten Backslash einen weiteren Weg, um auf die Datei cat.png im Verzeichnis res zuzugreifen.

Wenn Sie ein Mac-Benutzer sind, verwenden Sie immer den nach vorn geneigten Schrägstrich (/), um Namen von Verzeichnissen voneinander abzugrenzen. Ein solcher Schrägstrich hat, anders als der umgedrehte Schrägstrich, in einem Java-String keine weitere Bedeutung. Mac-Benutzer müssen sich keine Gedanken um eine Verdoppelung von Schrägstrichen machen.

Machen Sie eine Pause

Das mag Sie vielleicht überraschen: Das Ende einer case-Klausel (der Anfang einer neuen case-Klausel) sorgt nicht automatisch dafür, dass das Programm die switch-Anweisung verlässt. Falls Sie es vergessen sollten, am Ende einer case-Klausel eine break-Anweisung einzubauen, beendet das Programm die Anweisungen in der case-Klausel *und macht mit der Ausführung der Anweisungen in der nächsten case-Klausel weiter*. Stellen Sie sich vor, dass ich folgenden Code schreibe (und eine break-Anweisung vergesse):

```
switch (densityCode) {
case 160:
  iconFileName = "res/drawable-mdpi/cat.png";
  message = "mdpi";
case 240:
  iconFileName = "res/drawable-hdpi/cat.png";
  message = "hdpi";
  break;
//... und so weiter.
```

Das Programm setzt bei diesem überarbeiteten Code (und densityCode ist 160) iconFileName auf "res/drawable-mdpi/cat.png", legt für message den Wert "mdmi" fest, setzt iconFileName auf "res/drawable-hdpi/cat.png", legt für message den Wert "hdmi" fest und verlässt zum Schluss aufgrund von break die switch-Anweisung (wobei alle anderen case-Klauseln und die Klausel default übersprungen werden). Das Ergebnis dieser Aktion sieht dann so aus, dass iconFileName den Wert "res/drawable–hdpi/cat.png" (und nicht "res/drawable–mdpi/cat.png") hat und message den Wert "hdpi" (und nicht "mdpi") bekommt.

Dieses Phänomen des Springens von einer case-Klausel zur nächsten, wenn eine break-Anweisung fehlt, kann gelegentlich sogar gewollt sein. Stellen Sie sich ein Würfelspiel vor, bei dem 7 und 11 zu einem sofortigen Gewinn führen. 2, 3 und 12 bedeuten, dass Sie sofort verloren haben, und jede andere Zahl (von 4 bis 10) sorgt dafür, dass Sie weiterspielen müssen. Der Code für ein solches Spiel könnte so aussehen:

```
switch (roll) {
case 7:
case 11:
  message = "Gewonnen";
  break;
case 2:
case 3:
case 12:
  message = "Verloren";
  break;
case 4:
case 5:
case 6:
case 8:
case 9:
case 10:
  message = "Weitermachen";
  break;
default:
  message = "Kein gültiger Wurf";
  break;
}
```

Wenn Sie eine 7 würfeln, führen Sie alle Anweisungen aus, die unmittelbar auf case 7 folgen (von denen es aber keine gibt), und durchlaufen den Code bis zu case 11, wo Sie dann die Anweisung ausführen, die der Variablen message "Gewonnen" zuweist.

Jeder Programmierer, der gerade mit Java beginnt, vergisst, dass an das Ende einer case-Klausel die Anweisung break gehört. Wenn Sie diesen Fehler machen, bestrafen Sie sich deshalb nicht zu hart. Denken Sie einfach an das, was zu dem unerwarteten Verhalten Ihres Programms führen könnte, fügen Sie dem Code break-Anweisungen hinzu und machen Sie weiter. Je mehr Erfahrung Sie im Schreiben von Java-Programmen sammeln, desto seltener machen Sie diesen Fehler. (Er wird zwar immer mal wieder geschehen, aber nicht mehr so oft.)

Der Computer wählte eine »case«-Klausel aus

Wenn Sie den Code aus Listing 8.2 ausführen, muss der Benutzer nicht unbedingt die Zahl 160 eingeben. Wenn ein Benutzer 320 schreibt, überspringt der Computer die Klausel case 160 und springt hinter die Anweisungen, die zu case 240 gehören. Das Programm stößt dann auf eine Goldader, wenn es case 320 erreicht. Es führt die Anweisungen dieser Klausel aus, sorgt dafür, dass iconFileName zu "res/drawable-xhdpi/cat.png" und message zu xhdpi werden. Die Anweisung break der case-Klausel kümmert sich darum, dass das Programm den Rest des Zeugs in der switch-Anweisung überspringt.

Die Klausel »default«

Die optionale Klausel default einer switch-Anweisung ist ein Sammelbecken für Werte, die mit keinem der Werte in den case-Klauseln übereinstimmen. Wenn Sie zum Beispiel das Programm ausführen und die Zahl 265 eingeben, gibt es dazu keine passende Klausel. (Um die case-Klausel einer switch-Anweisung auszuwählen, muss der Wert hinter dem Wort switch ganz genau mit dem Wert hinter dem Wort case übereinstimmen.) Wenn also als densityCode die Zahl 265 eingegeben wird, überspringt das Programm alle case-Klauseln und führt den Code in der Klausel default aus. Dadurch wird iconFileName zu "res/drawable/ic_dialog_alert.png" und message zu "Kein passendes Symbol". Das ist dann auch der Grund dafür, dass das Programm in Listing 8.2 Androids Trick bei der Bildschirmauflösung nicht entspricht. (Android verwendet selbst dann ein Symbol, wenn die Bildschirmdichte nicht genau 160, 240, 320 oder 480 entspricht.)

Die letzte break-Anweisung in Listing 8.2 sagt dem Computer, dass er an das Ende der switch-Anweisung gehen und dabei alle Anweisungen überspringen soll, die nach der default-Klausel kommen. Aber wenn Sie noch einmal genau hinschauen, erkennen Sie, dass es im Anschluss an die default-Klausel nichts mehr gibt. Ich habe break nur deshalb dort hingesetzt, weil das auch bei default-Klauseln so üblich ist.

Einige Formalien, die mit der Java-Anweisung »switch« zu tun haben

Eine switch-Anweisung hat diese Form:

```
switch (Ausdruck) {
case Konstante1:
    Anweisungen, die ausgeführt werden sollen, wenn
      der Ausdruck Konstante1 als Wert hat
case Konstante2:
    Anweisungen, die ausgeführt werden sollen, wenn
      der Ausdruck Konstante2 als Wert hat
case ...

default:
    Anweisungen, die ausgeführt werden sollen, wenn
      der Ausdruck einen Wert hat, der sich von den
      Konstanten unterscheidet
}
```

Sie können in einer `switch`-Anweisung jeden Ausdruck unterbringen. Der Ausdruck, der beim Starten einer `switch`-Anweisung getestet wird, muss eines dieser Elemente enthalten:

✔ Einen primitiven Typ: `char`, `byte`, `short` oder `int`

✔ Einen Referenztyp: `Character`, `Byte`, `Short` oder `Integer`

✔ Einen `enum`-Typ

Bei einem `enum`-Typ handelt es sich um einen Typ, dessen Werte auf das begrenzt sind, was Sie deklarieren. So definiert beispielsweise die Zeile

```
enum AmpelSignal {GREEN, YELLOW, RED};
```

einen Typ, dessen einzige Werte `GREEN`, `YELLOW` und `RED` sind. An einer anderen Stelle Ihres Codes können Sie

```
AmpelSignal signal;
signal = AmpelSignal.GREEN;
```

schreiben, um den Typ `AmpelSignal` zu verwenden.

Seit Java 7 können Sie einen Ausdruck vom Typ `String` an den Anfang einer `switch`-Anweisung stellen. Aber als ich das erste Mal damit zu tun hatte, durfte für die Entwicklung von Android-Code nur Java 5 oder 6 benutzt werden. Sie müssen also beim Erstellen von Android-Apps Java 7 oder später nicht verwenden. Daraus folgt, dass Sie dadurch, dass `densityCodeString` als `String`-Typ deklariert wurde, keine `switch`-Anweisung deklarieren dürfen, deren erste Zeile `switch (displayCodeString)` lautet. Aus diesem Grund können Sie damit auch keine `case`-Klausel haben, die mit `case "hdpi"` beginnt.

Anweisungen immer und immer wieder wiederholen

1966 schrieb das Unternehmen Geschichte, dem wir Head & Shoulders zu verdanken haben. Sie konnten auf der Rückseite der Flasche als Gebrauchsanleitung »Einschäumen, ausspülen, wiederholen« lesen. Niemals zuvor ist eine Gebrauchsanleitung so erfolgreich zusammengefasst worden. Die Leute, die sich beruflich um Gebrauchsanleitungen kümmern, betrachteten diese Botschaft als wegweisende Leistung. Anleitungen wie diese unterschieden sich stark von dem, was damals alltäglich war. (So lautete zum Beispiel der erste Satz auf einer Dose mit Mückenspray: »Drehen Sie diese Dose so, dass Sie von Ihrem Gesicht wegzeigt.«)

Neben ihrer Kürze bestand das Besondere, das die Anleitung von Head & Shoulders so cool machte, aus drei einfachen Wörtern, die es schafften, eine Idee einzufangen, die die Kernaussage aller Anleitungen bildet: Wiederholung. Das letzte Wort, *wiederholen*, machte aus einer ansonsten nichtssagenden Anleitung ein ausgeklügeltes Rezept für eine Handlung.

Der wesentliche Gedanke ist hier, dass Sie nicht eine Anweisung nach der anderen befolgen sollten, wenn Sie sich mit Anleitungen beschäftigen. Stattdessen sollten Sie vielleicht auch einmal zurückgehen. Sie treffen Entscheidungen (»Wenn DU TROCKENES HAAR HAST, dann BENUTZE EINE HAARSPÜLUNG«) und Sie wiederholen Schritte (»EINSCHÄUMEN-AUSWASCHEN und dann erneut EINSCHÄUMEN-AUSWASCHEN«). Bei der Anwendungsentwicklung verwenden Sie die ganze Zeit über das Fällen von Entscheidungen und Wiederholungen.

Prüfen und wiederholen

Das Programm in Listing 8.2 ist ganz nett (wenn ich das von mir selbst behaupten darf). Aber es hat auch seine Schwächen. Ich verlange vom Benutzer die Eingabe einer Zahl, und wenn etwas Falsches eingegeben wird, gibt es keine Fehlermeldung, mit der ein Benutzer etwas anfangen kann (siehe Abbildung 8.5). Das Programm ist sogar nicht in der Lage, mit Dezimalzahlen umzugehen.

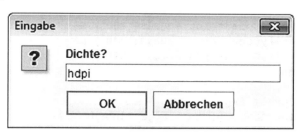

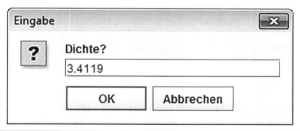

Abbildung 8.5: Mein Programm akzeptiert nur Ganzzahlen.

Sie sollten mit allen möglichen Benutzereingaben rechnen. Zu diesem Zweck stehen Ihnen verschiedene Alternativen zur Verfügung. Eine Sache, die Sie auf jeden Fall machen können, ist das Abweisen falscher Eingaben und die Aufforderung an den Benutzer, richtige Angaben zu machen – was dazu führt, dass Sie Ihre Eingabeaufforderung eventuell mehrmals wiederholen müssen. Listing 8.3 stellt einen Weg dar, so etwas zu machen.

```java
package com.allmycode.icons;

import javax.swing.ImageIcon;
import javax.swing.JOptionPane;

public class ShowIconsWithWhile {

  public static void main(String[] args) {
    String densityCodeString =
        JOptionPane.showInputDialog("Dichte?");

    while ( !densityCodeString.equals("160") &&
            !densityCodeString.equals("240") &&
            !densityCodeString.equals("320") &&
            !densityCodeString.equals("480")     ) {

        densityCodeString = JOptionPane
          .showInputDialog("Ungültige Eingabe. " +
            "Bitte erneut versuchen:");

    }

    int densityCode = Integer.parseInt(densityCodeString);
    String iconFileName = null, message = null;

    switch (densityCode) {
    case 160:
      iconFileName = "res/drawable-mdpi/cat.png";
      message = "mdpi";
      break;
    case 240:
      iconFileName = "res/drawable-hdpi/cat.png";
      message = "hdpi";
      break;
    case 320:
      iconFileName = "res/drawable-xhdpi/cat.png";
      message = "xhdpi";
      break;
    case 480:
      iconFileName = "res/drawable-xxhdpi/cat.png";
      message = "xxhdpi";
      break;
```

```
    default:
      iconFileName = "res/drawable/ic_dialog_alert.png";
      message =  "Kein Passendes Symbol";
      break;
  }

  ImageIcon icon = new ImageIcon(iconFileName);
  JOptionPane.showMessageDialog(null, message,
      "Icon", JOptionPane.INFORMATION_MESSAGE, icon);
  }
}
```

Listing 8.3: Erst denken, dann handeln

Abbildung 8.6 zeigt, wie die Ausführung dieses Programms aussieht.

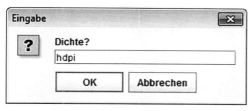

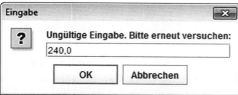

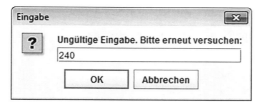

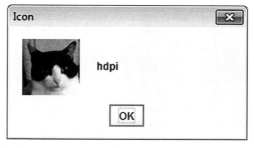

Abbildung 8.6: Immer neue Versuche

Der Code in Listing 8.3 beginnt damit, dass ein Dialogfeld für eine Eingabe angezeigt wird, das die Meldung "Dichte?" enthält. Wenn der Benutzer mit einem anderen Wert als 160, 240, 320 oder 480 antwortet, taucht der Code in seine while-Anweisung ab und zeigt im Dialogfeld immer wieder Ungültige Eingabe. Bitte erneut versuchen: an. Das Eingabedialogfeld erscheint so lange immer wieder neu auf dem Bildschirm, bis der Benutzer mit einem der vier gültigen Werte – 160, 240, 320 oder 480 – antwortet. (*While* bedeutet auf Deutsch *während, so lange, bis*.)

Um es noch einmal deutlicher zu machen, lautet die while-Anweisung:

```
while ( densityCodeString ist nicht 160 und
        densityCodeString ist nicht 240 und
        densityCodeString ist nicht 320 und
        densityCodeString ist nicht 480     ) {

  erhalte einen Wert für densityCodeString

}
```

Oder anders ausgedrückt:

```
while ( densityCodeString nicht akzeptiert werden kann) {

  erhalte einen Wert für densityCodeString

}
```

Bei der while-Anweisung handelt es sich um eine zusammengesetzte Java-Anweisung. Gleichzeitig ist sie eine *Schleifenanweisung*, weil der Computer in eine Schleife gelangen kann, wenn er eine while-Anweisung ausführt und sich bei der Ausführung eines bestimmten Stückchens Codes immer wieder im Kreis dreht.

In einer Schleifenanweisung wird jeder »Rundlauf« *Iteration (Wiederholung)* genannt.

Wenn Sie sich genauer mit Listing 8.3 beschäftigen, fällt Ihnen vielleicht diese Besonderheit auf: Die while-Anweisung zu Beginn des Programms stellt sicher, dass die Dichte entweder 160, 240, 320 oder 480 ist. Und am Ende des Programms sorgt die Klausel default der switch-Anweisung dafür, dass die Dichte auch einen anderen Wert haben kann. Was bringt das? Die Antwort ist, dass eine doppelte Sicherung niemals wehtut. Sie könnten der Überzeugung sein, dass es ausreicht, wenn Ihre switch-Anweisung nur 160, 240, 320 oder 480 ausgeben kann, aber dabei haben Sie dann höchstwahrscheinlich Szenarien vergessen, bei denen die Dichte einen anderen, ungewöhnlichen Wert hat. Und was ist, wenn ein anderer Entwickler (der Ihren Code verbessern möchte) mit Ihrer while-Anweisung durcheinanderkommt und es zulässt, dass falsche Dichtewerte in Ihre switch-Anweisung einfließen? Es kostet Sie nichts, einer switch-Anweisung eine default-Klausel hinzuzufügen, und eine default-Klausel erweitert Ihr Programm immer um eine zusätzliche Ebene, die Schutz vor Fehlern bietet.

Einige Formalien, die mit der Java-Anweisung »while« zu tun haben

Eine while-Anweisung hat diese Form:

```
while (Bedingung) {
    Anweisungen innerhalb der Schleife
}
```

Der Computer wiederholt die *Anweisungen innerhalb der Schleife* immer wieder, solange die Bedingung in den Klammern wahr ist:

Prüfen, um sicherzustellen, dass die Bedingung wahr ist;
Die Anweisungen in der Schleife ausführen.

Erneut prüfen, um sicherzustellen, dass die Bedingung wahr ist;
Die Anweisungen in der Schleife ausführen.

Erneut prüfen, um sicherzustellen, dass die Bedingung wahr ist;
Die Anweisungen in der Schleife ausführen.

Und so weiter

Irgendwann wird die while-Anweisung falsch. (Im Allgemeinen geschieht dies, weil eine der Anweisungen in der Schleife einen der Werte des Programms ändert.) Wenn die Bedingung falsch wird, beendet der Computer das Wiederholen der Anweisungen in der Schleife. (Man sagt auch, dass der Computer das *Iterieren* beendet.) Er führt stattdessen die Anweisungen aus, die unmittelbar auf die while-Anweisung folgen:

Prüfen, um sicherzustellen, dass die Bedingung wahr ist;
Die Anweisungen in der Schleife ausführen.

Erneut prüfen, um sicherzustellen, dass die Bedingung wahr ist;
Die Anweisungen in der Schleife ausführen.

Erneut prüfen, um sicherzustellen, dass die Bedingung wahr ist;
Holla! Die Bedingung ist nicht mehr wahr!
Den Code ausführen, der unmittelbar auf die while–Anweisung folgt.

In Listing 8.3 folgt

```
int densityCode = Integer.parseInt(densityCodeString);
```

unmittelbar auf die while-Anweisung.

Variationen des Themas

Viele der Tricks von `if`-Anweisungen lassen sich auch bei `while`-Anweisungen anwenden. Eine `while`-Anweisung ist eine zusammengesetzte Anweisung, was dazu führt, dass sie auch andere zusammengesetzte Anweisungen enthalten kann. Und wenn eine `while`-Anweisung nur eine Anweisung enthält, können Sie auf die runden Klammern verzichten. Der folgende Code ist damit identisch mit der `while`-Anweisung in Listing 8.3:

```
while ( !densityCodeString.equals("160") &&
        !densityCodeString.equals("240") &&
        !densityCodeString.equals("320") &&
        !densityCodeString.equals("480")    )

   densityCodeString = JOptionPane
     .showInputDialog("Dichte?");
```

Letztendlich handelt es sich bei

```
   densityCodeString = JOptionPane
     .showInputDialog("Dichte?");
```

nur um eine (zugegebenermaßen große) Zuweisung.

Die Bedingung einer `while`-Anweisung kann mitten in einer Iteration falsch werden, bevor die Anweisungen der Iteration vollständig ausgeführt werden konnten. Wenn dies geschieht, beendet der Computer die Iteration nicht sofort. Stattdessen führt er auch den Rest der Anweisungen der Schleife aus. Danach überprüft er die Bedingung (findet heraus, dass sie falsch ist) und macht mit dem Code weiter, der direkt nach der `while`-Anweisung kommt.

Zum vorherigen Symbol gehört auch noch Kleingedrucktes. Wenn ich bis zur Schmerzgrenze genau sein will, muss ich Sie auf Wege hinweisen, um auch in der Mitte einer Iteration aus der Schleife auszusteigen. Sie können eine `break`-Anweisung ausführen, um eine `while`-Anweisung sofort zu verlassen. (Es handelt sich dabei um dieselbe `break`-Anweisung, die Sie in einer `switch`-Anweisung verwenden.) Alternativ können Sie aber auch eine `continue`-Anweisung (das Wort `continue`, dem ein Semikolon folgt) nutzen, um eine Iteration abrupt zu verlassen. Wenn Sie über eine `continue`-Anweisung aus einer Schleife aussteigen, beendet der Computer die aktuelle Iteration sofort und überprüft die Bedingung der `while`-Anweisung. Eine wahre Bedingung sagt dem Computer, dass er zu dem Code gehen soll, der der `while`-Anweisung folgt.

Die Pumpe anwerfen

Javas `while`-Anweisung verwendet die Richtlinie »Schau, bevor du springst«. Der Computer überprüft grundsätzlich zuerst eine Bedingung, bevor er die Anweisungen in der Schleife ausführt. Dies zwingt Sie zusammen mit anderen Dingen dazu, die Schleife sorgfältig vorzubereiten. Dabei erstellen Sie Anweisungen, die die Bedingung vor dem Beginn der Schleife beeinflussen. (Stellen Sie sich eine alte Wasserpumpe vor, die Sie erst betriebsbereit machen müssen, bevor das Wasser laufen kann.) In Listing 8.3 bereitet die Initialisierung von

`String densityCodeString = JOptionPane.showInputDialog("Dichte?");`

die Schleife vor. Diese Initialisierung – der Teil mit dem Gleichheitszeichen (=) – weist `densityCodeString` den ersten Wert zu. Wenn Sie nun die Bedingung `!densityCodeString.equals("160") && ...` *usw.* zum ersten Mal überprüfen, hat die Variable `densityCodeString` einen Wert, den zu vergleichen es sich lohnt.

Und auch das Folgende sollten Sie berücksichtigen, wenn Sie eine `while`-Anweisung anlegen: Der Computer ist in der Lage, eine `while`-Anweisung auszuführen, ohne jemals die Anweisungen in der Schleife anzupacken. So befragt zum Beispiel der Code in Listing 8.3 den Benutzer einmal vor Beginn der `while`-Anweisung. Wenn der Benutzer einen gültigen Wert für die Dichte eingibt, ist die Bedingung der `while`-Anweisung falsch. Der Computer springt hinter die Anweisung in der Schleife und macht direkt mit dem Code weiter, der sich hinter der `while`-Anweisung befindet. Die Aufforderung `Ungültige Eingabe. Bitte erneut versuchen` wird damit gar nicht angezeigt.

Wiederholen, und dann erst überpüpfen

Die `while`-Anweisung (die ich im vorherigen Abschnitt beschreibe) ist in Java das Arbeitstier für Wiederholungen. Wenn Sie `while`-Anweisungen verwenden, sind Sie in der Lage, alle Schleifenoperationen durchzuführen, die Sie benötigen. Vielleicht wollen Sie zum Beispiel gelegentlich die Wiederholung so aufbauen, dass die erste Iteration stattfindet, ohne dass eine Bedingung überprüft wird. In solch einer Situation verwenden Sie die Java-Anweisung `do`. Listing 8.4 ist fast identisch mit Listing 8.3. Der Unterschied liegt darin, dass ich in Listing 8.4 die `while`-Anweisung durch eine `do`-Anweisung ersetzt habe.

```java
package com.allmycode.icons;

import javax.swing.ImageIcon;
import javax.swing.JOptionPane;

public class ShowIconsWithDo {

  public static void main(String[] args) {
    String densityCodeString =
        JOptionPane.showInputDialog("Dichte?");

    do {
        densityCodeString = JOptionPane
          .showInputDialog("Dichte?");

    } while ( !densityCodeString.equals("160") &&
              !densityCodeString.equals("240") &&
```

```
                    !densityCodeString.equals("320") &&
                    !densityCodeString.equals("480")     );

        int densityCode =
            Integer.parseInt(densityCodeString);
        String iconFileName = null, message = null;

        switch (densityCode) {
        case 160:
          iconFileName = "res/drawable-mdpi/cat.png";
          message = "mdpi";
          break;
        case 240:
          iconFileName = "res/drawable-hdpi/cat.png";
          message = "hdpi";
          break;
        case 320:
          iconFileName = "res/drawable-xhdpi/cat.png";
          message = "xhdpi";
          break;
        case 480:
          iconFileName = "res/drawable-xxhdpi/cat.png";
          message = "xxhdpi";
          break;
        default:
          iconFileName = "res/drawable/ic_dialog_alert.png";
          message =  "Kein passendes Symbol";
          break;
        }

        ImageIcon icon = new ImageIcon(iconFileName);
        JOptionPane.showMessageDialog(null, message,
            "Icon", JOptionPane.INFORMATION_MESSAGE, icon);
    }
}
```

Listing 8.4: Schon vor dem Nachschauen springen

Bei einer do-Anweisung springt der Computer sofort an, führt eine Aktion aus und überprüft erst dann eine Bedingung, um herauszufinden, ob das Ergebnis der Aktion mit dem übereinstimmt, was Sie sich vorstellen. Falls dies der Fall ist, wird die Ausführung der Schleife beendet. Anderenfalls geht der Computer wieder an den Anfang der Schleife zurück, um eine neue Runde zu beginnen.

Einige Formalien, die mit der Java-Anweisung »do« zu tun haben

Eine do-Anweisung hat diese allgemeine Form:

```
do {
    Anweisungen in der Schleife
} while (Bedingung)
```

Der Computer führt die *Anweisungen in der Schleife* aus und prüft dann, ob die Bedingung in den Klammern wahr ist. Falls dies der Fall ist, führt der Computer die *Anweisungen in der Schleife* erneut aus. Und so weiter.

Javas do-Anweisung verwendet die Richtlinie »Springe, bevor du nachschaust«. Die Anweisung überprüft eine Bedingung unmittelbar *nach* jeder Wiederholung der Anweisungen in der Schleife.

Eine do-Anweisung eignet sich für Situationen, bei denen Sie sicher wissen, dass Sie die Anweisungen in der Schleife mindestens einmal durchlaufen müssen. Eine do-Anweisung muss anders als eine while-Anweisung nicht vorbereitet werden. Andererseits bietet eine do-Anweisung keine Unterstützung in Situationen, bei der sich das erste Auftreten einer Aktion von den folgenden unterscheidet. So führt zum Beispiel eine sauber eingegebene while-Anweisung in Listing 8.3 dazu, dass die Nachricht im ersten Dialogfeld Dichte? und die in allen folgenden Dialogfeldern Ungültige Eingabe. Bitte erneut versuchen lautet. Bei der do-Anweisung in Listing 8.4 enthalten alle Dialogfelder nur die einfache Meldung Dichte?.

Zählen, zählen, zählen

Bei dem Beispiel dieses Abschnitts handelt es sich um eine schnelle, temporäre Programmierlösung. Sie werden sehen, dass Sie sich nach einer genauen Betrachtung dieses Beispiels fragen werden, ob es tatsächlich jemanden gibt, der die Java-Funktion verwendet, die ich in diesem Beispiel darstelle. Nun, diese Funktion (die Anweisung for) taucht sogar recht häufig in Java-Programmen auf. Das wahre Leben ist voller Beispiele von zählenden Schleifen und die App-Entwicklung ist ein Spiegelbild dieses Lebens – oder war das andersherum? Wenn Sie einem Gerät mitteilen, was es zu tun hat, dann heißt dies häufig, dass es drei Zeilen anzeigen, zehn Konten verarbeiten, eine Million Telefonnummern anrufen oder sonst was tun soll.

Um zum Beispiel die ersten tausend Zeilen einer Android-Datentabelle anzuzeigen, könnten Sie in Java diese Anweisung verwenden:

```
cursor.moveToFirst();

for (int i = 0; i < 999; i++) {
    String _id = cursor.getString(0);
    String name = cursor.getString(1);
    String amount = cursor.getString(2);
    textViewDisplay.append(i + ": " + _id + " " +
                        name + " " + amount + "\n");
    cursor.moveToNext();
}
```

Unglücklicherweise können Beispiele, die mit Android-Datentabellen oder dem Wählen von Telefonnummern zu tun haben, recht kompliziert sein. Fangen wir deshalb mit einem einfacheren Beispiel an – einem, das Symbole in drei verschiedenen Größen anzeigt. Den dazu passenden Code gibt es in Listing 8.5.

```java
package com.allmycode.icons;

import javax.swing.ImageIcon;
import javax.swing.JOptionPane;

public class ShowIconsWithFor {

  public static void main(String[] args) {

    int densityCode;
    String iconFileName = null, message = null;

    for (int i = 1; i <= 3; i++) {
      densityCode = i * 160;

      switch (densityCode) {
      case 160:
        iconFileName = "res/drawable-mdpi/cat.png";
        message = "mdpi";
        break;
      case 240:
        iconFileName = "res/drawable-hdpi/cat.png";
        message = "hdpi";
        break;
      case 320:
        iconFileName = "res/drawable-xhdpi/cat.png";
        message = "xhdpi";
        break;
      case 480:
        iconFileName = "res/drawable-xxhdpi/cat.png";
        message = "xxhdpi";
        break;
      default:
        iconFileName = "res/drawable/ic_dialog_alert.png";
        message = "Kein passendes Symbol";
        break;
      }

      ImageIcon icon = new ImageIcon(iconFileName);
      JOptionPane.showMessageDialog(null, message,
          "IconPane.INFORMATION_MESSAGE, icon);
    }
  }
}
```

Listing 8.5: Eine Schleife, die zählt

Listing 8.5 deklariert eine int-Variable mit dem Namen i. Der Startwert von i ist 1. So lange die Bedingung i <=3 wahr ist, führt der Computer die Anweisungen in der Schleife und danach i++ aus (und fügt dem Wert von i 1 hinzu). Nach drei Durchläufen (Iterationen) wird der Wert von i 4, wodurch die Bedingung i <=3 nicht mehr wahr ist. Nun hört das Programm auf, die Anweisungen in der Schleife zu wiederholen, und macht mit der Ausführung der Anweisungen weiter, die nach der for-Anweisung kommen. (Wobei es in Listing 8.5 davon keine gibt.)

In diesem Beispiel enthält die Anweisung in der Schleife

densityCode = i * 160;

was dazu führt, dass densityCode (abhängig vom Wert von i) entweder 160, 240, 320 oder 480 ist. Zu den Anweisungen in der Schleife gehören auch eine umfangreiche switch-Anweisung (die anhand von densityCode die Werte für icon und message erzeugt) und ein paar Anweisungen, um das Symbol und die Meldung anzuzeigen. Als Ergebnis werden nacheinander die drei Symbole für die Dichten 160, 320 und 480 wiedergegeben. Listing 8.5 sorgt für eine Darstellung aller drei Symbole, ohne dass eine Eingabe durch den Benutzer erforderlich ist (siehe Abbildung 8.7).

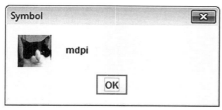

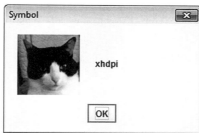

Abbildung 8.7: Der Code von Listing 8.5 wird ausgeführt.

Einige Formalien, die mit der Java-Anweisung »for« zu tun haben

Eine for-Anweisung hat diese Form:

```
for (Initialisierung ; Bedingung ; Aktualisierung) {
    Anweisungen in der Schleife
}
```

- ✔ Eine *Initialisierung* (wie i = 1 in Listing 8.5) legt die Aktion fest, die vor der ersten Iteration der Schleife ausgeführt wird.

- ✔ Eine *Bedingung* (wie i<= 3 in Listing 8.5) legt das Element fest, das vor einer Iteration überprüft wird. Wenn die Bedingung true ergibt, führt der Computer die Iteration aus. Wenn die Bedingung false ergibt, führt der Computer die Iteration nicht aus und macht mit dem Code weiter, der im Anschluss an die for-Anweisung kommt.

- ✔ Eine *Aktualisierung* (wie i++ in Listing 8.5) legt eine Aktion fest, die am Ende eines jeden Schleifendurchlaufs vorgenommen wird.

Sie können auf die runden Klammern verzichten, wenn es in der Schleife nur eine Anweisung gibt.

Was kommt als Nächstes?

Java kennt noch andere Wege, um in einem Programm von einer Stelle an eine andere zu gelangen. Hierzu gehören auch erweiterte for- und try-Anweisungen. Aber Beschreibungen dieser Elemente gehören nicht in dieses Kapitel. Um die Leistungsfähigkeit erweiterter for- und try-Anweisungen zu verstehen, müssen Sie einfach mehr über Klassen und Objekte wissen. Aus diesem Grund sollten Sie furchtlos in das tiefe Wasser von Klassen und Objekten eintauchen.

Ich bin Ihr Tauchlehrer. Alle Mann ab ins Wasser!

Teil III

Die großen Zusammenhänge: Objektorientierte Programmierung

In diesem Teil ...

✔ Objektorientierte Programmierung verstehen
✔ Code wiederverwenden
✔ Kommunikation zwischen den Teilen Ihrer App einrichten

Warum objektorientierte Programmierung mit dem Verkauf von Käse verglichen werden kann

In diesem Kapitel

▶ Die Wahrheit über objektorientierte Programmierung

▶ Warum eine Klasse eigentlich ein Java-Typ ist

▶ Das Ende des Mysteriums, das Wörter wie `static` umgibt

In Andys Gourmettempel für Käse und Kaffee (der in seiner feinen Ausprägung im Englischen *Java* heißt) gibt es Käse und frisch aufgebrühten Kaffee aus der ganzen Welt (insbesondere aus Java in Indonesien). Das Geschäft liegt in Cheesetown, Pennsylvanien, und ist ein Nachbarort von Edenville an der Cheesetown Road im Franklin County.

Im Laden wird Käse beutelweise verkauft und jeder Beutel enthält eine bestimmte Käsesorte wie zum Beispiel Cheddar, Emmentaler, Munster oder Limburger. Die Beutel sind mit dem Gewicht und dem durchschnittlichen Alter der Käse in Tagen beschriftet. Außerdem können die Beutel je nach Herkunft des Käses die Aufschrift *Einheimisch* oder *Importiert* tragen.

Bevor Andy sein Geschäft eröffnete, hat er schon einiges besessen. Er hatte eine Familie, ein aufgegebenes Restaurant, eine Menge Vorräte aus dem Restaurant, eine bewegte Vergangenheit und einen Sack voller Schulden. Aber um dieser Erzählung willen besaß er auch ein Formular. Ja, Andy hatte ein Formular entworfen, um immer zu wissen, wie der Lagerbestand in seinem Geschäft aussieht. Abbildung 9.1 zeigt dieses Formular.

Abbildung 9.1: Ein Onlineformular

Genau eine Woche vor der Eröffnung des Geschäfts erhielt Andy von seinem Lieferanten einen ersten Beutel mit Käse. Andy gab die entsprechenden Informationen in sein Lagerbestandsformular ein. Abbildung 9.2 zeigt das Ergebnis.

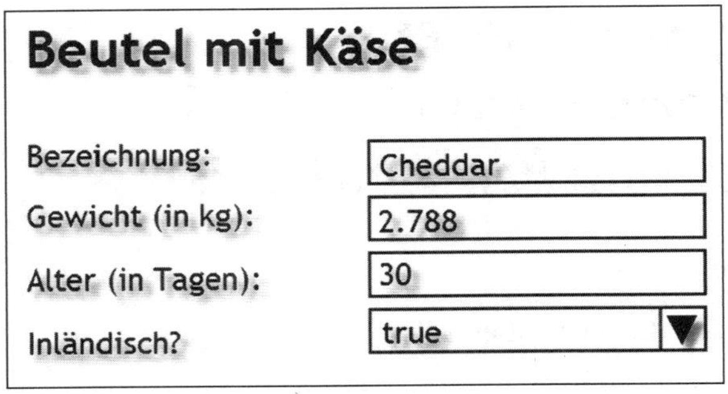

Beutel mit Käse

Bezeichnung:	Cheddar
Gewicht (in kg):	2.788
Alter (in Tagen):	30
Inländisch?	true

Abbildung 9.2: Eine virtuelle Käselieferung

Andy besaß nun ein Formular und einen Beutel mit Käse (was nicht viel für einen hart arbeitenden Menschen ist), aber einen Tag später erhielt Andy fünf weitere Beutel mit Käse. Sein Eintrag in das Formular sah so aus wie der in Abbildung 9.3.

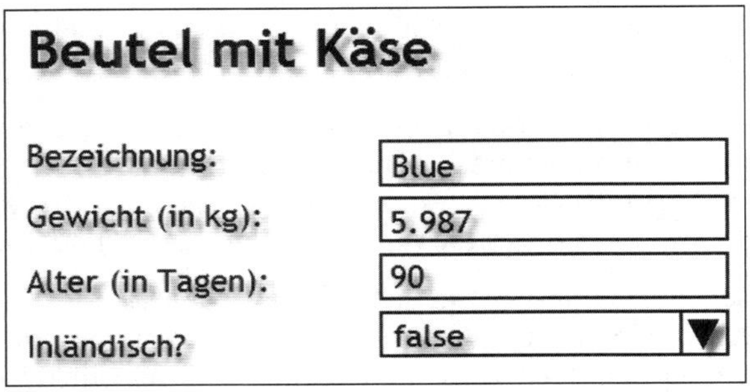

Beutel mit Käse

Bezeichnung:	Blue
Gewicht (in kg):	5.987
Alter (in Tagen):	90
Inländisch?	false

Abbildung 9.3: Eine weitere virtuelle Käselieferung

Am Ende der Woche wurde Andy ein wenig nervös: Er hatte genau ein Lagerbestandsformular und sechs Beutel mit Käse.

Das ist aber nicht das Ende der Geschichte. Als es zur großen Geschäftseröffnung kam, hatte Andys Lieferant noch viele Beutel mit Käse gebracht, und Andy besaß zusätzlich zu seinem Formular noch mehrere Hundert Beutel mit Käse. Das Geschäft wurde zu einer Attraktion auf dem Interstate Highway 81 in Cheesetown, Pennsylvanien. Aber soweit es Sie betrifft, hatte, hat und wird das Unternehmen immer nur ein einziges Formular und viele Beutel mit Käse haben.

Und genau das ist die Kernaussage der objektorientierten Programmierung!

Klassen und Objekte

Java ist eine objektorientierte Programmiersprache. Ein Programm, das Sie in Java erstellen, besteht aus mindestens einer Klasse.

Eine Klasse ist wie Andys leeres Formular, das in der Einführung zu diesem Kapitel beschrieben wird. Das bedeutet, dass eine Klasse eine allgemeine Beschreibung einer Sache ist. Dort beschreibt die Klasse (das Formular) die Merkmale, die jeder Beutel mit Käse aufweist. Stellen Sie sich nun andere Klassen vor. So gibt zum Beispiel Abbildung 9.4 eine Bankkontenklasse wieder.

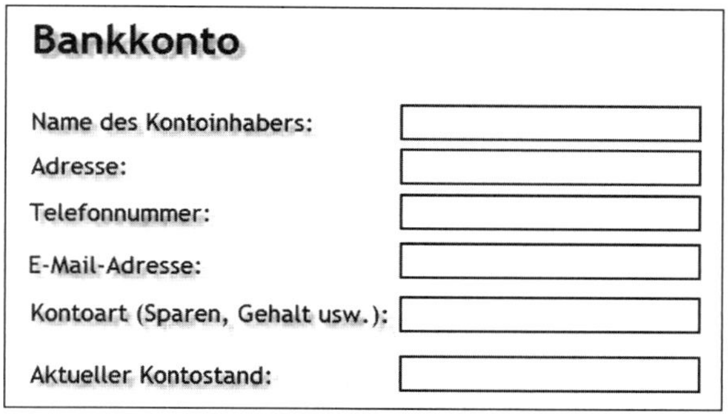

Bankkonto

Name des Kontoinhabers:
Adresse:
Telefonnummer:
E-Mail-Adresse:
Kontoart (Sparen, Gehalt usw.):
Aktueller Kontostand:

Abbildung 9.4: Eine Klasse `Bankkonto`

Abbildung 9.5 stellt ein Klasse `Elfe` dar, bei der es sich um eine Klasse für einen Charakter in einem Computerspiel handelt.

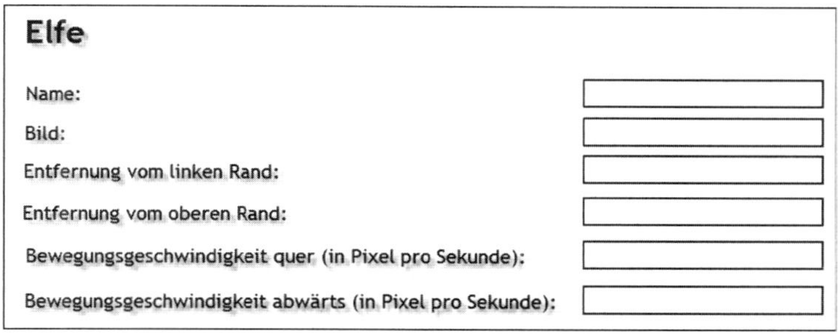

Elfe

Name:
Bild:
Entfernung vom linken Rand:
Entfernung vom oberen Rand:
Bewegungsgeschwindigkeit quer (in Pixel pro Sekunde):
Bewegungsgeschwindigkeit abwärts (in Pixel pro Sekunde):

Abbildung 9.5: Eine Klasse `Elfe`

Was ist nun eine Klasse wirklich?

In der Praxis sieht keine Klasse so aus wie die Formulare in Abbildung 9.1 bis Abbildung 9.5. Eine Klasse sieht sogar wie gar nichts aus. Stattdessen handelt es sich bei einer Java-Klasse um die Art von Dingen, die ich als »leere Seiten, die ausgefüllt werden müssen« bezeichne. Listing 9.1 enthält eine echte Java-Klasse – die Art von Klasse, die Sie schreiben, wenn Sie in Java programmieren.

```
package com.allmycode.andy;

public class BagOfCheese {
  String kind;
  double weight;
  int daysAged;
  boolean isDomestic;
}
```

Listing 9.1: Eine Klasse in der Programmiersprache Java

Damit Ihnen die Zuordnung zum weiteren Text leichter fällt: `BagOfCheese` sind die *Beutel mit Käse*, `kind` entspricht *Bezeichnung*, `weight` ist das *Gewicht*, `daysAge` ist *Alter (in Tagen)* und `isDomestic` fragt nach, ob es sich um einen *inländischen* Käse handelt.

Ihre wichtigste Aufgabe als Programmierer ist es, Klassen zu erstellen. Sie entwickeln keine attraktiven Onlineformulare wie das Formular in Abbildung 9.1. Stattdessen schreiben Sie Code in der Sprache Java – Code, der Angaben wie die in Listing 9.1 enthält.

Vergleichen Sie Abbildung 9.1 mit Listing 9.1. Inwieweit sind sie identisch und worin unterscheiden sie sich? Was hat das eine, was es beim anderen nicht gibt?

✔ **Das Formular in Abbildung 9.1 erscheint auf dem Bildschirm eines Benutzers. Das macht der Code aus Listing 9.1 nicht.**

Eine Java-Klasse muss nicht notwendigerweise an eine bestimmte Darstellung gebunden sein. Klar, Sie können eine Bankverbindung auf dem Bildschirm eines Benutzers anzeigen. Aber bei dieser Bankverbindung handelt es sich nicht um einen Haufen von Elementen auf dem Bildschirm des Computers eines Benutzers – es handelt sich um Informationen, die auf den Computern der Bank vorliegen.

Es ist nun so, dass es bei einigen Java-Klassen schwierig ist, sie grafisch darzustellen. Zwar unterstützt die Android-Klasse `SQLiteOpenHelper` Entwickler beim Erstellen von Datenbanken, aber sie sieht nach nichts Besonderem aus – erst recht nicht nach einem Onlineformular oder einem Beutel mit Käse.

✔ **Onlineformulare tauchen nur in einem bestimmten Umfeld auf. Demgegenüber beeinflussen Klassen alle Teile eines Java-Programms.**

Onlineformulare zeigen sich auf Webseiten, in Dialogfeldern und bei anderen Gelegenheiten. Aber wenn Sie eine Textverarbeitung verwenden, um ein Dokument zu schreiben, haben Sie es primär mit einer formularunabhängigen Eingabe zu tun. So schreibe ich zum Beispiel diesen Absatz nicht, indem ich leere Stellen in einem Formular ausfülle.

Die Absätze, die ich geschrieben habe, sind Teil eines Dokuments in einer Android-Textverarbeitung. Im Dokument hat jeder Absatz seine eigene Ausrichtung, Randgestaltung und Einrückung, eigene Buchstabenabstände, Stile und viele andere Merkmale. Als Java-Klasse könnten die Merkmale eines Absatzes so ähnlich aussehen wie dies hier:

```
class Absatz {
  int ausrichtung;
  int ränder;
  double linkerEinzug;
  double lineSpacing;
  int stil;
}
```

Wenn ich einen Absatz erstelle, fülle ich kein Formular aus. Ich tippe stattdessen Wörter ein und die darunterliegende Textverarbeitung kümmert sich über ihre Klasse Absatz um den Rest.

✔ **Das Formular, das in Abbildung 9.1 dargestellt wir, enthält mehrere Felder, was auch beim Code in Listing 9.1 der Fall ist.**

Bei einem Onlineformular ist ein Feld eine leere Fläche – ein Ort, der vielleicht mit bestimmten Informationen gefüllt wird. In Java ist ein *Feld* jedes Merkmal, das Sie (als Entwickler) einer Klasse zuordnen. Die Klasse BagOfCheese in Listing 9.1 hat vier Felder und jedes dieser vier Felder hat einen Namen: kind, weight, daysAged und isDomestic.

Eine Java-Klasse beschreibt wie ein Onlineformular Elemente, indem die Merkmale aufgelistet werden, die jedes dieser Elemente besitzt. Sowohl das Formular in Abbildung 9.1 als auch der Code in Listing 9.1 sagen im Prinzip dasselbe aus: Jeder Beutel mit Käse enthält eine bestimmte Käsesorte, hat ein bestimmtes Gewicht, zeigt in Tagen an, wie alt der Käse ist, und weist aus, ob es sich um inländischen oder um importierten Käse handelt.

✔ **Der Code in Listing 9.1 beschreibt genau, welche Art von Informationen in die einzelnen Leerräume gehört. Das Formular in Abbildung 9.1 ist an dieser Stelle viel nichtssagender.**

In Abbildung 9.1 weist nichts darauf hin, welche Art von Eingabe im Feld Gewicht erlaubt ist. Das Gewicht in Kilogramm kann eine ganze Zahl (0, 1, 2 und so weiter) oder eine Dezimalzahl (wie 1.14159) sein, wenn es sich zum Beispiel um ein großes Stück Tortenbrie handelt. Was geschieht, wenn der Benutzer im Formular in Abbildung 9.1 die Wörter zwei Kilo eingibt? Akzeptiert das Formular diese Eingabe oder hängt sich der Computer auf? Ein Entwickler kann zusätzlichen Code hinzufügen, um die Eingabe in einem Formular auf Richtigkeit hin zu überprüfen, aber von selbst kümmert sich ein Formular wenig um das, was ein Benutzer eingibt.

Im Gegensatz dazu enthält der Code in Listing 9.1 diese Zeile:

```
double weight;
```

Sie sagt Java, dass jeder Beutel mit Käse ein Merkmal besitzt, das weight heißt, und dass das Gewicht *(Weight)* vom Typ double sein muss. Ähnliches gilt für daysAged mit dem Typ int und isDomestic, dessen Wert vom Typ boolean ist, während der Wert von kind *(Bezeichnung)* den Typ String aufweist.

Was ist ein Objekt?

In der Terminologie der objektorientierten Programmierung ist jeder Beutel mit Käse ein *Objekt*, und jeder Beutel mit Käse ist eine *Instanz* der Klasse in Listing 9.1.

Sie können sich Klassen und Objekte auch als Hierarchie vorstellen. Die Klasse `BagOfCheese` steht an der Spitze der Hierarchie, und jede Instanz der Klasse ist an die Klasse selbst angehängt (siehe Abbildung 9.6 und Abbildung 9.7).

BagOfCheese
kind: String weight: double daysAged: int isDomestic: boolean

Abbildung 9.6: Andy hat eine Klasse.

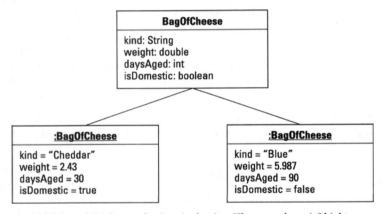

Abbildung 9.7: Später besitzt Andy eine Klasse und zwei Objekte.

Die Diagramme in Abbildung 9.6 und Abbildung 9.7 sind Teil der standardisierten Unified Modeling Language (UML; *Vereinheitlichte Modellierungssprache*). Wenn Sie mehr über UML wissen möchten, besuchen Sie die Webseiten `http://de.wikipedia.org/wiki/Unified_Modeling_Language` oder `www.omg.org/spec/UML`.

Ein Objekt ist ein bestimmtes Ding. (Für Andy ist ein Objekt ein bestimmter Beutel mit Käse.) Eine Klasse ist eine Beschreibung mit leeren Bereichen, die ausgefüllt werden müssen. (Für Andy ist das ein Formular mit vier leeren Feldern: eines für die Bezeichnung des Käses, ein anderes für das Gewicht des Käses, ein drittes Feld für das Alter des Käses in Tagen und ein viertes Feld für die Herkunft des Käses.)

Vergessen Sie aber niemals, dass es Ihre wichtigste Aufgabe ist, Klassen zu erstellen. Sie entwerfen nun einmal keine attraktiven Onlineformulare wie das in Abbildung 9.1. Stattdessen schreiben Sie Code in der Sprache Java – Code, der Beschreibungen wie die in Listing 9.1 enthält.

Objekte erstellen

Listing 9.2 enthält echten Java-Code, um zwei Objekte zu erstellen – zwei Instanzen der Klasse aus Listing 9.1.

```java
package com.allmycode.andy;

import javax.swing.JOptionPane;

public class CreateBags {
  public static void main(String[] args) {
    BagOfCheese bag1 = new BagOfCheese();
    bag1.kind = "Cheddar";
    bag1.weight = 2.43;
    bag1.daysAged = 30;
    bag1.isDomestic = true;

    BagOfCheese bag2 = new BagOfCheese();
    bag2.kind = "Blue";
    bag2.weight = 5.987;
    bag2.daysAged = 90;
    bag2.isDomestic = false;

    JOptionPane.showMessageDialog(null,
        bag1.kind + ", " +
        bag1.weight + ", " +
        bag1.daysAged + ", " +
        bag1.isDomestic);

    JOptionPane.showMessageDialog(null,
        bag2.kind + ", " +
        bag2.weight + ", " +
        bag2.daysAged + ", " +
        bag2.isDomestic);
  }
}
```

Listing 9.2: Zwei Objekte erstellen

Wenn Sie den Code in Listing 9.2 ausführen, erhalten Sie ein Ergebnis wie das in Abbildung 9.8.

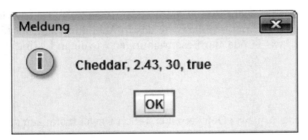

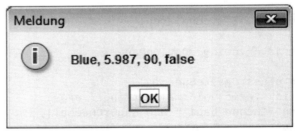

Abbildung 9.8: Den Code aus Listing 9.2 ausführen

Um in die Terminologie ein wenig Abwechslung hineinzubringen, könnte ich sagen, dass der Code in Listing 9.2 zwei »BagOfCheese-Objekte« oder zwei »BagOfCheese-Instanzen« anlegt. Es ließe sich aber auch so ausdrücken: »In Listing 9.2 *instanziiert* die Anweisung new BagOfCheese()die Klasse BagOf-Cheese.« Aber unabhängig davon, wie Sie es darstellen, sorgt Listing 9.1 für das Vorhandensein einer Klasse, während Listing 9.2 zwei Objekte deklariert.

In Listing 9.2 ist jede Verwendung der Wörter new BagOfCheese() der *Aufruf eines Konstruktors*. Einzelheiten hierzu finden Sie weiter unten in diesem Kapitel im Abschnitt *Einen Konstruktor aufrufen*.

Um den Code in Listing 9.2 ablaufen zu lassen, müssen Sie selbstständig die beiden Java-Dateien (BagOfCheese.java aus Listing 9.1 und CreateBags.java aus Listing 9.2) in einem Eclipse-Projekt zusammenführen.

Ich verwende in Listing 9.1 zehn Anweisungen, um zwei Beutel mit Käse zu erstellen. Die erste Anweisung (BagOfCheese bag1 = new BagOfCheese()) macht drei Dinge:

✔ Sie erklärt mit den Wörtern BagOfCheese bag1, dass die Variable bag1 auf einen Beutel mit Käse verweist.

✔ Sie erstellt mit den Wörtern new BagOfCheese() einen neuen Beutel, der noch keinen speziellen Käse enthält. (Vielleicht hilft es, wenn Sie sich das als leeren Beutel vorstellen, der für die Aufnahme von Käse in Reserve gehalten wird.)

✔ Zum Schluss sorgt diese erste Anweisung über das Gleichheitszeichen dafür, dass die Variable bag1 auf den neu erstellten Beutel verweist.

Die nächsten vier Anweisungen weisen in Listing 9.2 den Feldern von bag1 Werte zu:

```
bag1.kind = "Cheddar";
bag1.weight = 2.43;
bag1.daysAged = 30;
bag1.isDomestic = true;
```

Um auf eines der Felder eines Objekts zu verweisen, hängen Sie an den Namen des Objekts einen Punkt an, dem der Name des Feldes folgt. (Hängen Sie zum Beispiel an bag1 einen Punkt, dem der Feldname kind folgt, was zu bag1.kind führt.)

Die nächsten fünf Anweisungen machen in Listing 9.2 das Gleiche für eine zweite Variable, bag2, und einen zweiten Beutel mit Käse.

Namen wiederverwenden

Ich deklariere in Listing 9.2 die beiden Variablen bag1 und bag2, um auf zwei BagOfCheese-Objekte zu verweisen. Das ist zwar ganz gut so, aber manchmal reicht es auch aus, wenn nur eine Variable vorhanden ist, die für ein zweites Objekt wiederverwendet wird. Dies zeigt Listing 9.3.

```
package com.allmycode.andy;

import javax.swing.JOptionPane;

public class CreateBags {
  public static void main(String[] args) {
    BagOfCheese bag = new BagOfCheese();
    bag.kind = "Cheddar";
    bag.weight = 2.43;
    bag.daysAged = 30;
    bag.isDomestic = true;

    JOptionPane.showMessageDialog(null,
        bag.kind + ", " +
        bag.weight + ", " +
        bag.daysAged + ", " +
        bag.isDomestic);

    bag = new BagOfCheese();
    bag.kind = "Blue";
    bag.weight = 5.987;
    bag.daysAged = 90;
    bag.isDomestic = false;
```

```
        JOptionPane.showMessageDialog(null,
            bag.kind + ", " +
            bag.weight + ", " +
            bag.daysAged + ", " +
            bag.isDomestic);
    }
}
```

Listing 9.3: Eine Variable wiederverwenden

Wenn der Computer in Listing 9.3 die zweite Anweisung bag = new BagOfCheese() ausführt, verschwindet das alte Objekt (der Beutel, der Cheddar enthält). Ohne bag (oder eine andere Variable), das auf das Cheddar-Objekt verweist, kann der Code nichts mehr mit dem Cheddar-Objekt anfangen. Glücklicherweise haben Sie zu dem Zeitpunkt, an dem Sie die zweite Anweisung bag = new BagOfCheese() lesen, bereits alles erledigt, was Sie mit dem Beutel mit Cheddar-Käse machen wollten. Deshalb können Sie die Variable bag problemlos erneut verwenden.

Wenn Sie eine Variable (wie die einzige in Listing 9.2 vorhandene mit dem Namen bag) wiederverwenden wollen, machen Sie dies über eine Zuweisungsanweisung und nicht durch eine Initialisierung. Mit anderen Worten, Sie schreiben in Ihrem Code nicht noch einmal BagOfCheese bag. Wenn Sie dies trotzdem tun, sehen Sie im Editor von Eclipse Fehlermeldungen.

Um ganz genau zu sein: Sie können tatsächlich in demselben Stückchen Code BagOfCheese bag mehr als einmal hinterlegen. Sie finden hierzu weiter hinten in diesem Kapitel im Abschnitt *Konstruktoren mit Parametern* ein Beispiel zur Verwendung von Schattierung.

In Listing 9.1 ist keines der Felder der Klasse BagOfCheese als final deklariert worden. Dies bedeutet, dass es der Code der Klasse zulässt, dass Sie den Feldern in einem BagOfCheese-Objekt erneut Werte zuweisen. Wenn Sie sich dies merken, sind Sie in der Lage, den Code aus Listing 9.3 noch weiter zu verkürzen, wie Listing 9.4 zeigt.

```
package com.allmycode.andy;

import javax.swing.JOptionPane;

public class CreateBags {
    public static void main(String[] args) {
        BagOfCheese bag = new BagOfCheese();
        bag.kind = "Cheddar";
        bag.weight = 2.43;
        bag.daysAged = 30;
        bag.isDomestic = true;
```

```java
    JOptionPane.showMessageDialog(null,
        bag.kind + ", " +
        bag.weight + ", " +
        bag.daysAged + ", " +
        bag.isDomestic);

    // bag = new BagOfCheese();
    bag.kind = "Blue";
    bag.weight = 5.987;
    bag.daysAged = 90;
    bag.isDomestic = false;

    JOptionPane.showMessageDialog(null,
        bag.kind + ", " +
        bag.weight + ", " +
        bag.daysAged + ", " +
        bag.isDomestic);
    }
}
```

Listing 9.4: Die Felder eines `bag`*-Objekts wiederverwenden*

Durch das Auskommentieren des zweiten Aufrufs des Konstruktors in Listing 9.4 sorgen Sie dafür, dass die Variable bag nicht mehr auf ein neues Objekt verweist. Stattdessen handeln Sie ökonomisch, indem Sie den vorhandenen Feldern des Objekts neue Werte zuweisen.

Es sind aber Situationen denkbar, in denen es effizienter ist, die Felder eines Objekts wiederzuverwenden (weil dies die Programmausführung beschleunigt), als ein neues Objekt zu erstellen. Trotzdem ziehe ich es vor, so weit es geht, Code zu schreiben, der echte Daten wiedergibt. Wenn sich der aktuelle Inhalt eines Beutels nicht von Cheddar-Käse in Blue-Käse ändert, möchte ich auch das Feld kind eines BagOfCheese-Objekts nicht von "Cheddar" in "Blue" ändern.

Einen Konstruktor aufrufen

In Listing 9.2 sieht new BagOfCheese() wie der Aufruf einer Methode aus, was aber nicht der Fall ist. Es handelt sich dabei um den *Aufruf eines Konstruktors*. Ein solcher Aufruf führt dazu, dass aus einer vorhandenen Klasse ein neues Objekt erstellt wird. Sie können herausfinden, ob es sich um den Aufruf eines Konstruktors handelt, indem Sie auf Folgendes achten:

✔ **Der Aufruf eines Konstruktors beginnt mit dem Java-Schlüsselwort new:**

   new BagOfCheese()

   und

✔ **Der Name eines Konstruktors ist der Name einer Java-Klasse:**

   new **BagOfCheese**()

Wenn der Computer auf den Aufruf einer Methode trifft, führt er die Anweisungen in der Deklaration der Methode aus. Ähnliches geschieht, wenn der Computer auf den Aufruf eines Konstruktors trifft: Er führt die Anweisungen in der Deklaration des Konstruktors aus. Wenn Sie eine neue Klasse erstellen (wie ich es in Listing 9.1 getan habe), ist Java in der Lage, die Deklaration eines Konstruktors automatisch vorzunehmen. Wenn Sie wollen, können Sie den Code der Deklaration manuell eingeben. Listing 9.5 zeigt Ihnen, wie der Code der Deklaration aussehen sollte.

```
package com.allmycode.andy;

public class BagOfCheese {
  String kind;
  double weight;
  int daysAged;
  boolean isDomestic;

  BagOfCheese() {
  }
}
```

Listing 9.5: Der parameterlose Konstruktor

Der in Listing 9.5 fett gedruckte Code

```
BagOfCheese() {
}
```

ist die einfache Deklaration eines Konstruktors. Im Körper dieser Deklaration eines Konstruktors gibt es (anders als bei den meisten anderen Deklarationen von Konstruktoren) keine Anweisungen. Diese Deklaration besteht letztendlich nur aus einer Kopfzeile (`BagOfCheese`) und einem leeren Körper (`()`).

Sie können Listing 9.5 genau so abschreiben, wie es ist. Andererseits können Sie aber auch auf den fett gedruckten Text verzichten, und Java erstellt diesen Konstruktor automatisch. (Sie sehen dann die Deklaration des Konstruktors im Editor von Eclipse nicht, aber Java verhält sich so, als ob die Deklaration des Konstruktors vorhanden wäre.) Wenn Sie herausfinden wollen, wann Java einen Konstruktor automatisch deklariert und wann nicht, schauen Sie sich weiter hinten in diesem Kapitel den Abschnitt *Konstruktoren mit Parametern* an.

Die Deklaration eines Konstruktors hat große Ähnlichkeit mit der Deklaration einer Methode, wobei es aber zwei große Unterschiede gibt:

✔ **Der Name des Konstruktors ist mit dem Namen der Klasse identisch, deren Objekte der Konstruktor erstellt.**

In Listing 9.5 lautet der Name der Klasse `BagOfCheese` und die Kopfzeile des Konstruktors beginnt mit dem Namen `BagOfCheese`.

✓ **Vor dem Namen des Konstruktors befindet sich in der Kopfzeile kein Typ.**

Anders als die Kopfzeile einer Methode steht in der Kopfzeile eines Konstruktors nicht `int BagOfCheese` oder gar `void BagOfCheese()`. Dort gibt es einfach nur `BagOfCheese()`.

Die Deklaration des Konstruktors in Listing 9.5 enthält keine Anweisungen. Dies ist für einen Konstruktor nicht typisch, aber genau das, was Sie erhalten, wenn Java einen Konstruktor automatisch erstellt. Aber unabhängig davon, ob der Konstruktor Anweisungen enthält oder nicht, erhalten Sie ein ganz neues `BagOfCheese`-Objekt.

Noch mehr von Klassen und Objekten (dieser Mischung Methoden hinzufügen)

Ich stelle in Kapitel 5 und 7 die Übergabe vor. In diesem Kapitel hier habe ich, ohne dass Sie es bemerkt haben, darauf verzichtet, Objekte an Methoden zu übergeben. (Ich hoffe zumindest, dass Sie es nicht bemerkt haben.) In diesem Abschnitt möchte ich meine Zurückhaltung bei diesem Thema ablegen und mich den Problemen stellen (und Methoden Objekte zuweisen).

Ich beginne, indem ich ein früheres Beispiel verbessere. Der Code in Listing 9.2 enthält zwei schrecklich aussehende Aufrufe von `showMessageDialog`. Sie können den Code dort verschlanken, indem Sie die Aufrufe in eine einzelne Methode verschieben. Und das geht so:

1. **Schauen Sie sich im Editor von Eclipse den Code von Listing 9.2 an.**

   Die Datei `CreateBags.java` befindet sich im Projekt 09-01, das Sie in Kapitel 2 importieren.

2. **Verwenden Sie die Maus, um die gesamte Anweisung zu markieren, die den ersten Aufruf von `JOptionPane.showMessagedialog` enthält.**

   Achten Sie darauf, alle Wörter der Anweisung zu markieren – angefangen bei `JOption-Pane` bis hin zum Semikolon vier Zeilen weiter unten.

3. **Wählen Sie im Menü von Eclipse R**EFACTOR|E**XTRACT** M**ETHODE**.

   In Eclipse erscheint das Dialogfeld E**XTRACT** M**ETHOD**, das Abbildung 9.9 zeigt.

4. **Geben Sie im Feld M**ETHOD NAME **des Dialogfelds E**XTRACT** M**ETHOD** den Namen `displayBag` ein.

5. **(Optional) Ändern Sie in der Spalte N**AME **des Dialogfelds E**XTRACT** M**ETHOD** `bag1` in `bag`.

6. **Achten Sie darauf, dass das Kontrollkästchen vor** R**EPLACE** 1 **ADDITIONAL OCCURRENCE OF STATEMENTS WITH METHOD** aktiviert ist.

   Das aktivierte Kontrollkästchen zeigt an, dass Eclipse beide Aufrufe von `showMessage-Dialog` durch einen Aufruf in der neuen Methode `displayBag` ersetzen wird.

7. **Klicken Sie auf OK.**

   Eclipse lässt das Dialogfeld E**XTRACT** M**ETHOD** wieder verschwinden und ersetzt Ihren Code durch den neuen Code, den Listing 9.6 zeigt.

Dieses Kontrollkästchen überprüfen

Abbildung 9.9: Das Dialogfeld Extract Method

```
package com.allmycode.andy;

import javax.swing.JOptionPane;

public class CreateBags {
  public static void main(String[] args) {
    BagOfCheese bag1 = new BagOfCheese();
    bag1.kind = "Cheddar";
    bag1.weight = 2.43;
    bag1.daysAged = 30;
    bag1.isDomestic = true;
```

```
    BagOfCheese bag2 = new BagOfCheese();
    bag2.kind = "Blue";
    bag2.weight = 5.987;
    bag2.daysAged = 90;
    bag2.isDomestic = false;

    displayBag(bag1);

    displayBag(bag2);
  }

  private static void displayBag(BagOfCheese bag) {
    JOptionPane.showMessageDialog(null,
        bag.kind + ", " +
        bag.weight + ", " +
        bag.daysAged + ", " +
        bag.isDomestic);
  }
}
```

Listing 9.6: Eine Methode zeigt einen Beutel mit Käse an.

Entsprechend der Deklaration von displayBag in Listing 9.6 übernimmt die Methode displayBag einen Parameter. Dieser Parameter muss eine Instanz von BagOfCheese sein. Sie verweisen im Körper der Deklaration der Methode mit dem Parameter bag auf diese Instanz. (Sie verweisen auf bag.kind, bag.weight, bag.daysAged und bag.isDomestic.)

Sie legen in der Methode main zwei Instanzen von BagOfCheese an: bag1 und bag2 und rufen displayBag einmal mit der ersten Instanz auf (displayBag(bag1)). Danach rufen Sie displayBag ein zweites Mal (mit der zweiten Instanz displayBag(bag2)) auf.

Konstruktoren mit Parametern

Listing 9.7 enthält eine Abwandlung des Themas aus Listing 9.2.

```
package com.allmycode.andy;

import javax.swing.JOptionPane;

public class CreateBags {
  public static void main(String[] args) {
    BagOfCheese bag1 =
        new BagOfCheese("Cheddar", 2.43, 30, true);
    BagOfCheese bag2 =
        new BagOfCheese("Blue", 5.987, 90, false);
```

```
    displayBag(bag1);

    displayBag(bag2);
  }

  private static void displayBag(BagOfCheese bag) {
    JOptionPane.showMessageDialog(null,
        bag.kind + ", " +
        bag.weight + ", " +
        bag.daysAged + ", " +
        bag.isDomestic);
  }
}
```

Listing 9.7: Ein weiterer Weg, um zwei Objekte zu deklarieren

Listing 9.7 ruft einen `BagOfCheese`-Konstruktor mit vier Parametern auf, was dazu führt, dass es im Code auch den entsprechenden Konstruktor mit vier Parametern geben muss. In Listing 9.8 zeige ich, wie ein solcher Konstruktor deklariert wird.

```
package com.allmycode.andy;

public class BagOfCheese {
  String kind;
  double weight;
  int daysAged;
  boolean isDomestic;

  BagOfCheese() {
  }

  BagOfCheese(String pKind, double pWeight,
              int pDaysAged, boolean pIsDomestic) {
    kind = pKind;
    weight = pWeight;
    daysAged = pDaysAged;
    isDomestic = pIsDomestic;
  }
}
```

Listing 9.8: Ein Konstruktor mit Parametern

Listing 9.8 hat sich von den Kapiteln 5 und 7 einige Tricks ausgeborgt. Ich stelle in diesen Kapiteln das *Überladen* vor. Dabei handelt es sich um das Wiederverwenden eines Namens, indem für unterschiedliche Listen mit Parametern gesorgt wird. Listing 9.8 hat zwei verschiedene `BagOfCheese`-Konstruktoren – einen ohne Parameter und einen mit vier Parametern. Wenn Sie einen `BagOfCheese`-Konstruktor (wie in Listing 9.7) aufrufen, weiß Java, welche Deklaration ausgeführt werden soll, indem es die Parameter im Aufruf des Konstruktors in

Übereinstimmung bringt. Der Aufruf in Listing 9.7 enthält Parameter vom Typ `String`, `double`, `int` und `boolean`, und im Aufruf des zweiten Konstruktors in Listing 9.8 gibt es dieselben Parametertypen in derselben Reihenfolge. Aus diesem Grund ruft Java in Listing 9.8 den zweiten Konstruktor auf.

Vielleicht fällt Ihnen eine weitere Sache auf, die auch in Kapitel 7 behandelt wird. In Listing 9.8 verwende ich in der zweiten Konstruktorendeklaration für die Parameter und die Felder der Klasse andere Namen, zum Beispiel den Parameternamen `pKind`, während das Feld `kind` heißt. Denn was geschieht, wenn Sie für die Parameter und die Felder dieselben Namen so verwenden, wie es in dem folgenden Beispiel geschieht?

```
// NICHT NACHMACHEN!
BagOfCheese(String kind, double weight,
            int daysAged, boolean isDomestic) {
  kind = kind;
  weight = weight;
  daysAged = daysAged;
  isDomestic = isDomestic;
}
```

Abbildung 9.10 zeigt genau, was dann geschieht. (***Hinweis:*** Nichts Gutes!)

Dieser Code mit den doppelten Parameter- und Feldnamen liefert außer den gelben Warnsignalen im Eclipse-Editor nur das sinnlose Ergebnis, das Abbildung 9.10 zeigt. Der Code in Listing 9.8 macht den Fehler, dass er zwei `kind`-Variablen enthält – eine im Konstruktor und eine außerhalb des Konstruktors, wie Abbildung 9.11 zeigt.

Abbildung 9.10: Ein unerfreuliches Ergebnis

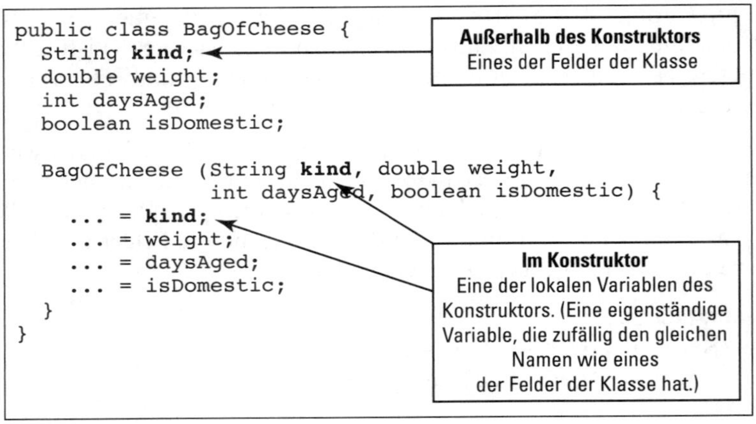

```
public class BagOfCheese {
  String kind;
  double weight;
  int daysAged;
  boolean isDomestic;

  BagOfCheese (String kind, double weight,
               int daysAged, boolean isDomestic) {
    ... = kind;
    ... = weight;
    ... = daysAged;
    ... = isDomestic;
  }
}
```

Außerhalb des Konstruktors
Eines der Felder der Klasse

Im Konstruktor
Eine der lokalen Variablen des Konstruktors. (Eine eigenständige Variable, die zufällig den gleichen Namen wie eines der Felder der Klasse hat.)

Abbildung 9.11: Zwei kind-Variablen

Wenn Sie ein Feld und einen Parameter mit demselben Namen – kind – haben, *schattiert* der Parametername den Feldnamen in der Methode oder im Konstruktor. Damit verweist das Wort kind außerhalb der Deklaration des Konstruktors auf den Feldnamen. In der Deklaration des Konstruktors verweist das Wort kind nur auf den Parameternamen. Deshalb wirkt sich die Anweisung

```
kind = kind;
```

in diesem fürchterlichen Code mit den doppelten Namen nicht auf das Feld kind aus. Stattdessen sagt diese Anweisung dem Computer, dass sich der Parameter kind auf den String beziehen soll, auf den der Parameter kind bereits verweist. Wenn sich diese Erklärung ziemlich unsinnig anhört, haben Sie recht.

Die Variable kind aus der Parameterliste der Deklaration des Konstruktors ist für den Konstruktor *lokal*. Jede Verwendung des Wortes kind außerhalb des Konstruktors ist nicht in der Lage, auf die lokale kind-Variable des Konstruktors zu verweisen.

Felder verhalten sich hier anders. Sie können irgendwo im Code der Klasse auf ein Feld verweisen. So hat zum Beispiel in Listing 9.8 die zweite Deklaration eines Konstruktors keine eigene lokale kind-Variable. Im Körper des Konstruktors verweist das Wort kind auf das Feld der Klasse.

Aber unabhängig davon, wie Sie vorgehen, ist der zweite Konstruktor in Listing 9.8 schwerfällig. Müssen Sie sich wirklich für die Parameter eines Konstruktors immer spezielle Namen wie pKind einfallen lassen? Nein, natürlich nicht. Und den Grund dafür finden Sie im Abschnitt *Das ist es!*.

Der Standardkonstruktor

Ich verzichte in Listing 9.1 bewusst darauf, einen Konstruktor ohne Parameter in meinen Programmcode einzubauen. Diese Arbeit überlasse ich gerne Java. (Ich sehe zwar in Listing 9.1 keinen parameterlosen Konstruktor, aber in Listing 9.2 kann ich problemlos new BagOf-

Cheese aufrufen.) Anders ist es in Listing 9.8, denn wenn ich dort nicht ausdrücklich den parameterlosen Konstruktor in meinem Code hinterlege, übernimmt Java dort diese Arbeit nicht für mich. Ein Aufruf von new BagOfCheese wäre nicht zulässig. Der Eclipse-Editor würde mich darüber informieren, dass der Konstruktor BagOfCheese nicht definiert worden sei (The BagOfCheese() constructor is undefined).

Aber so funktioniert es: Wenn Sie eine Klasse definieren, erstellt Java dann und nur dann einen parameterlosen Konstruktor (der früher auch *Standardkonstruktor* genannt wurde), wenn Sie im Code der Klasse keine anderen Konstruktoren erstellt haben. Wenn es Java mit Listing 9.1 zu tun hat, fügt es der Klasse BagOfCheese automatisch einen parameterlosen Konstruktor hinzu. Bei Listing 9.8 sieht es nun aber so aus, dass Sie die Zeilen

```
BagOfCheese() {
}
```

in den Code eingeben müssen. Wenn Sie das nicht tun, sind Aufrufe von new BagOfCheese() (ohne Parameter) nicht zulässig.

Das ist es!

Für das Problem mit der Namensgebung, das weiter vorn in diesem Kapitel im Abschnitt *Konstruktoren mit Parametern* auftaucht, gibt es eine elegante Lösung. Listing 9.9 stellt diese Idee dar.

```java
package com.allmycode.andy;

public class BagOfCheese {
  String kind;
  double weight;
  int daysAged;
  boolean isDomestic;

  BagOfCheese() {
  }

  public BagOfCheese(String kind, double weight,
                     int daysAged, boolean isDomestic) {
    super();
    this.kind = kind;
    this.weight = weight;
    this.daysAged = daysAged;
    this.isDomestic = isDomestic;
  }
}
```

Listing 9.9: Das Java-Schlüsselwort this

Um die Klasse in Listing 9.9 zu verwenden, können Sie den Code aus Listing 9.7 ablaufen lassen. Wenn Sie das machen, sehen Sie ein Ergebnis wie das, was weiter vorn in Abbildung 9.8 gezeigt wird.

Sie können Eclipse dazu überreden, den übergroßen Konstruktor zu erstellen, den Listing 9.9 enthält. Und das geht so:

1. **Beginnen Sie im Eclipse-Editor mit dem Code aus Listing 9.1 (oder Listing 9.3).**
2. **Klicken Sie mit dem Mauszeiger irgendwo in den Editor.**
3. **Wählen Sie im Hauptmenü von Eclipse Source|Generate Constructor using Fields.**

   Es erscheint das Dialogfeld Generate Constructor using Fields, das Abbildung 9.12 zeigt.

4. **Sorgen Sie im Fensterelement Select fields to initialize des Dialogfelds Generate Constructor using Fields dafür, dass alle vier Felder von BagOfCheese aktiviert werden.**

   Dadurch wird sichergestellt, dass der neue Konstruktor für jedes Feld der Klasse einen Parameter enthält.

5. **Klicken Sie auf OK.**

   Das ist alles! Eclipse lässt das Dialogfeld wieder verschwinden und fügt dem Code im Editor einen frisch gebrauten Konstruktor hinzu.

Das Java-Schlüsselwort this verweist auf »das Objekt, das die aktuelle Codezeile enthält«. Dies bedeutet für Listing 9.9, dass das Wort this auf eine Instanz von BagOfCheese verweist (weil dies das Objekt ist, das gerade entworfen wird). Dieses Objekt besitzt ein kind-Feld, wodurch this.kind auf das erste der vier Felder des Objekts (und nicht auf den Parameter kind des Konstruktors) verweist. Dieses Objekt besitzt auch die Felder weight, daysAged und isDomestic, wodurch this.weight, this.daysAged und this.isDomestic auf die Felder dieses Objekts verweisen, wie Abbildung 9.13 zeigt. Und die Zuweisungsanweisung im Konstruktor versorgt die Felder des neuen Objekts mit Werten. (Listing 9.9 enthält den Aufruf super(). Um herauszufinden, was das bedeutet, lesen Sie Kapitel 10.)

9 ► *Warum objektorientierte Programmierung mit dem Verkauf ...*

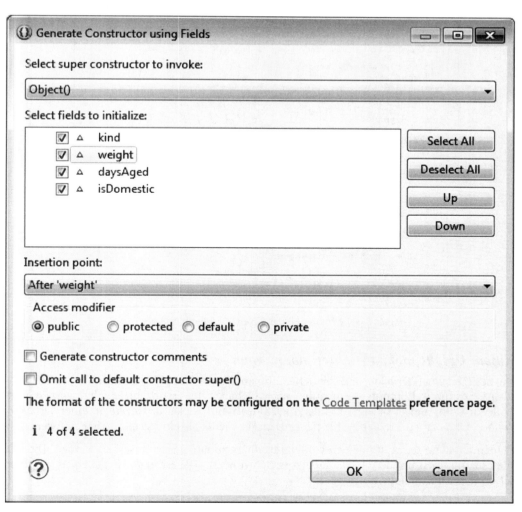

Abbildung 9.12: Das Dialogfeld GENERATE CONSTRUCTOR USING FIELDS

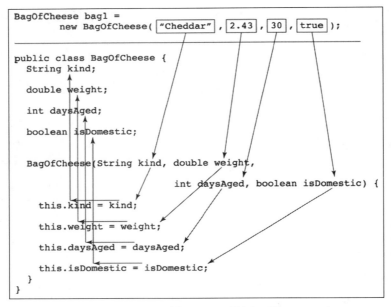

Abbildung 9.13: Den Feldern eines Objekts Werte zuweisen

Einem Objekt mehr Pflichten übertragen

Sie besitzen einen Drucker und versuchen, ihn auf Ihrem Computer zu installieren. Der Drucker ist zu Ihrem Computer kompatibel, aber Sie haben ihn erst nachträglich erworben, weshalb Ihr Computer ein Programm benötigt, um Ihren Drucker *anzutreiben*: einen *Druckertreiber*. Ohne einen Treiber ist Ihr neuer Drucker nichts als ein riesiger Briefbeschwerer.

Manchmal kann das Auffinden eines Gerätetreibers zu einer Sisyphusarbeit werden. Die CD, die es zusammen mit dem Gerät gab, ist verschwunden. (Das ist in der Regel etwas, mit dem ich immer zu kämpfen habe.)

Ich besitze einen Billigdrucker, dessen Treiber in den permanenten Arbeitsspeicher integriert ist. Wenn ich diesen Drucker an einen USB-Port anschließe, zeigt mir der Computer einen neuen Speicherort an. (Dieser Ort sieht für einen normalen Benutzer wie eine der Festplatten des Computers aus.) Da der Treiber Bestandteil des internen Arbeitsspeichers des Druckers ist, ruft dies den Anschein hervor, dass sich der Drucker selbst »antreibe«.

Betrachten Sie nun den Code in den Listings 9.7 und 9.8. Sie haben die Klasse `CreateBag` (in Listing 9.7) und Sie haben ein neues Gadget als Spielzeug – die Klasse `BagOfCheese` in Listing 9.8. Sie möchten die Eigenschaften eines bestimmten Beutels anzeigen und Sie haben keine Lust, dafür das Rad neu zu erfinden. Dies bedeutet, dass Sie kein Interesse daran haben, eine eigene Methode `displayBag` zu deklarieren (was Sie in Listing 9.7 tun). Sie möchten viel lieber, dass die Klasse `BagOfCheese` über eine eigene Methode `displayBag` verfügt.

Und das ist die passende Vorgehensweise: Verschieben Sie die Methode `displayBag` aus der Klasse `CreateBag` in die Klasse `BagOfCheese`. Dadurch nehmen Sie jedes `BagOfCheese`-

Objekt in die Pflicht, sich selbst anzuzeigen. Bei der Metapher von Andys Käsegeschäft, mit der dieses Kapitel beginnt, hat das Formular eines jeden Beutels eine eigene Schaltfläche ANZEIGEN (siehe Abbildung 9.14).

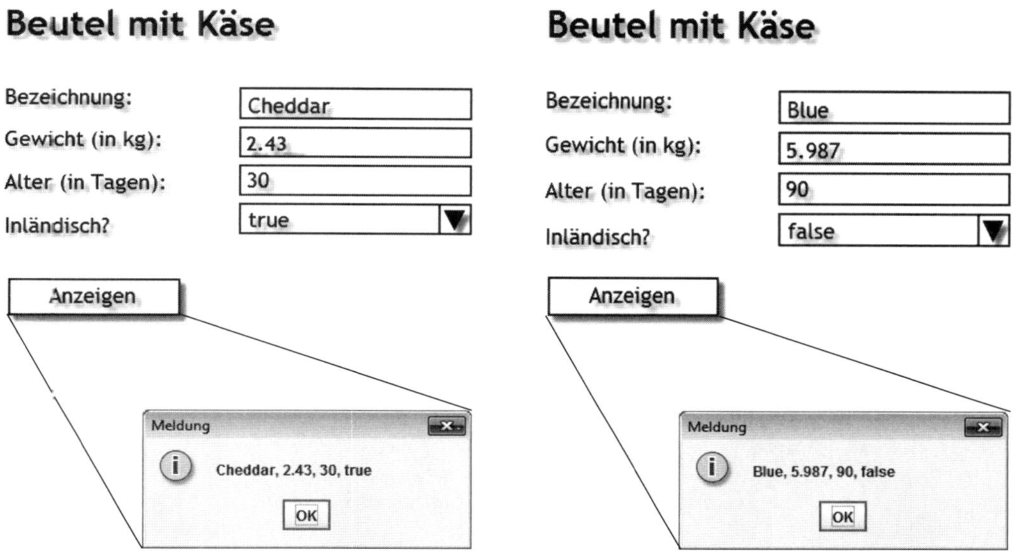

Abbildung 9.14: Zwei bag-Objekte und zwei Dialogfelder auf dem Bildschirm

Ein interessantes Merkmal einer Schaltfläche ANZEIGEN ist, dass die Nachricht, die Sie sehen, wenn Sie die Schaltfläche anklicken, von dem Beutel mit Käse abhängt, mit dem Sie sich gerade beschäftigen. Oder um genauer zu sein, die Nachricht, die Sie sehen, hängt von den Werten in den Feldern des entsprechenden Formulars ab.

Dasselbe geschieht in Listing 9.11, wenn Sie `bag1.displayBag()` aufrufen. Java führt die Methode `displayBag` aus, die in Listing 9.10 vorgestellt wird. Bei den Werten, die in diesem Methodenaufruf verwendet werden – `kind`, `weight`, `daysAged` und `isDomestic` –, handelt es sich um die Werte in den Feldern des `bag1`-Objekts. Die Werte, die verwendet werden, wenn Sie `bag2.displayBag()` aufrufen, sind die Werte aus den Feldern des Objekts `bag2`.

```
package com.allmycode.andy;

import javax.swing.JOptionPane;

class BagOfCheese {
  String kind;
  double weight;
  int daysAged;
  boolean isDomestic;
```

```
  BagOfCheese() {
  }

  public BagOfCheese(String kind, double weight,
                     int daysAged, boolean isDomestic) {
    super();
    this.kind = kind;
    this.weight = weight;
    this.daysAged = daysAged;
    this.isDomestic = isDomestic;
  }

  public void displayBag() {
    JOptionPane.showMessageDialog(null,
        kind + ", " +
        weight + ", " +
        daysAged + ", " +
        isDomestic);
  }
}
```

Listing 9.10: Eine sich selbst anzeigende Klasse

```
package com.allmycode.andy;

public class CreateBags {
  public static void main(String[] args) {
    BagOfCheese bag1 =
        new BagOfCheese("Cheddar", 2.43, 30, true);
    BagOfCheese bag2 =
        new BagOfCheese("Blue", 5.987, 90, false);

    bag1.displayBag();

    bag2.displayBag();
  }
}
```

Listing 9.11: Einen Beutel (bag) dazu bringen, sich selbst anzuzeigen

In Listing 9.10 hat das `BagOfCheese`-Objekt seine eigene, parameterlose `displayBag`-Methode. Demgegenüber sorgen die folgenden beiden Zeilen für zwei Aufrufe der Methode `displayBag` – einen Aufruf von `bag1` und einen von `bag2`.

```
    bag1.displayBag();

    bag2.displayBag();
```

Ein Aufruf von `displayBag` weist Verhaltensweisen auf, die vom angezeigten Beutel abhängen. Wenn Sie `bag1.displayBag()` aufrufen, sehen Sie die Feldwerte von `bag1`, und wenn Sie `bag2.displayBag()` aufrufen, sehen Sie die Feldwerte von `bag2`.

Um eine der Methoden eines Objekts aufzurufen, hängen Sie an die Referenz auf das Objekt einen Punkt an, dem der Name der Methode folgt.

Die Mitglieder einer Klasse

Beachten Sie, dass Felder und Methoden viele Ähnlichkeiten aufweisen:

✔ Ich weise weiter vorn in diesem Kapitel im Abschnitt *Objekte erstellen* bereits darauf hin:

> *Um auf eines der Felder eines Objekts zu verweisen, hängen Sie an den Namen des Objekts einen Punkt an, dem der Name des Feldes folgt.*

✔ Ich weise weiter vorn in diesem Kapitel im Abschnitt *Einem Objekt mehr Pflichten übertragen* bereits darauf hin:

> *Um eine der Methoden eines Objekts aufzurufen, hängen Sie an die Referenz auf das Objekt einen Punkt an, dem der Name der Methode folgt.*

Die Ähnlichkeit von Feldern und Methoden reicht tief in die objektorientierte Programmierung hinein. Diese Ähnlichkeit ist so stark, dass es einer besonderen Terminologie bedarf, um sie zu beschreiben. Zusätzlich dazu, dass jedes `BagOfCheese`-Objekt eigene Werte für die vier Felder enthält, können Sie sich jedes Objekt so vorstellen, als ob es über eine eigene Kopie der Methode `displayBag` verfüge. Damit hat die Klasse `BagOfCheese` in Listing 9.10 fünf *Mitglieder*. Vier dieser Mitglieder sind die Felder `kind`, `weight`, `daysAged` und `isDomestic`, und die Methode `displayBag` bildet das fünfte Mitglied der Klasse.

Referenztypen

Ich schreibe weiter vorn in diesem Kapitel davon, dass in Listing 9.2 die Initialisierung von `bag1` dafür sorgt, dass die Variable `bag1` auf den neu erstellten Beutel *(bag)* verweist. Hier müssen Sie darauf achten, dass ich von *verweisen auf* schreibe. Eine Variable vom Typ `int` *speichert* einen `int`-Wert, während die Variable `bag1` aus Listing 9.2 auf ein Objekt *verweist* oder es *referenziert*.

Was macht den Unterschied aus? Der Unterschied lässt sich so darstellen, dass Sie einmal ein Objekt in den Händen halten, während Sie im anderen Fall nur auf das Objekt zeigen. Abbildung 9.15 stellt dar, was ich meine.

Java kennt zwei Arten von Typen: primitive Typen und Referenztypen.

✔ Ich behandele primitive Typen in Kapitel 6. Die acht primitiven Typen sind `int`, `double`, `boolean`, `char`, `byte`, `short`, `long` und `float`.

✔ Bei einem Referenztyp handelt es sich um den Namen einer Klasse oder (wie Sie in Kapitel 10 nachlesen können) um ein *Interface*.

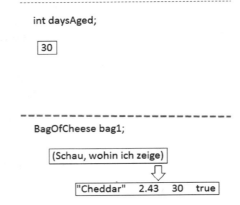

Abbildung 9.15: Primitive Typen und Referenztypen

In Abbildung 9.15 enthält die Variable daysAged den Wert 30 (was angibt, dass der Käse in diesem Beutel 30 Tage alt ist). Ich gehe davon aus, dass der Wert 30 direkt im Kasten daysAged steht, weil die Variable daysAged vom Typ int ist – einem primitiven Typ.

Aber die Variable bag1 hat BagOfCheese als Typ, und das ist kein primitiver Datentyp. (Ich kenne keine Programmiersprache, bei der ein Beutel mit Käse ein interner, primitiver Datentyp wäre!) Damit enthält die Variable bag1 nicht "Cheddar" 2.43 30 true, sondern die Informationen, die benötigt werden, um das Objekt "Cheddar" 2.43 30 true zu lokalisieren. Die Variable bag1 speichert Informationen, die auf das Objekt "Cheddar" 2.43 30 true verweisen. Man sagt dazu auch, dass sie das Objekt *referenziert*.

Die Typen int, double, boolean, char, byte, short, long und float sind primitive Typen. Eine Variable von einem primitiven Typ (zum Beispiel int daysAged, double weight und boolean isDomestic) speichert einen Wert. Im Gegensatz dazu ist eine Klasse ein Referenztyp wie String, das in Javas API definiert worden ist, und BagOfCheese, das Sie selbst deklarieren. Eine Referenztypvariable (zum Beispiel BagOfCheese bag und String kind) referenziert ein Objekt.

Abbildung 9.15 wäre ein wenig genauer (dafür aber auch unübersichtlicher), wenn ihr unterster Kasten das Bild einer Hand enthielte, der die Werte 2.43 30 true folgen. Die Hand würde dann aus dem Kasten heraus auf den String "Cheddar" zeigen. Ich schreibe in diesem Abschnitt davon, dass die Variable bag1 auf das Objekt "Cheddar" 2.43 30 true *verweist*. Es ist aber auch üblich, an dieser Stelle zu sagen, dass die Variable auf das Objekt *zeigt*. Alternativ haben Sie dann noch die Möglichkeit, davon zu sprechen, dass die Variable bag1 die Adresse im Arbeitsspeicher enthält, an der die Werte des Objekts "Cheddar" 2.43 30 true beginnen. Aber weder die »zeigende« noch die die Adresse im Arbeitsspeicher nutzende Sprache drücken aus, was an dieser Stelle wirklich richtig ist. Aber wenn diese ungenauere Terminologie Ihnen dabei hilft zu verstehen, um was es geht, sollten Sie sich nicht scheuen, sie zu verwenden.

Parameterübergabe per Referenz

Ich weise im vorherigen Abschnitt besonders darauf hin, dass Klassen Referenztypen sind. Eine Variable, deren Datentyp eine Klasse ist, enthält etwas, das auf blah, blah verweist. Sie könnten nun fragen: »Was geht mich das an?«

Schauen Sie sich in Kapitel 7 Listing 7.4 an und achten Sie auf das Ergebnis der Übergabe eines primitiven Typs an eine Methode:
Wenn der Körper der Methode den Wert des Parameters ändert, hat die Änderung keinen Einfluss auf den Wert der Variablen im Methodenaufruf.

Dieses Prinzip gilt auch für Referenztypen. Aber im Fall eines Referenztyps ist der Wert, der übergeben wird, die Information darüber, wo ein Objekt gefunden werden kann, und nicht das Objekt selbst. Wenn Sie in der Parameterliste einer Methode einen Referenztyp übergeben, sind Sie in der Lage, Werte in den Feldern des Objekts zu ändern. Schauen Sie sich als Beispiel hierfür den Code in Listing 9.12 an.

```
package com.allmycode.andy;

public class CreateBags {
  public static void main(String[] args) {
    BagOfCheese bag1 =
        new BagOfCheese("Cheddar", 2.43, 30, true);

    addOneDay(bag1);

    bag1.displayBag();
  }

  static void addOneDay(BagOfCheese bag) {
    bag.daysAged++;
  }
}
```

Listing 9.12: Ein weiterer Tag vergeht.

Wenn Sie den Code in Listing 9.12 ablaufen lassen, erhalten Sie ein Ergebnis wie das in Abbildung 9.16. Bei diesem Lauf erzeugt der Konstruktor einen Beutel, der 30 Tage alt ist, und die Methode addOneDay fügt erfolgreich einen Tag hinzu. Damit zeigt Abbildung 9.16 ein Alter von 31 Tagen an.

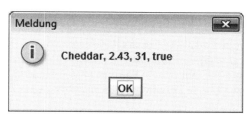

Abbildung 9.16: Einunddreißig Tage alt

Sie können, anders als bei der Geschichte mit den int-Werten, bei einem Beutel mit Käse den Wert von daysAged dadurch ändern, dass Sie den Beutel *(bag)* als Parameter einer Methode übergeben. Wieso funktioniert das auf diese Weise?

Wenn Sie eine Methode aufrufen, legen Sie eine Kopie der Werte aller Parameter im Aufruf an. Sie initialisieren die Parameter der Deklaration mit den kopierten Werten. Unmittelbar nachdem Sie in Listing 9.12 den Aufruf addOneDay vorgenommen haben, verfügen Sie über zwei Variablen: die ursprüngliche Variable bag1 in der Methode main und die neue Variable bag in der Methode addOneDay. Die neue Variable bag hat eine Kopie des Wertes von der Methode main erhalten, was Abbildung 9.17 zeigt. Dieser »Wert« aus der Methode main ist eine Referenz auf ein BagOfCheese-Objekt. Mit anderen Worten, die Variablen bag1 und bag verweisen auf dasselbe Objekt.

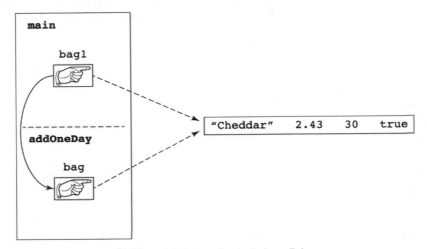

Abbildung 9.17: Java kopiert einen Zeiger.

Die Anweisung im Körper der Methode addOneDay fügt dem Wert, der im Feld daysAged gespeichert ist, 1 hinzu. Nachdem der Wert um einen Tag erhöht worden ist, sehen die Variablen des Programms so aus wie die Informationen, die Abbildung 9.18 liefert.

Beachten Sie, dass die beiden Variablen bag1 und bag auf ein Objekt verweisen, bei dem der Wert von daysAged 31 ist. Nachdem der Aufruf von addOneDay abgearbeitet worden ist, verschwindet die Variable bag wieder. Es bleiben nur die ursprüngliche Methode main und ihre Variable bag1 zurück, was Abbildung 9.19 darstellt. Dabei verweist aber bag1 immer noch auf ein Objekt, dessen Wert von daysAged in 31 geändert wurde.

Ich zeige in Kapitel 7, wie primitive Werte an Parameter von Methoden übergeben werden. Dieser Vorgang wird auch *Parameterübergabe* genannt. In diesem Kapitel zeige ich, wie Sie sowohl primitive Werte als auch Objekte an Parameter von Methoden übergeben können. Die Übergabe eines Objekts (wie bag1) an einen Methodenparameter wird auch *Parameterübergabe per Referenz* genannt.

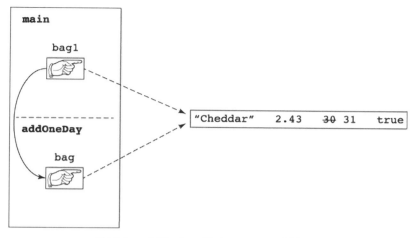

Abbildung 9.18: Java fügt daysAged 1 hinzu.

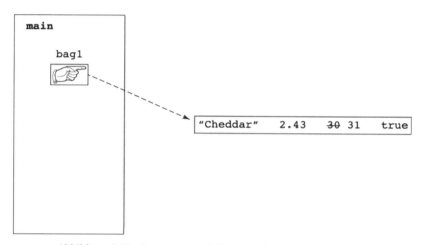

Abbildung 9.19: Der ursprüngliche Beutel ist nun 31 Tage alt.

Javas Modifikatoren

Sie finden in diesem Buch Wörter wie `static` und `public`, die über den Code der Listings verstreut sind. Vielleicht fragen Sie sich, was diese Wörter bedeuten. Wenn Sie dieses Buch bisher von Anfang an gelesen haben, haben Sie sich vielleicht schon an diese Begriffe gewöhnt und betrachten sie als »normales Hintergrundrauschen«. Ich beschäftige mich in den nächsten Absätzen näher mit diesen als *Modifikatoren* dienenden Schlüsselwörtern.

Öffentliche Klassen und Klassen für den standardmäßigen Zugriff

Die meisten Klassen in den Listings dieses Kapitels beginnen mit dem Wort `public` (deutsch *öffentlich*). Wenn eine Klasse öffentlich ist, kann jedes Programm in jedem Paket den Code (oder wenigstens einen Teil des Codes) dieser Klasse verwenden. Wenn eine Klasse nicht öffentlich ist, muss sich ein Programm, das den Code in der Klasse verwenden will, in demselben Paket wie die Klasse befinden. Die Listings 9.13 bis 9.15 verdeutlichen diese Ideen.

```java
package org.allyourcode.wordprocessor;

class Paragraph {
  int alignment;
  int borders;
  double leftIndent;
  double lineSpacing;
  int style;
}
```

Listing 9.13: Was ist ein »Paragraph« (Absatz)?

```java
package org.allyourcode.wordprocessor;

class MakeParagraph {

  public static void main(String[] args) {
    Paragraph paragraph = new Paragraph();
    paragraph.leftIndent = 1.5;
  }

}
```

Listing 9.14: Einen Absatz über Code in demselben Paket anlegen

```java
package com.allyourcode.editor;
import org.allyourcode.wordprocessor.Paragraph;

public class MakeAnotherParagraph {

  public static void main(String[] args) {
    Paragraph paragraph = new Paragraph();
    paragraph.leftIndent = 1.5;
  }

}
```

Listing 9.15: Einen Absatz über Code in einem anderen Paket anlegen

Die Klasse `Paragraph` (deutsch *Absatz*) in Listing 9.13 hat *standardmäßigen Zugriff*, was bedeutet, dass sie nicht öffentlich ist. Der Code in Listing 9.14 befindet sich in demselben Paket wie die Klasse `Paragraph` (nämlich im Paket `org.allyourcode.wordprocessor`). Aus diesem Grund können Sie in Listing 9.14 ein Objekt deklarieren, das vom Typ `Paragraph` ist, und Sie können auf das Feld `leftIndent` dieses Objekts zugreifen.

Der Code in Listing 9.15 befindet sich nicht in demselben Paket `org.allyourcode.wordprocessor`. Aus diesem Grund ist die Verwendung von Namen wie `Paragraph` und `leftIndent` (in Listing 9.13) selbst dann in Listing 9.15 nicht zulässig, wenn sich Listing 9.13 und Listing 9.15 in demselben Eclipse-Projekt befinden. Wenn Sie die Listings 9.13, 9.14 und 9.15 im Editor von Eclipse schreiben, sehen Sie in Listing 9.15 eine Fehlermeldung, die Abbildung 9.20 zeigt.

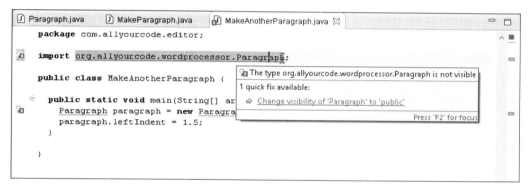

Abbildung 9.20: Fehler in Listing 9.15

 Eine Android-Activity kann den Code aus einem anderen Paket (das heißt einer anderen Android-App) aufrufen. Sie verwenden zu diesem Zweck im Code Ihrer Activity keine Namen des anderen Pakets. Wenn Sie zu diesem Thema weitere Einzelheiten nachlesen wollen, schauen Sie sich an, was ich in Kapitel 12 zu `startActivity` geschrieben habe.

Die Datei `.java`, die eine öffentliche Klasse enthält, muss denselben Namen wie die öffentliche Klasse haben. Aus diesem Grund muss die Datei, die den Code von Listing 9.1 enthält, `BagOfCheese.java` heißen.

Selbst die Groß- und Kleinbuchstaben müssen im Dateinamen exakt so verwendet werden wie im Namen der öffentlichen Klasse. Sie erhalten eine Fehlermeldung, wenn Sie den Code aus Listing 9.1 in eine Datei packen, die zum Beispiel *bagofcheese.java* heißt.

Aufgrund der Regel für die Namensgebung dürfen Sie in einer `.java`-Datei nicht mehr als eine öffentliche Klasse deklarieren. Wenn Sie die öffentlichen Klassen der Listings 9.1 und 9.2 zusammen in dieselbe Datei stecken würden, hieße diese dann *BagOfCheese.java* oder *CreateBags.java*? *Keiner* dieser Namen würde damit die Regel der Namensgebung erfüllen.

Es ist üblich, eine Klasse zu deklarieren, die eine Methode `main` enthält, um öffentlich zu sein. Ich ignoriere diese Gepflogenheit manchmal, aber dann wirkt dieser Code später irgendwie fremdartig auf mich. Ich hatte es einmal mit einer Situation zu tun, in der eine Java-Klasse einfach nur deshalb öffentlich sein musste, weil sie eine Methode `main` enthielt. Ich habe mir damals geschworen, dass ich dieses Beispiel einmal in einem Buch verwenden werde, aber ich kann mich einfach nicht mehr an die Umstände erinnern, die damals herrschten. Ich werde eben alt.

Zugriff auf Felder und Methoden

Eine Klasse kann entweder öffentlichen oder nicht öffentlichen (standardmäßigen) Zugriff haben. Anders ist das bei einem Mitglied einer Klasse, dem vier Möglichkeiten zur Verfügung stehen: öffentlich, privat, standardmäßig und geschützt.

Die Felder und Methoden einer Klasse sind die *Mitglieder* der Klasse. So hat zum Beispiel die Klasse in Listing 9.10 fünf Mitglieder: die Felder `kind`, `weight`, `daysAged` und `isDomestic` und die Methode `displayBag`.

Der Zugriff auf Mitglieder funktioniert so:

✔ Ein standardmäßiges Mitglied einer Klasse (ein Mitglied, dessen Deklaration die Wörter `public`, `private` oder `protected` nicht enthält) kann von jedem Code verwendet werden, der sich in demselben Paket wie die Klasse befindet.

✔ Ein privates Mitglied einer Klasse kann nicht von Code verwendet werden, der sich außerhalb der Klasse befindet.

✔ Ein öffentliches *(public)* Mitglied einer Klasse kann immer dann verwendet werden, wenn auch die Klasse selbst verwendet werden kann:

  • Jedes Programm kann in jedem Paket auf ein öffentliches Mitglied einer öffentlichen Klasse verweisen.

  • Damit ein Programm auf ein öffentliches Mitglied einer Klasse verweisen kann, auf die standardmäßig zugegriffen werden kann, muss sich das Programm in demselben Paket wie die Klasse befinden.

Wenn Sie diese Regeln in der Praxis erleben möchten, schauen Sie sich einmal genau die öffentliche Klasse in Listing 9.16 an.

```
package org.allyourcode.bank;

public class Account {
  public String customerName;
  private int internalIdNumber;
  String address;
  String phone;
```

9 ► Warum objektorientierte Programmierung mit dem Verkauf ...

```java
public int socialSecurityNumber;
int accountType;
couble balance;

public static int findById(int internalIdNumber) {
  Account foundAccount = new Account();
  // Hierhin komm Code, um das Konto zu finden.
  return foundAccount.internalIdNumber;
  }
}
```

Listing 9.16: Eine Klasse mit öffentlichem Zugriff

Der Code in Abbildung 9.21 und Abbildung 9.22 verwendet die Klasse Account und deren Felder.

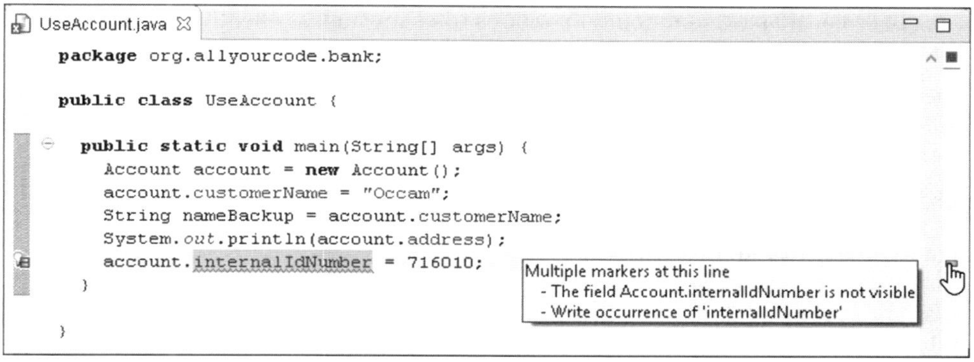

```
UseAccount.java
  package org.allyourcode.bank;

  public class UseAccount {

    public static void main(String[] args) {
      Account account = new Account();
      account.customerName = "Occam";
      String nameBackup = account.customerName;
      System.out.println(account.address);
      account.internalIdNumber = 716010;
    }
  }
```
Multiple markers at this line
 - The field Account.internalIdNumber is not visible
 - Write occurrence of 'internalIdNumber'

Abbildung 9.21: Auf eine öffentliche Klasse in demselben Paket verweisen

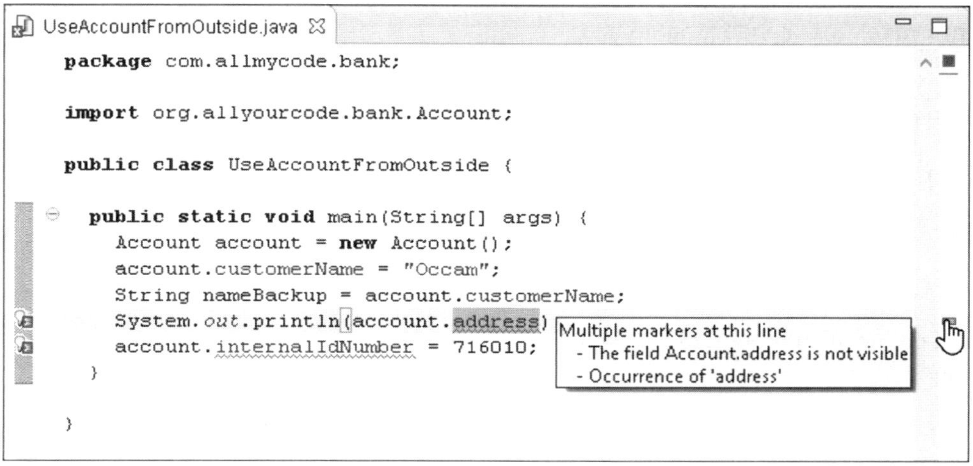

```
UseAccountFromOutside.java
  package com.allmycode.bank;

  import org.allyourcode.bank.Account;

  public class UseAccountFromOutside {

    public static void main(String[] args) {
      Account account = new Account();
      account.customerName = "Occam";
      String nameBackup = account.customerName;
      System.out.println(account.address);
      account.internalIdNumber = 716010;
    }
  }
```
Multiple markers at this line
 - The field Account.address is not visible
 - Occurrence of 'address'

Abbildung 9.22: Auf eine öffentliche Klasse in einem anderen Paket verweisen

Achten Sie in Abbildung 9.21 und Abbildung 9.22 besonders auf Folgendes:

✔ Die Klasse `UseAccount` befindet sich in demselben Paket wie die Klasse `Account`.

✔ Der Code der Klasse `UseAccount` kann auf das öffentliche Feld `customerName` der Klasse `Account` und auf das standardmäßige Feld `address` der Klasse `Account` verweisen.

✔ Die Klasse `UseAccount` kann nicht auf das private Feld `internalIdNumber` der Klasse `Account` verweisen, obwohl sich sowohl `UseAccount` als auch `Account` in demselben Paket befinden.

✔ Die Klasse `UseAccountFromOutside` befindet sich nicht in demselben Paket wie die Klasse `Account`.

✔ Die Klasse `UseAccountFromOutside` kann eine Variable vom Typ `Account` erstellen. (Eine import-Deklaration sorgt dafür, dass ich im Code nicht jedes Mal den vollqualifizierten Namen `org.allyourcode.bank.Account` wiederholen muss.)

✔ Der Code der Klasse `UseAccountFromOutside` kann auf das öffentliche Feld `customerName` der Klasse `Account` verweisen.

✔ Der Code der Klasse `UseAccountFromOutside` kann nicht auf das standardmäßige Feld `address` der Klasse `Account` oder auf das private Feld `internalIdNumber` dieser Klasse verweisen.

Beschäftigen Sie sich nun näher mit der nicht öffentlichen Klasse in Listing 9.17.

```java
package org.allyourcode.game;

class Sprite {
  public String name;
  String image;
  double distanceFromLeftEdge, distanceFromTop;
  double motionAcross, motionDown;
  private int renderingMethod;

  void render() {
    if (renderingMethod == 2) {
      // Machen Sie hier Ihr Ding
    }
  }
}
```

Listing 9.17: Eine Klasse mit standardmäßigem Zugriff

Der Code in Abbildung 9.23 und Abbildung 9.24 verwendet die Klasse `Sprite` und deren Felder.

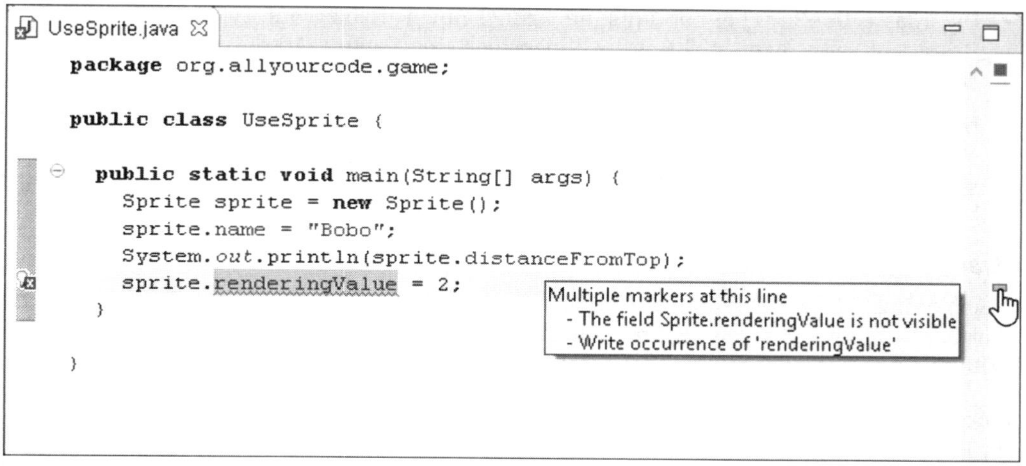

9 ➤ Warum objektorientierte Programmierung mit dem Verkauf...

```
UseSprite.java

    package org.allyourcode.game;

    public class UseSprite {

        public static void main(String[] args) {
            Sprite sprite = new Sprite();
            sprite.name = "Bobo";
            System.out.println(sprite.distanceFromTop);
            sprite.renderingValue = 2;
        }
    }
```

Multiple markers at this line
- The field Sprite.renderingValue is not visible
- Write occurrence of 'renderingValue'

Abbildung 9.23: Auf eine standardmäßig zugreifbare Klasse in demselben Paket verweisen

Achten Sie in Abbildung 9.23 und Abbildung 9.24 besonders auf Folgendes:

✔ Die Klasse `UseSprite` befindet sich in demselben Paket wie die Klasse `Sprite`.

✔ Die Klasse `UseSprite` kann eine Variable vom Typ `Sprite` erstellen.

✔ Der Code der Klasse `UseSprite` kann auf das öffentliche Feld `name` der Klasse `Sprite` und auf deren standardmäßiges Feld `distanceFromTop` verweisen.

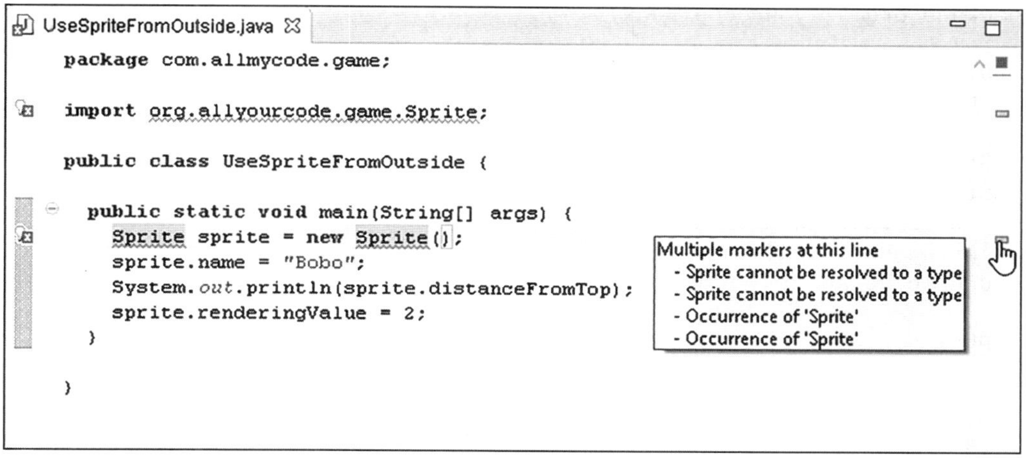

```
UseSpriteFromOutside.java

    package com.allmycode.game;

    import org.allyourcode.game.Sprite;

    public class UseSpriteFromOutside {

        public static void main(String[] args) {
            Sprite sprite = new Sprite();
            sprite.name = "Bobo";
            System.out.println(sprite.distanceFromTop);
            sprite.renderingValue = 2;
        }
    }
```

Multiple markers at this line
- Sprite cannot be resolved to a type
- Sprite cannot be resolved to a type
- Occurrence of 'Sprite'
- Occurrence of 'Sprite'

Abbildung 9.24: Auf eine standardmäßig zugreifbare Klasse in einem anderen Paket verweisen

✔ Die Klasse `UseSprite` kann nicht auf das private Feld `renderingValue` der Klasse `Sprite` verweisen, obwohl sich `UseSprite` und `Sprite` in demselben Paket befinden.

✔ Die Klasse `UseSpriteFromOutside` befindet sich nicht in demselben Paket wie die Klasse `Sprite`.

- Die Klasse `UseSpriteFromOutside` kann keine Variable vom Typ `Sprite` erstellen. (Dies geht selbst dann nicht, wenn Ihnen hier eine `import`-Anweisung eine Fehlermeldung erspart.)
- Innerhalb der Klasse `UseAccountFromOutside` sind alle Verweise auf `sprite.name`, `sprite.distanceFromTop` und `sprite.renderingValue` sinnlos, weil die Variable `sprite` keine Typen haben kann.

»Getter« und »Setter« verwenden

In Abbildung 9.21 und Abbildung 9.22 können die Klassen `UseAccount` und `UseAccountFromOutside` den `customerName` (deutsch *Kundenname*) eines Kontos setzen (englisch *to set*) und einen vorhandenen Kundennamen (`customerName`) erhalten (englisch *to get*):

```
account.customerName = "Occam";
String nameBackup = account.customerName;
```

Aber weder die Klasse `UseAccount` noch die Klasse `UseAccountFromOutside` sind in der Lage, etwas mit dem Feld `internalIdNumber` eines Kontos (englisch *Account*) anzufangen.

Welche Möglichkeit haben Sie nun, wenn eine Klasse wie `UseAccount` in der Lage sein muss, die vorhandene `internalIdNumber` eines Kontos zu erhalten, ohne diese Nummer auch ändern zu können? (Es gibt viele Situationen, in denen Sie zwar lesend auf Informationen zugreifen müssen, während es aber gefährlich wäre, diese Informationen zu ändern.) Sie können dies mit einer »Getter«-Methode erreichen, wie Listing 9.18 zeigt.

```
package org.allyourcode.bank;

public class Account {
  public String customerName;
  private int internalIdNumber;
  String address;
  String phone;
  public int socialSecurityNumber;
  int accountType;
  double balance;

  public static int findById(int internalIdNumber) {
    Account foundAccount = new Account();
    // Code, um das Konto zu finden.
    return foundAccount.internalIdNumber;
  }

  public int getInternalIdNumber() {
    return internalIdNumber;
  }
}
```

Listing 9.18: Ein nur lesendes Feld anlegen

Mit der Klasse `Account` in Listing 9.18 kann auch der Code einer anderen Klasse
`System.out.println(account.getInternalIdNumber());`
oder
`int backupIdNumber = account.getInternalIdNumber();`
aufrufen.

Das Feld `internalIdNumber` der Klasse `Account` ist immer noch privat, was dazu führt, dass der Code einer anderen Klassen keine Möglichkeit hat, diesem Feld einen Wert zuzuweisen. Damit eine Klasse das private Feld `internalIdNumber` eines Kontos ändern kann, müssen Sie dem Code in Listing 9.18 eine setzende Methode wie diese hier hinzufügen:

```
public void setInternalIdNumber(int internalIdNumber) {
   this.internalIdNumber = internalIdNumber;
}
```

Erhaltende und setzende Methoden *(Getter* und *Setter)* sind in Java keine eingebauten Funktionen – es handelt sich dabei um ganz normale Java-Methoden. Aber dieses Muster (Sie haben eine Methode, deren Zweck es ist, auf den Wert eines ansonsten nicht zugreifbaren Feldes zuzugreifen) wird so oft verwendet, dass Programmierer (auch im deutschsprachigen Raum) die Begriffe *Getter* und *Setter* verwenden, um es zu beschreiben.

Erhaltende und setzende Methoden sind *Zugriffsmethoden*. Java-Programmierer folgen so gut wie immer der Konvention, den Namen einer Zugriffsmethode mit `get` oder `set` zu beginnen und dann den Namen des Feldes, auf das zugegriffen wird, mit einem Großbuchstaben anfangen zu lassen. So gibt es zum Beispiel für das Feld `internalIdNumber` Zugriffsmethoden mit den Namen `getInternalIdNumber` und `setInternalIdNumber`. Das Feld `renderingValue` hat die Zugriffsmethoden `getRenderingValue` und `setRenderingValue`.

Sie können Eclipse dazu bringen, für Sie Getter und Setter zu erstellen. Und das geht so:

1. **Beginnen Sie im Eclipse-Editor mit dem Code von Listing 9.16.**
2. **Klicken Sie mit dem Mauszeiger irgendwo in den Editor.**
3. **Wählen Sie im Hauptmenü von Eclipse S**OURCE|G**ENERATE** G**ETTERS AND** S**ETTERS.**

    In Eclipse erscheint das Dialogfeld G**ENERATE** G**ETTERS AND** S**ETTERS** (siehe Abbildung 9.25).
4. **Erweitern Sie im Fensterelement S**ELECT GETTERS AND SETTERS TO CREATE **des Dialogfelds den Zweig** INTERNAL**I**D**N**UMBER**.**
5. **Aktivieren Sie im Zweig** INTERNAL**I**D**N**UMBER **eines oder beide Kontrollkästchen vor** GET**I**NTERNAL**I**D**N**UMBER**() oder** SET**I**NTERNAL**I**D**N**UMBER**(**INT**).**

    Eclipse erstellt nur die Getter und Setter, deren Kontrollkästchen Sie aktiviert haben.
6. **Klicken Sie auf OK.**

    Eclipse lässt das Dialogfeld wieder verschwinden und fügt dem Code im Editor nagelneue Getter- und Settermethoden hinzu.

Den geschützten Zugriff behandele ich in Kapitel 10.

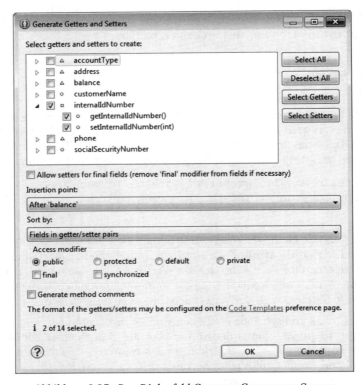

Abbildung 9.25: Das Dialogfeld GENERATE GETTERS AND SETTERS

Was bedeutet »static«?

Dieses Kapitel beginnt mit einer kurzen Abhandlung über Käse und den Einfluss, den er auf Andys Geschäftsleben hat. Andy besitzt ein leeres Formular, das einer Klasse entspricht. Außerdem hat er eine Menge ausgefüllter Formulare, von denen jedes ein Beutel-mit-Käse-Objekt darstellt.

Eines Tages entschließt sich Andy, eine Inventur seiner Käsebestände vorzunehmen, indem er alle Beutel mit Käse zählt (siehe Abbildung 9.26).

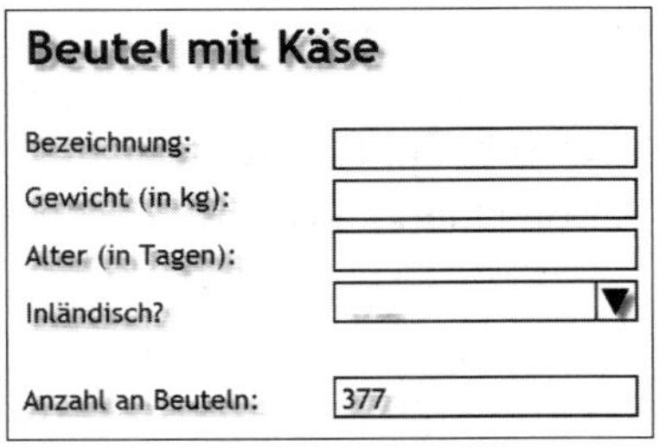

Abbildung 9.26: Beutel mit Käse zählen

Vergleichen Sie nun die verschiedenen Felder, die Abbildung 9.27 zeigt, mit denen, die Abbildung 9.26 zeigt. Wie unterscheiden sich nun aus der objektorientierten Sichtweise die beiden Felder daysAged *(Alter (in Tagen))* und count *(Anzahl an Beuteln)* voneinander?

Die Antwort sieht so aus, dass zwar ein einzelner Beutel nachhalten kann, welches Alter er erreicht hat, dass er aber nicht in der Lage ist, *alle* Beutel zu zählen. Wenn Sie sich noch einmal Listing 9.1 vornehmen, sehen Sie, dass jedes BagOfCheese-Objekt sein eigenes daysAged-Feld besitzt. Das macht auch Sinn. (Zumindest macht das für einen objektorientierten Programmierer Sinn.)

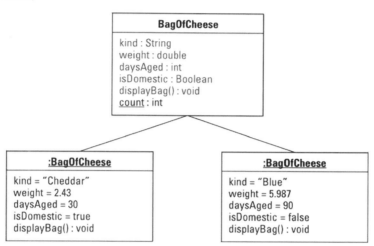

Abbildung 9.27: Das UML-Diagramm kennt nur eine Variable count.

Aber es scheint nicht sonderlich fair zu sein, einem einzelnen Objekt die Verantwortung dafür zu übertragen, alle Objekte seiner Klasse zu zählen. Wenn alle BagOfCheese-Objekte im Namen aller anderen Objekte sprechen, widerspricht dies einer grundlegenden Richtlinie der Programmierung: Die Struktur des Programms sollte die Struktur der Daten des Alltags widerspiegeln. Ich kann zum Beispiel auf Facebook ein Bild von mir veröffentlichen, aber ich bin nicht in der Lage, die Bilder aller anderen Facebook-Mitglieder zu zählen.

Ein Feld für das Zählen aller Beutel mit Käse gehört an eine zentrale Stelle. Aus diesem Grund gibt es in Abbildung 9.27 auch nur ein einziges count-Feld. Jedes Objekt besitzt einen eigenen daysAged-Wert, aber nur die Klasse selbst enthält einen count-Wert.

Ein Feld oder eine Methode, das beziehungsweise die zu einer gesamten Klasse und nicht zu den einzelnen Objekten der Klasse gehört, ist ein *statisches* Mitglied der Klasse. Um ein statisches Mitglied zu deklarieren, verwenden Sie das Java-Schlüsselwort static so, wie es Listing 9.19 zeigt.

```
package com.allmycode.andy;

class BagOfCheese {
  String kind;
  double weight;
  int daysAged;
  boolean isDomestic;

  static int count = 0;

  public BagOfCheese() {
    count++;
  }
}
```

Listing 9.19: Ein statisches Feld anlegen

Um auf ein statisches Mitglied einer Klasse zu verweisen, stellen Sie den Namen der Klasse so vor den des Mitglieds, wie es Listing 9.20 zeigt.

```
package com.allmycode.andy;

import javax.swing.JOptionPane;

public class CreateBags {

  public static void main(String[] args) {
    new BagOfCheese();
    new BagOfCheese();
    new BagOfCheese();
    JOptionPane.showMessageDialog
        (null, BagOfCheese.count);
  }

}
```

Listing 9.20: Auf ein statisches Feld verweisen

Wissen, wann ein statisches Mitglied erstellt werden muss

Es gibt viele Situationen, in denen Sie ein Element statisch deklarieren, um die Strukturen von Daten aus dem wirklichen Leben zu spiegeln – wobei es aber auch vorkommt, dass Sie eine solche Deklaration aus technischen Gründen vornehmen müssen. So muss zum Beispiel die Methode main eines Programms statisch sein, um dafür zu sorgen, dass die Java Virtual Machine leicht auf die Methode zugreifen kann.

Listing 9.21 ist die Kopie eines Beispiels aus Kapitel 7. In diesem Listing muss die Methode main statisch sein. Ich habe es gelernt, damit zu leben.

```java
import javax.swing.JOptionPane;

public class Scorekeeper {

  public static void main(String[] args) {
    int score = 50000;
    int points = 1000;
    score = addPoints(score, points);
    JOptionPane.showMessageDialog(null, score,
        "New Score", JOptionPane.INFORMATION_MESSAGE);
  }

  static int addPoints(int score, int points) {
    return score + points;
  }
}
```

Listing 9.21: Eine statische Methode deklarieren und aufrufen

Was ist denn nun in Listing 9.21 so Besonderes mit der Methode `addPoints`? Warum ist sie statisch? Wenn Sie das Wort `static` aus der Deklaration der Methode `addPoints` entfernen, erhalten Sie die grimmig aussehende Fehlermeldung `Cannot make a static reference to non-static method`. Sie bedeutet auf Deutsch, dass kein statischer Verweis auf eine nicht statische Methode angelegt werden kann.

Um die Abläufe hier zu verstehen, sollten Sie an die drei Wege denken, um auf ein Mitglied (ein Feld oder eine Methode) zu verweisen:

✔ **Sie können vor den Namen eines Mitglieds den Namen stellen, der auf ein Objekt verweist.**

  Ich habe zum Beispiel in Listing 9.1 vor die Aufrufe von `displayBag` die Namen `bag1` beziehungsweise `bag2` gestellt, die jeweils auf ein Objekt verweisen:

  `bag1.displayBag();`

  `bag2.displayBag();`

  Wenn Sie so vorgehen, verweisen Sie auf etwas, das jeweils zu einem einzelnen Objekt gehört. (Sie verweisen auf das nicht statische Feld des Objekts oder rufen die nicht statische Methode des Objekts auf.)

✔ **Sie können vor den Namen des Mitglieds einen Namen stellen, der auf eine Klasse verweist.**

  So habe ich zum Beispiel in Listing 9.20 den Namen der Klasse `BagOfCheese` vor den Namen des Feldes `count` gestellt.

  Wenn Sie dies machen, verweisen Sie auf etwas, das zur gesamten Klasse gehört. (Sie verweisen auf das statische Feld der Klasse oder Sie rufen deren statische Methode auf.)

✔ **Sie stellen nichts vor den Namen des Mitglieds.**

So verwende ich zum Beispiel in Listing 9.10 in der Methode `displayBag` die Namen `kind`, `weight`, `daysAged` und `isDomestic`, ohne dass sie mit einem Punkt beginnen:

```
public void displayBag() {
   JOptionPane.showMessageDialog(null,
       kind + ", " +
       weight + ", " +
       daysAged + ", " +
       isDomestic);
}
```

In Listing 9.21 stelle ich dem Namen der statischen Methode `addPoints` keinen Punkt voran:

```
score = addPoints(score, points)
```

Wenn Sie so vorgehen, verweisen Sie entweder auf ein nicht statisches Mitglied, das zu einem bestimmten Objekt gehört, oder auf ein statisches Mitglied, das zu einer bestimmten Klasse gehört. Dies hängt dann so von dem Code ab, der den Namen des Mitglieds enthält, wie es die folgende Liste beschreibt:

- Wenn sich der Code in einer nicht statischen Methode befindet, verweist der Name auf ein Element, das zu einem Objekt gehört. Das heißt, dass der Name auf ein nicht statisches Feld oder eine nicht statische Methode eines Objekts verweist.

  So befindet sich zum Beispiel das folgende Codestückchen aus Listing 9.10 in der nicht statischen Methode `displayBag`:

  ```
  kind + ", " +
  weight + ", " +
  daysAged + ", " +
  isDomestic);
  ```

  In diesem Zusammenhang verweisen die Namen `kind`, `weight`, `daysAged` und `isDomestic` auf die Eigenschaften eines bestimmten Objekts.

- Wenn sich der Code in einer statischen Methode befindet, verweist der Name auf etwas, das zu einer ganzen Klasse gehört. Das bedeutet, dass der Name auf ein statisches Feld oder eine statische Methode einer Klasse verweist.

  In Listing 9.21 befindet sich in der statischen Methode `main` die Zeile

  ```
  score = addPoints(score, points);
  ```

  Dies führt dazu, dass der Name `addPoints` auf die statische Methode `addPoints` der Klasse `Scorekeeper` verweist.

Java kennt ein Schlupfloch, über das Sie eine der drei Regeln aushebeln können, die ich gerade beschrieben habe, Sie können dem Namen eines Mitglieds einen Namen voranstellen, der auf ein Objekt verweist. Wenn das Mitglied statisch ist, funktioniert das so, als wenn Sie dem Namen des Mitglieds den Namen einer Klasse voranstellten (wobei es sich dabei um die Klasse handeln muss, die Sie bei der Deklaration dieses Namens verwendet haben).

Betrachten Sie noch einmal den Code in Listing 9.21. Wenn die Methode addPoints nicht statisch ist, hat jede Instanz der Klasse Scorekeeper ihre eigene Methode addPoints, und jede Methode addPoints gehört zu einer Instanz der Klasse Scorekeeper. Das Problem liegt darin, dass der Code in Listing 9.21 keine Instanzen der Klasse Scorekeeper anlegen kann. (Das Listing deklariert nur die Klasse Scorekeeper und keine Instanzen davon.) Im Listing gibt es keine Kopien von addPoints, die aufgerufen werden könnten. (Siehe Abbildung 9.28.) Und ohne ein statisches addPoints ist die Anweisung score = addPoints (score, points) nicht legal.

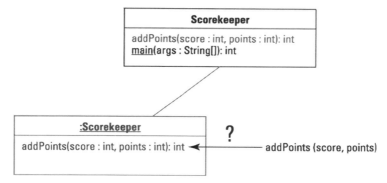

Abbildung 9.28: Der Versuch, eine nicht statische Methode addPoints aufzurufen, schlägt fehl.

Natürlich sind Sie in der Lage, den Konstruktor Scorekeeper aufzurufen, um eine gleichnamige Instanz zu erstellen:

```
Scorekeeper keeper = new Scorekeeper();
```

Aber das löst das Problem nicht. Der Aufruf von addPoints findet in der Methode main statt, und diese Methode ist nun einmal statisch. Aus diesem Grund stammt der addPoints-Aufruf nicht von dem neuen Objekt keep und der Aufruf verweist nicht auf das keep-Objekt der Methode addPoints.

Sie können das Problem (dass addPoints nicht statisch ist) beheben, indem Sie in zwei Schritten vorgehen: Erstellen Sie eine Instanz von Scorekeeper *und* rufen Sie die Methode addPoints der neuen Instanz so auf, wie es hier und in Abbildung 9.29 gezeigt wird:

```
Scorekeeper keeper = new Scorekeeper();
keeper.addPoints(score, points);
```

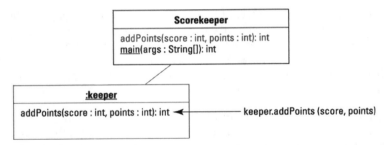

Abbildung 9.29: Erfolg beim Aufrufen einer nicht statischen Methode addPoints *haben*

Diese Vorgehensweise hat den Nachteil, dass sie das Beispiel aus Kapitel 7 kompliziert macht.

In Listing 9.21 gehört die einzige dort vorhandene statische addPoints-Methode zur gesamten Klasse Scorekeeper (siehe Abbildung 9.30). Auch die statische Methode main und der Aufruf von addPoints gehören zur gesamten Klasse Scorekeeper. Aus diesem Grund hat der Aufruf von addPoints in Listing 9.21 nur ein natürliches Ziel, wie Abbildung 9.29 zeigt.

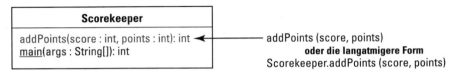

Abbildung 9.30: Eine statische Methode aufrufen

Wie geht es weiter?

Dieses Kapitel handelt von einzelnen Klassen. Die meisten Klassen existieren nun aber nicht isoliert von anderen Klassen. Die meisten Klassen gehören zu Klassenhierarchien, Unter- oder Subklassen und Sub-Subklassen. Aus diesem Grund geht es im nächsten Kapitel darum, welche Beziehungen Klassen untereinander haben.

Zeit und Geld sparen: Code wiederverwenden

In diesem Kapitel

- Am Code Feineinstellungen vornehmen
- Alten Code mit neuem Leben versehen
- Änderungen vornehmen, ohne ein Vermögen ausgeben zu müssen

Wäre es nicht ganz nett, wenn jedes Stückchen Software das täte, was Sie von ihm wollten? Sie können in einer idealen Welt einfach ein Programm kaufen, es betriebsbereit machen, es nahtlos an neue Situationen anpassen und es problemlos aktualisieren, wenn das notwendig wird. Unglücklicherweise gibt es keine Software dieser Art. (*Nichts* dieser Art existiert.) Die Wahrheit ist, dass Sie Software finden können, die einiges von dem kann, was Ihnen so vorschwebt, aber eben nicht alles.

Dies ist einer der Gründe dafür, dass objektorientierte Programmierung so erfolgreich geworden ist. Seit Jahren erwerben Unternehmen vorgefertigten Code, um dann festzustellen, dass dieser Code nicht das macht, was er ihrer Meinung nach sollte. Die Unternehmen begannen also, am Code herumzubasteln. Ihre Programmierer tauchten immer tiefer in die Programmdateien ein, änderten Namen von Variablen, umgaben alles mit Unterprogrammen, bauten Formulare neu auf und verschlimmbesserten im Allgemeinen den Code. Die Wirklichkeit sieht eben so aus, dass Sie ein Programm, das nicht das macht, was Sie wollen, selbst dann nicht dadurch verbessern können, dass Sie an seinem Code herumbasteln, wenn es fast alles kann, was Ihnen vorschwebt. Die beste Alternative sah dann so aus, das Programm (unabhängig davon, wie teuer es war) wegzuwerfen und von vorn anzufangen. Was für ein schlechtes Geschäft!

Objektorientierte Programmierung hat dies gewaltig geändert. Ein objektorientiertes Programm ist in seinem Kern so entworfen worden, dass es geändert werden kann. Mit sauber geschriebener Software sind Sie in der Lage, Nutzen aus Funktionen zu ziehen, die bereits vorhanden sind, neue Funktionen selbstständig hinzuzufügen und Funktionen zu überschreiben, die Ihren Bedürfnissen nicht entsprechen. Das Beste an dieser Situation ist, dass die Änderungen, die Sie vornehmen, sauber sind – kein Kratzen und Graben am beziehungsweise im empfindlichen Programmcode anderer Leute. Stattdessen fügen Sie sorgfältig und ordentlich Erweiterungen und Änderungen hinzu, ohne die interne Logik des vorhandenen Codes anzurühren.

Das letzte Wort über Mitarbeiter – oder auch nicht

Wenn Sie ein objektorientiertes Programm schreiben, beginnen Sie damit, dass Sie sich Gedanken über die zu verarbeitenden Daten machen. Sie schreiben über Konten. Also, was ist ein Konto? Sie schreiben Code, der auf das Anklicken einer Schaltfläche reagiert. Also, was ist eine Schaltfläche? Sie schreiben ein Programm, um Gehaltsschecks an Mitarbeiter zu versenden. Also, was ist ein Mitarbeiter?

Im ersten Beispiel dieses Kapitels ist ein Mitarbeiter eine Person mit einem Namen und eine Berufsbezeichnung (hier `jobTitle` genannt). Natürlich haben Mitarbeiter auch noch andere Merkmale, aber im Moment wollen wir uns auf Grundlegendes konzentrieren (wobei Sie wissen müssen, dass der *Mitarbeiter* auf Englisch *Employee* heißt):

```
class Employee {
  String name;
  String jobTitle;
}
```

Natürlich hat ein Unternehmen verschiedene Arten von Mitarbeitern. Es kann zum Beispiel Vollzeit- und Teilzeitmitarbeiter geben. Jeder in Vollzeit arbeitende Mitarbeiter erhält ein Jahresgehalt:

```
class FullTimeEmployee extends Employee {
  double salary;
}
```

In diesem Beispiel sagen die Wörter `extends Employee` Java, dass die neue Klasse (die Klasse `FullTimeEmployee`) über (mindestens) die Eigenschaften verfügt, die jeder `Employee` hat. Oder anders ausgedrückt, jedes Objekt `FullTimeEmployee` ist ein `Employee`-Objekt (möglicherweise ein Mitarbeiter einer besonderen Art). Ein Vollzeit arbeitender Mitarbeiter (`FullTimeEmployee`) hat, wie jeder Mitarbeiter (`Employee`) einen Namen (`name`) und eine Berufsbezeichnung (`jobTitel`). Außerdem erhält ein `FullTimeEmployee` ein Gehalt *(Salary)*. Und genau für diese Dinge sorgen die Wörter `extends Employee`.

Ein Teilzeitbeschäftigter *(Part-Time Employee)* hat kein festes Jahresgehalt. Stattdessen erhält er seinen Lohn auf Stundenbasis, und er arbeitet jede Woche eine bestimmte Anzahl an Stunden:

```
class PartTimeEmployee extends Employee {
  double hourlyPay;
  int hoursWorked;
}
```

Bisher hat ein Teilzeit arbeitender Mitarbeiter (`PartTimeEmployee`) vier Merkmale: `name`, `jobTitle`, `hourlyPay` und Anzahl an gearbeiteten Stunden (`hoursWorked`).

Jetzt müssen Sie sich noch um die »großen Tiere« kümmern – die leitenden Mitarbeiter *(Executives)*. Jeder von ihnen arbeitet in Vollzeit. Aber ein leitender Mitarbeiter erhält in der Regel zusätzlich zu seinem Gehalt einen Bonus (und zwar selbst dann, wenn es dem Unternehmen sehr schlecht geht und es finanzielle Unterstützung benötigt):

```
class Executive extends FullTimeEmployee {
  double bonus;
}
```

Das Java-Schlüsselwort extends ist *cool*, weil Sie durch das Erweitern (das bedeutet *to extend* auf Deutsch) einer Klasse den komplizierten Code erben, der bereits zu der anderen Klasse gehört. Die Klasse, die Sie erweitern, kann eine Klasse sein, die Sie (oder andere Entwickler) bereits geschrieben haben. Auf jeden Fall sind Sie in der Lage, vorhandenen Code wiederzuverwenden und um Zusätze zu erweitern.

Hier ein weiteres Beispiel: Die Entwickler von Android haben die Klasse Activity geschrieben, die aus gut 5.000 Codezeilen besteht. Sie können diesen Code kostenlos verwenden, indem Sie einfach extends Activity schreiben:

```
public class MainActivity extends Activity {
```

Durch die beiden Wörter extends Activity kann Ihre neue Klasse MainActivity all die Dinge tun, die auch eine normale Android-Activity machen kann – ablaufen, Elemente im Ordner res der App finden, ein Dialogfeld anzeigen, auf zu wenig Arbeitsspeicher reagieren, eine andere Activity starten, eine Antwort an eine Activity zurückgeben, sich beenden und vieles mehr.

Eine Klasse erweitern

Das Java-Schlüsselwort extends ist so nützlich, dass Entwickler verschiedene Namen haben, um diese Funktion der Sprache zu beschreiben;

- ✔ **Superklasse/Unterklasse (Subklasse):** Die Klasse Employee (siehe den vorherigen Abschnitt *Das letzte Wort über Mitarbeiter – oder auch nicht*) ist die *Superklasse* oder übergeordnete Klasse der Klasse FullTimeEmployee. Die Klasse FullTimeEmployee ist die *Unterklasse* (oder *Subklasse*) der Klasse Employee.

- ✔ **Eltern/Kind:** Bei der Klasse Employee handelt es sich um die *Eltern* der Klasse FullTimeEmployee. Daraus folgt, dass die Klasse FullTimeEmployee ein *Kind* der Klasse Employee ist.

    Und dann erweitert die Klasse Executive die Klasse FullTimeEmployee, die wiederum die Klasse Employee erweitert. Oder anders ausgedrückt: Executive ist ein *Abkömmling* von Employee, und Employee ist ein *Vorfahr* von Executive. Das Diagramm in der Unified Modeling Language (UML) in Abbildung 10.1 soll dies verdeutlichen.

- ✔ **Vererbung:** Die Klasse FullTimeEmployee *erbt* die Mitglieder der Klasse Employee. (Wenn eines der Mitglieder der Klasse Employee als private deklariert wird, erbt die Klasse FullTimeEmployee dieses Mitglied nicht.)

    Die Klasse Employee besitzt ein Feld name, wodurch auch die Klassen FullTimeEmployee und Executive über ein Feld name verfügen. Daraus folgt nun, dass der Code in Listing 10.1 durch die Deklaration von Employee, FullTimeEmployee und Executive zu Beginn dieses Kapitels zulässig ist.

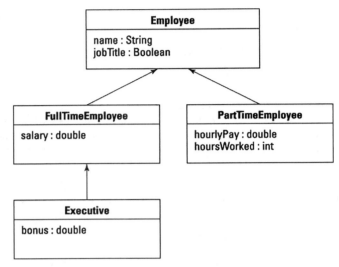

Abbildung 10.1: Eine Klasse, zwei Kind-Klassen und eine Enkelkind-Klasse

Alle Abkömmlinge der Klasse Employee haben ein Feld name, obwohl dieses Feld nur in der Klasse Employee selbst deklariert worden ist.

```
public class Main {

  public static void main(String[] args) {
    Employee employee = new Employee();
    employee.name = "Sam";

    FullTimeEmployee ftEmployee = new FullTimeEmployee();
    ftEmployee.name = "Jennie";

    Executive executive = new Executive();
    executive.name = "Harriet";
  }
}
```

Listing 10.1: Die Klasse Employee *und ihre Unterklassen verwenden*

Fast jede Java-Klasse erweitert eine andere Java-Klasse. Ich schreibe *fast*, weil es eine (einzige) Klasse gibt, die keine anderen Java-Klassen erweitert. Die in Java vorhandene Klasse Object erweitert nichts. Diese Klasse steht an der Spitze der Java-Klassenhierarchie. Jede Klasse, in deren Kopfzeile es keine extends-Klausel gibt, erweitert die Java-Klasse Object automatisch. Dadurch wird jede andere Java-Klasse direkt oder indirekt zu einem Abkömmling der Klasse Object, was Abbildung 10.2 darstellt.

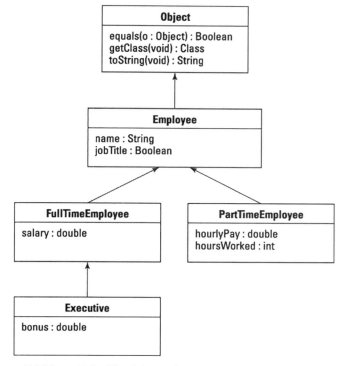

Abbildung 10.2: Alles leitet sich von Javas Klasse Object *ab.*

Die Idee, eine Klasse zu erweitern, bildet eine der Säulen der objektorientierten Programmierung. In den 1970ern fiel Computerwissenschaftlern auf, dass Programmierer dazu neigten, das Rad neu zu erfinden. Wenn zum Beispiel Code benötigt wurde, um ein Konto abzugleichen, wurde der entsprechende Code vollständig neu geschrieben. Und da interessierte es auch nicht, dass andere bereits Code geschrieben hatten, der zum Abgleichen von Konten diente. Es bereitete eben größere Kopfschmerzen, den Code anderer in den eigenen einzubinden oder an ihn anzupassen. Wenn ich mir den ganzen Aufwand vor Augen halte, war es wirklich einfacher, ganz neu anzufangen.

Dann wurde in den 1980ern die objektorientierte Programmierung immer beliebter. Die Idee von Klassen und Unterklassen sorgte für einen sauberen Weg, um vorhandenen Code (wie den der Android-Klasse Activity) mit neuem Code (wie dem Ihrer neuen Klasse MainActivity) zu verbinden. Sie hängen sich durch das Erweitern einer Klasse in deren Funktionalität ein und verwenden Funktionen, die bereits programmiert worden sind.

 Durch das Wiederverwenden von Code vermeiden Sie die Arbeit, die es kostet, das Rad neu zu erfinden. Gleichzeitig erleichtern Sie das Leben des Endbenutzers. Wenn Sie die Android-Klasse Activity erweitern, verhält sich die neue Activity wie die Activities anderer Entwickler, weil sowohl Ihre Activity als auch die anderer von der Android-Klasse Activity dasselbe Verhalten erben. Da sich dadurch so viele Apps gleich verhalten, hat es ein Benutzer mit gleichartigen Mustern zu tun.

Methoden überschreiben

Ich baue in diesem Abschnitt auf die Employee-Codestückchen auf, die am Anfang dieses Kapitels stehen. Ich kann, von diesen Codestückchen ausgehend, ein vollständiges Programmbeispiel zusammenbauen. Das Programm, das in den Listings 10.2 bis 10.6 entwickelt wird, stellt einige wichtige Gedanken zu Klassen und Unterklassen dar.

```java
package org.allyourcode.company;

import javax.swing.JOptionPane;

public class Employee {
  String name;
  String jobTitle;

  public Employee() {
  }

  public Employee(String name, String jobTitle) {
    this.name = name;
    this.jobTitle = jobTitle;
  }

  public void showPay() {
    JOptionPane.showMessageDialog(null, name +
        ", Ausgezahlter Betrag nicht bekannt ");
  }
}
```

Listing 10.2: Was ist ein »Employee« (Mitarbeiter)?

```java
package org.allyourcode.company;

import java.text.NumberFormat;
import java.util.Locale;

import javax.swing.JOptionPane;

public class FullTimeEmployee extends Employee {
  double salary;

  static NumberFormat currency =
      NumberFormat.getCurrencyInstance(Locale.US);

  public FullTimeEmployee() {
  }
```

```java
  public FullTimeEmployee(String name,
                          String jobTitle,
                          double salary) {
    this.name = name;
    this.jobTitle = jobTitle;
    this.salary = salary;
  }

  public double pay() {
    return salary;
  }

  @Override
  public void showPay() {
    JOptionPane.showMessageDialog(null, name + ", " +
        currency.format(pay()));
  }
}
```

Listing 10.3: In Vollzeit arbeitende Mitarbeiter erhalten Gehalt (»Salary«).

```java
package org.allyourcode.company;

public class Executive extends FullTimeEmployee {
  dcuble bonus;

  public Executive() {
  }

  public Executive(String name, String jobTitle,
                   double salary, double bonus) {
    this.name = name;
    this.jobTitle = jobTitle;
    this.salary = salary;
    this.bonus = bonus;
  }

  @Override
  public double pay() {
    return salary + bonus;
  }
}
```

Listing 10.4: Leitende Mitarbeiter (»Executives«) bekommen einen Bonus.

```java
package org.allyourcode.company;

import java.text.NumberFormat;
import java.util.Locale;

import javax.swing.JOptionPane;

public class PartTimeEmployee extends Employee {
  double hourlyPay;
  int hoursWorked;

  static NumberFormat currency =
      NumberFormat.getCurrencyInstance(Locale.US);

  public PartTimeEmployee() {
  }

  public PartTimeEmployee(String name,
                          String jobTitle,
                          double hourlyPay,
                          int hoursWorked) {
    this.name = name;
    this.jobTitle = jobTitle;
    this.hourlyPay = hourlyPay;
    this.hoursWorked = hoursWorked;
  }

  public double pay() {
    return hourlyPay * hoursWorked;
  }

  @Override
  public void showPay() {
    JOptionPane.showMessageDialog(null, name + ", " +
        currency.format(pay()));
  }
}
```

Listing 10.5: Teilzeitkräfte werden stundenweise bezahlt.

```
package org.allyourcode.company;

public class Main {

  public static void main(String[] args) {
    Employee employee = new Employee("Barry", "Author");

    FullTimeEmployee ftEmployee =
        new FullTimeEmployee("Ed", "Manager", 10000.00);

    PartTimeEmployee ptEmployee =
        new PartTimeEmployee("Joe", "Intern", 8.00, 20);

    Executive executive =
        new Executive("Jane", "CEO", 20000.00, 5000.00);

    employee.showPay();
    ftEmployee.showPay();
    ptEmployee.showPay();
    executive.showPay();
  }

}
```

Listing 10.6: Die Klasse Employee *testen*

Abbildung 10.3 zeigt, wie der Code in den Listings 10.2 bis 10.6 ausgeführt wird und Abbildung 10.4 enthält ein UML-Diagramm mit den Klassen dieser Listings. (Ich ignoriere in Abbildung 10.4 die Klasse Main aus Listing 10.6. Diese Klasse interessiert hier nicht, weil sie nicht zur Hierarchie der Klasse Employee gehört. Die Klasse Main ist einfach nur eine Unterklasse der Java-Klasse Object.)

Ich verwende in Abbildung 10.4 durchgestrichenen Text und simuliere Handschrift, um das Überschreiben von Methoden darzustellen. Diese typografischen Tricks sind meine Erfindung. Weder das Durchstreichen noch das Simulieren von Handschrift gehört zum UML-Standard. In Wahrheit kennt der UML-Standard alle möglichen Regeln, die ich in diesem Buch ignoriere. Mein Hauptanliegen ist, grob zu zeigen, wie ein UML-Diagramm helfen kann, die Hierarchie von Klassen und deren Unterklassen grafisch darzustellen.

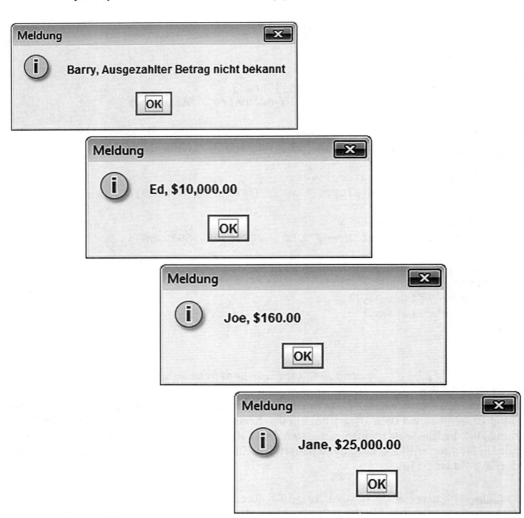

Abbildung 10.3: Den Code der Listings 10.2 bis 10.6 ausführen

Beachten Sie die Rolle, die die Methode showPay in Abbildung 10.4 und in den Listings 10.2 bis 10.6 spielt. showPay ist in der Abbildung in allen Klassen außer der Klasse Executive zu sehen. Ich definiere showPay in allen Listings mit Ausnahme der Klasse Executive.

Die Methode showPay erscheint zum ersten Mal in der Klasse Employee (siehe Listing 10.2), wo sie als Platzhalter dient, wenn es darum geht, nicht zu wissen, wie viel ein Mitarbeiter ausgezahlt bekommt. Die Klasse FullTimeEmployee (siehe Listing 10.3) würde dieses nichtssagende showPay erben, wenn nicht die Klasse FullTimeEmployee ihre eigene Version von showPay deklarieren würde. In der Terminologie von Kapitel 5 *überschreibt* die Methode showPay von FullTimeEmployee die Methode showPay in Employee.

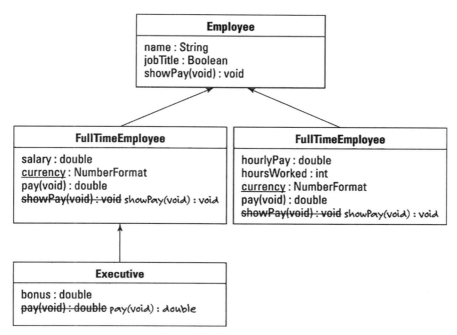

Abbildung 10.4: Klassen und Unterklassen

Listing 10.6 enthält einen Aufruf der Methode showPay eines in Vollzeit beschäftigten Mitarbeiters:

```
FullTimeEmployee ftEmployee = ... Etc.
ftEmployee.showPay();
```

In Abbildung 10.3 gibt der Aufruf von ftEmployee.showPay() die Version von showPay der Klasse FullTimeEmployee und nicht die der Klasse Employee1 zurück. (Wenn ftEmployee.showPay() die Version von showPay der Klasse Employee aufriefe, sähen Sie in Abbildung 10.3 Ed, Ausgezahlter Betrag nicht bekannt.) Das Überschreiben der Deklaration einer Methode bedeutet, die Herrschaft über diese Version der Methode zu übernehmen.

Natürlich ist das Überschreiben einer Methode nicht dasselbe wie das Auslöschen oder Ausradieren einer Methode. In Listing 10.6 zaubert das Codestückchen

```
Employee employee = ... Etc.
employee.showPay();
```

die nicht festlegende Version von showPay der Klasse Employee herbei. Dies geschieht, weil ein Objekt, das mit dem Konstruktor Employee erstellt wird, weder ein Feld salary noch ein Feld hourlyPay oder eine andere Methode showPay aufwiese als diejenige, die in der Klasse Employee deklariert ist. Die Klasse Employee und alle Objekte, die mit dem Konstruktor Employee deklariert worden sind, könnten selbst dann ihre Arbeit verrichten, wenn die anderen Klassen (FullTimeEmployee, PartTimeEmployee und so weiter) nicht vorhanden wären.

Der einzige Weg, um eine Methode zu überschreiben, sieht so aus, dass Sie in einer Unterklasse eine Methode mit demselben Namen und denselben Parametern deklarieren. Mit *denselben Parametern* meine ich dieselbe Anzahl an Parametern und dieselben Parametertypen. So überschreibt zum Beispiel calculate(int count, double amount) die Methode calculate(int x, double y), weil beide Deklarationen dieselben (beiden) Parameter haben: In jeder Deklaration ist der erste Parameter vom Typ int und der zweite vom Typ double. Demgegenüber überschreibt calculate(int count, String amount) die Methode calculate(int count, double amount) nicht. In der einen Deklaration ist der zweite Parameter vom Typ String. Wenn Sie calculate(42, 2.71828) aufrufen, erhalten Sie die Methode calculate(int count, String amount).

In den Listings 10.2 bis 10.5 gibt es weitere Beispiele für das Überschreiben von Methoden. So überschreibt zum Beispiel in Listing 10.4 die Klasse Executive die Methode pay ihrer Elternklasse, nicht aber die Methode showPay der Elternklasse. Die Berechnung des auszuzahlenden Betrags für einen leitenden Mitarbeiter *(Executive)* unterscheidet sich vom Berechnen des Gehalts eines normalen, in Vollzeit arbeitenden Mitarbeiters. Wenn Sie aber den Auszahlungsbetrag der beiden Personen kennen, unterscheidet sich die Anzeige des Auszahlungsbetrags eines *Executives* nicht von der Anzeige des Betrags, den ein normaler, in Vollzeit arbeitender Mitarbeiter erhält.

Als ich die Beispiele dieses Abschnitts erstellte, habe ich überlegt, die Klasse Empoloyee mit einer pay-Methode zu versorgen (die bei jedem Aufruf 0 zurückgibt). Diese Strategie hätte es mir erspart, für die Klassen FullTimeEmployee und PartTimeEmployee identische showPay-Methoden anzulegen. Ich habe mich dann aber aus verschiedenen Grünen (die hier nichts zur Sache tun) gegen diese Vorgehensweise entschieden.

Das Überschreiben funktioniert in Situationen gut, in denen Sie die Funktionen einer Klasse noch genauer einstellen wollen. Stellen Sie sich vor, dass Sie einen Nachrichtenticker haben, der mit einer Ausnahme alles macht, was Sie sich vorstellen – ihm fehlt nur die Fähigkeit, seitwärts zu scrollen. (Ich starre gerade auf einen Ticker auf meinem Computer! Wenn eine Nachricht nach oben verschwindet, scrollt die nächste Nachricht von unten herein. Die Optionen des Programms lassen es nicht zu, dass ich diese Einstellung ändere.) Nachdem Sie die Dokumentation des Codes studiert haben, können Sie zur Klasse Ticker des Programms eine Unterklasse erstellen und die Methode scroll der Klasse Ticker überschreiben. In Ihrer neuen scroll-Methode erhält der Benutzer dann die Möglichkeit, Text von unten, von oben, seitlich oder von innen nach außen (oder was Ihnen da sonst noch vorschwebt) zu verschieben.

Java-Annotations

Elemente, die in Java mit einem At-Zeichen (@) beginnen, sind *Annotations*. (*Annotation* wird normalerweise mit *Anmerkung* übersetzt, aber die hier beschriebenen Annotations haben mit dem deutschen Ausdruck nichts zu tun, weshalb wir den englischen Begriff beibehalten.). Java kennt Annotations erst seit Java 5.0. Wenn Sie also versuchen, die Annotation

@Override zum Beispiel mit Java 1.4.2 zu verwenden, werden Sie ein paar unschöne Fehlermeldungen zu sehen bekommen. Denken Sie auch daran, dass Sie Java 5 oder Java 6 benötigen, um Android-Apps zu erstellen. Sie können hierfür keine früheren Java-Versionen verwenden.

Jede @Override-Annotation in den Listings 10.3, 10.4 und 10.5 erinnert Java daran, dass die Methode, die der Annotation unmittelbar folgt, denselben Namen und dieselben Parametertypen wie eine Methode in der Elternklasse besitzt. Die Verwendung der Annotation @Override ist optional. Wenn Sie in den Listings 10.3, 10.4 und 10.5 alle @Override-Zeilen entfernen, funktioniert der Code wie früher weiter.

Aus welchem Grund sollten Sie @Override dann noch verwenden? Stellen Sie sich vor, Sie haben auf @Override verzichtet und in Listing 10.4 die folgende Methode eingebaut:

```
public void showPay(double salary) {
  JOptionPane.showMessageDialog(null, name + ", " +
      currency.format(salary));
}
```

Sie könnten nun der Meinung sein, dass Sie die Methode showPay der Elternklasse überschrieben haben – was aber nicht der Fall ist. Die Methode showPay der Klasse Employee hat keine Parameter, während die Methode showPay Ihrer neuen Klasse FullTimeEmployee einen Parameter aufweist. Eclipse schaut sich das Material im Editor an und sagt: »Okay, meiner Meinung nach will der Entwickler die Methode showPay der Klasse Employee erben und eine zusätzliche Version von showPay hinzufügen. Dann stehen daraufhin in der Klasse FullTimeEmployee beide showPay-Methoden zur Verfügung.« (Leider sehen Sie nicht, wie sich meine Lippen bewegen, wenn Eclipse mit Ihnen redet.)

Alles funktioniert prima, bis Sie den Code ausführen und nach einem Aufruf von ftEmployee.showPay() die Meldung Pay not known sehen. Die Java Virtual Machine ruft die parameterlose Version von showPay auf, die die Klasse FullTimeEmployee von Ihrer Elternklasse geerbt hat.

Das Problem ist bei diesem hypothetischen Beispiel nicht so groß, dass Sie einen Codierungsfehler hervorrufen – schließlich macht jeder Fehler wie diesen. (Ja, selbst mir passiert das oft genug.) Das Problem ist, dass Sie ohne eine @Override-Annotation erst dann auf den Fehler stoßen, wenn Sie das Programm ausführen. Dies bedeutet, dass Sie auf die Fehlermeldung nicht stoßen, solange Sie den Code im Editor von Eclipse entwerfen. Sie können natürlich ganz schmerzfrei auf die Programmausführung warten, weil Sie wissen, wo der Fehler liegt. Aber andererseits kann dieses Warten auf die Programmausführung auch sehr schmerzvoll enden, weil Sie sich sagen müssen: »Meine App ist auf einer Skala von 1 bis 5 Sternchen nur mit einem Sternchen bewertet worden, weil ich diesen Fehler erst entdeckt habe, als Benutzer die nicht funktionierende Methode showPay aufgerufen haben.«

Eclipse erkennt bestenfalls Ihre Absicht, eine Methode zu überschreiben, und es kann sich bei Ihnen beschweren, während Sie auf den Editor starren. Wenn Sie die Annotation @Override zusammen mit der falschen Methode showPay verwenden, sehen Sie die gezackten Unterstreichungen, die Abbildung 10.5 zeigt. Das ist auch gut so, weil Sie damit die Möglichkeit haben, das Problem rechtzeitig zu beheben, bevor es beim Ausführen Ihres Codes an das Tageslicht kommt.

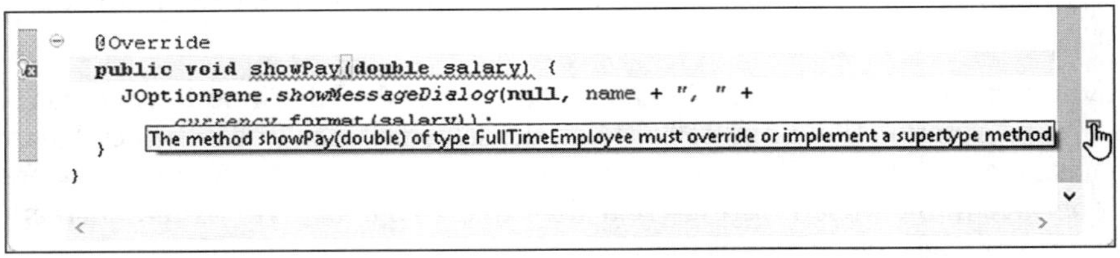

```
@Override
public void showPay(double salary) {
    JOptionPane.showMessageDialog(null, name + ", " +
        currency.format(salary));
}
```
The method showPay(double) of type FullTimeEmployee must override or implement a supertype method

Abbildung 10.5: Die Methode showPay *überschreibt die Methode* showPay *der Elternklasse nicht.*

Weitere Informationen zu Javas Modifikatoren

Ich beginne die Diskussion über Javas Modifikatoren in den Kapiteln 6 und 9. Kapitel 6 beschreibt das Schlüsselwort `final` und was es bei Methoden bewirkt, und Kapitel 9 handelt von den Schlüsselwörtern `public` und `private`. In diesem Abschnitt erfahren Sie mehr über Java-Modifikatoren.

Das Wort `final` dient in Java-Programmen vielen Zwecken. Es macht nicht nur aus Variablen unveränderbare Variablen, sondern es bewirkt auch Folgendes:

✔ **Final Class:** Wenn Sie eine Klasse als `final` deklarieren, kann sie niemand erweitern (auch Sie selbst nicht).

✔ **Final Method:** Wenn Sie eine Methode als `final` deklarieren, kann sie niemand überschreiben (auch Sie selbst nicht).

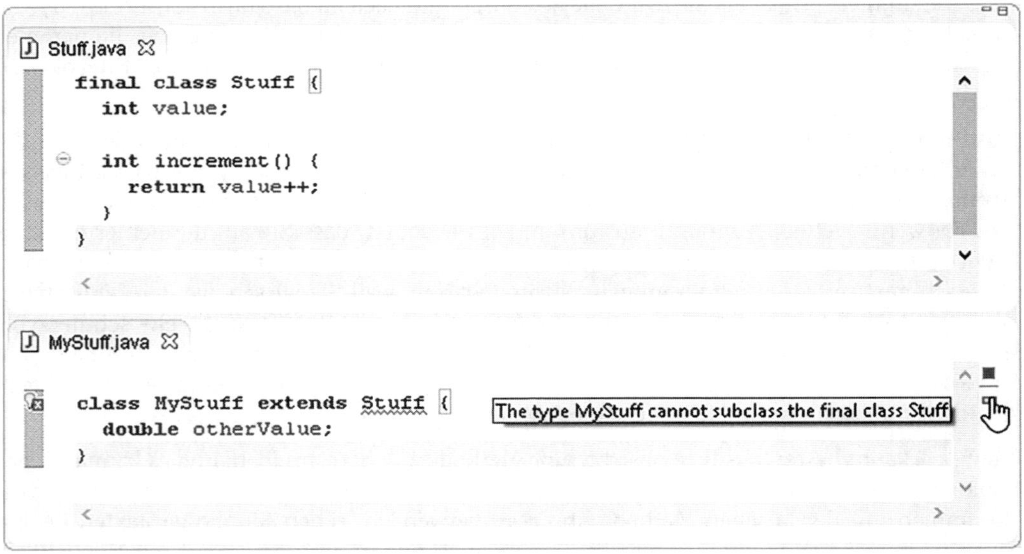

```
Stuff.java
final class Stuff {
    int value;

    int increment() {
        return value++;
    }
}
```

```
MyStuff.java
class MyStuff extends Stuff {
    double otherValue;
}
```
The type MyStuff cannot subclass the final class Stuff

Abbildung 10.6: Der vergebliche Versuch, die Klasse Stuff *zu erweitern*

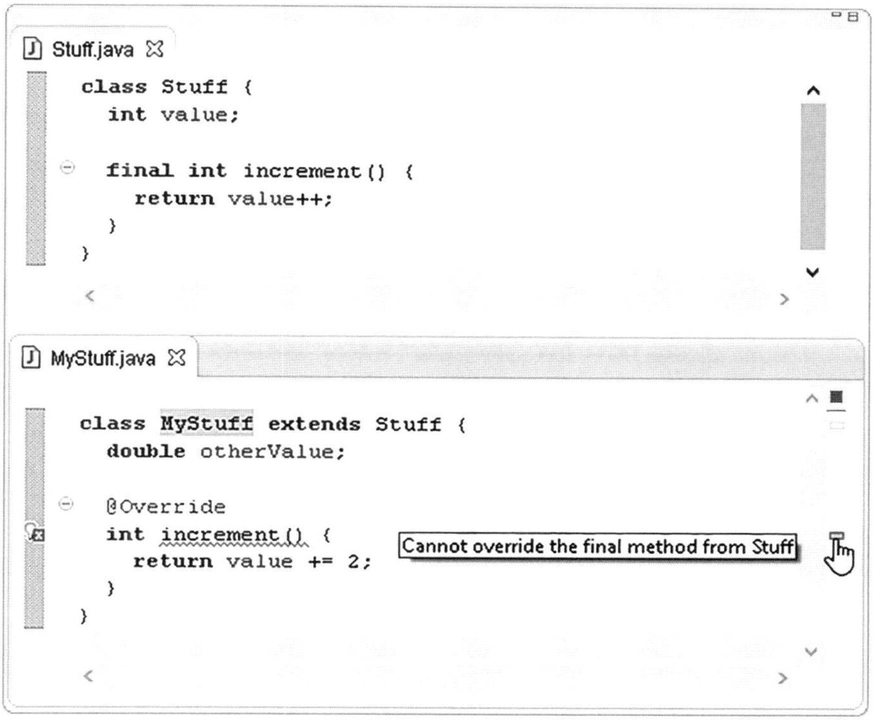

```
Stuff.java
  class Stuff {
    int value;

    final int increment() {
      return value++;
    }
  }
```

```
MyStuff.java
  class MyStuff extends Stuff {
    double otherValue;

    @Override
    int increment() {        Cannot override the final method from Stuff
      return value += 2;
    }
  }
```

Abbildung 10.7: Der vergebliche Versuch, eine als `final` deklarierte Methode zu überschreiben

Abbildung 10.6 und Abbildung 10.7 verdeutlichen diese Regeln. Ich kann in Abbildung 10.6 die Klasse `Stuff` nicht mehr erweitern, weil sie `final` ist. Und in Abbildung 10.7 bin ich nicht mehr in der Lage, die Methode `increment` der Klasse `Stuff` zu überschreiben, weil diese Methode `final` ist.

Sie können das Java-Schlüsselwort `protected` auf die Mitglieder einer Klasse anwenden. Mir ist dieses Schlüsselwort immer ein wenig fremdartig vorgekommen. *Protected* bedeutet nicht nur auf Deutsch *geschützt*, und für mich gilt dann, dass auf meine geschützten Besitztümer nicht so einfach zugegriffen werden kann wie auf meine ungeschützten. Demgegenüber ist es aber in Java so, dass Sie den Zugriff auf ein Feld oder eine Methode dadurch erleichtern, dass Sie seinem beziehungsweise ihrem Namen das Wort `protected` voranstellen. Der Zugriff ist dadurch sogar noch leichter möglich, als es standardmäßig der Fall wäre (siehe Abbildung 10.8).

Hier noch einmal das, was ich in Kapitel 9 über Mitglieder mit standardmäßigem Zugriff schreibe:

Ein standardmäßiges Mitglied einer Klasse (ein Mitglied, deren Deklaration die Wörter `public`, `private` oder `protected` nicht enthält) kann von jedem Code verwendet werden, der sich in demselben Paket wie die Klasse befindet.

am wenigsten eingeschränkt
public
protected
default
private
am meisten eingeschränkt

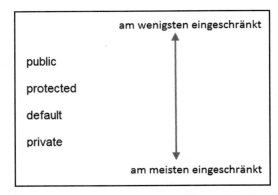

Abbildung 10.8: Zugriffsmodi für Felder und Methoden

Dasselbe gilt für ein *protected* (geschütztes) Mitglied einer Klasse. Außerdem erbt jede Unterklasse der Klasse, die ein *geschütztes* Mitglied enthält, dieses Mitglied auch dann, wenn sich die Unterklasse außerhalb des Pakets der vererbenden Klasse befindet.

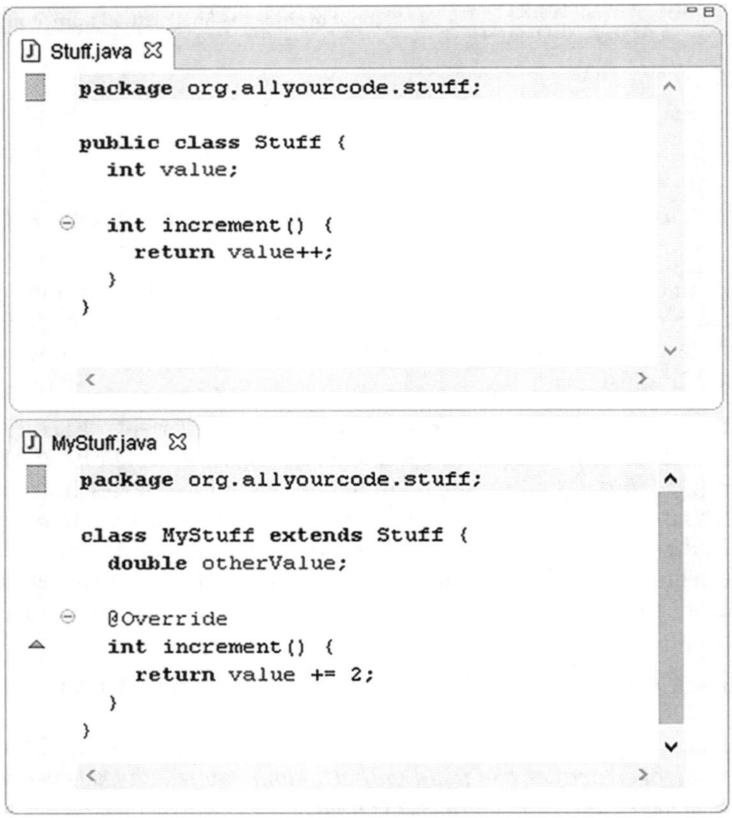

Stuff.java
package org.allyourcode.stuff;
public class Stuff {
int value;
int increment() {
return value++;
}
}
MyStuff.java
package org.allyourcode.stuff;
class MyStuff extends Stuff {
double otherValue;
@Override
int increment() {
return value += 2;
}
}

Abbildung 10.9: Zwei Klassen in demselben Paket

Hm, was sagt dieser letzte Satz über geschützte Mitglieder einer Klasse aus? Um etwas mehr Klarheit in diese Angelegenheit zu bringen, stellt Abbildung 10.9 das sorgenfreie Vorhandensein zweier Klassen in demselben Paket dar. Da sich sowohl `Stuff` als auch `MyStuff` in demselben Paket befinden, erbt die Klasse `MyStuff` von der Klasse `Stuff` deren standardmäßige *(default)* Variable `value` und deren standardmäßige Methode `increment`.

Wenn Sie die Klasse `Stuff` in ein anderes Paket verschieben, erbt `MyStuff` nicht mehr die Standardvariable `value` oder die Standardmethode `increment` der Klasse `Stuff`, was Abbildung 10.10 verdeutlicht.

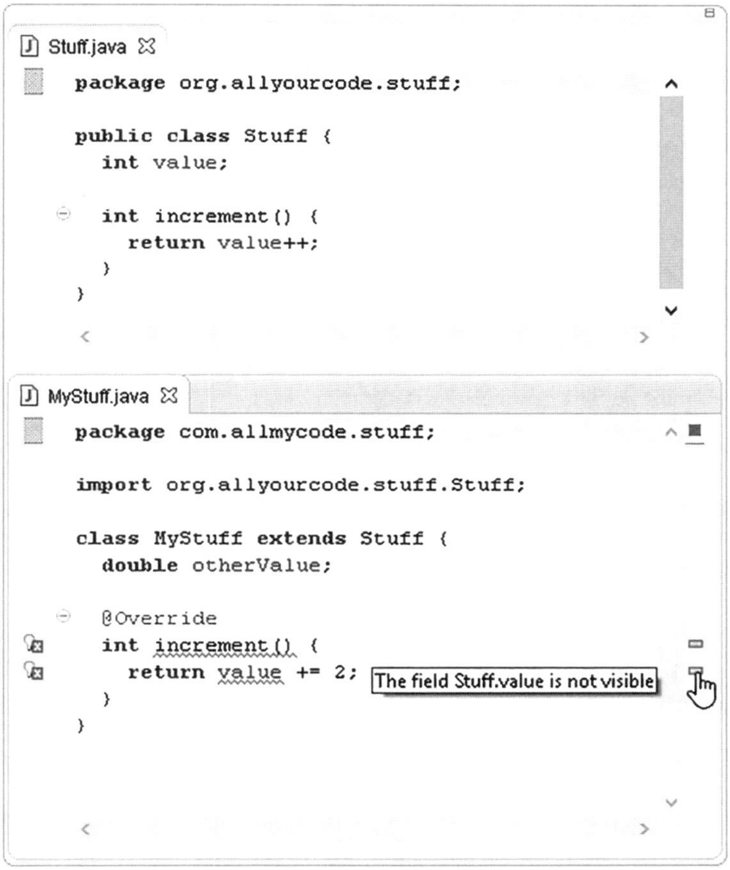

```
Stuff.java
    package org.allyourcode.stuff;

    public class Stuff {
      int value;

      int increment() {
        return value++;
      }
    }
```

```
MyStuff.java
    package com.allmycode.stuff;

    import org.allyourcode.stuff.Stuff;

    class MyStuff extends Stuff {
      double otherValue;

      @Override
      int increment() {
        return value += 2;   The field Stuff.value is not visible
      }
    }
```

Abbildung 10.10: Klassen in verschiedenen Paketen

Wenn Sie aber `value` zu einer geschützten *(protected)* Variablen und `increment` zu einer geschützten Methode machen, erbt die Klasse `MyStuff` wieder von ihrer Elternklasse die Variable `value` und die Methode `increment` (siehe Abbildung 10.11).

```java
// Stuff.java
package org.allyourcode.stuff;

public class Stuff {
  protected int value;

  protected int increment() {
    return value++;
  }
}
```

```java
// MyStuff.java
package com.allmycode.stuff;

import org.allyourcode.stuff.Stuff;

class MyStuff extends Stuff {
  double otherValue;

  @Override
  public int increment() {
    return value += 2;
  }
}
```

Abbildung 10.11: Den Modifikator protected *verwenden*

Beachten Sie in Abbildung 10.11 noch eine Besonderheit. Ich ändere die Methode increment der Klasse MyStuff von Standard in public. Ich mache dies, um den Anblick einer netten kleinen Fehlermeldung zu vermeiden. Sie können eine Methode nicht mit einer anderen Methode überschreiben, deren Zugriff eingeschränkter ist als der der ursprünglichen Methode. Oder anders ausgedrückt: Sie können keine öffentliche *(public)* Methode mit einer privaten Methode überschreiben. Es ist sogar nicht möglich, eine öffentliche Methode mit einer standardmäßigen *(default)* Methode zu überschreiben.

Der standardmäßige Zugriff Javas ist sogar weiter eingeschränkt als der geschützte Zugriff (siehe Abbildung 10.8). Daraus folgt, dass Sie eine geschützte Methode mit einer Standardmethode überschreiben können. Ich vermeide in Abbildung 10.11 dieses Thema, indem ich die Methode increment der Klasse MyStuff mit dem Attribut public versehe. Auf diese Weise überschreibe ich die Methode increment mit einer weniger einschränkenden Zugriffsweise.

Die Dinge einfach halten

Die meisten Computerprogramme arbeiten vollständig im virtuellen Bereich. Sie kennen weder Ziegelsteine noch Nägel oder Balken. Dies ermöglicht es Ihnen, in wenigen Minuten ein ziemlich kompliziertes Computerprogramm zu schreiben. Sie sind selbst ohne Muskeln und schweres Gerät in der Lage, eine Struktur zu erstellen, deren Komplexität mit viel komplizierteren physischen Strukturen konkurriert. Sie, der Entwickler, verfügen über die Leistungsfähigkeit, komplizierte, virtuelle Brücken zu bauen.

Eines der Ziele von Computerprogrammen ist es, mit Komplexität umzugehen. Eine gute App ist nicht einfach nur nützlich und grafisch ansprechend – der Code einer guten App lässt sich leicht verstehen und einfach ändern, wenn er strukturiert ist.

Bestimmte Programmiersprachen wie C++ unterstützen *mehrfache Vererbung*, bei der eine Klasse mehr als eine Elternklasse haben kann. So können Sie zum Beispiel in C++ die Klassen Book, TeachingMaterial und Textbook erstellen. Sie können dafür sorgen, dass Textbook sowohl die Klasse Book als auch die Klasse TeachingMaterial erweitert. Diese Funktion sorgt dafür, dass Klassenhierarchien viel flexibler werden, aber sie ist gleichzeitig dafür verantwortlich, dass diese Hierarchien auch extrem kompliziert werden. Sie benötigen trickreiche Regeln, um zu entscheiden, wie Sie zum Beispiel die Methode move vererben wollen, die es sowohl in der Klasse Maus des Computers als auch in der Klasse Maus der Gruppe Nagetiere gibt.

Um Komplexitäten dieser Art zu vermeiden, unterstützt Java mehrfache Vererbung nicht. In Java hat jede Klasse nur eine einzige Superklasse. Eine Klasse kann beliebig viele Unterklassen haben. Sie können viele Unterklassen der Android-Klasse Activity anlegen und andere Entwickler erstellen ihre eigenen Unterklassen der Android-Klasse Activity. Wichtig ist nur, dass Klassen nicht aufgrund ihrer Abstammung mehrere Persönlichkeiten haben können. Eine Java-Klasse besitzt nur eine Elternklasse. Die Klasse Executive (aus Listing 10.4) ist nicht in der Lage, sowohl die Klasse FullTimeEmployee als auch die Klasse PartTimeEmployee zu erweitern.

Ein Interface verwenden

Die Beziehung zwischen Klassen und ihren Unterklassen beruht auf Vererbung. In vielen Familien erben Kinder Eigenschaften ihrer Eltern. So ist das nun einmal.

Aber denken Sie einmal an die Beziehung, die zwischen dem Mitarbeiter eines Verlags und einem Autor besteht. Der Verlagsmitarbeiter sagt: »Wenn Sie diesen Vertrag unterschreiben, erklären Sie sich damit einverstanden, bis zum 15. Juli ein vollständiges Manuskript abzuliefern.« Und trotz aller Entschuldigungen des Autors vor dem Abgabetermin (und glauben Sie mir, Autoren kennen viele Entschuldigungen) ist das Verhältnis zwischen dem Verlag und dem Autor ein Schuldverhältnis. Der Autor erklärt sich damit einverstanden, bestimmte Verantwortlichkeiten zu übernehmen. Und weil er auch weiterhin Autor bleiben möchte, muss er diese Verantwortlichkeiten erfüllen.

Stellen Sie sich nun Barry Burd vor. Wen? Barry Burd – das ist der Typ, der dieses Buch und eine Reihe anderer ... *für Dummies*-Bücher geschrieben hat. Er ist ein Elternteil und er ist ein Autor. Sie möchten diese Situation in einem Java-Programm widerspiegeln, aber Java unterstützt mehrfache Vererbung nicht. Sie schaffen es aus diesem Grund nicht, dass Barry Burd gleichzeitig eine Klasse `Vater` und eine Klasse `Autor` erweitert.

Aber Barry hat Glück, denn Java kennt das *Interface*. Eine Klasse kann nur eine Elternklasse erweitern, aber eine Klasse ist in der Lage, viele Interfaces einzubinden. Andererseits handelt es sich bei einem *Interface* wie bei einer Beziehung zwischen einem Autor und dem Verlag um ein Bündel von Zeugs, das eine Klasse liefern muss.

Hier ein anderes Beispiel: Die Listings 10.2 bis 10.5 beschreiben verschiedene Arten von Mitarbeitern. Außerdem kann ein Unternehmen auch noch Berater anheuern, die dann aber, obwohl sie für das Unternehmen tätig sind, nicht zu den Mitarbeitern gehören. Berater sind normalerweise selbstständig. Sie lassen sich für eine bestimmte Zeit blicken, um dem Unternehmen dabei zu helfen, Probleme zu lösen, und dann verlassen sie das Unternehmen wieder, um woanders zu arbeiten.

Um nun Berater (englisch *Consultant*) zusammen mit Mitarbeitern (englisch *Employees*) in Ihren Code aufzunehmen, benötigen Sie eine Klasse `Consultant`, die von der Hierarchie Ihrer Klasse `Employee` unabhängig ist. Auf der anderen Seite haben Berater vieles mit den normalen Angestellten des Unternehmens gemeinsam. So hat jeder Consultant eine Methode `showPay`. Dies wollen Sie auch in Ihrem Code darstellen, weshalb Sie ein Interface erstellen. Das Interface bringt eine Klasse dazu, dass sie dem Methodennamen `showPay` einen Inhalt gibt, was Listing 10.7 zeigt.

```java
package org.allyourcode.company;

public interface Payable {
   public void showPay();
}
```

Listing 10.7: Erblicken Sie ein Interface!

Bei dem Element in Listing 10.7 handelt es sich nicht um eine Klasse – es ist ein Java-Interface. Hier eine Beschreibung des Codes des Listings:
Ich als Interface habe für die Methode `showPay` eine Kopfzeile, aber keinen Körper. In diesem Interface verfügt die Methode `showPay` über keine Argumente und gibt `void` zurück. Eine Klasse, die mich (das Interface `Payable`) einbinden will, muss für die Methode `showPay` (entweder direkt oder indirekt) einen Körper zur Verfügung stellen. Dies bedeutet, dass eine Klasse, die `Payable` einbinden will, irgendwie auch die Methode `showPay` einbinden muss. Um die Unterschiede zwischen der Kopfzeile und dem Körper einer Methodendeklaration herauszufinden, siehe Kapitel 5.

Die Listings 10.8 und 10.9 binden das Interface `Payable` ein und sorgen für die Methode `showPay`.

10 ▶ Zeit und Geld sparen: Code wiederverwenden

```java
package org.allyourcode.company;

import java.text.NumberFormat;
import java.util.Locale;
import javax.swing.JOptionPane;

public class Consultant implements Payable {

  String name;
  double hourlyFee;
  int hoursWorked;

  static NumberFormat currency =
      NumberFormat.getCurrencyInstance(Locale.US);

  public Consultant() {
  }

  public Consultant(String name, String jobTitle,
                    double hourlyFee, int hoursWorked) {
    this.name = name;
    this.hourlyFee = hourlyFee;
    this.hoursWorked = hoursWorked;
  }

  public double pay() {
    return hourlyFee * hoursWorked;
  }

  @Override
  public void showPay() {
    JOptionPane.showMessageDialog(null,
        name + ", " + currency.format(pay()));
  }
}
```

Listing 10.8: Ein Interface einbinden

```java
package org.allyourcode.company;

import javax.swing.JOptionPane;

public class Employee implements Payable {
  String name;
  String jobTitle;
```

```
public Employee() {
}

public Employee(String name, String jobTitle) {
  this.name = name;
  this.jobTitle = jobTitle;
}

@Override
public void showPay() {
  JOptionPane.showMessageDialog(null, name +
      ", Auzahlungsbetrag nicht bekannt ");
  }
}
```

Listing 10.9: Eine weitere Klasse bindet das Interface ein.

In den Listings 10.8 und 10.9 binden die beiden Klassen `Consultant` und `Employee` das Interface `Payable` ein – das Interface, das summiert, was das Unternehmen seiner Meinung nach zahlen muss. Die Einbindung dieses Interface garantiert, dass diese Klassen Körper für die Methode `showPay` haben. Diese Garantie erlaubt es anderem Code, `employee.showPay()` oder `consultant.showPay()` sicher aufzurufen.

In dem Beispiel dieses Abschnitts implementieren zwei Klassen (`Employee` und `Consultant`), die ansonsten nicht miteinander in Verbindung stehen, das Interface `Payable`. Wenn ich ein Java-Interface bildlich darstellen soll, ist es ein Element, das sich in gewisser Weise mit Javas Klassen/Unterklassen-Hierarchie überschneidet, wie Abbildung 10.12 zeigt.

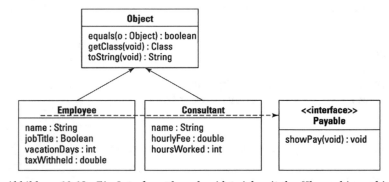

Abbildung 10.12: Ein Interface überschneidet sich mit der Klassenhierarchie.

Die gepunktete Linie in Abbildung 10.12 ist kein Bestandteil der Standard-UML. Die Leute, die sich um den Standard kümmern, kennen viel bessere Wege, als ich sie in diesem Buch verwende, um Interfaces darzustellen.

Einen Rückruf erstellen

Im (gerade behandelten) Abschnitt *Ein Interface verwenden* dieses Kapitels zeige ich auf, wie mir ein Interface dabei hilft, das umzusetzen, was verschiedene, Zahlungen empfangende Klassen gemeinsam haben. Mit dem Interface steht mir ein eleganter Weg zur Verfügung, um die im echten Leben vorhandenen Daten wiederzugeben. Aber abgesehen von seiner Eleganz erleichtert das Interface aus dem Abschnitt *Ein Interface verwenden* nirgendwo das Lösen von Problemen. Der Code ist mit und ohne Interface im Prinzip derselbe.

Ich beschreibe deshalb in diesem Abschnitt ein anderes Problem, das ich mithilfe eines Interface löse. (Schließlich kommt dem Einsatz eines Interface bei der Lösung des Problems sogar eine Schlüsselrolle zu.) Der Code in diesem Abschnitt ist etwas komplizierter als der Code im Abschnitt *Ein Interface verwenden*, aber er stellt eine weitverbreitete Programmiertechnik dar.

Zu vielen Szenarien beim Entwickeln von Anwendungen gehören *Rückrufe*, die auch *Calbacks* genannt werden. Stellen Sie sich einmal ein Programm mit einer Stoppuhr vor. Das Programm informiert Sie darüber, wann zehn Sekunden vergangen sind. Es kann zwei Zustände annehmen: einen, der das Stoppen der Zeit beginnt, und einen, der Sie darüber informiert, dass die Zeit abgelaufen ist. Sie können den Code auf diese Weise schreiben:

```
try {
  Thread.sleep(10000);
} catch (InterruptedException e) {
  e.printStackTrace();
}
JOptionPane.showMessageDialog(null, "Time's up!");
```

Die Java-interne Klasse `Thread` kennt einen `sleep`-Modus, der dafür sorgt, dass die Aktion Ihrer App für die Anzahl an Millisekunden pausiert, die Ihnen vorschweben. Zehntausend Millisekunden sind dasselbe wie zehn Sekunden. Das Ding mit `try/catch`, das den Aufruf der Methode `sleep` umgibt, ist Teil einer Ausnahmebehandlung, auf die ich in Kapitel 13 genauer eingehe.

Ihr Code macht einen guten Eindruck, aber er ist mehr als fehlerhaft. Während sich das Programm selbstständig für zehn Sekunden in den Ruhezustand begibt, bekommt der Benutzer keine einzige Rückmeldung vom Programm – seine Schaltflächen sind eingefroren. Ihr Programm schläft, was dazu führt, dass der Benutzer keine der anderen Funktionen nutzen kann, die das Programm noch bietet. Der Benutzer berührt das Widget Ihres Programms und drückt dessen Schaltfläche ABBRECHEN, aber das Programm reagiert nicht. Tja, das ist dann die beste Garantie dafür, dass das Programm von den Benutzern im Google Play Store nur sehr schlechte Bewertungen erhält.

Um dieses Problem zu beheben, nutzen Sie die Klasse `TimerCommon`, die jemand irgendwann einmal geschrieben hat. Bei dieser Klasse handelt es sich um eine allgemeine Klasse, die sich im Auftrag Ihres Programms für eine bestimmte Zeit schlafen legt. Und während das Objekt `Time-Common` schläft, kann Ihr Programm wach bleiben und auf die Klicks, das Tippen und Streifen und die Eingaben des Benutzers – oder was er sonst noch macht – reagieren.

Die Klasse `TimerCommon` ist übrigens kein Bestandteil der Java-API. Irgendjemand hat diese Klasse im Web zusammen mit einer Notiz veröffentlicht, die es jedem Entwickler erlaubt, den Code zu verwenden.

Wenn das Objekt `TimerCommon` aufwacht, ruft es eine der Methoden Ihres Programms auf. (Bei dem Beispiel in diesem Abschnitt hat diese Methode den Namen `alert` (deutsch *Warnung*) bekommen.) Solange das Objekt `TimerCommon` die Methode `alert` nicht aufruft, wartet die Methode ruhig in Ihrem Programm und macht nichts. Statt die Methode `alert` auszuführen, reagiert das Programm auf die Anforderungen durch den Benutzer,

Schauen Sie sich nun noch einmal den allgemeinen Ablauf der Ausführung des Stoppuhrcodes an: Als Erstes bringen Sie Bewegung in das Objekt `TimerCommon`. Dieses Objekt gönnt sich ein kleines Schläfchen. Und wenn dann das `TimerCommon`-Objekt wieder aufwacht, ruft es Sie zurück. Oder anders ausgedrückt, das `TimerCommon`-Objekt löst einen Rückruf *(Callback)* aus, was Abbildung 10.13 zeigt.

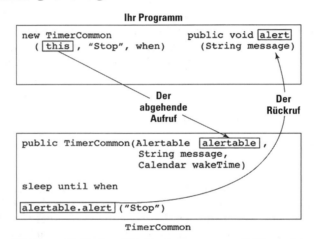

Abbildung 10.13: Das Objekt `TimerCommon` ruft Sie zurück.

Die Listings 10.10 bis 10.13 enthalten die Grundlagen, um die Technik des Rückrufens darzustellen.

```
package org.allyourcode.stopwatch;

import java.util.Calendar;
import javax.swing.JOptionPane;

import com.example.timers.Alertable;
import com.example.timers.TimerCommon;
```

```java
public class StopWatch implements Alertable {

  public StopWatch(int seconds) {
    Calendar wakeTime = Calendar.getInstance();
    wakeTime.add(Calendar.SECOND, seconds);
    new TimerCommon(this, "Stopp", wakeTime);
  }

  @Override
  public void alert(String message) {
    JOptionPane.showMessageDialog(null, message);
  }
}
```

Listing 10.10: Das Interface `Alertable` *einbinden*

```java
package com.example.timers;

public interface Alertable {
  public void alert(String message);
}
```

Listing 10.11: Das Interface `Alertable`

```java
package com.example.timers;

import java.util.Calendar;

public class TimerCommon {

  public TimerCommon(Alertable alertable,
                     String message,
                     Calendar wakeTime) {

    long whenMillis = wakeTime.getTimeInMillis();
    long currentMillis = System.currentTimeMillis();

    try {
      Thread.sleep(whenMillis - currentMillis);
    } catch (InterruptedException e) {
      e.printStackTrace();
    }

    alertable.alert(message);
  }
}
```

Listing 10.12: Einen Wert des Parameters `Alertable` *erhalten*

```
package org.allyourcode.stopwatch;

public class Main {
  public static void main(String[] args) {
    new StopWatch(10);
  }
}
```

Listing 10.13: Alles muss irgendwo anfangen!

Wenn Sie den Code der Listings 10.10 bis 10.13 ablaufen lassen, kommt es zu einer Verzögerung von zehn Sekunden. Danach sehen Sie das Dialogfeld, das Abbildung 10.14 zeigt.

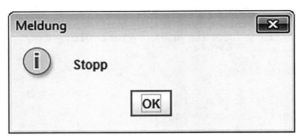

Abbildung 10.14: Den Code der Listings 10.10 bis 10.13 ablaufen lassen

Zu Beginn dieses Abschnitts beklage ich mich darüber, dass Ihr Stoppuhrcode ohne `TimerCommon` nicht auf neue Eingaben des Benutzers reagiert. Nun, ich muss gestehen, dass der Code der Listings 10.10 bis 10.13 dieses Problem nicht löst. Um das Programm reaktionsfreudiger zu machen, verwenden Sie in den Listings 10.10 bis 10.13 die Interface-Tricks und packen `TimerCommon` in einen eigenen Thread. Hier wird es nun schwierig, denn das Ding mit dem eigenen Thread hilft Ihnen nicht dabei zu verstehen, wie Interfaces funktionieren. Sie finden in Kapitel 13 Beispiele, die sich ernsthaft mit Multithreading beschäftigen.

Ein Programm; zwei Eclipse-Projekte

Um meinen Standpunkt zu den Klassen `StopWatch` und `TimerCommon` deutlich zu machen, habe ich sie unabhängig voneinander entwickelt und die Listings 10.10 bis 10.13 auf zwei Eclipse-Projekte verteilt. Die Klassen `StopWatch` und `Main` spielen die Hauptrollen im Projekt 10-10, und `Alertable` und `TimerCommon` befinden sich im Projekt 10-11. Damit dieser auf mehrere Projekte verteilte Code funktioniert, müssen Sie Eclipse darüber informieren, dass die beiden Projekte voneinander abhängig sind. Und dies machen Sie so:

10 ▶ Zeit und Geld sparen: Code wiederverwenden

1. **Klicken Sie im Package Explorer von Eclipse (in Windows) mit der rechten Maustaste auf den Zweig mit dem Projekt 10-10 beziehungsweise führen Sie auf dem Mac auf diesem Zweig ein `crt1`-Klicken aus.**

   Sie machen dies, weil in diesem Beispiel der Code des Projekts 10-10 den Code des Projekts 10-11 verwendet. (Die Klasse `StopWatch` erstellt eine neue Instanz von `TimerCommon`.)

2. **Es öffnet sich ein Kontextmenü, in dem Sie PROPERTIES auswählen.**

   Es öffnet sich das Dialogfeld PROPERTIES FOR 10-10. An seiner linken Seite sehen Sie eine Liste mit Kategorien.

3. **Klicken Sie in der Liste mit Kategorien auf das Element PROJECT REFERENCE.**

4. **Aktivieren Sie im Hauptfenster des Dialogfelds das Kontrollkästchen vor 10-11 (siehe folgende Abbildung).**

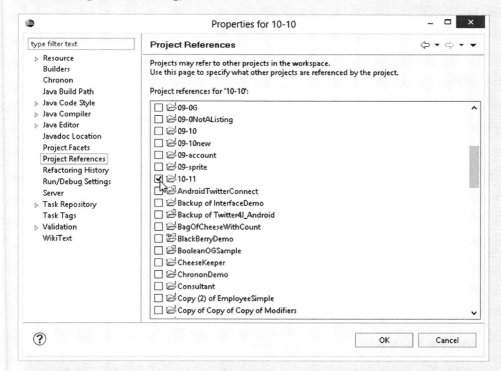

Denken Sie daran, dass das Projekt 10-10 den Konstruktor verwendet, der im Projekt 10-11 deklariert wird.

5. **Wählen Sie in der Liste mit den Kategorien das Element JAVA BUILD PATH aus.**

6. Aktivieren Sie im Hauptfenster des Dialogfelds PROPERTIES FOR 10-10 die Registerkarte PROJECTS (siehe folgende Abbildung).

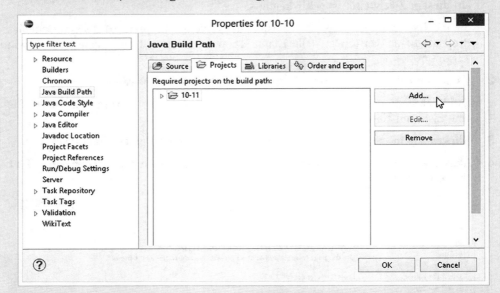

7. Klicken Sie auf der rechten Seite der Registerkarte PROJECTS auf die Schaltfläche ADD.

   Es öffnet sich das Dialogfeld REQUIRED PROJECT SELECTION.

8. Aktivieren Sie im Dialogfeld REQUIRED PROJECT SELECTION das Kontrollkästchen vor dem Projekt 10–11.

   Denken Sie daran, dass das Projekt 10–10 den Konstruktor verwendet, der im Projekt 10–11 deklariert wird.

9. Klicken Sie auf OK, um das Dialogfeld REQUIRED PROJECT SELECTION wieder verschwinden zu lassen.

   Das Dialogfeld PROPERTIES FOR 10-10 sieht nun so aus wie in der zweiten Abbildung in diesem Kasten.

10. Klicken Sie auf OK, um Ihre Änderungen zu speichern und das Dialogfeld PROPERTIES FOR 10-10 verschwinden zu lassen.

    Nun weiß Eclipse, dass das Projekt 10–10 von Code des Projekts 10–11 abhängt.

Eine ausführliche Erläuterung des Codes in diesem Abschnitt

Der Aufruf des Konstruktors in Listing 10.13 erstellt eine Instanz von `StopWatch`. Wenn Sie verstehen möchten, wie die Listings 10.10 bis 10.12 arbeiten, müssen Sie dieser Instanz im Verlauf der Programmausführung auf der Spur bleiben (was zum Beispiel auch anhand von Abbildung 10.13 möglich ist):

✔ **In Listing 10.10 repräsentiert das Java-Schlüsselwort `this` die `StopWatch`-Instanz.**

Das Wort `this` erscheint in einem `TimerCommon`-Konstruktor. Aus diesem Grund handelt es sich bei dem nächsten Code, der ausgeführt wird, um den Code im Körper des `TimerCommon`-Konstruktors.

✔ **Im Körper des Konstruktors `TimerCommon` (siehe Listing 10.12) wird der Parameter `alertable` zum Synonym für die Instanz `StopWatch`.**

Die Instanz `TimerCommon` geht eine Zeit lang »schlafen«.

✔ **Zum Schluss, wenn `alertable` auf die Instanz `StopWatch` verweist, ruft Listing 10.12 `alertable.alert(message)` auf.**

Mit anderen Worten, Listing 10.12 ruft die ursprüngliche `StopWatch`-Instanz zurück. Dieses Listing weiß, wie die ursprüngliche `StopWatch`-Instanz aufgerufen wird, weil sich die `StopWatch`-Instanz selbst (aufgrund des Schlüsselworts `this`) im Konstruktionsaufruf `TimerCommon` übergeben hat.

Wie können hier Interfaces helfen? Denken Sie daran, dass `TimerCommon` nicht Ihr eigener Code ist. Irgendjemand hat die Klasse `TimerCommon` geschrieben und in einem eigenen Paket mit dem Namen `com.example.timers` untergebracht. Wer auch immer diese Klasse geschrieben hat, wusste nichts von Ihnen oder Ihrer Klasse `StopWatch` (dem Code in Listing 10.10). Und gerade den folgenden Code enthält die Klasse `TimerCommon` nicht:

```java
public TimerCommon(StopWatch yourStopWatch,
                   String message,
                   Calendar wakeTime) {
  ...
}

yourStopWatch.alert(message);
```

Die Klasse `TimerCommon` ist für die Allgemeinheit geschrieben worden. Sie enthält unter anderem diese Zeilen:

```java
public TimerCommon(Alertable alertable,
                   String message,
                   Calendar wakeTime) {
  ...
}

alertable.alert(message);
```

Der Konstruktor der Klasse erwartet, dass sein erstes Argument das Interface `Alertable` einbindet. Natürlich ist das erste Argument in Listing 10.10 `new TimerCommon(this, "Stopp", when)` das Wort `this`, bei dem es sich um Ihre `StopWatch`-Instanz handelt, die `Alertable` einbindet. Und hier kommt es noch besser: Solange Ihre Klasse das Interface `Alertable` einbindet, wird garantiert, dass Ihre Klasse über eine Methode `alert` verfügt, die ein `String`-Argument besitzt (siehe Listing 10.11). Damit ist die Klasse `TimerCommon` in der Lage, die Methode `alert` Ihres Codes sicher aufzurufen.

Die Zeit will nicht verstreichen

Javas Klasse `Calendar` hat einen irreführenden Namen: Bei einer Instanz der Klasse `Calendar` handelt es sich um einen Zeitpunkt und nicht um einen Monat oder ein Jahr. In Listing 10.10 sorgt die Zeile

```
wakeTime = Calendar.getInstance()
```

dafür, dass `wakeTime` auf einen bestimmten Zeitpunkt verweist. Es ist tatsächlich so, dass Sie den aktuellen Zeitpunkt erhalten, wenn Sie das parameterlose `Calendar.getInstance()` aufrufen (und zwar erhalten Sie auf die Millisekunde genau den Zeitpunkt, an dem Sie den Aufruf ausgeführt haben). Überprüfen Sie die entsprechenden Felder des Aufrufs (die Felder `YEAR`, `MONTH`, `DAY_OF_MONTH`, `HOUR`, `MINUTE`, `SECOND` und `MILLISECOND`). Sie können sich diesen Zeitpunkt aber auch als Wert anzeigen lassen, der angibt, wie viele Millisekunden seit dem 1. Januar 1970 verstrichen sind.

Die Methode `getTimeInMillis` eines `Calendar`-Objekts findet für das Objekt die genaue Anzahl an Millisekunden, die seit dem 1. Januar 1970 verstrichen sind. (Das ist heutzutage eine ziemlich große Zahl.) Der Aufruf `add(Calendar.SECOND, seconds)` fügt einem bestimmten `Calendar`-Zeitpunkt eine bestimmte Anzahl an Sekunden hinzu. Und die statische Methode `currentTimeMillis` der Klasse `System` sorgt dafür, dass Sie sofort erfahren, wie viele Millisekunden seit dem Startdatum 1970 vergangen sind.

Wie vielseitig ist dieses Interface?

Der vorherige Abschnitt zeigt, was ein Interface machen kann. Dort überbrückt ein Interface den Graben zwischen Codestücken, die in keiner Beziehung zueinander stehen. Um diesen Punkt noch weiter zu bearbeiten (soweit dies überhaupt möglich ist), betrachten Sie eine neue App – eine App, die Sie an etwas erinnern soll.

Ich bin durch die halbe Welt von dem Ort getrennt, an dem Sie Ihr Stoppuhrprogramm erstellt haben. Ich weiß alles über die Klasse `TimerCommon`, aber ich weiß nichts über Ihre Stoppuhr-App. (Gut, in Wirklichkeit weiß ich natürlich viel über diese App, weil ich sie für dieses Kapitel geschrieben habe, und es ist deshalb auch nicht Ihre App. Aber wen kümmert das?) Hier bin ich also, lebe auf der anderen Seite der Erde und weiß nichts über Ihre Stoppuhr-App. Und ich verwende die Klasse `TimerCommon`, um ein vollständig anderes Programm zu erstellen – eine Erinnerungen-App. Den Code dazu enthalten die Listings 10.14 bis 10.16.

```java
package com.allmycode.reminder;

import java.util.Calendar;

public class Appointment {
  String name;
  Calendar when;

  public Appointment(String name, Calendar when) {
    this.name = name;
    this.when = when;
  }
}
```

Listing 10.14: Was ist ein »Appointment«?

(Ein *Appointment* ist auf Deutsch eine – in der Regel geschäftliche – Verabredung.)

```java
package com.allmycode.reminder;

import java.awt.Toolkit;
import java.util.Calendar;
import javax.swing.JOptionPane;

import com.example.timers.Alertable;
import com.example.timers.TimerCommon;

public class Reminder extends Appointment
                     implements Alertable {

  public Reminder(String name, Calendar when) {
    super(name, when);
    new TimerCommon(this, name, when);
  }

  @Override
  public void alert(String message) {
    Toolkit.getDefaultToolkit().beep();
    JOptionPane.showMessageDialog(null, message,
        "Erinnerung!", JOptionPane.WARNING_MESSAGE);
  }
}
```

Listing 10.15: Ein »Reminder« ist ein »Appointment«, auf das aufmerksam gemacht wird.

(Ein *Reminder* ist im Deutschen etwas, das jemanden an etwas erinnert, und *alertable* bedeutet, dass auf etwas aufmerksam gemacht werden kann.)

```
package com.allmycode.reminder;

import java.util.Calendar;

public class Main {

  public static void main(String[] args) {
    Calendar when = Calendar.getInstance();
    when.add(Calendar.SECOND, 5);
    new Reminder("Mache eine Pause!", when);
  }
}
```

Listing 10.16: Eine Erinnerung erstellen

 Der Aufruf von beep() in Listing 10.15 sorgt für einen Ton (was sicherlich keine große Überraschung ist). Aber vielleicht sollten Sie mehr darüber wissen. In Java gibt es die Klasse Toolkit mit einer statischen Methode getDefaultToolkit. Ein Aufruf von Toolkit.getDefaultToolkit() gibt eine Verbindung zum Betriebssystem des Benutzers zurück. Diese Verbindung (eine Instanz der Klasse Toolkit) hat ihre eigene Methode beep. Jetzt wissen Sie es.

Meine Klasse bindet das Interface Alertable ein und verfügt über eine Methode alert (String message). Mein Reminder-Objekt übergibt in Listing 10.15 sich selbst (this) an ein neues TimerCommon-Objekt. Da der Code der Klasse TimerObject erwartet, dass der erste Parameter des Konstruktors Alertable ist, ist alles in Ordnung. Das Objekt Timer-Common schläft, bis es an der Zeit ist, den Benutzer zu erinnern. Wenn die Zeit gekommen ist, ruft das Objekt TimerCommon die Methode alert meines Objekts auf – und wieder macht der Einsatz eines Interface den Code vielseitiger, weil er es erreicht, dass sich Trennlinien bei Klassen/Unterklassen überschneiden (siehe Abbildung 10.15).

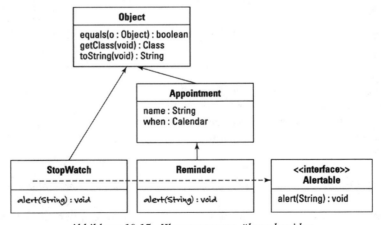

Abbildung 10.15: Klassengrenzen überschneiden

Das Java-Schlüsselwort »super«

Hier ein Ausschnitt aus Listing 10.15:

```
public class Reminder extends Appointment
                     implements Alertable {

  public Reminder(String name, Calendar when) {
    super(name, when);
    new TimerCommon(this, name, when);
  }
}
```

Das Wort super steht in Listing 10.15 für *der Konstruktor der Superklasse*. Der Aufruf von super(name, when) weist Java an, die Superklasse der aktuellen Klasse zu finden, den Konstruktor dieser Superklasse aufzurufen und die Werte der Parameter name und when dem Konstruktor der Superklasse zuzuführen.

Meine Klasse Reminder erweitert die Klasse Appointment (siehe Listing 10.14). Dadurch bewirkt in Listing 10.15 der Aufruf von super(name, when), dass auch einer der Konstruktoren der Klasse Appointment aufgerufen wird.

Natürlich wäre es besser, wenn die Klasse Appointment einen Konstruktor besäße, dessen Typen denen der Parameter des Aufrufs von super entsprächen (String für name und Calendar für when). Anderenfalls zeigt der Editor von Eclipse viele rote Markierungen an. Glücklicherweise weist die Klasse Appointment in Listing 10.14 einen passenden Konstruktor mit zwei Parametern auf:

```
public Appointment(String name, Calendar when) {
  this.name = name;
  this.when = when;
}
```

Und was hat das mit Android zu tun?

Employees (Mitarbeiter) und *Consultants* (Berater) bilden gute Beispiele für Klassen und Unterklassen. Aber vielleicht haben Sie zum jetzigen Zeitpunkt mehr Interesse an einem praktischeren Programmierbeispiel. Was halten Sie von einer Android-App? Das erste Beispiel fällt ziemlich einfach aus, aber es ist eines, mit dem es ein Android-Programmierer tagtäglich zu tun bekommt. Es ist eine Android-*Activity*.

Eine typische Android-App zeigt immer nur einen Bildschirm an (siehe Abbildung 10.16, die wir nicht übersetzt haben, weil es hier nur um das Prinzip geht). Ein Bildschirm voller Material könnte dem Benutzer eine Liste mit Auswahlmöglichkeiten und eine Schaltfläche START anbieten. Der nächste Bildschirm zeigt (nachdem der Benutzer auf START getippt hat) einige hilfreiche Informationen wie eine Karte, ein Video oder eine Liste mit Elementen an, die gekauft werden können. Wenn der Benutzer auf diesen Informationsbildschirm tippt, ändert sich die Anzeige der App, um einen dritten Bildschirm wiederzugeben, der detailliertere Informationen zu dem anzeigt, was der Benutzer ausgewählt hat. Und vielleicht lässt der Benutzer den Bildschirm mit den Einzelheiten wieder verschwinden, indem er auf eine ZURÜCK-Schaltfläche klickt.

Abbildung 10.16: Android zeigt eine Folge von Bildschirmen an.

In der Terminologie von Android ist jedes bildschirmfüllende Material eine *Activity*. Die Folge der Bildschirme in Abbildung 10.16 entspricht in Android der Anzeige dreier Activities. (Android zeigt den mittleren Bildschirm zweimal an – zum ersten Mal, nachdem der Benutzer auf START geklickt hat, und ein zweites Mal, nachdem der Benutzer die Activity mit den detaillierten Informationen wieder aufgegeben hat.)

Android-Entwickler haben es ständig mit Activities zu tun, weshalb die Entwickler von Android eine Klasse `Activity` erstellt haben. Diese Klasse ist Teil von Androids Application Programming Interface (API), der großartigen Klassenbibliothek, die jedem Android-Entwickler zur Verfügung steht. Sie laden die Android-API herunter, indem Sie den Anleitungen in Kapitel 2 folgen.

Sie erstellen in Kapitel 4 eine neue Android-App. Eclipse legt ein Codegerüst an (das ausreicht, um ein einfaches `Hello`-Programm auszuführen). Ich habe dieses Codegerüst nach Listing 10.17 kopiert.

```
package com.allmycode.myfirstandroidapp;

import android.os.Bundle;
import android.app.Activity;
import android.view.Menu;

public class MainActivity extends Activity {

  @Override
  protected void onCreate(Bundle savedInstanceState) {
    super.onCreate(savedInstanceState);
    setContentView(R.layout.activity_main);
  }
```

10 ▸ Zeit und Geld sparen: Code wiederverwenden

```
@Override
public boolean onCreateOptionsMenu(Menu menu) {
  getMenuInflater().inflate(R.menu.main, menu);
  return true;
}

}
```

Listing 10.17: Eclipse erstellt eine Activity `Hello`

Die folgende Liste kann Ihnen dabei helfen, zwischen den Elementen aus Listing 10.17 und den Klassen, Unterklassen und Interfaces, die in diesem Kapitel behandelt werden, eine Beziehung aufzubauen:

✔ **Jede Android-App befindet sich in einem eigenen Paket.**

Die App in Listing 10.17 gehört zum Paket `com.allmycode.myfirstandroidapp`.

✔ **Wenn der erste Teil des Namens eines Pakets `android` ist, gehört dieses Paket möglicherweise zum Code von Googles Android-Betriebssystem.**

So ist zum Beispiel Androids Klasse `Activity` ein Bestandteil des Pakets `android.app`. Wenn ich `android.app.Activity` importiere, kann ich im restlichen Listing 10.17 auf die Klasse `Activity` verweisen, ohne ständig den vollqualifizierten Namen der Klasse verwenden zu müssen.

Java kennt keine Regel, die bei Paketen eine bestimmte Namensgebung vorschreibt. Sie können ein eigenes Paket erstellen und es `android.app` nennen und Sie können dieses Paket in Code verwenden, der nichts mit Google Android zu tun hat. Aber ein guter Entwickler holt sich niemals freiwillig Probleme ins Haus. Wenn es eine Übereinkunft gibt, die festschreibt, dass das Wort `android` signalisiert, dass es sich um ein Paket aus der offiziellen Java-API handelt, sollten Sie auf `android` in den Bezeichnungen Ihrer Pakete verzichten.

✔ **Die Klasse `MainActivity` erweitert die Klasse `android.app.Activity`.**

Eine `MainActivity` *ist eine* `Activity`. Aus diesem Grund verfügt die `MainActivity` in Listing 10.17 auch über alle Rechte und Pflichten, die eine Instanz von `Activity` hat. So besitzt zum Beispiel die `MainActivity` die Methoden `onCreate` und `onCreateOptionsMenu`, die sie in Listing 10.17 überschreibt.

In Wirklichkeit erbt die Klasse `MainActivity` von Androids Klasse `Activity` ungefähr 5.000 Zeilen mit Java-Code. Zu den geerbten Methoden gehören auch solche wie `getCallingActivity`, `getCallingPackage`, `getParent`, `getTitle`, `getTitleColor`, `getWindow`, `onBackPressed`, `onKeyDown`, `onKeyLongPress`, `onLowMemory`, `onMenuItemSelected`, `setTitle`, `setTitleColor`, `startActivity`, `finish` und viele andere mehr. Sie erben die gesamte Funktionalität, indem Sie zwei einfache Wörter schreiben: `.extend Activity`.

Die Android-Klasse `Activity` erweitert eine andere Klasse: die Android-eigene Klasse `ContextThemeWrapper`. Sie müssen nicht unbedingt wissen, was ein `ContextThemeWrapper` ist (und Sie müssen sich darüber auch keine Gedanken machen). Es reicht die Erkenntnis, dass die zur App gehörenden Klasse `MainActivity` (siehe Listing 10.17) die Android-Klasse `Activity` erweitert, die wiederum die Android-Klasse `ContextThemeWrapper` erweitert. Daraus folgt in der Terminologie familiärer Beziehungen, dass Ihre Klasse `MainActivity` ein Abkömmling von Androids `ContextThemeWrapper` ist. Letztendlich ist auch Ihre Klasse `MainActivity` so etwas wie ein `ContextThemeWrapper`.

✔ **Beim Erstellen einer Activity finden Sie heraus, was passiert ist, als die Activity zerstört wurde.**

Der Parameter `savedInstanceState` speichert Informationen über das, was gerade geschah, als die Activity zerstört wurde. Wenn `savedInstanceState` wichtige Informationen enthält, bedeutet dies, dass die Activity mitten in ihrer Ausführung zerstört wurde. Vielleicht hat der Benutzer das Gerät gedreht, was dazu führt, dass die Activity zerstört und dann neu erstellt wird. (Siehe hierzu auch Kapitel 5.)

In Listing 10.17 geben Sie die Informationen im Parameter `savedInstanceState` an die Superklasse des Codes weiter, bei der es sich um die Android-Klasse `Activity` handelt. Im Gegenzug veranstaltet der Konstruktor der Klasse `Activity` viel Sinnvolles mit `savedInstanceState`. Unter anderem stellt der Konstruktor der Klasse `Activity` fast den gesamten Zustand wieder her, in dem sich Ihre Activity befand, als sie zerstört wurde.

✔ **Die Klasse `MainActivity` erbt von der Klasse `Activity` eine Methode mit dem Namen `setContentView`.**

Ein Aufruf der Parameter der Methode `setContentView` ist eine Codezahl (was in einem Kasten in Kapitel 4 erklärt wird). Die Methode `setContentView` schaut sich diese Codezahl an und findet im Verzeichnis `res\layout` Ihres Projekts eine XML-Datei. (In diesem Beispiel hier handelt es sich um die Datei `activity_main.xml`.) Die Methode entpackt die XML-Datei, was nichts anderes bedeutet, als dass die Methode den Text der XML-Datei als eine nett aussehende Anordnung von Elementen auf dem Bildschirm des Benutzers interpretiert. Diese Anordnung bestimmt dann das allgemeine Aussehen des Bildschirms der Activity.

✔ **Die Klasse `MainActivity` überschreibt die Methode `onCreateOptionsMenu` der Klasse `Activity`.**

Irgendwann während des Anzeigens von `MainActivity` auf dem Bildschirm erstellt Android das Menü OPTIONEN der Activity. (Normalerweise öffnet der Benutzer dieses Menü, indem er auf ein Symbol tippt, das aus ein paar Punkten oder Gedankenstrichen besteht.) In Listing 10.17 sorgt der Aufruf von `inflate` dafür, dass aus dem Text einer XML-Datei (`res\menu\main.xml`) eine Reihe von Menüobjekten und Menüaktionen wird.

Die Methode `onCreateOptionsMenu` gibt `true` zurück, was bedeutet: »Ja, ich habe alles getan, was für das Einrichten des Menüs OPTIONEN der Activity notwendig ist.« (Der Wert `false` würde darauf hinweisen, dass anderer Code noch fehlende Arbeiten beim Einrichten des Menüs OPTIONEN erledigen müsste.)

So viel zur von Eclipse selbstständig erstellten App. Ich stelle in den nächsten Kapiteln weitere Java-Funktionen vor und ich zeige Ihnen, wie Sie eine automatisch erstellte Android-App um Funktionen erweitern können.

Teil IV

Android durch Java-Code leistungsfähiger machen

In diesem Teil ...

✔ Auf Berührungen, Klicken und Pop-ups reagieren
✔ Eine Sammlung (im Sinne Javas) werden
✔ Eine App erstellen, die soziale Medien verwendet
✔ Ein Android-Spiel erstellen

Eine einfaches Android-Beispiel: Auf das Anklicken einer Schaltfläche reagieren

In diesem Kapitel

- Wie eine Schaltfläche dazu gebracht wird, etwas zu tun
- Eine Klasse in eine andere Klasse packen
- Außergewöhnliche Android-Tricks verwenden, um Ärger beim Programmieren zu vermeiden

---

Im allgemeinen Sprachgebrauch ist ein *Insider* jemand, der Informationen besitzt, die den meisten anderen Menschen nicht zur Verfügung stehen. Ein Insider erhält die besonderen Informationen aufgrund seiner Position in einer Organisation.

Amerikas Kultur kennt viele Verweise auf Insider. Der Autor John Gunther wurde berühmt, weil er *Inside Europe*, *Inside Africa* und andere Bücher seiner *Inside*-Serie geschrieben hat. Bei Krimis im Fernsehen handelt es sich um die Tat eines Insiders, wenn der Mord oder der Diebstahl von jemandem begangen wird, der im Unternehmen des Opfers arbeitet. Die Bedeutung von Insiderinformation wird in den meisten Ländern so hoch eingestuft, dass der Insiderhandel mit Aktien unter Strafe gestellt ist.

Auf dieselbe Weise kann eine Java-Klasse in einer anderen Klasse vorkommen. Wenn dies geschieht, verfügt die innere Klasse über nützliche Insiderinformationen. Dieses Kapitel erklärt, wieso das so ist.

Das erste Beispiel mit einer Schaltfläche

Kennen Sie schon den netten Witz über einen Zirkusakrobaten, der über Mäuse springt? Unglücklicherweise werde ich wegen einer Verletzung des Urheberrechts verklagt, wenn ich ihn in dieses Buch aufnehme. Auf jeden Fall ist es so, dass dieser Witz klein anfängt und sich dann in immer größere Dimensionen entwickelt. Und genau das geschieht auch Ihnen, wenn Sie dieses Buch lesen. Bei den meisten Programmen in diesem Buch handelt es sich nicht um Android-Apps. Stattdessen sind es Standard-Oracle-Java-Apps – Apps, die auf einem Desktopcomputer oder einem Laptop, nicht aber auf einem Android-Gerät laufen. Das geht sogar so weit, dass die Methode `JOptionPane.showMessageDialog`, die ich in vielen Beispielen dieses Buches verwende, nur auf einem Desktopcomputer oder einem Laptop läuft und mit Android nichts anfangen kann.

Warum gibt es in einem Buch, das in seinem Titel an exponierter Stelle das Wort *Android* stehen hat, so viele Beispiele, die nicht auf einem Smartphone oder einem Tablet laufen? Die Antwort ist, dass Sie Erfahrungen nur dadurch sammeln, dass Sie am Anfang über kleine Mäuse springen. Vergleichen Sie einmal die Anleitungen in Kapitel 3 mit denen in Kapitel 4 und achten Sie darauf, wie viel mehr Arbeit darin steckt, eine Android-App `Hello World` ablaufen zu lassen. Erst wenn Sie in der Praxis mehrere Android-Apps erstellen, werden Sie sich an die Besonderheiten des Android-Emulators gewöhnt haben. Wenn Sie sich aber um das Erlernen von Java kümmern, können Sie gut und gerne auf die Macken eines Emulators verzichten. Java ist Java, und zwar unabhängig davon, ob es als Standard-Java-App die Wörter `Hello World` anzeigt oder in Form einer Android-App ein Raumschiff zu einer anderen Welt schickt.

Aber nachdem Sie nun Kapitel 11 erreicht haben, sind Sie so weit, dass ich Ihnen einige Java-Funktionen zeigen kann, die auch auf einem Telefon oder einem geeigneten Emulator laufen. Sie können deshalb davon ausgehen, dass das Beispiel dieses Kapitels ein Android-spezifisches Beispiel ist.

Die Android-App erstellen

Sie können den Code zu allen Beispielen dieses Buches von der Seite www.wiley.de/publish/dt/books/ISBN3-527-70996-7 herunterladen, indem Sie den Anleitungen in Kapitel 2 folgen. Wenn Sie aber dieses Beispiel nachbauen möchten, folgen Sie diesen Schritten:

1. **Folgen Sie den Anleitungen in Kapitel 4, um das Gerüst einer Android-Anwendung zu erstellen.**
2. **Erweitern Sie im Package Explorer von Eclipse den Zweig mit Ihrem neuen Projekt.**
3. **Navigieren Sie in den Zweigen Ihres Projekts zum Ordner `res/layout`.**
4. **Führen Sie im Ordner `res/layout` auf dem Element `activity_main.xml` einen Doppelklick aus.**

   Im Eclipse-Editor wird ein grafisches Layout Ihrer App angezeigt (siehe Abbildung 11.1)

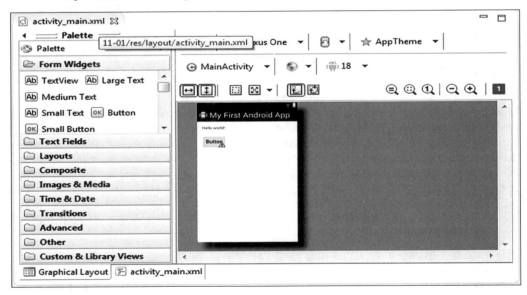

Abbildung 11.1: Ein Layout

11 ➤ Eine einfaches Android-Beispiel

Sie können die Größe dieser View GRAPHICAL LAYOUT mit der Ansicht Ihrer App ändern, indem Sie in der rechten oberen Ecke des Editors auf die kleine Lupe klicken.

Die Datei `activity_main.xml` enthält XML-Code, der das Aussehen (das Layout) Ihrer Android-Activity beschreibt. Um zwischen der Ansicht in Abbildung 11.1 und dem eigentlichen XML-Code zu wechseln, klicken Sie entweder unten im Eclipse-Editor auf die Registerkarte GRAPHICAL LAYOUT oder auf die Registerkarte ACTIVITY_MAIN.XML.

5. **Erweitern Sie in der Palette auf der linken Seite des grafischen Layouts die Kategorie FORM WIDGETS.**

   Sie finden in der Kategorie FORM WIDGETS TEXTVIEW-Elemente, Schaltflächen (BUTTON), Kontrollkästchen (CHECKBOX) und anderen Kram (siehe Abbildung 11.2).

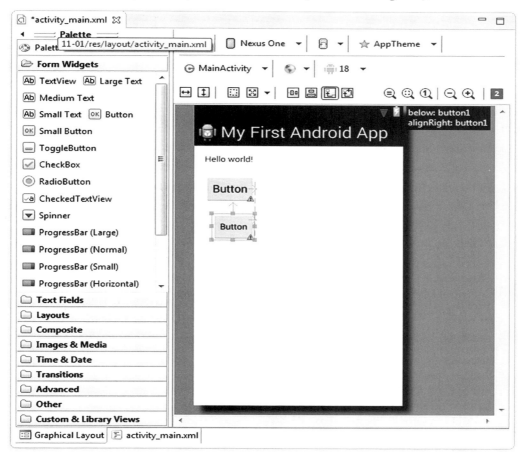

Abbildung 11.2: Eine Schaltfläche auf das Layout der App ziehen

323

6. **Ziehen Sie aus der Kategorie FORM WIDGETS eine Schaltfläche (einen *Button*) auf das Layout Ihrer App (siehe Abbildung 11.2).**
7. **Beachten Sie die Namen der Elemente in Eclipses View OUTLINE.**

   In der Regel lauten die Namen `RelativeLayout`, `textView1` und `button1` (siehe Abbildung 11.3).

Abbildung 11.3: Die Eclipse-View OUTLINE

8. **Wählen Sie im Hauptmenü von Eclipse FILE|SAVE.**

   Damit speichern Sie die Änderungen, die Sie an der Datei `activity_main.xml` vorgenommen haben.

9. **Navigieren Sie im Baum des Package Explorers zum Verzeichnis `src` Ihres Projekts.**
10. **Erweitern Sie im Verzeichnis `src` den Zweig des Pakets, das das Projekt enthält.**

    Der Paketname der Beispieldatei lautet `com.example.myfirstandroidapp`.
11. **Führen Sie im Paket einen Doppelklick auf der Datei `MainActivity.java` aus.**

    Im Editor von Eclipse erscheint die Java-Datei der Activity. Der gesamte bisherige Code ist von Eclipse für Sie erstellt worden.
12. **Fügen Sie im Editor dem Code der Klasse `MainActivity` die folgenden Felder hinzu:**

    ```
    Button button;
    TextView textView;
    ```

    Listing 11.1 zeigt Ihnen genau, wohin der neue Codeabschnitt gehört. (Beachten Sie, dass Sie noch weiteren Code hinzufügen müssen, den es in Schritt 13 gibt.)

    ```
    package com.example.myfirstandroidapp;

    import android.app.Activity;
    import android.os.Bundle;
    import android.view.Menu;
    import android.widget.Button;
    import android.widget.TextView;
    public class MainActivity extends Activity {
      Button button;
      TextView textView;
    ```

```
  @Override
  protected void onCreate(Bundle savedInstanceState) {
    super.onCreate(savedInstanceState);
    setContentView(R.layout.activity_main);
    button = (Button) findViewById(R.id.button1);
    button.setOnClickListener(new MyOnClickListener(this));
    textView = (TextView) findViewById(R.id.textView1);
  }

  @Override
  public boolean onCreateOptionsMenu(Menu menu) {
    getMenuInflater().inflate(R.menu.main, menu);
    return true;
  }
}
```

Listing 11.1: Ihre `MainActivity`

Die Android-Klasse `Button` befindet sich im Paket `android.widget`. Um den Kurznamen `Button` verwenden zu können, benötigt Ihr Code eine Importdeklaration, die Sie selbst schreiben können. Alternativ ist aber auch Eclipse in der Lage, diese Importdeklaration einzubinden. Nachdem Sie das Feld `Button` `button1` hinzugefügt und gesehen haben, dass der Name `TextView` rot und gezackt unterstrichen ist, drücken Sie die Tastenkombination [Strg]+[⇧]+[O]. (Hier handelt es sich um den Buchstaben *O* und nicht um die Ziffer *0*.) Dieses Tastaturkürzel fügt die Importdeklaration automatisch hinzu. Wenn Sie keine Tastaturkürzel auswendig lernen wollen, können Sie denselben Effekt erreichen, indem Sie im Hauptmenü von Eclipse SOURCE|ORGANIZE IMPORT auswählen.

13. **Fügen Sie im Eclipse-Editor direkt hinter dem Aufruf von `setContent` die folgenden Anweisungen hinzu:**

```
button = (Button) findViewById(R.id.button1);
button.setOnClickListener(new MyOnClickListener(this));
textView = (TextView) findViewById(R.id.textView1);
```

In Listing 11.1 ist dieser neue Code bereits sauber platziert worden.

Der Editor unterstreicht `MyOnClickListener` mit einer roten, gezackten Linie, weil Sie die Klasse `MyOnClickListener` bisher noch nicht deklariert haben. Sie holen dies in den nächsten Schritten nach.

Ich gehe in diesem Schritt davon aus, dass die Namen der Elemente in Schritt 7 `textView1` und `button1` lauten. Wenn Sie dort andere Namen (wie `textView01` und `button01`) sehen, verwenden Sie diese in Listing 11.1 im Anschluss an jedes `R.id.`. In solch einem Fall heißt es dann `R.id.button01` statt `R.id.button1`. (Sie müssen aber auf keinen Fall die Namen `button` und `text-`

View anpassen, die Sie in Schritt 12 erstellen – und zwar unabhängig davon, welche Namen Sie in Schritt 7 sehen. Sie können beliebige Variablennamen anlegen, so lange Sie diese dann auch konsistent im Code der Deklaration verwenden.)

14. **Wählen Sie im Hauptmenü von Eclipse FILE|SAVE.**

    Damit speichern Sie die Änderungen, die Sie an der Datei MainActivity.xml vorgenommen haben.

15. **Klicken Sie mit der rechten Maustaste (auf dem Mac ⌃ctrl -klicken Sie) auf den Zweig des Package Explorers, der Ihr Paket enthält.**

    Der Name des Pakets könnte com.example.myfirstandroidapp ähneln.

16. **Es öffnet sich ein Kontextmenü, in dem Sie NEW|CLASS wählen.**

    Es erscheint das Dialogfeld NEW JAVA CLASS.

17. **Geben Sie im Feld NAME des Dialogfelds NEW JAVA CLASS MyOnClickListener ein. (Dies ist derselbe Name, den Sie in Schritt 13 im Code eingegeben haben.)**

18. **Klicken Sie auf FINISH, um das Dialogfeld NEW JAVA CLASS wieder verschwinden zu lassen.**

    Das Dialogfeld NEW JAVA CLASS verschwindet und im Editor von Eclipse erscheint eine Minimalform der Klasse MyOnClickListener. Diese Klasse enthält (mehr oder weniger) den folgenden Code:

    ```
    package com.example.myfirstandroidapp;
    public class MyOnClickListener {
    }
    ```

19. **Fügen Sie der (neu erstellten) Klasse MyOnClickListener Code so hinzu, wie es Listing 11.2 zeigt.**

    ```
    package com.example.myfirstandroidapp;

    import android.view.View;
    import android.view.View.OnClickListener;

    public class MyOnClickListener implements OnClickListener {
      MainActivity caller;

      public MyOnClickListener(MainActivity activity) {
        this.caller = activity;
      }

      public void onClick(View view) {
        caller.textView.setText(
            "Sie haben die Schaltfläche angeklickt!");
      }
    }
    ```

    Listing 11.2: Eine Klasse achtet auf das Anklicken einer Schaltfläche.

20. Wählen Sie im Hauptmenü von Eclipse FILE|SAVE.

Damit speichern Sie die Änderungen, die Sie an der Datei `MainActivity.xml` vorgenommen haben.

21. Führen Sie Ihre neue Android-App aus.

Wenn Sie die neue App ausführen, beginnen Sie mit einem Bildschirm, wie ihn Abbildung 11.4 zeigt. Nachdem Sie auf die Schaltfläche BUTTON geklickt haben, sollten Sie das sehen, was Abbildung 11.5 wiedergibt.

Der Code in den Listings 11.1 und 11.2 führt einen Rückruf aus, der dem Rückruf ähnelt, den ich in Kapitel 10 beschreibe. Bei dem Rückruf dieses Kapitels führt die Klasse `MyOnClickListener` den Rückruf zum Objekt `textView` der Activity durch. Der Rückruf wird, wie in Kapitel 10, aus zwei Gründen möglich:

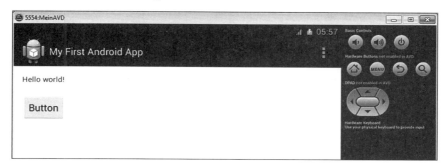

Abbildung 11.4: Eine erste Ausführung des Codes aus den Listings 11.1 und 11.2

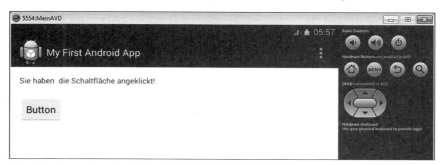

Abbildung 11.5: Und das sehen Sie, wenn Sie auf die Schaltfläche BUTTON klicken.

✔ **Die Android-interne Methode `setOnClickListener` erwartet, dass ihre Parameter Androids Interface `OnClickListener` implementieren.**

Und so geht das in den Listings 11.1 und 11.2:

- Der Aufruf von `setOnClickListener` hat in Listing 11.1 als Parameter ein neues `MyOnClickListener`-Objekt.

- Die Klasse `MyOnClickListener` bindet, wie Listing 11.2 zeigt, Androids `OnClickListener`-Objekt ein.

Wenn ich nicht dafür sorge, dass die Klasse `MeinWasAuchImmer` das Interface `OnClickListener` implementiert, schlägt dieser Aufruf fehl:

`button.setOnClickListener(new MeinWasAuchImmer (this));`

✔ **Das Objekt `MyOnClickListener` weiß, wie es die Activity zurückrufen muss, die es entworfen hat.**

In Listing 11.1 übergibt der Aufruf des Konstruktors `MyOnClickListener` this an sein neues Objekt `MyOnClickListener`. (Der Code der Activity sagt in Listing 11.1: »Rufe *mich* zurück«, was Abbildung 11.6 zeigt.)

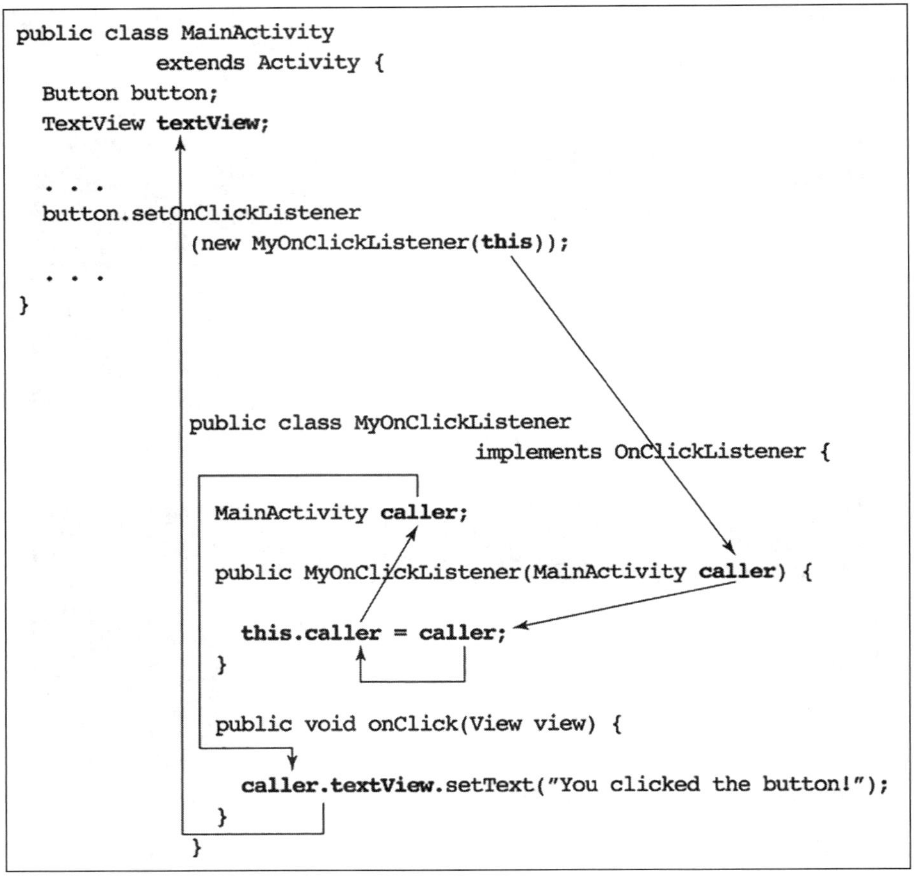

```
public class MainActivity
           extends Activity {
  Button button;
  TextView textView;
  ...
  button.setOnClickListener
           (new MyOnClickListener(this));
  ...
}


            public class MyOnClickListener
                         implements OnClickListener {

               MainActivity caller;

               public MyOnClickListener(MainActivity caller) {
                  this.caller = caller;
               }

               public void onClick(View view) {
                  caller.textView.setText("You clicked the button!");
               }
            }
```

Abbildung 11.6: Die Reise Ihrer zentralen Activity

Dann macht sich der Konstruktor `MyOnClickListener` in Listing 11.2 eine Notiz darüber, wer zurückgerufen werden soll, indem er in seinem Feld `caller` einen Verweis auf Ihre Activity hinterlegt. Und wenn es dann darum geht, Daten an Ihr Ziel zu schieben, ruft der Code in Listing 11.2 `caller.textView.setText` zurück, was dann die Wörter ändert, die in der ursprünglichen `textView` der Activity angezeigt werden.

Ihrem Java-Code eine View zur Verfügung stellen

In Listing 11.2 führen Sie diese Anweisung aus:

caller.textView.setText("Sie haben die Schaltfläche angeklickt!");

Damit diese Anweisung auch sauber funktioniert, muss die Variable textView auf ein bestimmtes Widget auf dem Bildschirm der Activity verweisen. Die Variable muss das Widget referenzieren, das in Abbildung 11.4 die Wörter Hello world! anzeigt. Vermutlich handelt es sich bei dem »Widget«, das für die Darstellung dieser Wörter zuständig ist, um eine Instanz der Android-Klasse TextView. Aber ist das sicher? Vielleicht gibt es im Code einen Fehler? (Ich zumindest wage im Moment noch nicht, etwas über die Variable textView auszusagen.)

Jedenfalls gibt es ein Problem. Das Hello-World-Widget ist nirgendwo in Listing 11.1 oder 11.2 deklariert worden. Es erscheint einfach deshalb, weil es da irgendetwas in der Datei activity_main.xml der Activity gibt. Sie benötigen einen Weg, um das, was in der XML-Datei existiert, mit der textView-Variablen in Ihrem Java-Code zu verbinden.

Wie lässt sich das bewerkstelligen? Ich beschreibe in Kapitel 4, wie Codezahlen für Zeichenfolgen in Android-Apps stehen. Sie bringen in einer der XML-Dateien Ihres Projekts eine Zeile wie

<string name="hello_world">Hello world!</string>

unter. Als Ergebnis davon nimmt Android automatisch die folgenden Zeilen (und noch mehr) in eine R.java-Datei auf:

```
public final class R {
  public static final class string {
    public static final int hello_world=0x7f040001;
  }
}
```

Aufgrund dieses Zahlenmechanismus des Codes können Sie in Ihrem Code über den Wert R.string.hello_world auf Hello world! verweisen. Dabei steht R.string.hello_world für die hexadezimale Zahl 0x7f040001, wobei Sie sich aber nur um den Namen R.string.hello_world kümmern müssen.

Auf jeden Fall gestattet Ihnen das Spiel mit den Codezahlen in der Datei R.java, Werte in Ihren XML-Dateien mit Namen in Ihrem Java-Code zu verbinden.

Alle hexadezimalen Zahlen in der Datei R.java sind willkürlich ausgewählte Werte. Die Zahl, die den String hello_world wiedergibt (in meinem Beispiel die Zahl 0x7f040001), kann in der Datei R.java einer anderen Person oder in einer R.java-Datei, die Eclipse selbst angelegt hat, ganz anders aussehen. Sie können in Ihrem Code problemlos den Namen R.string.hello_world verwenden, aber Sie sollten unbedingt darauf verzichten, die Zahl 0x7f040001 einzusetzen.

Manchmal komme ich nicht umhin, mir auch die schäbigen Schattenseiten meines Codes anzuschauen. Wenn Sie mysteriöse hexadezimale Zahlen stören, suchen Sie eine Website, die hexadezimale Zahlen von und in dezimale Zahlen umwandelt. Sie können dann zum Beispiel 0x7f040001 in ein Feld auf der Webseite eingeben und erfahren, dass es sich dabei um denselben Wert wie die Dezimalzahl 2130968577 handelt. Sie können mit dieser Information zwar wenig anfangen, aber vielleicht ist es beruhigend zu wissen, dass hexadezimale Zahlen nichts mit Hexerei zu tun haben.

Eine Android-App hat mehrere XML-Dateien, von denen eine das Layout der zentralen Activity der App beschreibt. Listing 11.3 enthält die Datei activity_main.xml für das Beispiel in diesem Abschnitt.

```xml
<RelativeLayout xmlns:android=
      "http://schemas.android.com/apk/res/android"
   xmlns:tools="http://schemas.android.com/tools"
   android:layout_width="match_parent"
   android:layout_height="match_parent"
   android:paddingBottom="@dimen/activity_vertical_margin"
   android:paddingLeft="@dimen/activity_horizontal_margin"
   android:paddingRight="@dimen/activity_horizontal_margin"
   android:paddingTop="@dimen/activity_vertical_margin"
   tools:context=".MainActivity" >

   <TextView
      android:id="@+id/textView1"
      android:layout_width="wrap_content"
      android:layout_height="wrap_content"
      android:text="@string/hello_world" />

   <Button
      android:id="@+id/button1"
      android:layout_width="wrap_content"
      android:layout_height="wrap_content"
      android:layout_alignLeft="@+id/textView1"
      android:layout_below="@+id/textView1"
      android:layout_marginTop="46dp"
      android:text="Button" />

</RelativeLayout>
```

Listing 11.3: Eine Layout-Datei

Der Code, den Sie in der Datei activity_main.xml Ihres eigenen Projekts sehen, ist eventuell nicht identisch mit dem Code in Listing 11.3. Wenn Sie zum Beispiel in Schritt 6 eine Schaltfläche (einen *Button*) auf Ihr Layout ziehen, legen Sie die Schaltfläche vielleicht an einer anderen Stelle Ihrer Activity ab, als ich das getan habe. Ignorieren Sie das einfach.

Glücklicherweise müssen Sie den Code in Listing 11.3 nicht eingeben. Die Werkzeuge von Eclipse übernehmen das Schreiben für Sie, wenn Sie ein neues Android-Projekt erstellen und die Schaltfläche in das grafische Layout der App ziehen.

In Listing 11.3 weisen die Zeilen

```
<TextView
    android:id="@+id/textView1"
 ...
<Button
    android:id="@+id/button1"
```

Android an, auf dem Bildschirm Ihrer Activity eine Text-View und eine Schaltfläche anzuzeigen. Außerdem fordern diese Zeilen Eclipse auf, für die neue Text-View und die neue Schaltfläche Codezahlen zu erstellen. Und zum Schluss sagen gerade diese Zeilen Eclipse, dass es der Datei `R.java` Ihres Projekts so Code hinzufügen soll, wie es Listing 11.4 zeigt.

```
public final class R {
  ...

  public static final class id {
    public static final int button1=0x7f080001;
    public static final int textView1=0x7f080000;
  }

  ...
}
```

Listing 11.4: Ein paar Zeilen aus der Datei `R.java` Ihres Projekts

Die Zeilen in diesem Listing bringen die Namen `R.id.button1` und `R.id.textView1` mit den Zahlen `0x7f080001` und `0x7f080000` zusammen. Damit verbinden die Zeilen in Listing 11.4 die Namen `R.id.button1` und `R.id.textView1` mit der Schaltfläche und der Text-View auf dem Bildschirm Ihrer zentralen Activity.

In der zentralen Activity, der *Main Activity*, Ihres Projekts (siehe Listing 11.1) vervollständigt Androids Methode `findViewById` die Kette der Zuordnungen. Die Methode `findViewById` nimmt eine Zahl als Parameter (eine Zahl wie `0x7f080000` – den Wert von `R.id.textView1`). Die Methode `findViewById` sucht diese Zahl und findet das Widget, das ihr zugeordnet worden ist (ein Widget aus Listing 11.3).

Abbildung 11.7 stellt diese Zuordnungskette noch einmal deutlich dar. Wenn das Codestückchen aus Listing 11.4 verwendet wird, sendet der Aufruf

```
findViewById(R.id.textView1)
```

Android auf die Jagd nach einer View, die mit der Zahl `0x7f080000` verbunden ist. Und aufgrund des cleveren Weges, auf dem Eclipse die Datei `R.java` erzeugt, wird die Zahl `0x7f080000` mit dem entsprechenden Text-View-Widget auf dem Bildschirm der Activity verbunden. Und Ihr Java-Code, der mit dem zwischenzeitlichen Namen `R.id.textView1` bewaffnet ist, schafft es nun, das entsprechende Widget im Bildschirmlayout der Activity zu finden.

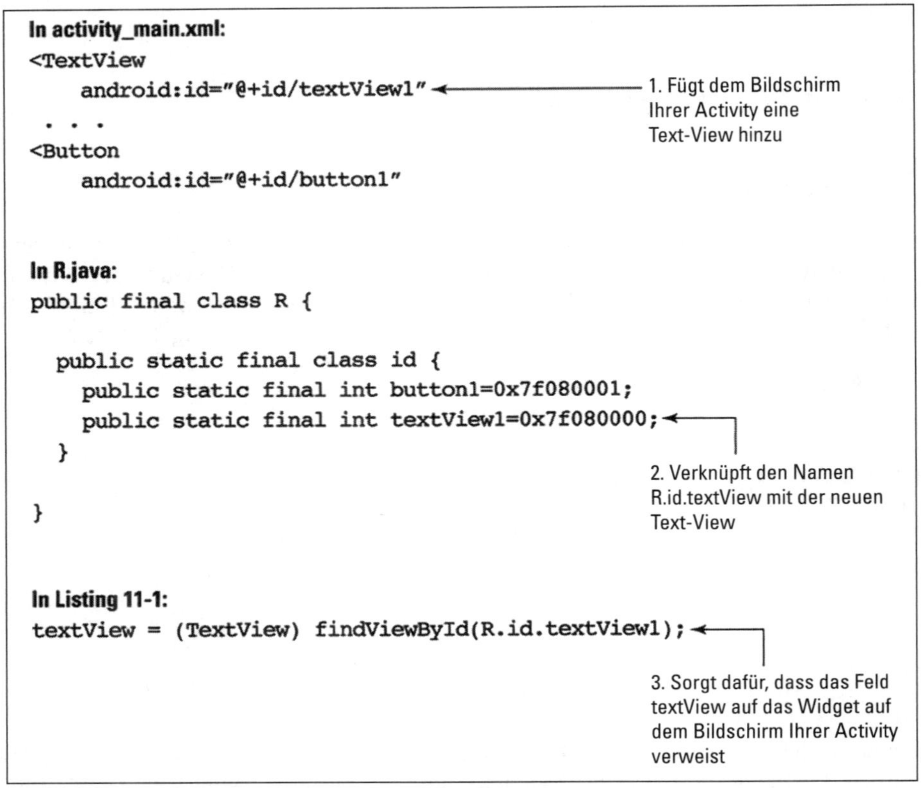

```
In activity_main.xml:
<TextView
       android:id="@+id/textView1"    ← 1. Fügt dem Bildschirm
 . . .                                    Ihrer Activity eine
<Button                                   Text-View hinzu
       android:id="@+id/button1"


In R.java:
public final class R {

   public static final class id {
      public static final int button1=0x7f080001;
      public static final int textView1=0x7f080000;  ←
   }
                                          2. Verknüpft den Namen
}                                            R.id.textView mit der neuen
                                             Text-View


In Listing 11-1:
textView = (TextView) findViewById(R.id.textView1);  ←

                                          3. Sorgt dafür, dass das Feld
                                             textView auf das Widget auf
                                             dem Bildschirm Ihrer Activity
                                             verweist
```

Abbildung 11.7: Wie die Variable `textView` zum Synonym für ein Widget auf dem Bildschirm wird

Und noch einmal Casting

Wenn Sie `findViewById` aufrufen, weiß Java nicht, was für eine Art von View es vorfindet. Die Methode `findViewById` gibt immer eine Instanz von `View` zurück, aber viele Android-Klassen erweitern die Klasse `View`. So erweitern zum Beispiel die Klassen `Button`, `TextView`, `ImageView`, `CheckBox`, `Chronometer` und `RatingBar` Androids Klasse `View`. Wenn Sie diesen Code schreiben:

```
// Nicht nachmachen!!
TextView textView;
textView = findViewById(R.id.textView1);
```

lässt sich Java erbost grollend vernehmen: »Wie können Sie bloß davon ausgehen, dass ein Objekt, das von einem Aufruf von `findViewById` zurückgegeben wird, auf eine Instanz der

Klasse `TextView` verweist!?« (Im Moment zeigt Java nur leise und mechanisch eine Meldung im Editor von Eclipse an. Aber ich liebe es nun einmal, Java als gestrengen Zuchtmeister zu personifizieren.)

Sie beruhigen in Listing 11.1 die Java-Götter, indem Sie dem Code einen Castingoperator hinzufügen. Sie sagen Java, dass das, was der Aufruf der Methode `findViewById` ausspuckt, in ein `TextView`-Objekt umgewandelt wird.

```
textView = (TextView) findViewById(R.id.textView1);
```

Während Sie den Code schreiben, hält Java Sie bei Laune und sagt: »Ihr Casting zeigt mir, dass Ihnen der Unterschied zwischen einer `TextView` und der alten `View` bekannt ist. Ich werde mein Bestes geben und das `View`-Objekt, das ich zur Laufzeit vorfinde, als `TextView`-Objekt ansehen.« (Natürlich redet Java in Wirklichkeit nicht mit Ihnen. Aber dass Java in diesem Fall keine Fehlermeldung ausgibt, ist ein gutes Zeichen. Javas Tricks mit dem Casting retten den Tag.)

Casting verhindert, dass Sie eine Fehlermeldung sehen, während Sie Ihren Code entwickeln. Auf diese Weise wird das Casting zu einer nützlichen Java-Funktion. Aber auch Casting kann Sie nicht retten, wenn Ihr Code Laufzeitfehler enthält. Sie stellen in Schritt 7 sicher, dass der Name `textView1` ein `TextView`-Widget darstellt. Wenn die App ausgeführt wird, holt sich Java aus der Datei `activity_main.xml` das Widget `R.id.textView1`, und alles funktioniert prima. Es kann aber auch vorkommen, dass Sie vergessen zu prüfen, ob die `R.java`-Namen der Widgets mit den Namen in der XML-Datei übereinstimmen. Ein Aufruf von `findViewById` führt zu einem `ImageView`-Widget, obwohl Ihr Casting Java davon ausgehen lässt, dass es ein `TextView`-Widget zu erwarten hat. Wenn dies geschieht, verschluckt sich Java an dem Zuweisungsoperator, und Ihre App stürzt ab, während sie ausgeführt wird. Also zurück ans Zeichenbrett! (Sie finden in Kapitel 7 eine ausführlichere Behandlung des Castings.)

Eine Einführung in innere Klassen

Sieht das Diagramm in Abbildung 11.6 unnötig kompliziert aus? Schauen Sie sich nur diese Pfeile an! Vielleicht rechnen Sie mit ein paar Saltos, während das `caller`-Objekt von Position zu Position hüpft. Die Klasse `MyOnClickListener` (siehe Listing 11.2) opfert viel Code, um diesem `caller`-Objekt wie besessen auf der Spur zu bleiben. Gibt es nicht einen einfacheren Weg, um mit dem Anklicken einer Schaltfläche umzugehen?

Es gibt ihn. Sie können eine Klasse in einer anderen Klasse definieren. Wenn Sie das machen, erstellen Sie eine *innere Klasse*. Die ist dann fast so wie eine »normale« Klasse. Aber Sie sind beim Code einer inneren Klasse in der Lage, auf die Felder der Klasse zuzugreifen, die die innere Klasse umschließt, ohne den Aufwand in Listing 11.2 betreiben zu müssen. Und das ist dann auch der Grund dafür, dass ich zu Beginn dieses Kapitels ein Hohelied auf Insiderwissen gesungen habe.

Eine große Klasse kann mit ihrer inneren Klasse sowohl Listing 11.1 als auch Listing 11.2 ersetzen. Und die neue Klasse benötigt keine der exotischen Wendungen, die es in der Klasse MyOnClickListener gibt. Listing 11.5 enthält diesen so wunderbar verbesserten Code.

```java
package com.allmycode.myfirstandroidapp;

import android.app.Activity;
import android.os.Bundle;
import android.view.Menu;
import android.view.View;
import android.view.View.OnClickListener;
import android.widget.Button;
import android.widget.TextView;

public class MainActivity extends Activity {
  Button button;
  TextView textView;

  @Override
  protected void onCreate(Bundle savedInstanceState) {
    super.onCreate(savedInstanceState);
    setContentView(R.layout.activity_main);
    button = (Button) findViewById(R.id.button1);
    button.setOnClickListener(new MyOnClickListener());
    textView = (TextView) findViewById(R.id.textView1);
  }

  @Override
  public boolean onCreateOptionsMenu(Menu menu) {
    getMenuInflater().inflate(R.menu.main, menu);
    return true;
  }

  class MyOnClickListener implements OnClickListener {
    public void onClick(View view) {
      textView.setText("Sie haben die Schaltfläche angeklickt!");
    }
  }

}
```

Listing 11.5: Eine Klasse in einer Klasse

Wenn Sie den Code aus Listing 11.5 ausführen, sehen Sie die Ergebnisse, die weiter vorn Abbildung 11.4 und Abbildung 11.5 zeigen.

Beachten Sie in Listing 11.5 die Schlichtheit der neuen Klasse MyOnClickListener. Wenn Sie die alte Klasse MyOnClickListener (aus Listing 11.2) mit der neuen inneren Klasse

`MyOnClickListener` (aus Listing 11.5) vergleichen, sehen Sie, dass der Code um den Faktor drei verkleinert worden ist. Und abgesehen von dieser Komprimierung fehlt nun in Listing 11.5 die ganze Komplexität, die Abbildung 11.6 noch zeigt. Der Einsatz von `this`, `caller` und `textView` in den Listings 11.1 und 11.2 ist wie ein verknäultes Seil. Aber wenn Sie in Listing 11.5 an den beiden Enden dieses Seils ziehen, sehen Sie, dass das Seil gar nicht verknotet ist.

Eine innere Klasse benötigt keine ausgeklügelte Buchhaltung, um den Feldern der sie einschließenden Klasse auf der Spur zu bleiben. Fast am Ende von Listing 11.5 verweist die Zeile

`textView.setText("Sie haben die Schaltfläche angeklickt!");`

auf das Feld `textView` der Klasse `MainActivity`. Und dieses Feld ist genau das, auf das es Ihnen ankommt. Einfacher geht's kaum.

Bitte keine Öffentlichkeit!

Beachten Sie, dass der Code in Listing 11.5 die Klasse `MyOnClickListener` nur einmal verwendet. (Dies geschieht nur in einem Aufruf von `button.setOnClickListener`.) Deshalb frage ich, ob wirklich ein Name für etwas benötigt wird, das Sie nur einmal verwenden? Nein, müssen Sie nicht. (Wenn es im Haus nur eine Katze gibt, reicht es aus, »Hallo, Katze« zu sagen.)

Wenn Sie Ihrer »Einmalklasse« einen Namen geben, müssen Sie ihn zweimal schreiben: ein erstes Mal, wenn Sie den Konstruktor der Klasse aufrufen:

`button.setOnClickListener(new `**`MyOnClickListener`**`());`

und ein zweites Mal, wenn Sie die Klasse deklarieren:

`class `**`MyOnClickListener`**` implements OnClickListener {`

Um diese Redundanz zu vermeiden, können Sie die gesamte Definition der Klasse an den Ort auslagern, an dem Sie normalerweise den Konstruktor aufrufen. Wenn Sie dies machen, besitzen Sie eine *anonyme innere Klasse*. Listing 11.6 zeigt, wie so etwas funktioniert.

```
package com.allmycode.myfirstandroidapp;

import android.app.Activity;
import android.os.Bundle;
import android.view.Menu;
import android.view.View;
import android.view.View.OnClickListener;
import android.widget.Button;
import android.widget.TextView;

public class MainActivity extends Activity {
  Button button;
  TextView textView;
```

```java
@Override
protected void onCreate(Bundle savedInstanceState) {
  super.onCreate(savedInstanceState);
  setContentView(R.layout.activity_main);
  button = (Button) findViewById(R.id.button1);
  button.setOnClickListener(new OnClickListener() {
    public void onClick(View view) {
      textView.setText(
        "Sie haben die Schaltfläche angeklickt!");
    }
  });
  textView = (TextView) findViewById(R.id.textView1);
}

@Override
public boolean onCreateOptionsMenu(Menu menu) {
  getMenuInflater().inflate(R.menu.main, menu);
  return true;
}

}
```

Listing 11.6: Eine Klasse ohne Namen (in einer Klasse mit Namen)

Abbildung 11.4 und Abbildung 11.5 zeigen die Ausführung des Codes aus Listing 11.6. Oder mit anderen Worten, das Listing macht genau dasselbe wie seine wortreicheren Gegenstücke in diesem Kapitel. Der große Unterschied ist, dass das Listing anders als die früheren Beispiele in diesem Kapitel eine anonyme innere Klasse verwendet.

Eine anonyme innere Klasse gleicht in vielen Dingen einer normalen inneren Klasse. Der große Unterschied liegt darin, dass der anonymen inneren Klasse ein Name fehlt. Sie finden nirgendwo in Listing 11.6 einen Namen wie `MyOnClickListener`. Stattdessen erkennen Sie etwas, das wie eine vollständige Klassendeklaration in einem Aufruf von `button.setOnClickListener` aussieht. Das ist so, als wenn der Aufruf von `setOnClickListener` sagen würde: »Die folgende Listenerklasse, auf die ansonsten niemand verweist, antwortet, wenn die Schaltfläche angeklickt wird.«

Soweit es mich betrifft, liegt der schwierigste Teil beim Einsatz einer anonymen inneren Klasse darin, im Code den runden und geschweiften Klammern und anderen nicht zum Alphabet gehörenden Zeichen auf der Spur zu bleiben. Beachten Sie zum Beispiel die Folge der schließenden Interpunktionszeichen – !");}}); – in Listing 11.6. Die Einrückungen helfen bei diesem Listing ein wenig, wenn Sie versuchen, den Code der inneren Klasse zu lesen. Glücklicherweise korrespondieren der Code in Listing 11.5 und der anonymisierte Code in Listing 11.6 miteinander. Abbildung 11.8 gibt diese Korrespondenz wieder.

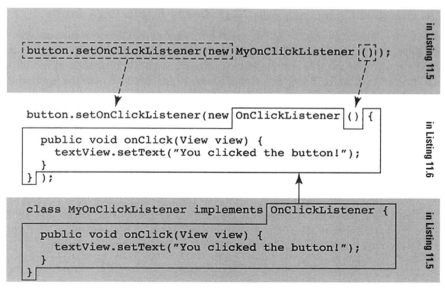

Abbildung 11.8: Gewöhnlichen Code einer inneren Klasse (siehe Listing 11.5) in Code einer anonymen inneren Klasse umwandeln (siehe Listing 11.6)

Ich glaube, ich sollte Abbildung 11.8 um eine schriftliche Erläuterung erweitern. Hier ist sie: *Um von einer benannten inneren Klasse zu einer anonymen inneren Klasse zu gelangen, ersetzen Sie den Aufruf des Konstruktors der benannten Klasse durch die gesamte Klassendeklaration. Anstelle des Klassennamens nehmen Sie den Namen des Interface, das die innere Klasse implementiert (oder den Namen der Klasse, die die innere Klasse erweitert).*

Wenn Sie mit meiner Erklärung etwas anfangen können, bin ich entzückt. Wenn Sie mit ihr nichts anfangen können, bin ich weder beleidigt noch überrascht. Wenn ich eine ganz neue innere Klasse erstelle, helfen mir mein Bauchgefühl und Abbildung 11.8 mehr als Javas formale grammatikalische Regeln.

Mein bescheidener Rat: Beginnen Sie, indem Sie Code ohne innere Klassen schreiben (wie den Code in Listing 11.5). Später, wenn Sie sich mit normalen Java-Klassen langweilen, experimentieren Sie. Machen Sie aus einigen Ihrer normalen Klassen anonyme innere Klassen.

Den einfachen Weg gehen

Bei all dem Gerede über Rückrufe und innere Klassen habe ich fast Lust, das Kapitel hier zu beenden. Deshalb ist das hier der letzte Abschnitt von Kapitel 11. Lesen Sie dieses Kapitel nicht weiter. Ehrlich. Hier gibt es nichts mehr zu sehen. Also, weitergehen!

Ich habe Sie davor gewarnt, den Rest dieses Kapitels zu lesen

Seit Android 1.6 (Codename Donut, API-Level 4) können Entwickler Code hinzufügen, um darauf zu reagieren, wenn eine Schaltfläche oder ein anderes Android-Widget angeklickt wird, und ohne dafür eine eigene Klasse erstellen zu müssen. Eigentlich benötigen Sie die zusätzliche Java-Datei in Listing 11.2 oder die innere Klasse in Listing 11.5 oder die anonyme innere Klasse in Listing 11.6 nicht.

Das Attribut `onClick`, das in diesem Abschnitt (den Sie ja eigentlich nicht lesen sollten) beschrieben wird, ermöglicht es Ihnen, mit Klicks und anderen Ereignissen umzugehen, ohne zusätzliche Klassen kodieren zu müssen. Das Arbeiten mit `onClick` ist ziemlich angenehm. Das bedeutet nun aber nicht, dass Sie als Android-Entwickler Rückrufe und innere Klassen nicht verstehen müssten. Interfaces, Rückrufe und innere Klassen werden in so gut wie jeder Android-Anwendung implizit und explizit verwendet. Und von allen Beispielen, die als Einführung in innere Klassen dienen, sind normalerweise diejenigen am einfachsten zu verstehen, die mit dem Anklicken von Schaltflächen zu tun haben.

Der »mühelose« Weg, um eine Schaltfläche anzuklicken

Im Beispiel dieses Abschnitts kümmert sich die Klasse `Activity` Ihrer App auf ihre Weise darum, wie das Klicken auf eine Schaltfläche verarbeitet wird. Sie erstellen für den Umgang mit dem Klicken keine zusätzliche Klasse.

Sie können entweder das entsprechende Beispielprojekt verwenden, das Sie installieren, wenn Sie den Anleitungen in Kapitel 2 folgen, oder Sie erstellen das Beispiel selbst, indem Sie so vorgehen, wie es diese Schritte hier beschreiben:

1. **Folgen Sie den Schritten 1 bis 7 des Beispiels, das weiter vorn in diesem Kapitel im Abschnitt** *Das erste Beispiel mit einer Schaltfläche* **steht.**

2. **Klicken Sie im grafischen Layout das Bild der Schaltfläche (unter Windows) mit der rechten Maustaste an beziehungsweise führen Sie (auf dem Mac) auf dem Bild ein `crtl`-Klicken aus.**

3. **Wählen Sie im Kontextmenü, das sich daraufhin öffnet, OTHER PROPERTIES|INHERITED FROM VIEW|ONCLICK.**

    Es erscheint ein Dialogfeld mit der Bezeichnung NEW ONCLICK VALUE (siehe Abbildung 11.9).

4. **Geben Sie im Feld NEW ONCLICK VALUE den Namen einer Methode ein.**

    Ich habe, wie Abbildung 11.9 zeigt, `whenButtonClicked` eingegeben. Ich unterstelle bei den nächsten Schritten, dass Sie denselben Namen verwenden.

5. **Klicken Sie auf OK, damit das Dialogfeld wieder verschwindet.**

6. **Wählen Sie im Hauptmenü von Eclipse FILE|SAVE.**

    Damit speichern Sie die Änderungen in der Datei `activity_main.xml`.

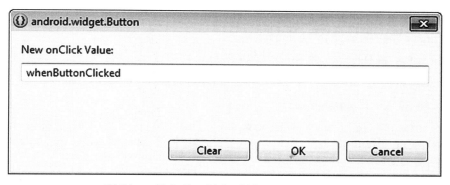

Abbildung 11.9: Das Dialogfeld NEW ONCLICK VALUE

Ihre Aktionen in den Schritten 2 bis 6 sorgen dafür, dass Android nach einer Methode mit der folgenden Kopfzeile Ausschau hält, wenn ein Benutzer die Schaltfläche anklickt:

```
public void whenButtonClicked(View view)
```

In den nun folgenden Schritten fügen Sie dem Java-Code Ihrer App die Methode when-ButtonClicked hinzu.

7. **Navigieren Sie im Package Explorer zum Verzeichnis src Ihres Projekts.**
8. **Erweitern Sie im Verzeichnis src den Zweig mit dem Paket, das das Projekt enthält.**

    Vielleicht lautet auch Ihr Paketname com.example.myfirstandroidapp.

9. **Führen Sie im Zweig des Pakets auf der Datei MainActivity.java einen Doppelklick aus.**

    Im Editor von Eclipse erscheint die Java-Datei der Activity. Eclipse hat den gesamten bisherigen Code dort für Sie erstellt.

10. **Fügen Sie im Editor dem Code der Klasse MainActivity das folgende Feld hinzu:**

    ```
    TextView textView;
    ```

    Siehe Listing 11.7.

 Nachdem Sie die Deklaration der TextView eingegeben haben, wählen Sie im Hauptmenü von Eclipse SOURCE|ORGANIZE IMPORTS. Wenn Sie dies machen, fügt Eclipse automatisch Ihrem Code die Importdeklaration der Klasse TextView hinzu.

11. **Fügen Sie im Editor von Eclipse direkt hinter dem Aufruf von setContentView die folgende Anweisung hinzu:**

    ```
    textView = (TextView) findViewById(R.id.textView1);
    ```

    Siehe Listing 11.7.

12. **Geben Sie in Ihrem Code die Methode whenButtonClicked ein.**

    Sie finden die Methode in Listing 11.7.

13. **Wählen Sie im Hauptmenü von Eclipse FILE|SAVE.**

    Damit speichern Sie die Änderungen in der Datei activity_main.xml.

14. **Führen Sie Ihr Programm aus.**

    Das Programm läuft genau so ab, wie es das in allen bisherigen Beispielen dieses Kapitels getan hat. Im Hintergrund erstellt Android alle Rückrufe, die benötigt werden, damit Ihre Methode whenButtonClicked auf die Aktionen der Benutzer reagiert.

```java
package com.example.myfirstandroidappnew;

import android.app.Activity;
import android.os.Bundle;
import android.view.Menu;
import android.view.View;
import android.widget.TextView;

public class MainActivity extends Activity {
  TextView textView;

  @Override
  protected void onCreate(Bundle savedInstanceState) {
    super.onCreate(savedInstanceState);
    setContentView(R.layout.activity_main);
    textView = (TextView) findViewById(R.id.textView1);
  }

  public void whenButtonClicked(View view) {
    textView.setText("Sie haben die Schaltfläche angeklickt!");
  }

  @Override
  public boolean onCreateOptionsMenu(Menu menu) {
    getMenuInflater().inflate(R.menu.main, menu);
    return true;
  }
}
```

Listing 11.7: Ihrem Code die Methode whenButtonClicked *hinzufügen*

Sich gleichzeitig um vieles kümmern

In diesem Kapitel

▸ Es mit vielen Objekten gleichzeitig zu tun haben
▸ Vielseitige Klassen und Methoden erstellen
▸ Eine Liste mit Elementen schrittweise durchlaufen

---

*Die ganze Welt ist eine Klasse,
und alle Daten nur Objekte*

– Jimmy Shakespeare, 11 Jahre alter Computerfreak

Eine *Klasse* ist eine Konstruktionszeichnung für Dinge, und ein *Objekt* ist ein Ding, das anhand der Konstruktionszeichnung erstellt worden ist. Unter einem *Ding* verstehe ich einen Mitarbeiter, einen Kunden, eine Android-Activity oder ein ätherisches Element wie einen SQLiteOpenHelper. Hier eine andere Aussage, dieses Mal von einer zuverlässigeren Quelle:

> *In Wirklichkeit lassen sich einige Java-Klassen nur sehr schwer grafisch darstellen. Androids Klasse SQLiteOpenHelper unterstützt Entwickler beim Erstellen einer Datenbank. Ein SQLiteOpenHelper sieht nach nichts Besonderem aus, erst recht nicht nach einem Onlineformular oder einem Beutel mit Käse.*
>
> *– Barry Burd, Java für die Android-Entwicklung für Dummies*

Dieses Kapitel behandelt ein Konzept, das Sie normalerweise kaum mit einer Klasse oder einem Objekt in Verbindung bringen – nämlich einen Haufen Dinge. Ich verwende hier den Begriff *Haufen* ganz bewusst, weil ich die formale Terminologie vermeiden möchte. (Nichts gegen die formale Terminologie, aber die möchte ich mir gerne für die große Eröffnung dieses Kapitel in dessen erstem Abschnitt aufsparen.)

Eine Sammelklasse erstellen

Eine *Sammelklasse* (englisch *Collection Class*) ist eine Klasse, deren Aufgabe es ist, auf einmal einen Haufen von Objekten zu speichern – einen Haufen von String-Objekten, einen Haufen von BagOfCheese-Objekten, einen Haufen von Tweets oder was Ihnen sonst noch einfällt. Sie können eine Sammelklasse mit dem Code aus Listing 12.1 erstellen.

```java
package com.allmycode.collections;

import java.util.ArrayList;

public class SimpleCollectionsDemo {

  public static void main(String[] args) {
    ArrayList arrayList = new ArrayList();
    arrayList.add("Hallo");
    arrayList.add(", ");
    arrayList.add("liebe Leser");
    arrayList.add("!");

    for (int i = 0; i < 4; i++) {
      System.out.print(arrayList.get(i));
    }
  }

}
```

Listing 12.1: Ihre erste Sammelklasse

Wenn Sie den Code von Listing 12.1 ausführen, sehen Sie als Ausgabe das, was Abbildung 12.1 zeigt.

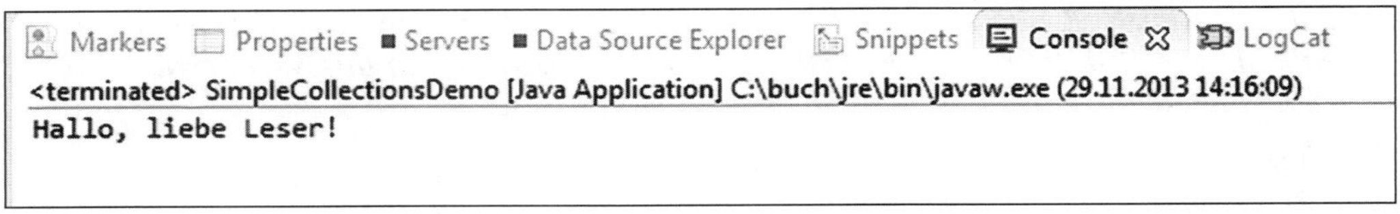

Abbildung 12.1: Den Code von Listing 12.1 ausführen

Der Code in Listing 12.1 baut eine neue `ArrayList`-Instanz zusammen und sorgt dafür, dass die Variable `arrayList` auf diese neue Instanz verweist. Die Klasse `ArrayList` ist eine von vielen vorhandenen Sammelklassen.

Die Anweisung `ArrayList arrayList = new ArrayList()` erstellt eine leere Liste und sorgt dafür, dass die Variable `arrayList` auf diese leere Liste verweist. Wie sieht denn eine Liste aus, die leer ist? Keine Ahnung. Ich tippe mal darauf, dass sie wie ein leeres Blatt Papier aussieht. Jedenfalls ist es schon wichtig zu unterscheiden, ob man eine leere Liste oder keine Liste hat. Sie haben, bevor die Anweisung `ArrayList arrayList = new ArrayList()` ausgeführt wird, keine Liste, und nach der Ausführung dieser Anweisung gibt es eine Liste, die (noch) leer ist.

Der Code in Listing 12.1 ruft `arrayList.add` viermal auf, um in der Liste vier Objekte (alles Strings) abzulegen:

✔ "Hallo"

✔ ", "

✔ "liebe Leser"

✔ "!"

Die Liste ist nach dem Aufruf von `arrayList.add` nicht mehr leer. Um die Liste in der View CONSOLE von Eclipse anzuzeigen, ruft der Code viermal `System.out.print` auf, wobei jedes Mal ein anderes Objekt aus der `arrayList`-Sammlung genommen wird.

Wenn Sie in Eclipse die View CONSOLE nicht sehen, klicken Sie auf WINDOW|SHOW VIEW|CONSOLE.

Zwischen `System.out.println` und `System.out.print` (ohne die Endung `ln`) gibt es einen Unterschied: Die Methode `System.out.println` geht nach dem Anzeigen des Textes zu einer neuen Zeile; die Methode `System.out.print` geht *nicht* zu einer neuen Zeile, nachdem sie ihren Text angezeigt hat. So erscheinen zum Beispiel in Listing 12.1 mit vier Aufrufen von `System.out.print` alle vier Textstücke in derselben Zeile der Eclipse-View CONSOLE.

Die Anweisung `for` in Listing 12.1 marschiert durch die Werte von `arrayList`. Jeder Wert in dieser Liste hat einen eindeutigen *Index* von 0 bis 3.

In einer Java-Sammlung ist der Initialisierungswert immer 0, niemals 1.

Java-Generics

Wenn Sie sich Listing 12.1 im Editor von Eclipse anschauen, sehen Sie, wie Abbildung 12.2 zeigt, viele gelbe Warnhinweise. Der Text der Warnungen sieht in etwa so aus: `ArrayList is a raw type. References to generic type ArrayList<E> should be parameterized`. Was hat das zu bedeuten?

Seit Java 5 verwendet die Sammelklasse generische Typen. Dieser Begriff ist ein Synonym für parametrisierte Typen. Sie erkennen generische Typen an den spitzen Klammern, die den Typennamen einschließen. Generische Typen dienen als Gattungsbezeichnung. So verwendet zum Beispiel die folgende Deklaration `String` als generischen Typ:

```
ArrayList<String> arrayList = new ArrayList<String>();
```

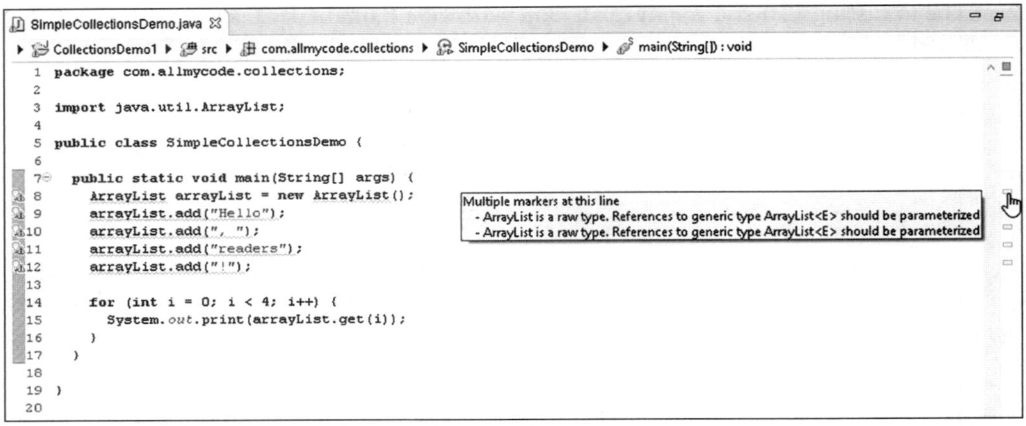
SimpleCollectionsDemo.java
CollectionsDemo1 ▸ src ▸ com.allmycode.collections ▸ SimpleCollectionsDemo ▸ main(String[]) : void
package com.allmycode.collections;
import java.util.ArrayList;
public class SimpleCollectionsDemo {
public static void main(String[] args) {
ArrayList arrayList = new ArrayList();
arrayList.add("Hello");
arrayList.add(", ");
arrayList.add("readers");
arrayList.add("!");
for (int i = 0; i < 4; i++) {
System.out.print(arrayList.get(i));
}
}
}
Multiple markers at this line
- ArrayList is a raw type. References to generic type ArrayList<E> should be parameterized
- ArrayList is a raw type. References to generic type ArrayList<E> should be parameterized

Abbildung 12.2: Was bedeuten diese Warnungen?

Diese verbesserte Deklaration sagt Java, dass die Variable `arrayList` auf viele Objekte verweist, die jeweils eine Instanz von `String` sind. Wenn Sie die neue Deklaration nehmen und damit die nicht generische Deklaration in Listing 12.1 ersetzen, verschwinden die gelben Warnhinweise, wie Abbildung 12.3 zeigt.

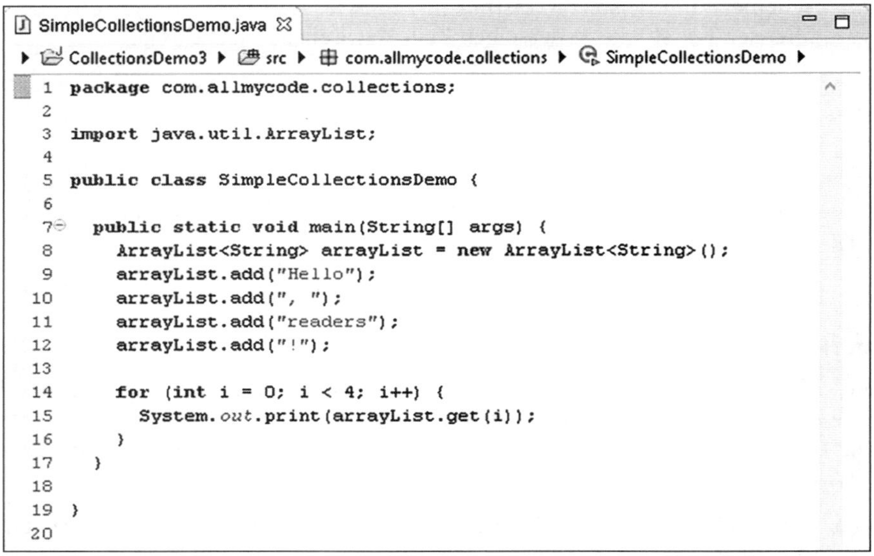
SimpleCollectionsDemo.java
CollectionsDemo3 ▸ src ▸ com.allmycode.collections ▸ SimpleCollectionsDemo ▸
package com.allmycode.collections;
import java.util.ArrayList;
public class SimpleCollectionsDemo {
public static void main(String[] args) {
ArrayList<String> arrayList = new ArrayList<String>();
arrayList.add("Hello");
arrayList.add(", ");
arrayList.add("readers");
arrayList.add("!");
for (int i = 0; i < 4; i++) {
System.out.print(arrayList.get(i));
}
}
}

Abbildung 12.3: Gattungsbezeichnungen verwenden

12 ➤ Sich gleichzeitig um vieles kümmern

Die gelben Markierungen zeigen Warnungen und keine Fehler an (siehe Abbildung 12.2). Sie könnten also auch mit der nicht generischen Deklaration in Listing 12.1 weitermachen. Aber es gibt einige Nachteile, wenn Sie eine nicht generische Sammlung deklarieren. Der Verzicht auf Gattungsbezeichnungen (wie in Listing 12.1) führt dazu, dass Sie eine Sammlung erstellen, die Objekte aller möglichen Arten enthält. In diesem Fall kann Java keinen Nutzen aus den besonderen Eigenschaften der Elemente in der Sammlung ziehen.

Hier ein Beispiel. Kapitel 9 beginnt mit einer Beschreibung der Klasse `BagOfCheese` (die ich in Listing 12.2 kopiert habe).

```java
package com.allmycode.andy;

public class BagOfCheese {
  String kind;
  double weight;
  int daysAged;
  boolean isDomestic;
}
```

Listing 12.2: Eine Klasse in der Programmiersprache Java

Sie können in einer nicht generischen Sammlung ein paar `BagOfCheese`-Objekte unterbringen. Aber wenn Sie dann die Objekte in der Sammlung untersuchen, erinnert sich Java nur daran, dass es sich bei den Elementen in der Sammlung um Objekte handelt. Davon, dass das `BagOfCheese`-Objekte sind, weiß Java nichts mehr, wie Abbildung 12.4 zeigt.

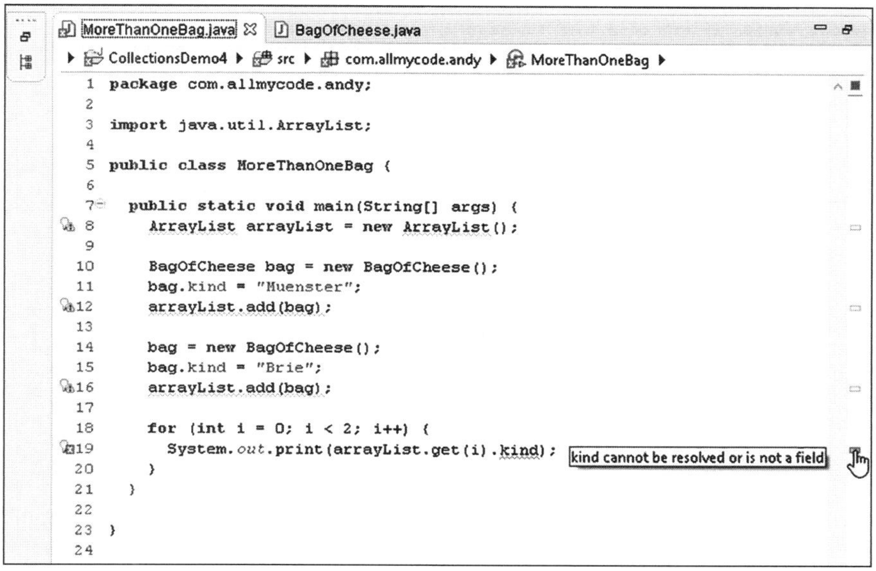

Abbildung 12.4: Ihr Code ohne Casting

Java erinnert sich in Abbildung 12.4 nicht mehr daran, dass das, was Sie von `arrayList` bekommen, immer eine Instanz von `BagOfCheese` ist. Aus diesem Grund weigert sich Java, das Feld `kind` des Objekts zu referenzieren. (Der letzte Hinweis in Abbildung 12.4 ist ein Hinweis auf einen Fehler. Java ist nicht in der Lage, den Code in der Abbildung auszuführen.)

Mit Zuweisungen sind Sie in der Lage, Java daran zu erinnern, dass es sich bei dem Element, das Sie von `arrayList` erhalten, um eine Instanz von `BagOfCheese` handelt.

```
System.out.print(((BagOfCheese) arrayList.get(i)).kind);
```

Wenn Sie einem `BagOfCheese arrayList.get(i)` zuweisen, entfällt die Fehlermeldung in Abbildung 12.4. Sie können den Code inklusive aller Warnungen ausführen. Das Leben macht Spaß, aber der Code ist hässlich! Schauen Sie sich zum Beispiel all die Klammern an, die Sie benötigen, damit die Zuweisung sauber funktioniert.

Wenn Sie ein wenig am Code herumschrauben, damit `arrayList` generisch wird, weiß Java, dass das, was Sie von `arrayList` erhalten, immer eine Instanz von `BagOfCheese` ist und dass jede Instanz von `BagOfCheese` ein `kind`-Feld besitzt (siehe Abbildung 12.5). Auf eine Zuweisung kann verzichtet werden.

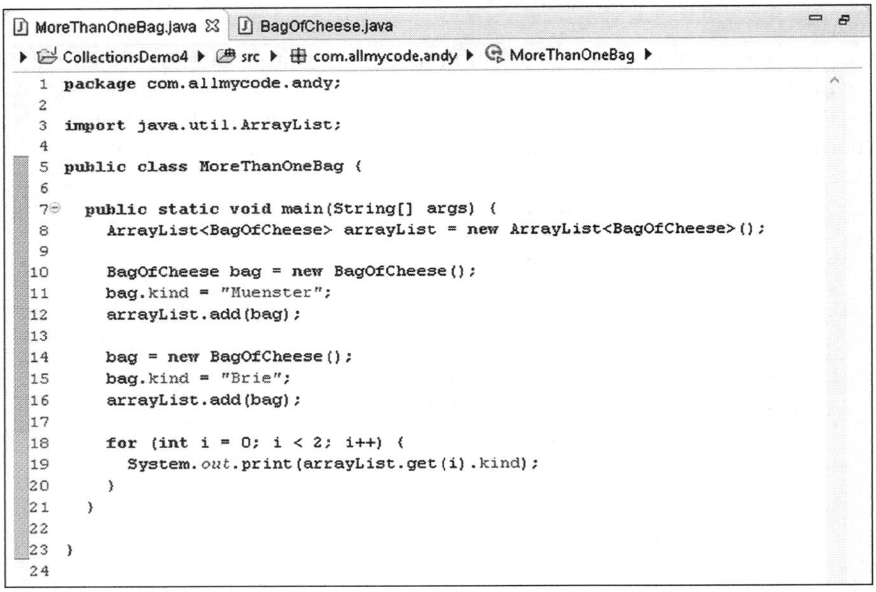

```
package com.allmycode.andy;

import java.util.ArrayList;

public class MoreThanOneBag {

    public static void main(String[] args) {
        ArrayList<BagOfCheese> arrayList = new ArrayList<BagOfCheese>();

        BagOfCheese bag = new BagOfCheese();
        bag.kind = "Muenster";
        arrayList.add(bag);

        bag = new BagOfCheese();
        bag.kind = "Brie";
        arrayList.add(bag);

        for (int i = 0; i < 2; i++) {
            System.out.print(arrayList.get(i).kind);
        }
    }
}
```

Abbildung 12.5: Javas Gattungsbezeichnungen retten den Tag.

Sie können Generics verwenden, um Ihre eigene Sammelklasse zu erstellen. Wenn Sie das machen, dient der generische Typ als Platzhalter für Typen, die ansonsten unbekannt sind. Listing 12.3 enthält das Eigengewächs einer Deklaration einer Klasse `OrderedPair`.

```java
package com.allmycode.collections;

public class OrderedPair<T> {
  private T x;
  private T y;

  public T getX() {
    return x;
  }
  public void setX(T x) {
    this.x = x;
  }
  public T getY() {
    return y;
  }
  public void setY(T y) {
    this.y = y;
  }
}
```

Listing 12.3: Eine benutzerdefinierte Sammelklasse

Ein OrderedPair-Objekt hat zwei Komponenten: eine x-Komponente und eine y-Komponente. Wenn Sie sich noch an Ihre Schulzeit erinnern, sind Sie vielleicht in der Lage, Zahlenpaare in einem zweidimensionalen Koordinatensystem einzuzeichnen. Aber wer behauptet nun, dass geordnete Paare aus Zahlen bestehen müssen? Die gerade deklarierte Klasse OrderedPair speichert Objekte vom Typ T, und T kann für jede Java-Klasse stehen. In Listing 12.4 zeige ich Ihnen, wie Sie ein geordnetes Paar von BagOfCheese-Objekten erstellen können.

```java
package com.allmycode.collections;

public class PairOfBags {
  public static void main(String[] args) {
    OrderedPair<BagOfCheese> pair =
        new OrderedPair<BagOfCheese>();

    BagOfCheese bag = new BagOfCheese();
    bag.kind = "Munster";
    pair.setX(bag);

    bag = new BagOfCheese();
    bag.kind = "Brie";
    pair.setY(bag);

    System.out.println(pair.getX().kind);
    System.out.println(pair.getY().kind);
  }
}
```

Listing 12.4: Die benutzerdefinierte Sammelklasse verwenden

Javas Wrapperklassen

Die Kapitel 6 und 9 beschreiben den Unterschied zwischen primitiven Typen und Referenztypen:

✔ **Jeder primitive Typ ist ein fester Bestandteil der Sprache.**

Java kennt acht primitive Typen.

✔ **Jeder Referenztyp ist eine Klasse oder ein Interface.**

Sie können Ihre eigenen Referenztypen definieren. Aus diesem Grund ist die Zahl der Referenztypen in Java möglicherweise unendlich groß.

Der Unterschied zwischen primitiven Typen und Referenztypen ist eine der umstrittensten Funktionen Javas, und Entwickler beklagen sich oft darüber.

Hier kommt einer der Fehler beim Programmieren, die mit der Auseinandersetzung um primitive und Referenztypen zu tun haben: »Sie können keinen primitiven Wert in einer `ArrayList` ablegen.« Doch, denn Sie können

```
// DIES IST OKAY:
ArrayList<String> arrayList = new ArrayList<String>();
```

schreiben, weil `String` ein Referenztyp ist. Aber

```
// DIES NICHT NACHMACHEN:
ArrayList<int> arrayList = new ArrayList<int>();
```

ist nicht zulässig, weil `int` ein primitiver Typ ist. Aber glücklicherweise hat jeder primitive Java-Typ einen *Wrappertyp*, bei dem es sich um einen Referenztyp handelt, dessen Aufgabe es ist, den Wert eines anderen Typs zu enthalten. So enthält zum Beispiel ein Objekt vom Java-Typ `Integer` einen einzelnen `int`-Wert. Ein Objekt vom Java-Typ `Double` enthält einen einzelnen `double`-Wert. Ein Objekt vom Java-Typ `Character` enthält einen einzelnen `char`-Wert. Sie können keine `ArrayList` mit `int`-Werten anlegen, aber Sie können eine `ArrayList` mit `Integer`-Werten erstellen.

```
// DIES IST OKAY:
ArrayList<Integer> arrayList = new ArrayList<Integer>();
```

 Die Namen primitiver Typen beginnen mit einem Kleinbuchstaben. Die Namen von Wrappertypen beginnen mit einem Großbuchstaben.

Wrapperklassen enthalten nicht nur primitive Typen, sondern sie sorgen auch für nützliche Methoden, die mit primitiven Typen umgehen können. So kann zum Beispiel die Wrapperklasse `Integer` `parseInt` und andere Methoden enthalten, die sinnvoll mit `int`-Werten umgehen können:

```
String string = "17";
int number = Integer.parseInt(string);
```

Die Kehrseite der Medaille ist, dass das Arbeiten mit Wrappertypen auch ziemlich unbeholfen sein kann. Sie können zum Beispiel mit Javas numerischem Wrappertyp keine arithmetischen Operatoren verwenden. Ich gehe normalerweise diesen Weg, um zwei numerische `Integer`-Werte zu erstellen, die summiert werden können:

```
Integer myInteger = new Integer(3);
Integer myOtherInteger = new Integer(15);

Integer sum = myInteger.intValue() + myOtherInteger.intValue();
```

Eine Sammlung schrittweise durchlaufen

Das Programm in Listing 12.1 verwendet eine `for`-Schleife mit Indexen, um die Sammlung schrittweise zu durchlaufen. Der Code macht das, was von ihm erwartet wird, aber er ist dabei ein wenig unbeholfen. Wenn Sie Objekte in einer Sammlung stapeln, sollten Sie sich zum Beispiel keine Gedanken darüber machen müssen, welches Objekt das erste in der Sammlung ist, welches das zweite und welches das dritte.

In Java gibt es zwei Funktionen, die es einfach machen, eine Sammlung von Objekten zu durchlaufen. Eine ist der *Iterator*. Listing 12.5 zeigt, wie ein Iterator funktioniert.

```
package com.allmycode.collections;

import java.util.ArrayList;
import java.util.Iterator;

public class SimpleCollectionsDemo {

  public static void main(String[] args) {
    ArrayList<String> arrayList = new ArrayList<String>();
    arrayList.add("Hallo");
    arrayList.add(", ");
    arrayList.add("liebe Leser");
    arrayList.add("!");

    Iterator<String> iterator = arrayList.iterator();
    while (iterator.hasNext()) {
      System.out.print(iterator.next());
    }
  }
}
```

Listing 12.5: Eine Sammlung schrittweise durchlaufen

Wenn Sie Listing 12.5 ausführen, erhalten Sie eine Ausgabe, die bereits weiter vorn in diesem Kapitel in Abbildung 12.1 gezeigt wird.

Wenn Sie eine Sammlung (wie eine `ArrayList`) haben, können Sie einen Iterator erstellen, um mit der Sammlung arbeiten zu können. Ich zeige Ihnen in Listing 12.5, wie Sie einen Iterator erstellen, der mit der `arrayList`-Sammlung umgehen kann, indem

```
Iterator<String> iterator = arrayList.iterator();
```

aufgerufen wird. Nach diesem Aufruf verweist die Variable `iterator` auf etwas, das sich schrittweise durch alle Werte der Sammlung `arrayList` bewegen kann. Dann rufen Sie wiederholt `iterator.next()` auf, um von einem Wert zum nächsten zu gelangen. Um herauszufinden, ob ein weiterer Aufruf von `iterator.next()` zu einem Ergebnis führt, rufen Sie `iterator.hasNext()` auf. Dieser Aufruf gibt einen `boolean` Wert zurück: `true`, wenn es in der Sammlung noch weitere Werte gibt, und `false`, wenn Sie alle Werte in der Sammlung durchlaufen haben.

Einen ebenfalls ganz netten Weg, um eine Sammlung schrittweise zu durchlaufen, bietet Javas *erweiterte for-Anweisung*. Listing 12.6 zeigt, wie sie verwendet wird.

```java
package com.allmycode.collections;

import java.util.ArrayList;

public class SimpleCollectionsDemo {
  public static void main(String[] args) {
    ArrayList<String> arrayList = new ArrayList<String>();
    arrayList.add("Hallo");
    arrayList.add(", ");
    arrayList.add("liebe Leser
    arrayList.add("!");

    for (String string : arrayList) {
      System.out.print(string);
    }
  }
}
```

Listing 12.6: Die erweiterte `for`*-Anweisung verwenden*

Eine erweiterte `for`-Anweisung hat keinen Zähler. Sie weist stattdessen die Form auf, die Abbildung 12.6 zeigt.

Die erweiterte `for`-Anweisung in Listing 12.6 bewirkt dasselbe wie der Iterator in Listing 12.6 und die normale `for`-Anweisung in Listing 12.1: Sie geht schrittweise durch die Werte, die in der Sammlung `arrayList` gespeichert worden sind.

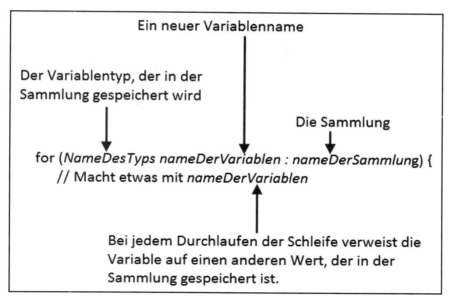

Abbildung 12.6: Die Anatomie einer erweiterten for-Anweisung

Es gibt die erweiterte for-Anweisung seit Java 5.0. Sie wird »erweitert« genannt, weil sie beim schrittweisen Durchlaufen einer Sammlung einfacher zu verwenden ist als eine normale for-Anweisung.

Ein warnendes Beispiel

In einer erweiterten for-Anweisung verweist die Variable, die wiederholt für die verschiedenen Werte in der Sammlung steht, niemals direkt auf einen dieser Werte. Stattdessen enthält diese Variable immer nur eine Kopie des Werts in der Sammlung. Wenn Sie also dieser Variablen einen Wert zuweisen, ändern Sie in der Sammlung keine Werte.

Hier kommt eine Testfrage. (Machen Sie sich keine Sorgen, der Test wird nicht bewertet.) Was gibt der folgende Code aus?

```java
package com.allmycode.collections;

import java.util.ArrayList;

public class SimpleCollectionsDemo {
  public static void main(String[] args) {
    ArrayList<String> arrayList = new ArrayList<String>();
    arrayList.add("Hallo");
    arrayList.add(", ");
    arrayList.add("liebe Leser");
    arrayList.add("!");
```

```
    // dies ist ein richtig schlechter Code
    for (String string : arrayList) {
      string = "Oops!";
      System.out.print(string);
    }
    
    System.out.println();
    
    for (String string : arrayList) {
      System.out.print(string);
    }
  }
}
```

Die Ausgabe wird in Abbildung 12.7 wiedergegeben.

Abbildung 12.7: Das Ergebnis der Ausführung des schlechten Codes dieses Abschnitts

In der ersten `for`-Anweisung wird die Variable `string` neu zugewiesen, um bei jedem Durchlauf der Schleife auf das Wort `"Oops!"` zu verweisen. Der Aufruf von `System.out.print` zeigt `Oops!` am Bildschirm an. So weit, so gut.

Aber in der zweiten `for`-Anweisung wird die Variable `string` nicht neu zugewiesen. Stattdessen behält sie den Wert bei, den Sie in der Sammlung `arrayList` kopieren. Deshalb zeigt die zweite `for`-Anweisung die Wörter `Hallo, liebe Leser!` an.

Javas Klassen der mehrfachen Sammlungen

Die Klasse `ArrayList`, die ich in vielen Beispielen dieses Kapitels verwende, ist nur die Spitze des Eisbergs aus Java-Sammlungen. Die Java-Bibliothek enthält viele Klassen mit Sammlungen, die alle ihre eigenen Vorteile besitzen. Tabelle 12.1 enthält eine verkürzte Liste dieser Klassen.

Name der Klasse	Merkmale
ArrayList	Ein in seiner Größe änderbares Array
LinkedList	Eine Liste aus Werten, von denen jeder ein Feld hat, das auf den nächsten Wert in der Liste zeigt
Stack	Eine Struktur (die von unten nach oben wächst), die für den Zugriff auf den obersten Wert optimiert worden ist. Sie können ganz einfach einen neuen obersten Wert hinzufügen oder den obersten Wert entfernen.
Queue	Eine Struktur (die an einem Ende wächst), die optimiert worden ist, um an einem Ende (dem hinteren Ende) Werte hinzuzufügen oder Werte vom vorderen Ende zu entfernen
PriorityQueue	Eine Struktur wie eine Queue, die es zulässt, dass sich bestimmte Werte (mit einer höheren Priorität) in der Warteschlange (das bedeutet Queue auf Deutsch) nach vorne schieben
HashSet	Eine Sammlung, die keine doppelten Werte enthält
HashMap	Eine Sammlung aus Schlüssel/Wert-Paaren

Tabelle 12.1: Einige Sammlungsklassen

Arrays

Ich *caste* weiter vorn in diesem Kapitel im Abschnitt *Eine Sammlung schrittweise durchlaufen* falsche Behauptungen über den Gebrauch eines Indexes in Listing 12.1. Ich schreibe dort: »… sollten Sie sich zum Beispiel keine Gedanken darüber machen müssen, welches Objekt das erste in der Sammlung ist, welches das zweite und welches das dritte.« Das habe ich geschrieben, und dazu stehe ich – außer es handelt sich um ein Array. Ein Array ist eine bestimmte Art von Sammlung, die für eine Indexierung optimiert worden ist. Daraus folgt, dass Sie problemlos und schnell den hundertsten Wert finden können, der in einem Array abgelegt worden ist.

Bei einem Array handelt es sich um eine altehrwürdige und altbewährte Funktion vieler Programmiersprachen, zu denen auch neuere Sprachen wie Java und ältere Sprachen wie FORTRAN gehören. Die Geschichte des Arrays reicht so weit zurück, dass die meisten Sprachen (einschließlich Java) spezielle Notationen kennen, um mit Arrays umzugehen. Listing 12.7 stellt die Notation eines Arrays in einem einfachen Java-Programm dar.

```java
package com.allmycode.collections;

public class SimpleCollectionsDemo {

  public static void main(String[] args) {
    String[] myArray = new String[4];
    myArray[0] = "Hallo";
    myArray[1] = ", ";
    myArray[2] = "liebe Leser";
    myArray[3] = "!";
```

```
    for(int i = 0; i < 4; i++) {
      System.out.print(myArray[i]);
    }

    System.out.println();

    for (String string : myArray) {
      System.out.print(string);
    }
  }
}
```

Listing 12.7: Ein Array erstellen und verwenden

Abbildung 12.8 zeigt, was dabei herauskommt, wenn Sie den Code in Listing 12.7 ausführen. Sowohl die normale `for`-Schleife als auch die erweiterte `for`-Schleife liefern dasselbe Ergebnis.

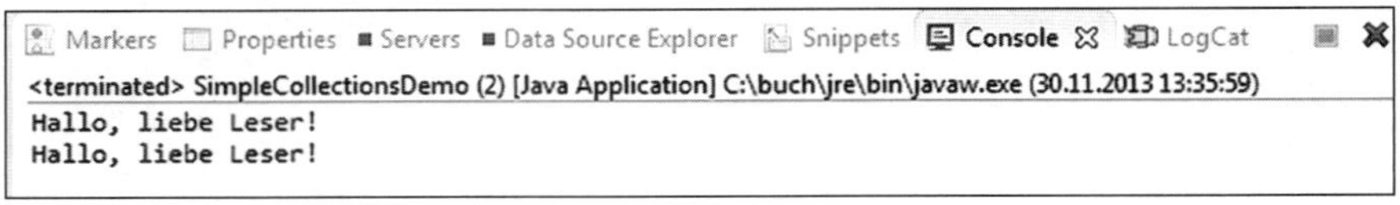

Abbildung 12.8: Den Code in Listing 12.7 ausführen

In Listing 12.7 verwendet die normale `for`-Schleife Indexe, wobei jeder Index durch eckige Klammern gekennzeichnet wird. Wie bei allen Java-Sammlungen beträgt auch hier der Anfangswert 0 und nicht 1. Beachten Sie auch die Zahl 4 in der Deklaration des Arrays – sie gibt an, dass Sie vier Werte im Array speichern können. Die Zahl 4 gibt *nicht* an, dass Sie `myArray[4]` einen Wert zuweisen können. Es ist sogar so, dass Sie eine üble Fehlermeldung (`ArrayIndexOutOfBoundsException`) erhalten, wenn Sie dem Code in Listing 12.7 `myArray[4] = "Oops!"` hinzufügen und ihn dann ausführen.

Die Anweisung `String[] myArray = new String[4]` erstellt ein leeres Array und sorgt dafür, dass die Variable `myArray` auf dieses leere Array verweist. Das Array kann bis zu vier Werte speichern. Aber zunächst verweist die Variable auf ein Array, das keine Werte enthält. Dies gilt bis zur ersten Ausführung der Zuweisungsanweisung (`myArray[0] = "Hallo"`), danach enthält das Array Werte.

Sie können problemlos den 100sten oder den 1.000.000sten Wert finden, der in einem Array gespeichert wurde. Nicht schlecht, was? Aber wie sehen die Schattenseiten eines Arrays aus? Der größte Nachteil eines Arrays ist, dass es eine feste Grenze für die Anzahl an Werten gibt, die es aufnehmen kann. Wenn Sie das Array in Listing 12.7 erstellen, reserviert Java nur Platz für vier `String`-Werte. Wenn Sie sich dann später entschließen, ein fünftes Element in diesem Array abzulegen, benötigen Sie unpraktischen und ineffizienten Code, um ein größeres Array herzustellen. Natürlich können Sie die Größe, die Ihr Array benötigt, auch überschätzen, was dieses Beispiel zeigt:

```
String[] myArray = new String[20000000];
```

Wenn Sie eine so hohe Einschätzung vornehmen, vergeuden Sie höchstwahrscheinlich nur viel Arbeitsspeicher.

Eine weitere unerfreuliche Funktion eines Arrays ist die Schwierigkeit, die Sie beim Einfügen neuer Werte haben können. Stellen Sie sich vor, Sie besitzen für jeden Jahrgang Ihrer Sammlung der *Kaiser Konstantin Comics* einen hölzernen Kasten. Die Serie geht bis in das Jahr 307 n. Chr. zurück, als Konstantin der Kopf des Römischen Reiches wurde. Sie besitzen leider nur 1.700 Kästen, weil Ihnen sechs Jahrgänge (nämlich die Jahre 1150 bis 1155) fehlen. Die Kästen sind nicht nummeriert, aber sie sind hintereinander gestapelt, was eine Reihe von 200 Metern ergibt. (Die Reihe ist damit so lang, wie ein Wolkenkratzer mit 55 Geschossen hoch ist.)

Sie finden nun bei einem Garagenverkauf in Istanbul eine seltene Ausgabe von *Kaiser Konstantin Comics* aus dem März 1152. Nachdem die Freude über Ihr erstes Comic aus dem Jahr 1152 vorbei ist, realisieren Sie, dass Sie zwischen den Jahren 1149 und 1156 (die Jahrgänge dazwischen fehlten bekanntlich) einen neuen Kasten in die Reihe einfügen müssen. Das bedeutet, dass Sie den Kasten mit dem Jahrgang 2013 ungefähr zehn Zentimeter nach rechts schieben müssen, und dann verschieben Sie den Kasten mit dem Jahrgang 2012 an die Stelle, die zuvor der Kasten mit dem Jahrgang 2013 eingenommen hat. Nun verschieben Sie den 2011er-Kasten an die Stelle des 2012er-Kastens. Und so weiter. Das Leben eines begeisterten Sammlers von *Kaiser Konstantin Comics* wird ziemlich mühsam! Das Einfügen eines Wertes in der Mitte eines großen Arrays ist ähnlich nervig.

Javas »varargs«

Sie benötigen in einer App eine Methode, die eine Menge Wörter als Satz anzeigt. Wie erstellen Sie eine solche Methode? Sie können Wörter an den Satz übergeben. Sie zeigen im Körper der Methode jedes Wort gefolgt von einem Leerzeichen so an, wie es hier vorgeführt wird:

```
for (String word : words) {
  System.out.print(word);
  System.out.print(" ");
}
```

Um Wörter an die Methode zu übergeben, erstellen Sie ein Array aus String-Werten:

```
String[] stringsE = { "Auf Wiedersehen,", "kids." };
displayAsSentence(stringsE);
```

Beachten Sie die Verwendung der geschweiften Klammern bei der Initialisierung von stringsE. Sie können in Java jedes Array dadurch initialisieren, dass Sie die Werte des Arrays niederschreiben, sie durch Kommata voneinander trennen und dann den Wertekram von geschweiften Klammern einschließen lassen. Wenn Sie dies machen, erstellen Sie einen Initialisierer des Arrays.

Listing 12.8 enthält ein vollständiges Programm, das aus Wörtern Sätze macht.

```
public class UseArrays {

  public static void main(String[] args) {
    String[] stringsA = { "Hallo,", "ich", "muss","nun", "gehen." };
    String[] stringsB = { "   ", "-Groucho" };
    String[] stringsC = { "Sage", "gute Nacht,","Gracie." };
    String[] stringsD = { "   ","-Nathan Birnbaum" };
    String[] stringsE = { "Auf Wiedersehen,","Kinder." };
    String[] stringsF = { "   ", "-Clarabell" };

    displayAsSentence(stringsA);
    displayAsSentence(stringsB);
    displayAsSentence(stringsC);
    displayAsSentence(stringsD);
    displayAsSentence(stringsE);
    displayAsSentence(stringsF);
  }

  static void displayAsSentence(String[] words) {
    for (String word : words) {
      System.out.print(word);
      System.out.print(" ");
    }
    System.out.println();
  }
}
```

Listing 12.8: Ein Programm ohne `varargs`

Wenn Sie den Code aus Listing 12.8 ablaufen lassen, sehen Sie eine Ausgabe wie die in Abbildung 12.9.

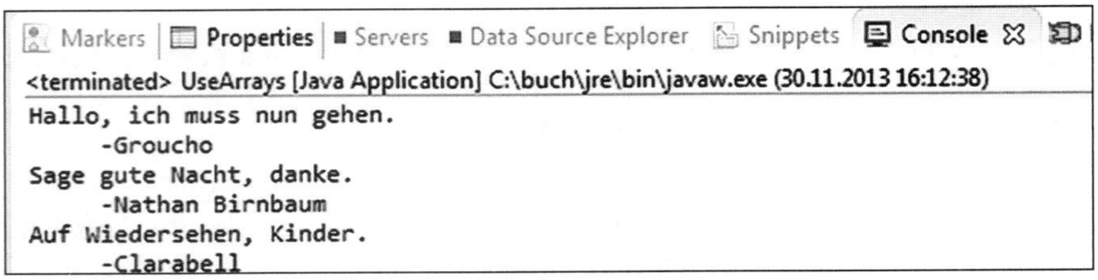

```
<terminated> UseArrays [Java Application] C:\buch\jre\bin\javaw.exe (30.11.2013 16:12:38)
Hallo, ich muss nun gehen.
        -Groucho
Sage gute Nacht, danke.
        -Nathan Birnbaum
Auf Wiedersehen, Kinder.
        -Clarabell
```

Abbildung 12.9: Der Code aus Listing 12.8 wird ausgeführt.

Der Code in Listing 12.8 ist umständlich, weil Sie sechs verschiedene Arrays mit `String`-Werten deklarieren müssen. Sie können die Deklaration der Variablen und den Aufruf der Methode nicht kombinieren. Eine Anweisung wie

```
displayAsSentence("Sage", "auf Wiedersehen,", "danke.");
```

ist nicht zulässig, weil die Parameterliste des Aufrufs drei Werte enthält und weil die Methode displayAsSentence (in Listing 12.8) nur einen Parameter (ein Array) aufweist. Sie können versuchen, das Problem dadurch zu beheben, dass Sie displayAsSentence mit drei Parametern deklarieren:

```
static void displayAsSentence
    (String word0, String word1, String word2) {
```

Aber dann geraten Sie in Schwierigkeiten, wenn Sie der Methode fünf Wörter übergeben wollen.

Um aus diesem Schlamassel zu entkommen, führte Java 6.0 *varargs* ein. Eine Parameterliste mit varargs hat einen Typennamen, dem drei Punkte folgen. Die Punkte repräsentieren eine beliebige Anzahl an Parametern, die alle von demselben Typ sind. Listing 12.9 zeigt Ihnen, wie das geht.

```java
package com.allmycode.varargs;

public class UseVarargs {

  public static void main(String[] args) {
    displayAsSentence("Hallo,", "ich", "muss", "nun", "gehen.");
    displayAsSentence("    ", "—Groucho");
    displayAsSentence("Sage", "gute Nacht,", "danke.");
    displayAsSentence("    ", "—Nathan Birnbaum");
    displayAsSentence("Auf Wiedersehen,", "Kinder.");
    displayAsSentence("    ", "—Clarabell");
  }

  static void displayAsSentence(String... words) {
    for (String word : words) {
      System.out.print(word);
      System.out.print(" ");
    }
    System.out.println();
  }
}
```

Listing 12.9: Ein Programm mit varargs

In Listing 12.9 steht die Parameterliste (String... words) für eine beliebige Anzahl an String-Werten – einen String-Wert, hundert String-Werte oder sogar keine String-Werte. Deshalb kann ich in Listing 12.9 die Methode displayAsSentence mit den zwei Parametern ("Auf Wiedersehen,", "Kinder."), mit den drei Parametern ("Sage", "gute Nacht,", "danke.") und mit den fünf Parametern ("Hallo,", "ich", "muss", "nun", "gehen.") aufrufen.

Ich behandele die Sammlung der Parameter im Körper der Methode displayAsSentence als ein Array. Ich kann mit einer erweiterten for-Anweisung schrittweise durch die Parameter gehen oder ich verweise mit einem Array-Index auf die einzelnen Parameter. So steht zum Beispiel in Listing 12.9 während des ersten Aufrufs der Methode displayAsSentence der Ausdruck words[0] für "Hallo". Während des zweiten Aufrufs der Methode displayAsSentence steht der Ausdruck words[2] für "Gute Nacht". Und so weiter.

Sammlungen in einer Android-App verwenden

Ich beende dieses Kapitel über Sammlungen mit einer Android-App. Dieses Beispiel wird wohl im Google Play Store niemals App des Tages werden, aber sie demonstriert einige der Java-Funktionen, die mit Sammlungen zu tun haben, und es verrät Ihnen ein paar interessante Android-Tricks. Die App beginnt mit der Anzeige von fünf Kontrollkästchen (siehe Abbildung 12.10).

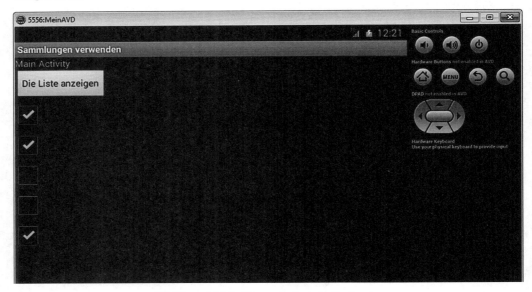

Abbildung 12.10: Die zentrale Activity der App

Der Benutzer aktiviert einige Kontrollkästchen und klickt dann auf die Schaltfläche DIE LISTE ANZEIGEN. Nach dem Klicken wechselt die App zu einer neuen Activity (einer ListActivity von Android), die die Nummern der Kontrollkästchen anzeigt, die der Benutzer angeklickt hatte (siehe Abbildung 12.11).

Ich verwende im Code der App ein Array, um die Kontrollkästchen zu speichern, ich verwende für die Elemente in der ListActivity eine ArrayList und ich verwende einen Android-ArrayAdapter, um herauszufinden, welche Zahlen die ListActivity anzeigen soll.

12 ➤ Sich gleichzeitig um vieles kümmern

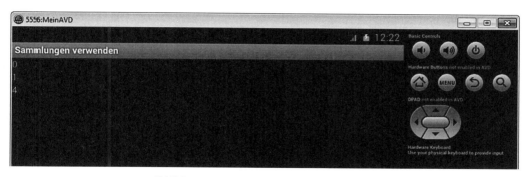

Abbildung 12.11: Die andere Activity der App

Das Anfangslayout der zentralen Activity

Sie verwenden in einer Android-App *Layouts*, um die Anordnung der Widgets auf dem Bildschirm des Gerätes zu beschreiben. Die Android-API kennt verschiedene Arten von Layouts, zu denen auch die folgenden gehören:

✔ **LinearLayout:** Ordnet Widgets auf dem Bildschirm nebeneinander in einer Zeile oder untereinander als Säule an.

✔ **GridLayout:** Ordnet Widgets in einem rechteckigen Raster an (das heißt, in den Zellen einer Tabelle, deren Ränder unsichtbar sind).

✔ **RelativeLayout:** Ordnet Widgets an, indem deren Position relativ zueinander beschrieben wird. Sie können zum Beispiel festlegen, dass die Obergrenze von button2 50 Pixel unterhalb der Untergrenze von button1 beginnen soll.

In einem LinearLayout tauchen die Elemente von links nach rechts nebeneinander oder von oben nach unten untereinander auf. Was genau geschieht, hängt von der Ausrichtung des Layouts ab. Die zentrale Activity einer App hat entsprechend dem Code in Listing 12.10 ein LinearLayout mit einer vertikalen (senkrechten) Ausrichtung. Wenn Sie diesem Layout Elemente hinzufügen, erscheinen sie auf dem Bildschirm der Activity unterhalb der schon vorhandenen Widgets.

```xml
<?xml version="1.0" encoding="utf-8"?>
<LinearLayout xmlns:android=
     "http://schemas.android.com/apk/res/android"
   android:id="@+id/linearLayout"
   android:layout_width="fill_parent"
   android:layout_height="fill_parent"
   android:orientation="vertical" >
```

```
<TextView
    android:id="@+id/textView1"
    android:layout_width="wrap_content"
    android:layout_height="wrap_content"
    android:text="@string/main_activity" >
</TextView>

<Button
    android:id="@+id/button1"
    android:layout_width="wrap_content"
    android:layout_height="wrap_content"
    android:onClick="onShowListClick"
    android:text="@string/show_list" >
</Button>
```
```
</LinearLayout>
```

Listing 12.10: Das Layout der zentralen Activity

Natürlich befindet sich auch die Android-App dieses Kapitels unter den Beispielprojekten, die Sie von der Website dieses Buches (www.wiley.de/publish/dt/books/ISBN3-527-70996-7) herunterladen können. Wenn Sie die App aber selbst von Anfang an erstellen möchten, lässt sich der größte Teil von Listing 12.10 dadurch erzeugen, dass Sie Elemente im grafischen Layout von Eclipse auf die Activity ziehen.

Standardmäßig erstellt Eclipse kein Attribut `android:id`, wenn Sie auf das Fensterelement GRAPHICAL LAYOUT ein `LinearLayout` oder ein `RelativeLayout` ziehen. Aber wie Sie im nächsten Abschnitt sehen werden, müssen Sie irgendwie wieder auf das alles umfassende Layout in der zentralen Activity der App verweisen. Um den Code in Listing 12.10 zu erstellen, fügen Sie dem Element `LinearLayout` des Codes Ihr eigenes Attribut `android:id` hinzu. Um dies zu erledigen, stehen Ihnen zwei Möglichkeiten zur Verfügung. Die erste sieht so aus, dass Sie das Layout auf der Registerkarte GRAPHICAL LAyout (in Windows) mit der rechten Maustaste anklicken beziehungsweise auf dem Mac dort ein [crtl]-Klicken vornehmen. Bei der zweiten Möglichkeit geben Sie selbst auf der Registerkarte ACTIVITY_MAIN.XML die Wörter `android:id="@+id/linearLayout"` ein.

Bei diesem App-Beispiel ist das Element `TextView` des Layouts nur als Augenweide gedacht. Das einzige interessante Widget in Listing 12.10 ist die Schaltfläche *(Button)*. Wenn der Benutzer die Schaltfläche anklickt, ruft Android die Methode `onShowListClick` Ihrer zentralen Activity auf.

Sowohl das Standard-Oracle-Java als auch Android-Java kennen Layouts. Dabei unterscheiden sich aber die Layouts, die zu Standard-Java gehören, von denen, die mit Android-Java ausgeliefert werden. So ähnelt zum Beispiel Androids `LinearLayout` dem `FlowLayout` von Standard-Java (ist aber nicht mit ihm identisch). Androids `FrameLayout` lässt sich mit zwei Layouts von Standard-Java vergleichen: `CardLayout` und `OverlayLayout`. Für Standard-Javas `Border-`

Die zentrale Activity einer App

Ich stelle in Kapitel 5 den Lebenszyklus einer Android-Activity vor. Eine Android-Activity hat, anders als ein standardmäßiges Java-Programm, keine Methode main. Stattdessen ruft das Betriebssystem Android die Methoden onCreate, onStart und onResume der Activity auf.

Listing 12.11 enthält den Code für die zentrale Activity einer App (siehe weiter vorn Abbildung 12.10). Die Klasse MainActivity hat in Listing 12.11 alle drei Lebenszyklusmethoden – onCreate, onStart und onResume, obwohl Sie im Listing nur onCreate sehen. Die anderen beiden Lebenszyklusmethoden (onStart und onResume) schleichen sich heimlich als ein Ergebnis der Erweiterung der Android-Klasse Activity auf die Bühne.

```java
package com.allmycode.lists;

import android.app.Activity;
import android.content.Intent;
import android.os.Bundle;
import android.view.View;
import android.widget.CheckBox;
import android.widget.LinearLayout;

public class MainActivity extends Activity {
  static CheckBox[] checkBoxes = new CheckBox[5];

  @Override
  public void onCreate(Bundle savedInstanceState) {
    super.onCreate(savedInstanceState);
    setContentView(R.layout.activity_main);
    LinearLayout layout =
        (LinearLayout) findViewById(R.id.linearLayout);

    for (int i = 0; i < 5; i++) {
      checkBoxes[i] = new CheckBox(this);
      layout.addView(checkBoxes[i]);
    }
  }
  public void onShowListClick(View view) {
    Intent intent = new Intent(this, MyListActivity.class);
    startActivity(intent);
  }
}
```

Listing 12.11: Der Java-Code der zentralen Activity

Die Methode onCreate ruft in Listing 12.11 findViewById auf, um auf dem Bildschirm der Activity das Layout zu lokalisieren. Die for-Schleife der Methode onCreate weist, nachdem das Ergebnis der Variablen layout hinzugefügt worden ist, layout fünf Kontrollkästchen hinzu. Rufen Sie dann im Konstruktor CheckBox ...

Hallo, warten Sie eine Minute! Muss ich nicht noch die fünf Kontrollkästchen in der Datei activity_main.xml von Listing 12.10 erklären? Bin ich wirklich in der Lage, einem Layout mit Java-Code ein Widget hinzuzufügen? Ja, das geht. Um ein Widget (eine TextView, einen Button oder was auch immer) auf dem Bildschirm zu platzieren, kann ich das Widget entweder in meiner Datei activity_main.xml deklarieren oder ich rufe in meinem Java-Code die Methode addView des Layouts auf (was ich in Listing 12.11 getan habe).

Die meisten Android-Entwickler sind der Meinung, dass der Weg über activity_main.xml der bessere ist. Aber unabhängig davon sind die Widgets dann alle auf einmal auf dem Bildschirm (und tauchen normalerweise nicht eines nach dem anderen auf). Ich erstelle hier die Kontrollkästchen über Java-Code, weil sich dies ganz besonders deshalb gut für das Beispiel in diesem Kapitel eignet, denn die Kontrollkästchen sind von 0 bis 4 durchnummeriert.

Der Parameter this stellt im Aufruf des Konstruktors CheckBox die zentrale Activity (die *Main Activity*) der App dar. Wenn Sie in einer Android-App ein Widget erstellen, machen Sie dies in einem *Kontext*, bei dem es sich um einen Stapel aus Informationen über diese Umgebung handelt, in der ein Widget existiert. Zu einem Kontext gehören Daten wie der Name des Pakets einer Activity, die Werte in der Datei strings.xml der Activity und eine Liste mit Dateien, die zur Activity gehören.

Androids Klasse Activity ist eine Unterklasse der Android-Klasse Context. Mit anderen Worten, jede Activity ist ein Kontext. Wenn ich im Konstruktor CheckBox von Listing 12.11 this an den Konstruktor übergebe, bedeutet dies, dass ich dem Konstruktor einen Kontext übergebe. Bei all dem Android-Code, den ich geschrieben habe, ist mir niemals der Gedanke gekommen, dass eine Activity eine Art Kontext ist. Aber die Klasse android.app.Activity ist nun einmal die Unterklasse einer Unterklasse einer Unterklasse der Klasse android.context.Context. Deshalb ist das auch wahr. Ich bin in Listing 12.11 in der Lage, meine zentrale Activity an den Konstruktor CheckBox zu übergeben.

Die Methode onShowListClick aus Listing 12.11 reagiert auf das Anklicken der Schaltfläche DIE LISTE ANZEIGEN (siehe Abbildung 12.10). Im Körper dieser Methode sorgt der Aufruf von startActivity(intent) dafür, dass eine zweite Activity die zentrale Activity ersetzt. Die zentrale Activity wird *angehalten* (das bedeutet ausgeblendet) und eine andere Activity (eine Instanz der Klasse MyListActivity) übernimmt den Bildschirm des Gerätes.

Android verwendet für den Übergang von einer Activity in eine andere Activity Intent-Objekte. Das Intent-Objekt aus Listing 12.11 wird *explizites Intent* genannt, weil sich der Name der Klasse der neuen Activity (MyListActivity) im Konstruktor des Intents befindet.

 Die Alternative zu einem expliziten Intent ist ein *implizites Intent*. Sie stellen den Namen der Klasse der neuen Activity nicht über ein implizites Intent zur Verfügung. Stattdessen liefern Sie Informationen über das, was die neue Activity machen kann. Wenn Sie startActivity mit einem impliziten Intent aufrufen, fängt Android an, auf dem Gerät des Benutzers (in Ihrer App oder in den Apps Dritter) nach einer Activity zu suchen, die das erledigen kann, was Sie ausführen wollen. So sucht zum Beispiel Android bei dem Intent new Intent(Intent.ACTION_VIEW, "http://www.allmycode.com") nach einer Webbrowser-Activity – einer Activity, die sich Barry Burds Website dieses Buches anschaut. Das soll nun zum Thema implizites Android-Intent genug sein. Diese Art von Intents kann extrem kompliziert sein.

Die »List«-Activity einer App

Wenn der Code in Listing 12.11 startActivity(intent) aufruft, übernimmt eine Instanz von MyListActivity den Bildschirm des Benutzers. Der Code der Klasse MyListActivity befindet sich in Listing 12.12 und der Bildschirm der Activity wird weiter vorn in Abbildung 12.11 wiedergegeben.

```
package com.allmycode.lists;

import java.util.ArrayList;
import android.app.ListActivity;
import android.os.Bundle;
import android.widget.ArrayAdapter;

public class MyListActivity extends ListActivity {

  public void onCreate(Bundle savedInstanceState) {
    super.onCreate(savedInstanceState);

    ArrayList<Integer> listItems = new ArrayList<Integer>();
    for (int i = 0; i < 5; i++) {
      if (MainActivity.checkBoxes[i].isChecked()) {
        listItems.add(i);
      }
    }

    setListAdapter(new ArrayAdapter<Integer>(this,
        R.layout.my_list_layout, listItems));
  }
}
```

Listing 12.12: Die List*-Activity der App*

Androids Klasse ListActivity ist eine Unterklasse der Klasse Activity. Deshalb ist die Klasse, die in Listing 12.12 beschrieben wird, auch eine Art von Activity. Eine ListActivity zeigt eine Sache nach der anderen an, wobei diese »Sachen« alle über einen eigenen Slot verfügen. Der Bildschirm in Abbildung 12.11 zeigt drei Slots an.

In einer ListActivity besteht jeder Slot aus einer oder zwei oder so vielen Zeilen, wie es der Entwickler für richtig hält. Die Anzahl an Zeilen wird vom Layout von etwas festgelegt, das sich in einer anderen XML-Datei befindet. Auf dem Bildschirm in Abbildung 12.11 besteht jeder Slot nur aus einer Zeile.

Wenn Sie eine `ListActivity` deklarieren, können Sie die Android-Methode `setListAdapter` aufrufen. Im Aufruf von `setListAdapter` in Listing 12.12 gibt es drei Parameter:

✔ **Sie stellen einen Kontext zur Verfügung.**

Ich stelle in Listing 12.12 den bekannten Kontext `this` zur Verfügung.

✔ **Sie zeigen auf eine XML-Datei, die sich im Verzeichnis `res/layout` Ihrer Anwendung befindet.**

Ich zeige in Listing 12.12 auf die Datei `my_list_layout.xml`.

✔ **Sie stellen eine Sammlung von Elementen zur Verfügung, von denen jedes in einem eigenen Slot angezeigt wird.**

Ich stelle in Listing 12.12 `listItems` zur Verfügung, das ich als `ArrayList` aus `Integer`-Werten deklariert habe.

Wenn es um eine Layout-Datei geht, behandelt Android eine `ListActivity` etwas anders als eine normale `Activity`. Um eine `ListActivity` (wie die Activity in Listing 12.12) anzuzeigen, verwendet Android immer wieder eine XML-Datei. Android verwendet die XML-Datei für jedes Element, das angezeigt wird. Dies bedeutet, dass die Layout-Datei für eine `ListActivity` nicht den gesamten Bildschirm, sondern nur einen der vielen Slots auf dem Bildschirm des Benutzers beschreibt.

Listing 12.13 zeigt die Datei `my_list_layout.xml` für die App dieses Kapitels. Diese XML-Datei enthält eine einzelne Text-View. Also befindet sich jedes Element der Liste (jede Zahl unterhalb von SAMMLUNGEN VERWENDEN) in einer einzelnen Text-View. Jeder Slot der Liste verfügt über eine eigene Text-View. Das ist das Funktionsprinzip von `ListActivity`.

```xml
<?xml version="1.0" encoding="utf-8"?>
<TextView xmlns:android=
    "http://schemas.android.com/apk/res/android"
    android:id="@+id/identView"
    android:layout_width="wrap_content"
    android:layout_height="wrap_content">
</TextView>
```

Listing 12.13: Die Datei `R.layout.my_list_layout.xml`

Die Elemente, die in Abbildung 12.11 angezeigt werden, passen zu den aktivierten Kontrollkästchen in Abbildung 12.10. (**Denken Sie daran:** Wenn Java die Elemente einer Sammlung nummeriert, beginnt es mit 0.) Um in `MyListActivity` die richtigen Zahlen zu erhalten, befülle ich in Listing 12.12 die Sammlung `listItems`. Eine `for`-Anweisung marschiert durch die Sammlung `checkBoxes` der zentralen Activity. Diese `for`-Anweisung fügt `listItems` jedes Mal die Zahl `i` hinzu, wenn der Aufruf von `checkBoxes[i].isChecked()` true ergibt.

Bei jedem nicht aktivierten Kontrollkästchen gibt der Aufruf von checkBoxes[i].isChecked() false zurück. Deshalb wird der entsprechende Wert nicht in die Sammlung listItems übernommen. Die Zahlen, die über checkBoxes[i].isChecked() in die Sammlung listItems übernommen worden sind, werden auf dem Bildschirm des Benutzers angezeigt.

Die Datei »AndroidManifest.xml« einer App

Wenn Eclipse ein neues Android-Projekt anlegt, bietet es auch an, eine MainActivity zu erstellen. Wenn Sie dieses Angebot annehmen, bringt Eclipse in der Datei AndroidManifest.xml des Projekts ein activity-Element unter. Dies geschieht im Hintergrund. Wenn Sie dann einer App eine zweite Activity hinzufügen (so wie in Listing 12.12), wird leicht vergessen, dieses activity-Element manuell der Datei hinzuzufügen.

Listing 12.14 enthält die Datei AndroidManifest.xml für die App dieses Kapitels.

```xml
<?xml version="1.0" encoding="utf-8"?>
<manifest xmlns:android=
    "http://schemas.android.com/apk/res/android"
  package="com.allmycode.lists"
  android:versionCode="1"
  android:versionName="1.0" >

  <uses-sdk
    android:minSdkVersion="8"
    android:targetSdkVersion="15" />

  <application
    android:icon="@drawable/icon"
    android:label="@string/app_name" >

    <activity
      android:name=".MainActivity"
      android:label="@string/app_name" >
      <intent-filter>
        <action android:name=
            "android.intent.action.MAIN" />
        <category android:name=
            "android.intent.category.LAUNCHER" />
      </intent-filter>
    </activity>
    <activity android:name=".MyListActivity" />
  </application>
</manifest>
```

Listing 12.14: Die Datei AndroidManifest.xml

Beachten Sie, dass der Code in Listing 12.14 zwei activity-Elemente enthält:

✔ Das Attribut android:name des ersten activity-Elements hat den Wert MainActivity.

Eclipse legt dieses erste Element an, wenn Sie das Android-Projekt erstellen. Wie es der Name android:name vermuten lässt, gilt dieses Element für die Klasse MainActivity. Im activity-Element weist das Element intent-filter darauf hin, dass der Code dieser Activity auf dem App-Bildschirm des Gerätes erscheinen kann.

✔ Das Attribut android:name der zweiten Activity hat den Wert MyListActivity.

Wenn Sie die Android-App dieses Kapitels selbst erstellt haben, müssen Sie die Datei AndroidManifest.xml der App bearbeiten und diesen Code manuell eingeben. Wie es der Name android:name vermuten lässt, gilt dieses Element für die Klasse MyListActivity der App (siehe Listing 12.12).

Die Klasse MyListActivity ist bei der Ausführung der App nicht der Startpunkt und der Benutzer sollte nicht in der Lage sein, diese Activity aus dem App-Bildschirm des Gerätes heraus auszuführen. Aus diesem Grund verfügt das zweite activity-Element auch nicht über die Informationen MAIN und LAUNCHER, die es im ersten activity-Element des Listings gibt.

Ich habe die App so zurechtgebastelt, dass MyListActivity weder intent-filter-Informationen noch irgendwelche Informationen zwischen den Anfangs- und Endetags des activity-Elements benötigt.

Wenn Sie weitere Informationen über Anfangstags, Endetags und LeeresElement-Tags benötigen, siehe Kapitel 4.

Wenn Sie einer Android-Anwendung den Java-Code einer Activity hinzufügen, müssen Sie die Datei AndroidManifest.xml der Anwendung um ein dementsprechendes activity-Element erweitern.

Eine Android-App für soziale Medien

In diesem Kapitel

▶ Auf Twitter mit Android-Code posten

▶ Mit Ihrer App im Namen eines Benutzer twittern

▶ Sich mit Java-Ausnahmen aus einem Schlamassel befreien

Ein Leser aus Vancouver (in British Columbia, Kanada) schreibt: »Hallo Barry, ich habe mir gedacht, ich bitte Sie einfach darum, auch an den Bereich zu denken, auf den sich wohl viele App-Entwickler konzentrieren: Programme, die eine Verbindung zu sozialen Sites herstellen. Ich freue mich darauf, das neue Buch zu lesen! Mit besten Grüßen, David.«

Nun, David, Sie haben mich dazu angeregt, eine Twitter-App zu erstellen. Das Beispiel in diesem Kapitel macht zwei Dinge: einen neuen Tweet posten und die Timeline eines Twitter-Benutzers erhalten. Die App kann eigentlich noch viele Twitter-Aufgaben mehr erledigen – zum Beispiel nach Tweets suchen, nach Benutzern Ausschau halten, Trends beobachten, Freunde und Follower auf den Arm nehmen, Vorschläge einholen und viele andere Dinge machen, die Twitter-Benutzer lieben. Aber damit alles überschaubar bleibt, führt dieses Beispiel nur zwei Dinge durch: twittern und die Timeline anzeigen.

Ich kann die Kernaussage des Twitter-Codes in diesem Kapitel in zwei kurzen Anweisungen zusammenfassen. Um einen Tweet zu posten, führt die App dies aus:

```
twitter.updateStatus("Dies ist mein Tweet.");
```

Und um die Timeline eines Benutzers anzuzeigen, führt die App diese Anweisung aus:

```
List<twitter4j.Status> statuses =
    twitter.getUserTimeline("allmycode");
```

Natürlich dienen diese beiden Anweisung nur als Zusammenfassung, und eine Zusammenfassung ist niemals dasselbe wie die Informationen, die in ihr stecken. Stellen Sie sich vor, Sie stehen am Times Square und schreien: »Twitter Punkt Status der Aktualisierung: »Dies ist mein Tweet.«« Es wird nichts Positives geschehen, weil Sie den richtigen Befehl in der falschen Umgebung (dem falschen Kontext) von sich geben. Auf dieselbe Weise macht auch der Kontext, der einen Aufruf von `twitter.updateStatus` umgibt, extrem viel aus.

Der Computer verdeckt den gesamten Kontext, der Ihre Aufrufe von `twitter.updateStatus` und `twitter.getUserTimeline` umgibt. Dabei können Sie gleich einiges über Javas Ausnahmen (den *Exceptions*) erfahren, bei denen es sich um eine wichtige Funktion handelt, die allen Java-Programmierern zur Verfügung steht.

Die Dateien der Twitter-App

Der Beispielcode dieses Kapitels ist Bestandteil der Demodatei, die Sie unter www.wiley.de/publish/dt/books/ISBN3-527-70996-7 herunterladen können. Folgen Sie in diesem Fall den Anleitungen in Kapitel 2. Wie das bei einer Android-App üblich ist, enthält das Eclipse-Projekt dieses Kapitels ungefähr 40 Dateien in ungefähr 30 verschiedenen Ordnern. Ich konzentriere mich in diesem Kapitel zwar auf die Projektdatei MainActivity.java, aber es gibt noch ein paar andere Dateien, die Ihrer Aufmerksamkeit bedürfen.

Die jar-Datei der Twitter4J-API

Android kennt standardmäßig keine Unterstützung der Kommunikation mit Twitter. Klar, das Rohmaterial ist in Androids Bibliotheken enthalten, aber um mit allen Anforderungen Twitters umgehen zu können, muss jemand dieses Rohmaterial sinnvoll zusammenführen. Glücklicherweise haben einige Entwickler diese Aufgabe übernommen und diese Bibliotheken anderen zur Verfügung gestellt. Die Bibliothek, die ich in diesem Kapitel verwende, ist Twitter4J. Ihre Website ist http://twitter4j.org.

Kapitel 4 beschreibt die Rolle, die .jar-Dateien bei der Entwicklung von Java-Programmen spielen. Damit das Beispiel in diesem Kapitel auch funktioniert, muss Ihr Projekt eine .jar-Datei einbinden, die die Twitter4J-Bibliotheken enthält. Wenn Sie den Code dieses Buches erfolgreich in Eclipse importiert haben, enthält das Projekt 13-01 die benötigte .jar-Datei bereits.

Wenn Sie das Beispiel dieses Kapitels selbstständig auf Ihrem Computer erstellen wollen oder wenn Sie mit der vorhandenen .jar-Datei dieses Kapitels Schwierigkeiten haben, können Sie die Twitter4J-Bibliotheken hinzufügen, indem Sie diesen Schritten folgen:

1. **Besuchen Sie http://twitter4j.org.**
2. **Suchen Sie den Link, um die jüngste stabile Version von Twitter4J herunterzuladen.**

    Um das Beispiel in diesem Kapitel auszuführen, verwende ich Twitter4J Version 3.0.5. Auch wenn Sie vielleicht eine neuere Version herunterladen, sollte es keine Probleme geben. Ich möchte aber vorsichtshalber darauf hinweisen, dass ich zur Abwärtskompatibilität und zur Aufwärtskompatibilität der verschiedenen Versionen von Twitter4J keine Versprechungen machen kann. Wenn mein Beispiel nicht sauber läuft, sollten Sie auf der Twitter4J-Site nach einem Link zur Version 3.0.5 suchen.

3. **Klicken Sie auf den Link, um Twitter4J herunterzuladen.**

    Die Datei, die ich heruntergeladen habe, heißt twitter4j-3.0.5.zip.

4. **Suchen Sie in der heruntergeladenen .zip-Datei nach twitter4j-core.jar.**

    Ich habe in der .zip-Datei, die ich heruntergeladen habe, eine Datei mit dem Namen twitter4j-core-3.0.5.jar gefunden

5. **Entpacken Sie die Datei `twitter4j-core.jar` auf der Festplatte Ihres Computers.**

   Jeder Platz auf Ihrer Festplatte geht in Ordnung, solange Sie sich daran erinnern, wo Sie die Datei `twitter4j-core.jar` hingepackt haben.

6. **Klicken Sie in Eclipses Package Explorer mit der rechten Maustaste auf das Projekt dieses Kapitels beziehungsweise führen Sie auf dem Mac auf diesem Packet ein `crtl`-Klicken aus.**

7. **Wählen Sie in dem Kontextmenü, das sich daraufhin öffnet, PROPERTIES aus.**

   Es erscheint das Eclipse-Dialogfeld PROPERTIES.

8. **Markieren Sie auf der linken Seite des Dialogfelds PROPERTIES die Option JAVA BUILD PATH.**

9. **Klicken Sie in der Mitte des Dialogfelds PROPERTIES auf die Registerkarte LIBRARIES (englisch für *Bibliotheken*).**

10. **Klicken Sie rechts im Dialogfeld PROPERTIES auf die Schaltfläche ADD EXTERNAL JARS.**

    Eclipse zeigt das Dialogfeld JAR SELECTION an.

11. **Gehen Sie im Dialogfeld JAR SELECTION zu dem Verzeichnis, das Ihre Datei `twitter4j-core.jar` enthält.**

 Wenn ich auf Ihre Datei `twitter4j-core.jar` verweise, könnte diese auch `twitter4j-core-3.0.5.jar` oder so ähnlich heißen.

12. **Wählen Sie die Datei `twitter4j-core.jar` aus und schließen Sie das Dialogfeld JAR SELECTION.**

    Dadurch wird die Datei `twitter4j-core.jar` auf der Registerkarte LIBRARIES der Liste mit Elementen hinzugefügt.

13. **Wechseln Sie in der Mitte des Dialogfelds PROPERTIES von der Registerkarte LIBRARIES zur Registerkarte ORDER AND EXPORT.**

    Die Registerkarte ORDER AND EXPORT enthält eine Liste mit Elementen, von denen eines Ihre Datei `Twitter4j-core.jar` ist.

14. **Sorgen Sie dafür, dass das Kontrollkästchen vor `Twitter4j-core.jar` aktiviert ist.**

    Damit sorgen Sie dafür, dass die .jar-Datei auf das Gerät hochgeladen wird, das Sie zum Testen der Anwendung verwenden. Wenn das Kontrollkästchen nicht aktiviert wird, kompiliert Eclipse zwar den Code mit der .jar-Datei, kümmert sich aber nicht darum, diese Datei auch an einen Emulator oder Ihr Telefon zu senden, was dann zu ziemlich viel Frust führt.

15. **Markieren Sie auf der Registerkarte ORDER AND EXPORT Ihr Element `twitter4j-core.jar`. Klicken Sie dann auf der rechten Seite des Dialogfelds PROPERTIES mehrmals auf die Schaltfläche UP.**

    Klicken Sie so lange auf die Schaltfläche UP, bis sich Ihre Datei `twitter4j-core.jar` auf der Registerkarte ORDER AND EXPORT an der Spitze der Liste befindet.

16. Klicken Sie auf OK, damit das Dialogfeld PROPERTIES **wieder verschwindet.**

Wenn Sie nun einen Blick auf Eclipses Package Explorer werfen, sehen Sie, dass Ihr Projekt nun einen Zweig `Referenced Libraries` besitzt. Wenn Sie diesen Zweig erweitern, erscheint ein Zweig mit Ihrer Datei `twitter4j-core.jar`.

Die Manifestdatei

Jede Android-App besitzt eine Datei mit dem Namen `AndroidManifest.xml`. Listing 13.1 enthält die Datei `AndroidManifest.xml` für die Twitter-App dieses Kapitels.

```xml
<?xml version="1.0" encoding="utf-8"?>
<manifest xmlns:android=
    "http://schemas.android.com/apk/res/android"
  package="com.allmycode.twitter"
  android:versionCode="1"
  android:versionName="1.0" >

  <uses-sdk
    android:minSdkVersion="8"
    android:targetSdkVersion="17" />
  <uses-permission android:name=
     "android.permission.INTERNET"/>

  <application
    android:allowBackup="true"
    android:icon="@drawable/ic_launcher"
    android:label="@string/app_name"
    android:theme="@style/AppTheme" >
    <activity
      android:name="com.allmycode.twitter.MainActivity"
      android:label="@string/app_name"
      android:windowSoftInputMode="adjustPan" >
      <intent-filter>
        <action android:name=
            "android.intent.action.MAIN" />
        <category android:name=
            "android.intent.category.LAUNCHER" />
      </intent-filter>
    </activity>
  </application>

</manifest>
```

Listing 13.1: Die Datei `AndroidManifest.xml`

Wenn Sie Eclipse verwenden, um ein neues Android-Anwendungsprojekt zu erstellen, schreibt Eclipse den größten Teil des Codes in Listing 13.1 automatisch. Ich muss für das Beispiel in diesem Kapitel zwei zusätzliche Codestückchen hinzufügen:

✔ **Das Attribut `windowSoftInputMode` sagt Android, was zu tun ist, wenn der Benutzer die Softwaretastatur aktiviert.**

Der Wert `adjustPan` weist Android an, die Widgets nicht zusammenzuquetschen. (Glauben Sie mir, die App sieht ohne den Wert `adjustPan` fürchterlich aus.)

✔ **Das Element `uses-permission` ist eine Warnung an Android, dass meine App eine Verbindung ins Internet haben muss.**

Wenn ein Benutzer eine App installiert, die die Berechtigung `android.permission.IN-TERNET` verwendet, warnt Android den Benutzer und weist darauf hin, dass die App vollen Zugriff auf das Netzwerk haben muss. Leider ignoriert ein großer Prozentsatz an Benutzern diese Art von Warnung. Aber die App kann ohne diese Berechtigung nicht auf Twitter zugreifen. Wenn Sie vergessen, dieses `uses-permission`-Element hinzuzufügen (was mir regelmäßig passiert), gehorcht die App Ihren Twitter-Befehlen nicht. Und wenn der Versuch Ihrer App fehlschlägt, die Twitter-Server zu kontaktieren, zeigt Android häufig nur wenig hilfreiche, kryptische Fehlermeldungen an.

Die Fehlermeldungen einer erfolglosen Ausführung einer Android-App reichen von sehr bis wenig hilfreich. Es bringt Sie aber nicht um, diese Meldungen zu lesen. Sie finden die meisten in den Eclipse-Views Console und LogCat. (Sie können in Kapitel 4 mehr über `AndroidManifest.xml` nachlesen.)

Die Layout-Datei der zentralen Activity

Kapitel 4 stellt den Einsatz einer Layout-Datei vor, die das Aussehen einer Activity auf dem Bildschirm beschreibt. Die Layout-Datei für das Beispiel dieses Kapitels verfügt nicht über besondere Qualitäten. Ich habe sie der Vollständigkeit halber als Listing 13.2 aufgenommen. Sie ist, wie immer, Bestandteil der Demodateien zu diesem Buch. Aber wenn Sie auf großem Fuß leben und die App selbst erstellen wollen, kopieren Sie den Inhalt von Listing 13.2 in die Datei `res/layout/activity_main.xml`. Alternativ können Sie aber auch die Werkzeuge von Eclipse nutzen, um über Ziehen, Zeigen und Klicken oder Schreiben und Tippen Ihren Weg zu dem grafischen Layout zu finden, das Abbildung 13.1 zeigt.

```
<RelativeLayout xmlns:android=
    "http://schemas.android.com/apk/res/android"
  xmlns:tools="http://schemas.android.com/tools"
  android:layout_width="match_parent"
  android:layout_height="match_parent"
  android:paddingBottom="@dimen/activity_vertical_margin"
  android:paddingLeft="@dimen/activity_horizontal_margin"
  android:paddingRight="@dimen/activity_horizontal_margin"
  android:paddingTop="@dimen/activity_vertical_margin"
  tools:context=".MainActivity" >
```

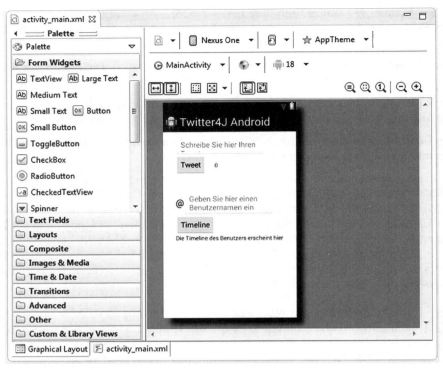

Abbildung 13.1: Das grafische Layout der zentralen Activity

```
<TextView
   android:id="@+id/textView2"
   android:layout_width="wrap_content"
   android:layout_height="wrap_content"
   android:layout_alignBaseline="@+id/editTextUsername"
   android:layout_alignBottom="@+id/editTextUsername"
   android:layout_alignLeft="@+id/editTextTweet"
   android:text="@string/at_sign"
   android:textAppearance="?android:attr/textAppearanceLarge" />

<EditText
   android:id="@+id/editTextUsername"
   android:layout_width="wrap_content"
   android:layout_height="wrap_content"
   android:layout_above="@+id/timelineButton"
   android:layout_toRightOf="@+id/textView2"
   android:ems="10"
   android:hint="@string/type_username_here" />
```

```xml
<TextView
  android:id="@+id/textViewTimeline"
  android:layout_width="wrap_content"
  android:layout_height="wrap_content"
  android:layout_alignLeft="@+id/timelineButton"
  android:layout_below="@+id/timelineButton"
  android:maxLines="100"
  android:scrollbars="vertical"
  android:text="@string/timeline_here" />
<Button
  android:id="@+id/timelineButton"
  android:layout_width="wrap_content"
  android:layout_height="wrap_content"
  android:layout_alignLeft="@+id/textView2"
  android:layout_centerVertical="true"
  android:onClick="onTimelineButtonClick"
  android:text="@string/timeline" />
<Button
  android:id="@+id/tweetButton"
  android:layout_width="wrap_content"
  android:layout_height="wrap_content"
  android:layout_above="@+id/editTextUsername"
  android:layout_alignLeft="@+id/editTextTweet"
  android:layout_marginBottom="43dp"
  android:onClick="onTweetButtonClick"
  android:text="@string/tweet" />
<EditText
  android:id="@+id/editTextTweet"
  android:layout_width="wrap_content"
  android:layout_height="wrap_content"
  android:layout_above="@+id/tweetButton"
  android:layout_alignParentLeft="true"
  android:layout_marginLeft="14dp"
  android:ems="10"
  android:hint="@string/type_your_tweet_here" />
<TextView
  android:id="@+id/textViewCountChars"
  android:layout_width="wrap_content"
  android:layout_height="wrap_content"
  android:layout_alignBaseline="@+id/tweetButton"
  android:layout_alignBottom="@+id/tweetButton"
  android:layout_toRightOf="@+id/timelineButton"
  android:text="@string/zero" />
</RelativeLayout>
```

Listing 13.2: Die Layout-Datei

Die Datei »twitter4j.properties«

Zu dem Beispiel dieses Kapitels gehört auch eine Datei, die Sie bei den meisten anderen Apps nicht finden werden. Es handelt sich um eine Datei der Art, die Listing 13.3 zeigt.

```
oauth.consumerKey=01qid0qod5drmwVJIkU1dg
oauth.consumerSecret=TudvMiX1h37WsIv73SNWnRIhI0ALnGfS1
oauth.accessToken=1385541-ueSEFeFgvUpfy6LBv6FibSfm5aXF
oauth.accessTokenSecret=G2FXeXYLSPI7lVdMsS2eGfIaKU6nJc
```

Listing 13.3: Eine gefälschte Datei `twitter4j.properties` *(Ja, das ist eine Fälschung!)*

Die Datei `twitter4j.properties` hält sich direkt im Verzeichnis `src` Ihres Projekts auf, wie Abbildung 13.2 und Abbildung 13.3 zeigen. Jede Zeile der Datei enthält wichtige Informationen für die Kommunikation mit Twitter.

Wenn Sie das Beispiel dieses Kapitels ausführen, muss der Code in Ihrem Namen mit Twitter reden. Wenn Sie sich mit Twitter unterhalten wollen, müssen Sie einen Benutzernamen und ein Kennwort übermitteln. Aber würden Sie wirklich Ihr Twitter-Kennwort mit jeder beliebigen App teilen, die Ihnen über den Weg läuft? Höchstwahrscheinlich nicht. Ihr Kennwort ist wie der Schlüssel zu Ihrer Wohnung. Den geben Sie doch auch nicht an Fremde weiter, und sicherlich möchten Sie auch nicht, dass sich eine Android-App Ihr Twitter-Kennwort merkt.

Aber wie kann dann Ihre App einen Tweet posten, ohne Ihr Twitter-Kennwort zu haben? Eine Antwort ist *OAuth*, ein standardisierter Weg, über den sich Apps an Hostcomputern anmelden können. Wenn das Kauderwelsch in Listing 13.3 richtig kopiert worden ist, erhält die App die widerrufbare Berechtigung, im Namen eines Twitter-Benutzers zu handeln. Und die App bekommt niemals das Kennwort des Benutzers in die Finger.

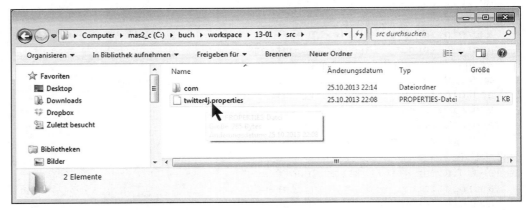

Abbildung 13.2: Der Ort, an dem sich `twitter4j.properties` *auf einem Windows-System befindet*

13 ► Eine Android-App für soziale Medien

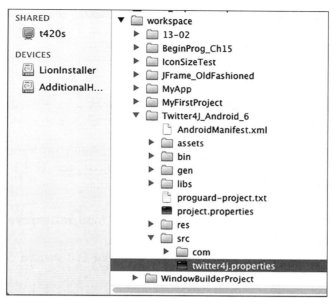

Abbildung 13.3: Der Ort, an dem sich `twitter4j.properties` *auf einem Mac befindet*

Und hier kommen die Ausschlussklausen, die die App betreffen:

✔ **Eine Diskussion darüber, wie OAuth arbeitet und warum es sicherer ist als die Verwendung eines ganz normalen Twitter-Kennworts, überschreitet den Rahmen dieses Buches.**

Ich tue nicht so, als ob ich in diesem Kapitel OAuth und seine Geheimnisse erklären wolle.

✔ **Eine echte Sicherheit für Apps benötigt mehr als eine einfache `twitter4j.properties`-Datei.**

Das Ziel dieses Kapitel ist es, Ihnen zu zeigen, wie eine App mit einer Site für soziale Medien reden kann. Ich verwende im Code OAuth- und Twitter4J-Anweisungen, um dieses Ziel so schnell wie möglich zu erreichen. Dabei besteht nicht notwendigerweise auch der Zwang, Ihnen den »richtigen« Weg dorthin zu zeigen. Wenn Sie sich intensiver mit OAuth beschäftigen wollen, besuchen Sie `http://oauth.net`, die offizielle Website für OAuth-Entwickler.

✔ **Der Code in Listing 13.3 funktioniert nicht.**

Ich bin nicht darauf vorbereitet, meinen OAuth-Code mit einem breiten Publikum zu teilen. Aus diesem Grund habe ich, um Listing 13.3 zu erstellen, meine funktionierende `twitter4j.properties`-Datei genommen und meine Finger ein wenig auf der Tastatur herumspielen lassen, um die meisten Zeichen auszutauschen.

Wenn Sie die App dieses Kapitels ausführen wollen, müssen Sie einen eigenen Satz von OAuth-Schlüsseln erstellen und in Ihre `twitter4j.properites`-Datei kopieren. Der nächste Abschnitt beschreibt die entsprechenden Schritte.

An den OAuth-Code gelangen

Damit Ihre Android-App mit Twitter-Servern kommunizieren kann, benötigen Sie Ihren eigenen OAuth-Code. Folgen Sie den Schritten in diesem Abschnitt, um an den Code zu gelangen.

Die folgende Anleitung gehört zur Twitter-Webseite für Entwickler, die gültig war, als dieses Buch übersetzt wurde. Es kann sein, dass Twitter in der Zwischenzeit seine Website geändert hat.

1. **Melden Sie sich an Ihrem Twitter-Benutzerkonto an (oder registrieren Sie sich für ein Konto, falls Sie noch keines besitzen).**

2. **Besuchen Sie `https://dev.twitter.com/apps/new` und melden Sie sich dort mit Ihrem Twitter-Konto an.**

   Nach der Anmeldung sollten Sie die Seite CREATE AN APPLICATION sehen.

3. **Füllen Sie auf der Seite CREATE AN APPLICATION alle Pflichtfelder und auch die als optional gekennzeichneten Felder aus.**

   Wenn ich die Seite besuche, sehe ich die Felder NAME, DESCRIPTION, WEBSITE und CALLBACK URL. Mit Ausnahme dieses letzten Feldes sind alle anderen Felder als verpflichtend gekennzeichnet.

   Dass Sie Ihren Namen in das Feld NAME eingeben müssen, dürfte klar sein. Aber was gehört in die anderen Felder? Schließlich wollen Sie keine Android-App erstellen, die hochprofessionellen Ansprüchen genügen muss, sondern hier geht es nur um eine Test-App – eine App, die Ihnen helfen soll, zu verstehen, wie Twitter4J verwendet wird.

   Die gute Nachricht ist, dass das Feld DESCRIPTION so gut wie alles akzeptiert, was Sie eingeben. Dasselbe gilt für die Felder WEBSITE und CALLBACK URL, so lange Sie etwas eingeben, was wie eine URL aussieht.

Ich habe es niemals ausprobiert, in einem der Felder die URL `twitter.com` einzugeben, aber ich vermute, dass diese Eingabe nicht akzeptiert wird.

Um mit Twitter über eine Android-App zu kommunizieren, benötigen Sie eine Rückruf-URL *(Callback URL)*. Dies bedeutet, dass die Callback-URL für das Beispiel dieses Kapitels nicht optional ist. Aber weder das Feld WEBSITE noch das Feld CALLBACK URL muss auf eine echte Webseite zeigen.

13 ➤ Eine Android-App für soziale Medien

Das Feld CALLBACK URL ist nicht als Pflichtfeld gekennzeichnet. Trotzdem müssen Sie hier eine URL eingeben.

Sowohl die Adresse im Feld WEBSITE als auch die im Feld CALLBACK URL muss mit `http://` beginnen.

4. **Nachdem Sie sich mit den Bedingungen einverstanden erklärt und die anderen Dinge erledigt haben, die zeigen sollen, dass Sie zu den Guten gehören, klicken Sie auf die Schaltfläche CREATE YOUR TWITTER APPLICATION.**

   Dies bringt Sie zu einer Seite, auf der Sie einige Einzelheiten Ihrer neuen Anwendung sehen. Auf dieser Seite – der Registerkarte DETAILS – sehen Sie im Abschnitt OAUTH SETTINGS vier wichtige Elemente: ACCESS LEVEL, CONSUMER KEY, CONSUMER SECRET und eine Schaltfläche, über die Sie das Zugriffstoken Ihrer Anwendung erstellen können (CREATE MY ACCESS TOKEN).

In der OAuth-Welt ist eine App, deren Code mit den Twitter-Servern kommuniziert, ein *Consumer* (Verbraucher). Damit sich eine App als vertrauenswürdiger Consumer identifiziert, muss sie Kennwörter an die Twitter-Server senden. In der OAuth-Terminologie heißen die Kennwörter *Consumer Key* und *Consumer Secret*.

5. **Aktivieren Sie auf derselben Webseite die Registerkarte SETTINGS.**

6. **Ändern Sie im Abschnitt APPLICATION TYPE der Registerkarte SETTINGS den Zugriff der App (ACCESS) von READ ONLY (der Standardeinstellung) in READ, WRITE AND ACCESS DIRECT MESSAGES.**

   Sie aktivieren für Ihre »Spielzeuganwendung« READ, WRITE AND ACCESS DIRECT MESSAGES – das Zugriffsmodell mit den meisten Berechtigungen. Diese Option verhindert, dass Ihre Anwendung in einer Sackgasse endet, weil es Zugriffsprobleme gibt. Anders ist es, wenn Sie eine echte App entwickeln – Sie entscheiden sich dann für die Option mit den niedrigsten Zugriffsrechten, die gerade noch die Anforderungen Ihrer App erfüllen.

Ändern Sie zuerst die Zugriffsebene *(Access Level)* Ihrer App und dann ihr Access Token (was in Schritt 9 erklärt wird). Erstellen Sie das Access Token erst, wenn Sie den Access Level geändert haben. Wenn Sie den Access Level ändern wollen, nachdem Sie das Access Token erstellt haben, funktioniert Ihre App nicht. Ganz schlecht ist, dass Sie die Seite `dev.twitter.com` vor diesem Fehler nicht warnt. Sie können sich nicht vorstellen, wie viele Stunden meines Lebens ich schon wegen dieser Marotte Twitters vergeudet habe.

7. **Klicken Sie auf die Schaltfläche UPDATE THIS TWITTER APPLICATION'S SETTINGS.**

    Dadurch wird der Access Level Ihrer App in READ, WRITE AND ACCESS DIRECT MESSAGES geändert.

8. **Kehren Sie zur Registerkarte DETAILS Ihrer Anwendung zurück.**

    Ich bin nicht gerade begeistert darüber, wie Twitters Entwicklungssite funktioniert. Eine Bezeichnung oben auf der Registerkarte SETTINGS lautet *Application Details*, etwas, das auf der Registerkarte DETAILS fehlt. Suchen Sie trotzdem die Registerkarte DETAILS und klicken Sie sie an.

9. **Klicken Sie auf die Schaltfläche CREATE MY ACCESS TOKEN.**

    Nach dem Klicken zeigt die Registerkarte DETAILS Ihrer App zusätzlich zu Access Level, Consumer Key und Consumer Secret Ihrer App auch das Access Token und das Access Token Secret an.

10. **Kopieren Sie die vier Codes (CONSUMER KEY, CONSUMER SECRET, ACCESS TOKEN und ACCESS TOKEN SECRET) von der Registerkarte DETAILS an die entsprechenden Stellen der Datei `twitter4j.properties`.**

    Das war's! Sie haben Ihre eigene Datei `twitter4j.properties` erstellt.

Die zentrale Activity der Anwendung

Was wäre ein Buch wie *Java für die Android-Entwicklung für Dummies* ohne Java-Code? Listing 13.4 enthält den Java-Code der Twitter-App.

```
package com.allmycode.twitter;

import java.util.List;

import twitter4j.Twitter;
import twitter4j.TwitterException;
import twitter4j.TwitterFactory;
import android.app.Activity;
import android.os.AsyncTask;
import android.os.Bundle;
import android.text.Editable;
import android.text.TextWatcher;
import android.text.method.ScrollingMovementMethod;
import android.view.View;
import android.widget.EditText;
import android.widget.TextView;
```

```java
public class MainActivity extends Activity {
  TextView textViewCountChars, textViewTimeline;
  EditText editTextTweet, editTextUsername;

  @Override
  protected void onCreate(Bundle savedInstanceState) {
    super.onCreate(savedInstanceState);
    setContentView(R.layout.activity_main);
    editTextTweet =
        (EditText) findViewById(R.id.editTextTweet);
    editTextTweet.addTextChangedListener
        (new MyTextWatcher());
    textViewCountChars =
        (TextView) findViewById
        (R.id.textViewCountChars);
    editTextUsername =
        (EditText) findViewById
        (R.id.editTextUsername);
    textViewTimeline =
        (TextView) findViewById
        (R.id.textViewTimeline);
    textViewTimeline.setMovementMethod
        (new ScrollingMovementMethod());
  }

  // ButtonClickListeners

  public void onTweetButtonClick(View view) {
    new MyAsyncTaskTweet().execute
        (editTextTweet.getText().toString());
  }

  public void onTimelineButtonClick(View view) {
    new MyAsyncTaskTimeline().execute
        (editTextUsername.getText().toString());
  }

  // Die Zeichen im Feld Tweet zählen
  class MyTextWatcher implements TextWatcher {
    @Override
    public void afterTextChanged(Editable s) {
      textViewCountChars.setText
          ("" + editTextTweet.getText().length());
    }
```

```java
  @Override
  public void beforeTextChanged(CharSequence s,
                int start, int count, int after) {
  }

  @Override
  public void onTextChanged(CharSequence s,
                int start, int before, int count) {
  }
}

// Die Klassen AsyncTask
public class MyAsyncTaskTweet
        extends AsyncTask<String, Void, String> {

  @Override
  protected String doInBackground(String... tweet) {
    String result = "";

    Twitter twitter = TwitterFactory.getSingleton();
    try {
      twitter.updateStatus(tweet[0]);
      result = getResources().getString(R.string.success);
    } catch (TwitterException twitterException) {
      result = getResources().getString(R.string.failure);
    }

    return result;
  }

  @Override
  protected void onPostExecute(String result) {
    editTextTweet.setHint(result);
    editTextTweet.setText("");
  }
}
public class MyAsyncTaskTimeline
        extends AsyncTask<String, Void, String> {

  @Override
  protected String doInBackground(String... username) {
    String result = new String("");
    List<twitter4j.Status> statuses = null;
```

```
    Twitter twitter = TwitterFactory.getSingleton();
    try {
      statuses = twitter.getUserTimeline(username[0]);
    } catch (TwitterException twitterException) {
      twitterException.printStackTrace();
    }
    for (twitter4j.Status status : statuses) {
      result += status.getText();
      result += "\n";
    }
    return result;
  }

  @Override
  protected void onPostExecute(String result) {
    editTextUsername.setText("");
    textViewTimeline.setText(result);
  }
 }
}
```

Listing 13.4: Die Datei `MainActivity.java`

Twitters Netzwerkprotokoll erwartet, dass das Gerät, auf dem die App dieses Kapitels läuft, die richtige Zeiteinstellung aufweist. Ich weiß nicht, wie richtig die »richtige Zeiteinstellung« sein muss, aber ich hatte große Probleme, wenn es darum ging, die App auf einem Emulator laufen zu lassen. Entweder ist mein Emulator so eingestellt, dass er die Zeit automatisch aus dem Netzwerk bezieht (und von dort falsch erhält), oder ich stelle die Zeit manuell ein, und der Sekundenteil ist nicht nahe genug an »richtig« dran. Aber unabhängig davon, was Sie falsch machen, ist die Fehlermeldung, die von Twitter zurückkommt (und »null authentication challenge« als Inhalt hat), wenig hilfreich. Ich vermeide deshalb viel Ärger, indem ich immer dann auf Emulatoren verzichte, wenn ich diesen Code teste. Ich greife in diesem Fall lieber auf mein Telefon oder ein Tablet zurück, um die Netzwerkzeit automatisch zu erhalten. Dann starte ich auf diesem Gerät die App dieses Kapitels auf dem Telefon oder Tablet. Ich rate Ihnen, ebenfalls so vorzugehen.

Wenn Sie die App ausführen, sehen Sie zwei Bereiche. Einer enthält eine Schaltfläche TWEET; der andere Bereich eine Schaltfläche TIMELINE, wie Abbildung 13.4 zeigt.

Abbildung 13.4: Die noch unberührte zentrale Activity

In Abbildung 13.4 ist der Text in beiden Textfeldern hellgrau. Hierzu kommt es, weil ich in Listing 13.2 das Attribut `android:hint` verwende. Bei einem *Hint* (auf Deutsch *Hinweis*) handelt es sich um Zeichen, die nur dann erscheinen, wenn ein Textfeld ansonsten leer ist. Wenn der Benutzer in das Textfeld klickt oder im Textfeld Text eingibt, verschwindet ein Hint sofort.

Geben Sie im Textfeld einen Tweet ein und drücken Sie die Schaltfläche TWEET (siehe Abbildung 13.5).Wenn Ihr Versuch zu twittern erfolgreich ist, ersetzt die Meldung `Success!` den Tweet im Textfeld (siehe Abbildung 13.6). Wenn Ihr Tweet aus irgendeinem Grund nicht gepostet werden kann, ersetzt die Meldung `Failed to tweet` den Tweet im Textfeld, wie Abbildung 13.7 zeigt. (Sie können diese Meldungen problemlos in der Datei `res/values/strings.xml` Ihres Projekts auf Deutsch hinterlegen.)

Abbildung 13.5: Der Benutzer schreibt einen Tweet.

Abbildung 13.6: Die App meldet ein erfolgreiches Twittern.

Abbildung 13.7: Die App informiert den Benutzer über einen Fehlschlag beim Twittern.

Geben Sie nun im unteren Textfeld einen Benutzernamen ein und klicken Sie auf TIMELINE. Wenn alles richtig funktioniert, erscheint unterhalb der Schaltfläche TIMELINE eine Liste mit den aktuellsten Tweets des Benutzers (siehe Abbildung 13.8). Sie können in dieser Liste, die bei Twitter *Timeline* genannt wird, nach unten scrollen, um weitere Tweets des Benutzers zu Gesicht zu bekommen.

Abbildung 13.8: Die Timeline eines Benutzers

Die Methode »onCreate«

Die Methode onCreate ruft in Listing 13.4 findViewById auf, um einige der Widgets zu lokalisieren, die in Listing 13.2 deklariert werden. Wenn Sie einen Einblick in Androids Methode findViewById erhalten wollen, schauen Sie sich Kapitel 11 an.

Außerdem erstellt die Methode onCreate eine Instanz von MyTextWatcher, um auf Änderungen in dem Feld zu achten, in dem der Benutzer einen Tweet schreibt. Android benachrichtigt die MyTextWatcher-Instanz jedes Mal, wenn der Benutzer im Feld editTextTweet der App Text eingibt oder dort löscht. Im weiteren Verlauf von Listing 13.4 zählt die Methode afterTextChanged der Klasse TextChangedListener, wie viele Zeichen sich im Feld editTextTweet befinden. Die Methode gibt dann das Ergebnis der Zählung in dem kleinen Feld textViewCountChars aus. (Mit der Ankunft von Twitter hat die Zahl 140 eine andere Qualität erhalten.)

Die App dieses Kapitels unternimmt nichts, wenn der Benutzer in das Feld editTextTweet mehr als 140 Zeichen eingibt. Bei einer produktiven App würde ich Code hinzufügen, um das Problem mit den 140 Zeichen sauber zu lösen, aber wenn ich Apps als Beispiele erstelle, versuche ich, den Code so gradlinig wie möglich anzulegen.

Zurzeit benachrichtigt Android die Instanz MyTextWatcher bei jeder Textänderung im Feld editTextTweet dreimal – ein erstes Mal, bevor der Text geändert wird, dann wieder während der Änderung des Textes und einmal, nachdem der Text geändert worden ist. In Listing 13.4 führt MyTextWatcher vor und während der Änderung des Textes keine Anweisungen aus. In MyTextWatcher enthält nur der Körper von afterTextChanged Anweisungen. Allerdings muss die Klasse MyTextWatcher dafür sorgen, dass die Methoden beforeTextChanged und onTextChanged Körper haben, damit das Android-Interface TextWatcher eingebunden werden kann.

Zum Schluss erlaubt es der Aufruf von setMovementMethod(new ScrollingMovementMethod()) in der Methode onCreate, in der Timeline eines Benutzers zu scrollen.

Die Methoden, die auf eine Schaltfläche achten

Listing 13.2 beschreibt zwei Schaltflächen, die jede eine eigene Methode onClick haben. Ich beschreibe diese beiden Methoden in Listing 13.4 – die Methoden onTweetButtonClick und onTimelineButtonClick. Im Körper jeder dieser beiden Methoden gibt es eine Anweisung – einen Aufruf, um eine neu angelegte Aufgabe AsyncTask auszuführen. Sie können es mir glauben, aber das ist der Punkt, an dem der Spaß beginnt!

Das Problem mit den Threads

Ich beschreibe in Kapitel 10 den Rückruf *(Callback)* als die Lösung für die zeitlichen Abstimmungsprobleme einer Activity. Ihre Activity möchte nach einer bestimmten Anzahl an Sekunden gewarnt werden. Sie können während dieser Zeitspanne die Ausführung Ihrer Activity nicht unterbrechen. Wenn Sie es trotzdem schaffen, ist die Activity nicht mehr in der Lage, während dieser Sekunden auf Eingaben des Benutzers zu reagieren. Im besten Fall erhält Ihre App im Google Play Store nur schlechte Bewertungen, im schlechtesten Fall hauen Benutzer auf ihren Bildschirm, zerbrechen das Glas, verfluchen Sie und senden Ihnen die Rechnung für die Reparatur zu.

Statt nun Ihre Activity für zehn Sekunden schlafen zu legen, erstellen Sie eine neue Klasse, die sich im Namen Ihrer Activity ausruht. Wenn das Päuschen in der anderen Klasse beendet ist, setzt diese Klasse einen Rückruf an Ihre ursprüngliche Activity ab. Und mit Ausnahme dessen, was ich in Kapitel 10 in der Randbemerkung mit dem Symbol Technik darüber geschrieben habe, ist alles in Ordnung:

»Nun, ich muss gestehen, dass der Code der Listings 10.10 bis 10.13 dieses Problem nicht löst. Um das Programm reaktionsfreudiger zu machen, verwenden Sie in den Listings 10.10 bis 10.13 die Interface-Tricks und packen `TimerCommon` in einen eigenen Thread.«

Kapitel 10 ist der falsche Ort, um Threads zu beschreiben. Aus diesem Grund endet in Kapitel 10 die Behandlung der zeitlichen Steuerung von Activities auch abrupt. Das Erstellen eines Threads bedeutet, dass verschiedene unterschiedliche Stückchen Code gleichzeitig ausgeführt werden. Damit werden die Dinge in kürzester Zeit richtig kompliziert. Das Jonglieren mit mehreren gleichzeitig ablaufenden Codestücken ist wie das Jonglieren mit rohen Eiern: Sie können anstellen, was Sie wollen, aber am Ende landen die Eier immer in Ihrem Gesicht.

Um Probleme dieser Art zu beseitigen, haben die Entwickler von Android ein Multithreading-Framework entworfen. Sie bündeln innerhalb dieses Frameworks Ihren zeitlich fein abgestimmten Code in einer sorgfältig definierten Box. Diese Box enthält alle vorgefertigten Strukturen, um Threads problemlos verwalten zu können. Statt sich nun Gedanken darüber machen zu müssen, wohin Sie die Aufrufe der Methode `sleep` packen sollen und wie Sie den Text eines Feldes zeitnah ändern können, bringen Sie bestimmte Anweisungen an bestimmten Stellen der Box unter. Dann lehnen Sie sich zurück und schauen zu, wie sich die vorgefertigten Strukturen um Einzelheiten der Threadsteuerung kümmern.

Diese wunderbare Box, das Allheilmittel für alle Krankheiten, die mit der Zeitsteuerung einer Activity zu tun haben, gehört zur Androids `AsyncTask`-Klassen. Damit Sie diese Klassen verstehen können, muss ich zuerst ihre Terminologie erklären:

- ✔ **Thread:** Eine Reihe von Anweisungen, die in der Reihenfolge ausgeführt werden, die der Code vorgibt.
- ✔ **Multithreaded Code:** Eine Reihe von Anweisungen für mehr als einen Thread.

  Java führt die Anweisungen der einzelnen Threads in der vorgeschriebenen Reihenfolge aus. Wenn Ihr Programm zwei Threads enthält, kann es vorkommen, dass Java nicht zuerst alle Anweisungen eines Threads ausführt, bevor es sich an die Anweisungen im zweiten Thread macht. Java mischt manchmal die Ausführung von Anweisungen zweier Threads. Ich führe zum Beispiel den folgenden Code mehrfach aus:

```
package com.allmycode.threads;

public class TwoThreads {

  public static void main(String[] args) {
    new OneThread().start();
    new AnotherThread().start();
  }
}

class OneThread extends Thread {
  public void run() {
    System.out.print("1");
    System.out.print("2");
    System.out.print("3");
  }
}

class AnotherThread extends Thread {
  public void run() {
    System.out.print("A");
    System.out.print("B");
    System.out.print("C");
  }
}
```

Als ich den Code zum ersten Mal habe ablaufen lassen, gab er 1AB23C aus. Beim zweiten Mal lautete die Ausgabe 123ABC. Beim elften Mal war es 12AB3C. Die Ausgabe von 1 kommt immer vor der von 2, weil sich die entsprechenden Anweisungen in demselben Thread befinden. Sie können aber nicht vorhersagen, ob Java zuerst 1 oder zuerst A ausgibt, weil sich die Anweisungen für die Ausgabe von 1 und A in zwei verschiedenen Threads befinden.

✔ **Der UI-Thread:** Der Thread, der Widgets auf dem Bildschirm anzeigt.

Ihre zentrale Activity läuft in einem Android-Programm fast ausschließlich im UI-Thread.

UI steht in »UI-Thread« für *User Interface*, der Benutzeroberfläche. Der UI-Thread wird auch *zentraler* oder *Main-Thread* genannt.

✔ **Ein Hintergrundthread:** Jeder Thread, der kein UI-Thread ist.

Wenn Sie in einem Programm eine AsyncTask-Klasse erstellen, läuft Code dieser Klasse in einem Hintergrundthread.

Zusätzlich zur Terminologie sollten Sie zwei Regeln kennen, die mit Threads zu tun haben:

✔ **Jeder zeitintensive Code sollte in einem Hintergrundthread und nicht im UI-Thread untergebracht sein.**

Wenn Sie zeitintensiven Code in den UI-Thread packen, reagiert die App nur noch mit Verzögerung auf Benutzereingaben und das Drücken von Tasten. Es ist wohl überflüssig, darauf hinzuweisen, dass Benutzer so etwas nicht lieben. Zum Beispiel ist in Kapitel 10 der Aufruf von sleep für zehn Sekunden zeitintensiver Code. In diesem Kapitel erfüllt jeder Zugriff auf Daten über das Internet (wie das Posten eines Tweets oder das Empfangen der Timeline eines Benutzers) das Kriterium, zeitintensiv zu sein.

✔ **Jeder Code, der eine Eigenschaft des Bildschirms ändert, gehört in den UI-Thread.**

Wenn Sie in einem Hintergrundthread Code haben, der Text auf dem Bildschirm ändert, hängen Sie den UI-Thread so gut wie auf, oder Sie erstellen Code, der letztendlich nichts zustande bringt.

Androids »AsyncTask«

Eine Klasse, die Androids AsyncTask erweitert, sieht wie die Zusammenfassung in Listing 13.5 aus.

```
public class MyAsyncTaskName
    extends AsyncTask<Typ1, Typ2, Typ3> {

  @Override
  protected void onPreExecute () {
    // Führen Sie Anweisungen vor dem startenden
    // Hintergrundthread im UI-Thread aus. Zeigen Sie
    // zum Beispiel einen leeren Fortschrittsbalken an.
  }

  @Override
  protected Typ3 doInBackground(Typ1... param1) {
    // Führen Sie Anweisungen im Hintergrundthread
    // aus. Empfangen Sie zum Beispiel von Twitter Informationen.

    return ergebnisWertVonTyp3;
  }

  @Override
  protected void onProgressUpdate(Typ2... param) {
    // Aktualisieren Sie während der Ausführung des
    // Hintergrundthreads einen Fortschrittsbalken
    // (oder eine andere Art von Fortschrittsanzeige).
  }
```

```
@Override
protected void onPostExecute(
    Typ3 ergebnisWertVonTyp3) {
  // Führen Sie im UI-Thread anweisungen aus,
  // nachdem die Anweisungen im Hintergrundthread
  // abgearbeitet worden sind. Zeigen Sie zum
  // Beispiel in den Widgets der Activity Twitter-
  // Information an.
  }
}
```

Listing 13.5: Die Zusammenfassung einer Klasse `AsyncTask`

Wenn Sie eine `AsyncTask`-Klasse erstellen, führt Android jede Methode in dem entsprechenden Thread aus. Sie packen, wie Listing 13.5 zeigt, in die Methode doInBackground Code, der für den UI-Thread viel zu zeitintensiv ist. Aus diesem Grund führt Android (welche Überraschung) die Methode doInBackground auch im Hintergrund aus. In den drei übrigen Methoden von Listing 13.5 (onPreExecute, onProgressUpdate und onPostExecute) bringen Sie Code unter, der die Widgets auf dem Bildschirm des Gerätes aktualisiert. Also führt Android diese Methoden im UI-Thread aus (siehe Abbildung 13.9).

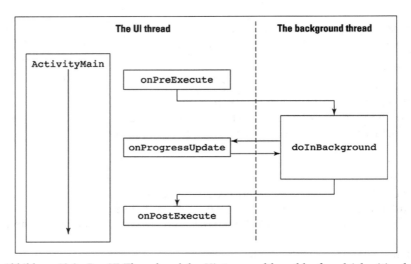

Abbildung 13.9: Der UI-Thread und der Hintergrundthread laufen gleichzeitig ab.

Android erleichtert Ihr Leben auch dadurch, dass es die Ausführung der Methoden der Klasse `AsyncTask` koordiniert. So ändert zum Beispiel onPostExecute den Wert eines Widgets auf dem Bildschirm erst, wenn doInBackground ausgeführt worden ist (siehe Abbildung 13.9.) In der Twitter-App dieses Kapitels aktualisiert die Methode onPostExecute den Bildschirm erst, wenn die Methode doInBackground die Timeline eines Benutzers von Twitter geholt hat.

Sie könnten nun glauben, dass durch das ganze Koordinieren von Methodenaufrufen die Vorteile verloren gehen, die Multithreading gegenüber dem Einsatz nur eines Threads bietet. Dies ist nicht der Fall. Da die Methode doInBackground außerhalb des UI-Threads läuft, ist Ihre Activity in der Lage, auf Aktionen des Benutzers zu reagieren, während die Methode doInBackground auf eine Antwort von den Twitter-Servern wartet. Alles wird gut.

Die Klassen »AsyncTask« meiner Twitter-App

Listing 13.5 enthält vier Methoden. Aber in Listing 13.4 habe ich nur zwei Methoden überschrieben – doInBackground und onPostExecute. Die Klassen MyAsyncTaskTweet und MyAsyncTaskTimeline erben in Listing 13.4 die anderen beiden Methoden von ihrer Superklasse.

Beachten Sie (in den Listings 13.4 und 13.5) in der Klasse AsyncTask die Verwendung der generischen Typennamen. Ein AsyncTask ist so vielseitig, dass er mit allen Arten von Werten umgehen kann. In Listing 13.4 ist der erste Parameter von MyAsyncTaskTweet vom Typ String, weil ein Tweet aus einer Folge von bis zu 140 Zeichen besteht. Und vielleicht akzeptiert der AsyncTask einer anderen Person als Eingabe ein Bild oder eine Musikdatei. Wenn Sie nun in den Listings 13.4 und 13.5 eine AsyncTask-Klasse erstellen, füllen Sie deren Leere dadurch aus, dass Sie in den spitzen Klammern drei Typennamen wie folgt verwenden:

✔ **Der erste Typenname (Typ1 in Listing 13.5) steht für einen Wert (oder für Werte), den (beziehungsweise die) Sie an die Methode doInBackground übergeben.**

   Die Methode doInBackground verwendet mit ihren varargs-Parametern diese Werte, um zu entscheiden, was getan werden muss.

✔ **Der zweite Typenname (Typ2 in Listing 13.5) steht für einen Wert (oder für Werte), der (beziehungsweise die) den Fortschritt der Arbeit des Hintergrundprozesses markieren.**

   Das Beispiel in diesem Kapitel besitzt weder einen Fortschrittsbalken noch eine andere Fortschrittsanzeige. Deshalb ist in Listing 13.2 der zweite Typenname Void.

In Java ist die Klasse Void eine Wrapperklasse für den Wert void. Packen Sie diese Erkenntnis zu Ihrem restlichen überflüssigen Wissen.

✔ **Der dritte Typenname (Typ3 in Listing 13.5) steht für einen Wert, den die Methode doInBackground zurückgibt und den die Methode onPostExecute als Parameter nimmt.**

   In der Methode doInBackground von Listing 13.4 lautet der dritte Typenname String. Er heißt deshalb String, weil die Methode doInBackground das Wort "Success!" oder die Wörter "Failed to tweet" zurückgibt, die die Methode onPostExecute auf dem Bildschirm im Feld editTextTweet anzeigt.

Abbildung 13.10 gibt einen Überblick über den Weg, auf dem generische Typennamen die Typen der Methoden in Listing 13.4 beeinflussen, und Abbildung 13.11 fasst zusammen, wie Werte in der Klasse MyAsyncTaskTweet von Listing 13.4 von einem Ort an einen anderen verschoben werden.

```
new MyAsyncTaskTweet().execute(editTextTweet.getText().toString())

  public class MyAsyncTaskTweet extends AsyncTask<String, Void, String> {

    @Override
    protected String doInBackground(String... tweet) {
      String result = "";

      Twitter twitter = TwitterFactory.getSingleton();
      try {
        twitter.updateStatus(tweet[0]).getText();
        result = getResources().getString(R.string.success);
      } catch (TwitterException twitterException) {
        result = getResources().getString(R.string.failure);
      }

      return result;
    }

    @Override
    protected void onPostExecute(String result) {
      editTextTweet.setHint(result);
      editTextTweet.setText("");
    }
  }
```

Abbildung 13.10: Die Verwendung von Typen in einer `AsyncTask`*-Klasse*

```
new MyAsyncTaskTweet().execute(editTextTweet.getText().toString())

  public class MyAsyncTaskTweet extends AsyncTask<String, Void, String> {

    @Override
    protected String doInBackground(String... tweet) {
      String result = "";

      Twitter twitter = TwitterFactory.getSingleton();
      try {
        twitter.updateStatus(tweet[0]).getText();
        result = getResources().getString(R.string.success);
      } catch (TwitterException twitterException) {
        result = getResources().getString(R.string.failure);
      }

      return result;
    }

    @Override
    protected void onPostExecute(String result) {
      editTextTweet.setHint(result);
      editTextTweet.setText("");
    }
  }
```

Abbildung 13.11: Der Wertefluss in einer `AsyncTask`*-Klasse*

Ein `AsyncTask` kann wirklich kompliziert sein. Aber wenn Sie Androids `AsyncTask` mit der Alternative eines selbst gestrickten Threadings vergleichen, schneidet die Idee des `AsyncTasks` überhaupt nicht schlecht ab. Und Sie werden sehen, dass Ihnen diese Art des Denkens in Fleisch und Blut übergehen wird, wenn Sie erst einmal ein wenig Übung beim Erstellen von `AsyncTask`-Klassen erlangt haben.

Auf den Punkt kommen

Ich verspreche am Anfang dieses Kapitels, dass eine Anweisung wie

```
twitter.updateStatus("Dies ist mein Tweet.");
```

einem Code am Herzen liegt, der ein Tweet posten möchte. Sie können dies nachvollziehen, wenn Sie sich in Listing 13.4 die erste `doInBackground`-Methode ansehen. Hier ein kurzer Auszug aus dieser Methode:

```
protected String doInBackground(String... tweet) {
  Twitter twitter = TwitterFactory.getSingleton();
  twitter.updateStatus(tweet[0]);
```

In der Twitter4J-API gilt:

- ✔ **Ein `Twitter`-Objekt bildet einen Zugang zu den Twitter-Servern.**

- ✔ **`TwitterFactory` ist eine Klasse, die Ihnen hilft, ein neues `Twitter`-Objekt anzulegen.**

    In Java handelt es sich bei einer *Factory*-Klasse um eine Klasse, die in Ihrem Auftrag einen Konstruktor aufrufen kann.

- ✔ **Ein Aufruf der Methode `updateStatus` der Klasse `Twitter` postet einen neuen Tweet.**

In Listing 13.4 ist der Parameter der Methode `updateStatus` das Element eines Arrays. Der Grund dafür ist, dass es in der Kopfzeile der Methode `doInBackground` einen `varargs`-Parameter gibt. Sie können an `doInBackground` so viele Parameter übergeben, wie Sie wollen. Sie behandelt `tweet` im Körper der Methode so, als wenn es ein gewöhnliches Array wäre. Die erste Variable `tweet` ist `tweet[0]`. Wenn es eine zweite `tweet`-Variable gäbe, wäre dies `tweet[1]`. Und so weiter. (Sie finden in Kapitel 12 weitere Informationen über die Parameter von Variablen.)

In Listing 13.4 sieht der Code, der die Timeline eines Benutzers holen soll, ungefähr so aus:

```
List<twitter4j.Status> statuses = null;

Twitter twitter = TwitterFactory.getSingleton();
statuses = twitter.getUserTimeline(username[0]);
```

Ein Typ mit dem Namen Yusuke Yamamoto hat Twitter4J entwickelt (oder war zumindest der Projektleiter von Twitter4J). Und irgendwann hat Herr Yamamoto entschieden, dass die Methode `getUserTimeline` eine Sammlung von `twitter4J.Status`-Objekten zurückgibt.

(Jede Instanz von `twitter4J.Status` enthält einen Tweet.) Um nun den Auftrag zu erfüllen, zu dem es durch den Aufruf der Methode `getUserTimeline` gekommen ist, macht der Code in Listing 13.4 `statuses` zu einer Sammlung von `twitter4J.Status`-Objekten.

Ein paar Zeilen weiter unten im Code durchläuft eine erweiterte `for`-Anweisung schrittweise die Sammlung von `statuses`-Werten und hängt jeden Text eines Wertes an einen großen Ergebnisstring. Die Schleife fügt nach jedem Tweet "\n" hinzu (das Zeichen für »Gehe zur nächsten Zeile«). Der Code zeigt dann in der Methode `onPostExecute` auf dem Bildschirm im Feld `onPostExecute` den großen Ergebnisstring an.

Ich verwende in Listing 13.4 in der zweiten `doInBackground`-Methode den vollqualifizierten Namen `twitter4j.Status`. Ich mache dies, um die Klasse `twitter4j.Status` von Androids eigener Klasse `AsyncTask.Status` zu unterscheiden (bei der es sich um eine innere Klasse der Klasse `AsyncTask` handelt). Wenn Sie einen Einblick in die inneren Klassen Javas erhalten wollen, siehe Kapitel 11.

Javas Ausnahmen

Ist es jemals vorgekommen, dass in einem meiner Programme etwas schiefgelaufen ist? (*Hinweis:* Die Antwort lautet: »Ja«.) Haben Sie jemals versucht, eine Website zu besuchen, und es ist Ihnen nicht gelungen, eine Seite auf den Bildschirm zu bekommen? (Zweifelsdrei lautet auch hier die Antwort: »Ja«.) Ist es möglich, dass auch Java-Anweisungen fehlschlagen können, wenn sie versuchen, auf die Twitter-Server zuzugreifen? (Aber sicher doch!)

In Java handelt es sich bei den meisten Dingen, die während der Ausführung eines Programms falsch laufen, um *Ausnahmen* (englisch *Exceptions*). Wenn etwas schiefgeht, *wirft* Ihr Code eine Ausnahme. Wenn Ihr Code einen Weg bereitstellt, auf eine Ausnahme zu reagieren, *fängt* Ihr Code die Ausnahme *ein*.

Wie alles in Java ist auch eine Ausnahme ein Objekt. Jede Ausnahme ist eine Instanz der Java-Klasse `Exception`. Wenn Ihr Code versucht, durch null zu dividieren (was immer ein »Mensch, wie kannst du nur!« ist), wirft Ihr Code eine Instanz der Klasse `ArithmeticException`. Wenn Ihr Code in einer gespeicherten Datei nicht lesen kann, wirft er eine Instanz der Klasse `IOException`. Wenn Ihr Code nicht auf eine Datenbank zugreifen kann, wirft er eine Instanz der Klasse `SQLException`. Und wenn Ihr Twitter4J-Code nicht auf die Twitter-Server zugreifen kann, wirft er eine Instanz der Klasse `TwitterException`.

Die Klassen `ArithmeticException`, `IOException`, `SQLException`, `TwitterException` und viele, viele andere Klassen sind Unterklassen der Java-Klasse `Exception`. Die Klassen `Exception`, `ArithmeticException`, `IOException` und `SQLException` gehören zu Javas standardmäßiger API-Bibliothek. Die Klasse `TwitterException` wird unabhängig davon in der Twitter4J-API deklariert.

Java kennt zwei Arten von Ausnahmen: *ungeprüfte Ausnahmen* und *geprüfte Ausnahmen*. Der einfachste Weg, um eine Art von Ausnahmen von der anderen zu unterscheiden, sieht so aus, dass Sie Eclipses Reaktion beobachten, wenn Sie Ihren Code eingeben und ablaufen lassen.

✔ **Wenn Sie eine Anweisung ausführen, die eine ungeprüfte Ausnahme werfen kann, müssen Sie keinen zusätzlichen Code hinzufügen.**

So ist zum Beispiel eine `ArithmeticException` eine ungeprüfte Ausnahme. Sie können das folgende (schlechte) Java-Programm schreiben und ausführen:

```
package com.allmycode.exceptions;

public class DoNotDoThis {

  public static void main(String[] args) {
    int i = 3 / 0;
  }

}
```

Wenn Sie versuchen, diesen Code ablaufen zu lassen, stürzt das Programm ab. In der Eclipse-View CONSOLE sehen Sie die Nachricht, die Abbildung 13.12 zeigt.

Abbildung 13.12: Asche über Ihr Haupt! Sie haben durch null dividiert.

✔ **Wenn Sie eine Anweisung ausführen, die eine geprüfte Ausnahme werfen kann, müssen Sie Code hinzufügen.**

Bei einer `TwitterException` handelt es sich um das Beispiel einer geprüften Ausnahme, und der Aufruf von `getUserTimeline` kann eine `TwitterException` werfen. Um herauszufinden, was passieren kann, wenn Sie `getUserTimeline` ohne zusätzlichen Code aufrufen, schauen Sie sich Abbildung 13.13 an, die einen Teil des Eclipse-Editors zeigt.

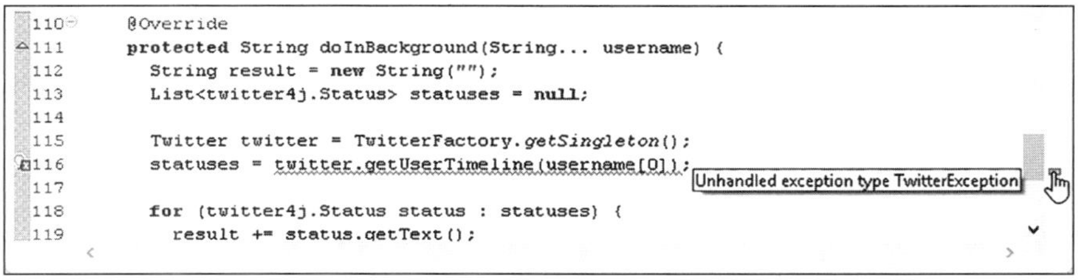

Abbildung 13.13: Java besteht darauf, dass Sie Code hinzufügen, um eine Ausnahme zu bestätigen.

In Abbildung 13.13 weist die Meldung darauf hin, dass Sie durch den Aufruf von `getUserTimeline` das Risiko eingehen, dass eine `TwitterException` geworfen wird. Das Wort `Unhandled` bedeutet, dass `TwitterException` eine der geprüften Java-Ausnahmen ist, und dass Sie keinen Code bereitstellen, der die Möglichkeit adressiert, dass eine Ausnahme geworfen werden könnte. Dies bedeutet, dass es in Ihrem Code keinen »Plan B« für den Fall gibt, dass Ihre App nicht mit den Twitter-Servern kommunizieren kann und Java eine `TwitterException` wirft.

Ich habe deshalb in Listing 13.4 meinem Aufruf von `getUserTimeline` die Java-Anweisung try/catch hinzugefügt. Und das bedeutet »try/catch-Anweisung« (wobei *try* auf Deutsch *versuche* und *catch fange* bedeuten):

```
try diese Anweisung (oder Anweisungen) auszuführen: {
  statuses = twitter.getUserTimeline(username[0]);

} Wenn Sie während des Versuchens eine
      TwitterException werfen, {
  zeigen Sie in der Eclipse-View LogCat einen
      Stacktrace an.
}
```

Ein *Stacktrace* ist eine Art von Ausgabe (wie die in Abbildung 13.12), die Ihnen sagt, welche Methodenaufrufe das Werfen der Ausnahme hervorgerufen haben. Ein Stacktrace kann Ihnen helfen, die Schwachstellen Ihres Codes herauszufinden.

Catch-Klauseln

Eine try/catch-Anweisung besitzt nur eine try-Klausel, aber viele catch-Klauseln, wie dieses Beispiel zeigt:

```
try {
  count = numberOfTweets / averagePerDay;
  statuses = twitter.getUserTimeline(username[0]);
} catch (TwitterException e) {
  System.out.println("Probleme mit Twitter");
} catch (ArithmeticException a) {
  a.printStackTrace();
} catch (Exception e) {
  System.out.println("Etwas ging schief.");
}

System.out.println("Kein Kontakt mehr mit Twitter");
```

Wenn in einer try-Klausel eine Ausnahme *(Exception)* geworfen wird, untersucht Java die hierzu gehörende Liste mit catch-Klauseln. Jede dieser Klauseln verfügt über eine Liste mit Parametern, und jede dieser Parameterlisten enthält einen Ausnahmetyp.

Java beginnt mit der catch-Klausel, die unmittelbar auf die try-Klausel folgt, und arbeitet sich dann durch den Programmtext. Bei jeder catch-Klausel fragt Java: »Handelt es sich bei der Ausnahme, die gerade geworfen worden ist, um eine Instanz der Klasse in der Parameterliste dieser Klausel?« Wenn dies nicht der Fall ist, überspringt Java die catch-Klausel und macht mit der nächsten catch-Klausel weiter. Wird die Frage positiv beantwortet, führt Java die catch-Klausel aus und springt hinter alle anderen catch-Klauseln, die zur try-Klausel gehören. Java macht dann weiter und führt die Anweisungen aus, die der gesamten try/catch-Anweisung folgen.

In dem Beispielcode mit drei catch-Klauseln wirft der Code eine ArithmeticException, wenn averagePerDay null ist. Java springt hinter die Anweisung getUserTimeline und schaut sich die catch-Klauseln an. Dabei beginnt es mit der obersten dieser Klauseln.

Die oberste catch-Klausel ist für Instanzen von TwitterException, aber eine Division durch null wirft keine TwitterException, weshalb Java seinen Weg zur nächsten catch-Klausel fortsetzt.

Die nächste catch-Klausel ist für Instanzen von ArithmeticException. Und genau, eine Division durch null wirft eine ArithmeticException. Deshalb führt Java nun die Anweisung a.printStackTrace() aus und verlässt die try/catch-Anweisung.

Java führt nun die Anweisung aus, die unmittelbar auf die try/catch-Anweisung folgt, und zeigt die Wörter Kein Kontakt mehr mit Twitter an. Danach führt Java die Anweisungen aus, die noch folgen.

In dem Beispielcode mit den drei catch-Klauseln beende ich die Kette der catch-Klauseln mit einer Exception e-Klausel. Javas Klasse Exception ist ein Vorfahr der Klassen TwitterException und ArithmeticException und aller anderen Klassen, die mit Ausnahmen zu tun haben. Unabhängig davon, welche Art von Ausnahme Ihr Code in einer try-Klausel wirft, entspricht er der catch-Klausel vom Typ Exception e. Sie können sich damit immer darauf verlassen, dass eine Exception e-Klausel als letzte Rettung dienen kann.

Die Klausel »finally«

Anstatt es nun ausschließlich mit catch-Klauseln zu versuchen, können Sie in einer try/catch-Anweisung auch die Klausel finally ausprobieren. Das Java-Schlüsselwort finally besagt, dass die Anweisungen der Klausel finally unabhängig davon ausgeführt werden sollen, ob der Code eine Ausnahme wirft oder nicht. Im folgenden Codestückchen weist Java der Variablen report immer "Fertig" zu, wobei es ohne Einfluss bleibt, ob der Aufruf von getUserTimeline eine Ausnahme wirft oder nicht:

```
String report = "";

try {
  statuses = twitter.getUserTimeline(username[0]);
} catch (TwitterException e) {
  e.printStackTrace();
} finally {
  report = "Fertig";
}
```

Den Schwarzen Peter weitergeben

Hier eine praktische Antwort, die Sie eigentlich immer dann verwenden können, wenn etwas schiefgeht: »Das ist nicht meine Schuld – um dieses Problem soll sich mein Chef kümmern.« (Ich sollte dieser Aussage das Tipp-Symbol verpassen!) Wenn es um eine Ausnahme geht, kann eine Java-Methode dasselbe machen und sagen: »Erwarte von mir nicht, dass es eine try/catch-Anweisung gibt – übergib die Ausnahme an die Methode, die mich aufgerufen hat.«

In Kapitel 10 ruft Listing 10.12 die Methode sleep der Klasse Thread auf. Die Ausführung dieser Methode kann eine InterruptedException werfen, die eine von Javas geprüften Ausnahmen ist. Ich zeige in diesem Listing, wie der Aufruf von Thread.sleep mit einer try/catch-Anweisung umgangen werden kann. In Listing 13.6 lege ich dar, wie die try/catch-Anweisung in ein anderes Java-Programm eingefügt wird.

```
package com.allmycode.naptime;

class GoodNightsSleepA {

  public static void main(String args[]) {
    System.out.println("Sorry, aber ich mache ein Nickerchen.");
    takeANap();
    System.out.println("Ah, das war erfrischend.");
  }

  static void takeANap() {
    try {
      Thread.sleep(10000);
    } catch (InterruptedException e) {
      System.out.println(
        "Hallo, wer hat mich aufgeweckt?");
    }
  }
}
```

Listing 13.6: Eine Ausnahme im Ansatz ersticken

In Listing 13.6 sagt die Methode `takeANap`: »Versuche, 10.000 Millisekunden lang zu schlafen. Wenn dein Schlaf unterbrochen wird, zeige die Frage `Hallo, wer hat mich aufgeweckt?` an.« Normalerweise unterbricht kein anderer Thread den Schlaf der Methode `takeANap`. Deshalb enthält in Abbildung 13.14 die Ausgabe des Codes in der Regel auch `Hallo, wer hat mich aufgeweckt?` nicht. (Natürlich sehen Sie in der Abbildung die Zehn-Sekunden-Pause zwischen der Anzeige der ersten und der zweiten Zeile nicht. Um wirklich mitzubekommen, was da passiert, schauen Sie sich in Abbildung 13.14 die erste Zeile an, schließen für zehn Sekunden die Augen und schauen sich dann die zweite Zeile an.)

```
<terminated> GoodNightsSleepA (1) [Java Application] C:\Program Files\
Excuse me while I nap.
Ah, that was refreshing.
```

Abbildung 13.14: Den Code aus Listing 13.6 ausführen

Sie können die Anweisung `try/catch` in der Methode loswerden, solange die nächste vorgeschaltete Methode das Vorhandensein der Ausnahme bestätigt. Um zu sehen, was ich meine, schauen Sie sich Listing 13.7 an.

```java
package com.allmycode.naptime;

class GoodNightsSleepB {

  public static void main(String args[]) {
    System.out.println("Sorry, aber ich mache ein Nickerchen.");
    try {
      takeANap();
    } catch (InterruptedException e) {
      System.out.println("Hallo, wer hat mich aufgeweckt?");
    }
    System.out.println("Ah, das war erfrischend.");
  }

  static void takeANap() throws InterruptedException {
    Thread.sleep(10000);
  }
}
```

Listing 13.7: Die aufrufende Methode soll sich um die Ausnahme kümmern.

Die Kopfzeile der Methode `takeANap` enthält in Listing 13.7 eine `throws`-Klausel, die den Schwarzen Peter von der Methode `takeANap` an die Methode weitergibt, die die Methode `takeANap` aufgerufen hat. Da nun die Methode `main` `takeANap` aufruft, besteht Java darauf, dass die Methode `main` Code enthält, der die Möglichkeit einer `InterruptedException` bestätigt. Um diese Forderung zu erfüllen, umgibt die Methode `main` den Aufruf von `takeANap` mit einer `try/catch`-Anweisung.

Natürlich muss der Schwarze Peter nicht in der Methode `main` hängen bleiben. Sie könnten noch sagen: »Das ist nicht meine Schuld – um dieses Problem soll sich mein Chef kümmern.« Und Ihr Chef könnte sagen: »Das ist nicht meine Schuld – um dieses Problem soll sich mein Chef kümmern.« Die Methode `main` kann auf eine `try/catch`-Anweisung in ihrer Klausel `throws` verzichten (siehe Listing 13.8).

```java
package com.allmycode.naptime;

class GoodNightsSleepC {

  public static void main(String args[])
                     throws InterruptedException {
    System.out.println("Sorry, aber ich mache ein Nickerchen.");
    takeANap();
    System.out.println("Hallo, wer hat mich aufgeweckt?");
    System.out.println("Ah, das war erfrischend.");
  }

  static void takeANap() throws InterruptedException {
    Thread.sleep(10000);
  }
}
```

Listing 13.8: Das heiße Eisen weitergeben

Wenn ein anderer Thread die Schlafenszeit des Codes unterbricht, übergibt die Methode `takeANap` die Ausnahme an die Methode `main`, die wiederum die Ausnahme an die Java Virtual Machine übergibt. Die Java Virtual Machine verfährt mit der Ausnahme so, dass sie einen Stacktrace anzeigt und zum Verlassen des gesamten Programms aufruft. Das ist zwar nicht die beste Art, mit einem Problem umzugehen, aber sie ist zulässig.

Hungry Burds: ein einfaches Android-Spiel

In diesem Kapitel

▸ Ein Android-Spiel schreiben

▸ Android-Animationen verwenden

▸ Daten von einer Programmausführung zur nächsten speichern

Was als einfaches Wortspiel mit dem Nachnamen des Autors begann, ist zu Kapitel 14 geworden – der hemmungslosesten Niederschrift in der Geschichte der technischen Veröffentlichungen.

Das Ganze spielt Anfang des 20. Jahrhunderts im Süden Philadelphias. Mein Vater (der damals noch ein Kind war) sieht, wie sein Vater (mein Großvater) mit einem Briefumschlag herumhantiert. Der Umschlag ist gerade aus der alten Welt angekommen. Meine Großmutter schnappt sich den Umschlag. Ihr Gesicht drückt Überlegenheit aus. »Hier öffne ich die Briefe«, sagen ihre Augen.

Während meine Großmutter den Brief öffnet, blickt mein Vater auf den Briefumschlag. Der Nachname ist auf dem Umschlag in kyrillischen Buchstaben geschrieben worden, weshalb ihn mein Vater nicht lesen kann. Aber ihm fällt der kurze Nachname in der Anschrift auf. Was das auch für Zeichen sein mögen, sie passen eher zu Burd als zu Burdinsky oder Burdstakovich.

Das russische Wort für *Bird* (deutsch *Vogel*) ist *pitsa*. Es gibt also keinen etymologischen Zusammenhang zwischen meinem Nachnamen und unseren geflügelten Freunden. Während meiner Kindheit und meiner Jugend bin ich oft gehänselt worden, weil *Bird* und *Burd* gleich ausgesprochen werden.

Das Spiel »Hungry Burds«

Wenn das Spiel beginnt, ist der Bildschirm leer. Dann, nach einer zufällig gewählten Zeitspanne (die im Durchschnitt eine Sekunde beträgt) wird ein Burd eingeblendet (siehe Abbildung 14.1).

Wenn der Benutzer nichts unternimmt, verschwindet der Burd wieder. Wenn der Benutzer aber den Burd antippt, bevor er verschwunden ist, erhält der Burd einen Cheeseburger und bleibt auf dem Bildschirm (siehe Abbildung 14.2).

Nachdem zehn Burds eingeblendet wurden (und die ungefütterten wieder verschwunden sind), zeigt der Bildschirm eine Text-View an, in der steht, wie viele Burds während der aktuellen Ausführung des Spiels gefüttert worden sind. Außerdem zeigt die Text-View eine Bestenliste aller Läufe des Spiels an (siehe Abbildung 14.3).

Abbildung 14.1: Ein Burd wird eingeblendet.

Abbildung 14.2: Sie haben den Burd gefüttert.

Abbildung 14.3: Das Spiel wird beendet.

Bei vielen Apps ist die zeitliche Steuerung lebenswichtig. Für sie ist ein ständig schlechtes Antwortverhalten etwas Unangenehmes, führt aber nicht zur Deaktivierung der Anwendung. Aber bei einem Spiel wie Hungry Burds macht die zeitliche Steuerung den großen Unterschied aus. Wenn Sie Hungry Burds auf einem Emulator ablaufen lassen, macht es eher den Eindruck eines »Waiting Games« als eines »Action Games«. Wenn Sie einen vernünftigen Eindruck davon erhalten wollen, wie Hungry Burds funktioniert, sollten Sie es auf einem echten Gerät ausprobieren.

Der Java-Code von Hungry Burds ist ungefähr 140 Zeilen lang. (Vergleichen Sie dies mit einem der Bücher für Entwickler von Android-Spielen, die Sie kaufen können. Ich habe eines dieser Bücher erworben, und das einfachste Beispiel bestand aus 2.300 Zeilen Java-Code.) Damit der Code nicht Dutzende von Seiten einnimmt, habe ich einige Funktionen entfernt, die Sie vielleicht von realistischer ausgeführten Spielen her kennen.

✔ **Das Spiel Hungry Burd greift nicht über das Netzwerk auf Daten zu.**

Die Anzeige der Bestenliste des Spiels sagt Ihnen nicht, wie gut Sie im Vergleich mit Freunden oder anderen Spielern auf der ganzen Welt sind. Die Bestenliste greift nur auf die Daten eines einzelnen Gerätes zu – des Gerätes, das Sie verwenden, um zu spielen.

✔ **Das Spiel startet bei jeder Änderung an der Ausrichtung des Gerätes neu.**

Wenn Sie das Gerät von der senkrechten Ausrichtung in die waagerechte Ausrichtung oder von der waagerechten in die senkrechte Ausrichtung drehen, ruft Android die Methoden der zentralen Activity auf, die für den Lebenszyklus der Activity verantwortlich sind. Dies sind die Methoden `onPause`, `onStop` und `onDestroy` der Activity. Dann stellt Android die Activity wieder her, indem es die Methoden onCreate, onStart und onResume der Activity aufruft. Dies führt dazu, dass alle Ihre Erfolge im Spiel verschwinden und das Spiel ganz neu startet. In Kapitel 5 gibt es eine Einführung in die Lebenszyklusmethoden einer Activity.

✔ **Das Spiel hat keine Schaltfläche für einen Neustart.**

Wenn Sie das Spiel ein zweites Mal spielen wollen, können Sie die Android-Taste Zurück drücken und dann auf das Startsymbol des Spiels tippen. Alternativ können Sie das Gerät auch von der senkrechten in die waagerechte Ausrichtung oder umgekehrt drehen.

✔ **Die Angaben für die Abmessung des Bildschirms, die das Spiel steuern, sind ungenau.**

Das Erstellen einer App, zu der Zeichnungen, benutzerdefinierte Bilder oder Bewegung gehören, verlangt Berechnungen. Sie benötigen mathematische Kenntnisse, um Bemaßungen vorzunehmen, Entfernungen abzuschätzen, Kollisionen zu entdecken und andere Aufgaben zu vollenden. Um die Berechnungen vorzunehmen, produzieren Sie Zahlen, indem Sie Aufrufe der Android-API veranlassen, und Sie verwenden die Ergebnisse Ihrer Berechnungen in Aufrufen der Android-API-Bibliothek.

Um die Sache schnell auf den Punkt zu bringen, berechnet mein Spiel Hungry Burd nur ganz wenig, und es führt nur die API-Aufrufe durch, die in meinen Augen absolut unverzichtbar sind. Das führt dann dazu, dass einige Elemente auf dem Bildschirm nicht immer optimal aussehen. (Dazu kommt es insbesondere dann, wenn sich das Gerät im Querformat befindet.)

✔ **Das Spiel besitzt keine Einstellungen.**

Wie viele Burds angezeigt werden, die durchschnittliche Zeit und die minimale Zeit, die die Burds auf dem Bildschirm zu sehen sind, sind alle fest in der Java-Datei des Spiels hinterlegt. Es handelt sich dabei um die Konstanten NUMBER_OF_BURDS, AVERAGE_SHOW_TIME und MINIMUM_SHOW_TIME. Sie als Entwickler können die Werte im Code ändern und das Spiel neu installieren, was dem normalen Spieler nicht möglich ist.

✔ **Das Spiel ist mit den Standardwerten für NUMBER_OF_BURDS, AVERAGE_SHOW_TIME und MINIMUM_SHOW_TIME keine Herausforderung.**

Ich gebe es zu: An dieser Front bin ich eine ziemliche Enttäuschung. Ich bin ein miserabler Spieler. Ich erinnere mich dann an Videospiele mit meinen Kindern, als diese noch kleiner waren. Ich habe immer verloren. Am Anfang war das peinlich, zum Schluss nur noch lächerlich. Ich wurde immer von den Avataren meiner jungen Gegner erschossen, aufgefressen oder irgendwie zerquetscht.

Ich maße mir nicht an zu wissen, welche Werte für NUMBER_OF_BURDS, AVERAGE_SHOW_TIME und MINIMUM_SHOW_TIME für Sie die richtigen sind. Ich habe Hungry Burds als Lehrwerkzeug und nicht als Ersatz für *Super Mario* entwickelt.

Die Dateien des Projekts

Bei der Datei AndroidManifest.xml des Projekts handelt es sich um nichts Besonderes. Das einzige Element, das Sie beobachten müssen, ist uses-sdk. In diesem Element hat das Attribut android:minSdkVersion den Wert 13 oder höher. Der Grund dafür ist der Java-Code, der die Methode getSize der Klasse Display aufruft, und diese Methode steht erst ab Android API-Level 13 zur Verfügung.

 Wenn Sie in einer App, die im API-Level 12 oder niedriger läuft, die Maßangaben für das Layout benötigen, schauen Sie sich die Dokumentation der Android-Klasse ViewTreeObserver.OnPreDrawListener an.

Die Datei activity_main.xml des Projekts ist so gut wie leer, wie Listing 14.1 zeigt. Ich bringe irgendwo auf dem Bildschirm eine TextView unter, damit ich am Ende eines Spiels die aktuellen Statistiken anzeigen kann. Außerdem habe ich dem Element RelativeLayout ein Attribut android:id hinzugefügt. Indem ich dieses android:id-Element verwende, kann ich im Java-Code auf das Layout des Bildschirms verweisen.

```xml
<RelativeLayout xmlns:android=
    "http://schemas.android.com/apk/res/android"
  xmlns:tools="http://schemas.android.com/tools"
  android:id="@+id/relativeLayout"
  android:layout_width="match_parent"
  android:layout_height="match_parent"
  android:paddingBottom=
      "@dimen/activity_vertical_margin"
  android:paddingLeft=
      "@dimen/activity_horizontal_margin"
  android:paddingRight=
      "@dimen/activity_horizontal_margin"
  android:paddingTop=
      "@dimen/activity_vertical_margin"
  tools:context=".MainActivity" >

  <TextView
    android:id="@+id/textView1"
    android:layout_width="wrap_content"
    android:layout_height="wrap_content"
    android:layout_alignParentLeft="true"
    android:layout_alignParentTop="true"
    android:layout_marginLeft="42dp"
    android:layout_marginTop="34dp"
    android:text="@string/nothing"
    android:textAppearance=
        "?android:attr/textAppearanceLarge" />

</RelativeLayout>
```

Listing 14.1: Das Layout der zentralen Activity

Im Verzeichnis res meines Projekts Hungry Burds gibt es zehn .png-Dateien – zwei Dateien für jede der generalisierten Android-Bildschirmdichten (siehe Abbildung 14.4). Wenn Sie einen Blick auf Androids Bildschirmdichten werfen wollen, schauen Sie in Kapitel 8.

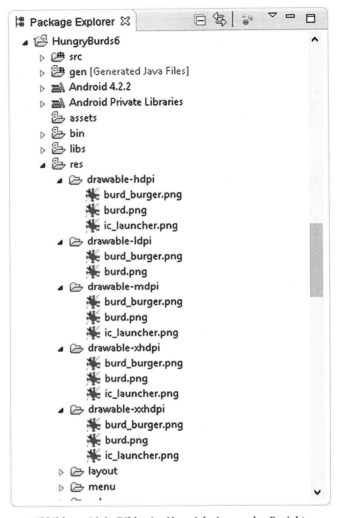

Abbildung 14.4: Bilder im Verzeichnis res des Projekts

Bei jeder burd.png-Datei handelt es sich um ein Bild von mir. Jede burd_burger.png-Datei ist ein Bild von mir mit einem Cheeseburger. Wenn Android das Spiel ausführt, prüft es Spezifikationen des Gerätes und entscheidet auf die Schnelle, welche der fünf Bildschirmdichten verwendet wird. (Sie benötigen keine if-Anweisung wie die in Kapitel 8.)

Die zentrale Activity

Das Spiel Hungry Burds hat nur eine Activity: die zentrale (oder *Main-*) Activity der App. Sie sind damit in der Lage, den gesamten Java-Code des Spiels in einem Happen zu verspeisen. Um diesen Happen genießbar zu machen, beginne ich mit einer Kurzfassung des Codes der Activity. Listing 14.2 enthält diese Kurzfassung. (Wenn Ihnen diese Kurzfassung nicht genügt und Sie den gesamten Code sehen möchten, verweise ich auf Listing 14.3.)

```java
package com.allmycode.hungryburds;

public class MainActivity extends Activity
    implements OnClickListener, AnimationListener {

  // Felder deklarieren

  /* Methoden der Activity */
  @Override
  public void onCreate(Bundle savedInstanceState) {
    super.onCreate(savedInstanceState);
    setContentView(R.layout.activity_main);

    // Elemente des Layouts suchen

    // Die Größe des Bildschirms des Gerätes erhalten

    // SharedPreferences einrichten, um die erzielten
    // Punkte aufzuzeichnen.
  }

  @Override
  public void onResume() {
    showABurd();
  }

  /* Methoden des Spiels */
  void showABurd() {
    // Einen Burd an einer zufällig ausgewählten
    // Stelle hinzufügen. Dieser Burd ist zuerst unsichtbar.

    // Eine AlphaAnimation erstellen, um für das
    // Einblenden (von unsichtbar bis vollständig
    // sichtbar) zu sorgen.
    burd.startAnimation(animation);
  }
```

```java
  private void showScores() {
    // Den besten Wert von SharedPreferences erhalten.
    // Den besten Wert und die Punktzahl des aktuellen
    // Laufs anzeigen.
  }

  /* Die Methode von OnClickListener */
  public void onClick(View view) {
    countClicked++;
    // Das Bild in eines mit einem Burd mit einem
    // Cheeseburger ändern
  }

  /* Methoden von AnimationListener */
  public void onAnimationEnd(Animation animation) {
    if (++countShown < NUMBER_OF_BURDS) {
      showABurd(); // Noch einmal!
    } else {
      showScores();
    }
  }
}
```

Listing 14.2: Die Kurzfassung des Java-Codes der App

Das Herz des Hungry-Burds-Codes wird im Spiel von der Schleife gebildet, die das folgende Beispiel zeigt:

```java
public void onResume() {
  showABurd();
}

void showABurd() {
  // Einen Burd an einer zufällig ausgewählten Stelle hinzufügen.
  // Zuerst ist der Burd unsichtbar ...

  burd.setVisibility(View.INVISIBLE);

  // ... aber die Animation macht den Burd sichtbar.

  AlphaAnimation animation = new AlphaAnimation(0.0F, 1.0F);
  animation.setDuration(duration);
  animation.setAnimationListener(this);
  burd.startAnimation(animation);
}
```

```
public void onAnimationEnd(Animation animation) {
  if (++countShown < NUMBER_OF_BURDS) {
    showABurd(); // Again!
  } else {
    showScores();
  }
}
```

Wenn Android die Methode onResume ausführt, ruft der Code die Methode showABurd auf. Diese Methode macht das, was ihr Name vermuten lässt, indem sie ein Bild von Alpha-Ebene 0 auf Alpha-Ebene 1 animiert. (Alpha-Ebene 0 bedeutet vollständig durchsichtig, Alpha-Ebene 1 bedeutet vollständig deckend.)

Sie bringen in der Methode onCreate Code unter, der abläuft, wenn die Activity anfängt zu existieren. Im Gegensatz dazu packen Sie in die Methode onResume Code, der abläuft, wenn der Benutzer mit der Activity in eine Interaktivität eintritt. Der Benutzer bemerkt diesen Unterschied gar nicht, weil die App sehr schnell anfängt zu laufen. Aber für Sie, den Entwickler, ist es schon sehr wichtig, unterscheiden zu können, ob eine Activity anfängt zu existieren oder ob sie mit Interaktionen beginnt. In den Listings 14.2 und 14.3 enthält die Methode onCreate Code, um das Layout der Activity einzurichten, Widgets auf dem Bildschirm Variablennamen zuzuweisen, die Größe des Bildschirms auszumessen und Vorbereitungen zu treffen, um Ergebnisse zu speichern. Die Methode onResume erfüllt eine andere Aufgabe. Durch sie ist der Benutzer in der Lage, den Bildschirm des Gerätes zu berühren. Die Methode onResume zeigt etwas an, das der Benutzer antippen soll: den ersten von mehreren hungrigen Burds.

Wenn die Animation endet, prüft die Methode onAnimationEnd die Zahl der Burds, die angezeigt worden sind. Wenn die Zahl kleiner als zehn ist, ruft die Methode onAnimationEnd erneut showABurd auf, und die Schleife im Spiel wird fortgesetzt.

Standardmäßig wird ein Burd wieder unsichtbar, wenn die Animation endet. Aber die zentrale Activity implementiert OnClickListener, und wenn der Benutzer einen Burd berührt, sorgt die Methode onClick der Klasse dafür, dass der Burd dauerhaft sichtbar bleibt. Das folgende Codestückchen zeigt diese Vorgehensweise.

```
public void onClick(View view) {
  countClicked++;
  ((ImageView) view).setImageResource
                    (R.drawable.burd_burger);
  view.setVisibility(View.VISIBLE);
}
```

Der Code, der ganze Code und nichts als der Code

Im Gegensatz zur Kurzfassung des Codes des Spiels aus dem vorherigen Abschnitt enthält Listing 14.3 den gesamten Inhalt der Datei `MainActivity.java` des Spiels.

```java
package com.allmycode.hungryburds;

import java.util.Random;
import android.app.Activity;
import android.content.SharedPreferences;
import android.graphics.Point;
import android.os.Bundle;
import android.view.Display;
import android.view.Menu;
import android.view.View;
import android.view.View.OnClickListener;
import android.view.animation.AlphaAnimation;
import android.view.animation.Animation;
import android.view.animation.Animation.AnimationListener;
import android.widget.ImageView;
import android.widget.RelativeLayout;
import android.widget.RelativeLayout.LayoutParams;
import android.widget.TextView;

public class MainActivity extends Activity
    implements OnClickListener, AnimationListener {

  final int NUMBER_OF_BURDS = 10;
  final long AVERAGE_SHOW_TIME = 1000L;
  final long MINIMUM_SHOW_TIME = 500L;
  TextView textView;
  int countShown = 0, countClicked = 0;
  Random random = new Random();

  RelativeLayout relativeLayout;
  int displayWidth, displayHeight;

  SharedPreferences prefs;
  SharedPreferences.Editor editor;

  /* Methoden der Activity */

  @Override
  public void onCreate(Bundle savedInstanceState) {
    super.onCreate(savedInstanceState);
    setContentView(R.layout.activity_main);
```

```java
    textView = (TextView) findViewById(R.id.textView1);
    relativeLayout = (RelativeLayout)
        findViewById(R.id.relativeLayout);

    Display display =
        getWindowManager().getDefaultDisplay();
    Point size = new Point();
    display.getSize(size);
    displayWidth = size.x;
    displayHeight = size.y;

    prefs = getPreferences(MODE_PRIVATE);
    editor = prefs.edit();
  }

  @Override
  public boolean onCreateOptionsMenu(Menu menu) {
    getMenuInflater().inflate(R.menu.main, menu);
    return true;
  }

  @Override
  public void onResume() {
    super.onResume();
    countClicked = countShown = 0;
    textView.setText(R.string.nothing);
    showABurd();
  }

  /* Methoden des Spiels */

  void showABurd() {
    long duration =
        random.nextInt((int) AVERAGE_SHOW_TIME)
        + MINIMUM_SHOW_TIME;

    LayoutParams params = new LayoutParams
                   (LayoutParams.WRAP_CONTENT,
                    LayoutParams.WRAP_CONTENT);

    params.leftMargin =
        random.nextInt(displayWidth) * 7 / 8;
    params.topMargin =
        random.nextInt(displayHeight) * 4 / 5;
```

```java
    ImageView burd = new ImageView(this);
    burd.setOnClickListener(this);
    burd.setLayoutParams(params);
    burd.setImageResource(R.drawable.burd);
    burd.setVisibility(View.INVISIBLE);

    relativeLayout.addView(burd);

    AlphaAnimation animation =
        new AlphaAnimation(0.0F, 1.0F);
    animation.setDuration(duration);
    animation.setAnimationListener(this);
    burd.startAnimation(animation);
}

private void showScores() {
    int highScore = prefs.getInt("highScore", 0);

    if (countClicked > highScore) {
      highScore = countClicked;
      editor.putInt("highScore", highScore);
      editor.commit();
    }

    textView.setText("Your score: " + countClicked +
                    "\nHigh score: " + highScore);
}

/* OnClickListener-Methode */

public void onClick(View view) {
  countClicked++;
  ((ImageView) view).setImageResource
                        (R.drawable.burd_burger);
  view.setVisibility(View.VISIBLE);
}

/* Methoden von AnimationListener */

public void onAnimationEnd(Animation animation) {
    if (++countShown < NUMBER_OF_BURDS) {
      showABurd();
    } else {
      showScores();
    }
}
```

```java
    public void onAnimationRepeat(Animation arg0) {
    }

    public void onAnimationStart(Animation arg0) {
    }
}
```

Listing 14.3: Der Java-Code der App

Zufall

Zu einem ganz normalen Spiel gehört eine zufällige Auswahl. (Sie wollen sicherlich keine Burds haben, die immer an derselben Stelle erscheinen.) Es ist schwierig, echte Zufallswerte zu generieren. Aber eine Instanz der Java-Klasse Random (deutsch *zufällig*) erstellt etwas, das als Zufallswerte (*Pseudo*zufallswerte) angesehen werden kann und das der Programmierer beeinflussen kann.

So gibt zum Beispiel die Methode nextDouble eines Random-Objekts einen double-Wert zwischen 0.0 und 1.0 zurück (wobei 0.0 möglich und 1.0 unmöglich bedeutet). Der Code von Hungry Burds verwendet die Methode nextInt eines Random-Objekts. Ein Aufruf von nextInt(10) gibt einen int-Wert von 0 bis 9 zurück.

Wenn displayWidth den Wert 720 hat (was für *720 Pixel* steht), gibt in Listing 14.3 der Aufruf von random.nextInt(displayWidth) einen Wert von 0 bis 719 zurück. Und da es sich bei AVERAGE_SHOW_TIME um den long-Wert 1000L handelt, steht der Ausdruck random.nextInt((int) AVERAGE_SHOW_TIME) für einen Wert von 0 bis 999. (Das Casting von int hilft dabei, das Versprechen zu erfüllen, dass der Parameter der Methode nextInt ein int- und kein double-Wert ist.) Indem ich MINIMUM_SHOW_TIME anfüge (siehe Listing 14.3), sorge ich dafür, dass duration eine Zahl zwischen 500 und 1499 wird. Ein Burd benötigt somit zwischen 500 und 1499 Millisekunden, um durch Einblenden sichtbar zu werden.

Den Bildschirm ausmessen

Androids Display-Objekt speichert Informationen über den Bildschirm des Gerätes. Was soll daran schwierig sein? Sie können ein Lineal nehmen und die Größe des Bildschirms abmessen, und die Auflösung eines Gerätes lässt sich dadurch herausfinden, dass Sie sich sein Handbuch vornehmen.

Nun verfügen Android-Programme nicht über gegenüberliegende Daumen, was es ihnen unmöglich macht, ein Plastiklineal festzuhalten. Und die Merkmale eines Layouts sind in der Lage, sich aufgrund von Laufzeitfaktoren zu ändern. Zu diesen Faktoren gehören zum Beispiel die Ausrichtung des Gerätes (senkrecht oder waagerecht) und der Platz auf dem Bildschirm, der für die Android-Nachrichtenleiste und für Schaltflächen reserviert ist. Wenn Sie Ihre Karten nicht richtig ausspielen, können Sie leicht Methoden aufrufen, die die Breite und die Höhe eines Bildschirms vorschnell mit null angeben.

Glücklicherweise gibt Ihnen ab Android API-Level 13 die Methode `getSize` in der Methode `onCreate` der Activity die richtigen Antworten. Deshalb gibt es in Listing 14.3 auch diesen Code:

```java
public class MainActivity extends Activity {

  int displayWidth, displayHeight;

  public void onCreate(Bundle savedInstanceState) {

    Display display =
        getWindowManager().getDefaultDisplay();
    Point size = new Point();
    display.getSize(size);
    displayWidth = size.x;
    displayHeight = size.y;

  }

  void showABurd() {

    LayoutParams params;
    params = new LayoutParams(LayoutParams.WRAP_CONTENT,
                              LayoutParams.WRAP_CONTENT);
    params.leftMargin =
        random.nextInt(displayWidth) * 7 / 8;
    params.topMargin =
        random.nextInt(displayHeight) * 4 / 5;

  }
```

Eine Instanz der Android-Klasse `Point` ist im Grunde ein Objekt aus zwei Komponenten: einer x-Komponente und einer y-Komponente. Im Code von Hungry Burds empfängt ein Aufruf von `getWindowManager().getDefaultDisplay()` den Bildschirm des Gerätes. Die Methode `getSize`, die das Ergebnis dieses Aufrufs bildet, nimmt sich eine Instanz der Klasse `Point` und füllt deren x- und y-Felder aus. Bei dem Wert des x-Feldes handelt es sich um die Breite des Bildschirms, und der Wert des y-Feldes gibt die Höhe des Bildschirms an (siehe Abbildung 14.5).

Ein `LayoutParams`-Objekt speichert Informationen darüber, wie ein Widget als Teil des Layouts einer Activity auftauchen soll. (Jede Art von Layout hat ihre eigene innere Klasse `LayoutParams`, und der Code in Listing 14.3 importiert die innere Klasse `RelativeLayout.LayoutParams`.) Eine Instanz von `LayoutParams` führt abgesehen von den Widgets, die die Instanz beschreibt, ihr eigenes Leben. Ich konstruiere in Listing 14.3 eine neue Instanz von `LayoutParams`, bevor ich die Instanz einem bestimmten Widget zuweise. Weiter hinten rufe ich dann im Code

`burd.setLayoutParams(params);`

auf, um einem der Burds die neue Instanz von `LayoutParams` zuzuweisen.

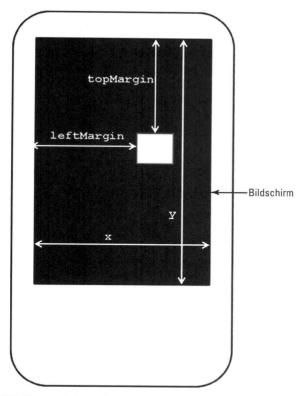

Abbildung 14.5: Entfernungen auf dem Bildschirm abmessen

Das Erstellen einer neuen Instanz von LayoutParams mit einer doppelten Dosis von LayoutParams.WRAP_CONTENT (ein LayoutParams.WRAP_CONTENT für die Breite und ein LayoutParams.WRAP_CONTENT für die Höhe) weist darauf hin, dass ein Widget das eng umhüllen soll, was sich in ihm befindet. Da der Code vielleicht auch diese Instanz von LayoutParams einem Burd zuweist, ist der Burd nur so breit und hoch, dass die Instanz wirklich nur ein Bild aus den Verzeichnissen res/drawable des Projekts enthalten kann.

 Die Alternative zu WRAP_CONTENT ist MATCH_PARENT. Die Breite und die Höhe eines Burds würden sich mit zwei MATCH_PARENT-Parametern im Konstruktor LayoutParams so ausdehnen, dass sie das gesamte relative Layout der Activity ausfüllten.

Das Feld leftMargin einer Instanz von LayoutParams speichert die Anzahl an Pixeln zwischen dem linken Bildschirmrand und dem linken Rand des Widgets. Ähnlich ist es mit dem Feld topMargin einer Instanz von LayoutParams, wobei hier die Anzahl an Pixeln zwischen dem oberen Rand des Bildschirms und dem oberen Rand des Widgets gespeichert wird (siehe Abbildung 14.5).

Ich verwende in Listing 14.3 Zufallswerte, um einen neuen Burd zu positionieren. Der linke Rand eines Burds ist niemals weiter als ⅞ der Bildschirmbreite vom linken Rand des Bildschirms entfernt, und der obere Rand eine Burds wird niemals niedriger als ⅘ der Höhe des Bildschirms platziert. Wenn Sie die Breite des Bildschirms nicht mit ⅞ multiplizieren, kann ein ganzer Burd außerhalb des rechten Bildschirmrands positioniert werden. Der Benutzer sieht nichts, während der Burd kommt und wieder geht. Das Gleiche geschieht, wenn Sie die Höhe des Bildschirms nicht mit ⅘ multiplizieren.

Die Brüche ⅞ und ⅘, die ich verwende, um die Position der einzelnen Widgets festzulegen, sind grobe Schätzungen der Anforderungen eines Bildschirms im Hochformat. Eine raffinierter aufgebaute App würde das vorhandene Spielfeld sorgfältiger ausmessen und ein in seiner Größe optimal angepasstes Gebiet für das Positionieren neuer Burds bereitstellen.

Einen Burd entwerfen

Androids Klasse `ImageView` verkörpert Objekte, die Bilder enthalten. Normalerweise bringen Sie eine Bilddatei (eine `.png`-, `.jpg`- oder `.gif`-Datei) im Verzeichnis `res/drawable` Ihres Projekts unter, und ein Aufruf der Methode `setImageResource` des `ImageView`-Objekts verbindet dieses Objekt mit der Bilddatei. Diese Aufgabe erledigen in Listing 14.3 die folgenden Zeilen:

```
ImageView burd = new ImageView(this);
```

```
burd.setImageResource(R.drawable.burd);
```

Android schaut wegen des Parameters `R.drawable.burd` im Verzeichnis `res/drawable` des Projekts nach Dateien mit dem Namen `burd.png`, `burd.jpg` oder `burd.gif`. (Ich verweise hier auf Abbildung 14.4.) Android wählt die Datei aus, deren Auflösung am besten zum Gerät passt, und zeigt das Bild in der Datei im Objekt `ImageView` an.

Die Anweisung

```
burd.setVisibility(View.INVISIBLE);
```

sorgt dafür, dass der Burd vollkommen durchsichtig wird. Die darauf folgende Anweisung

```
relativeLayout.addView(burd);
```

lässt das Widget normalerweise auf dem Bildschirm des Benutzers erscheinen. Aber aufgrund der Eigenschaft `View.INVISIBLE` taucht das Bild nicht auf. Erst wenn ich die Animation starte, fängt der Benutzer an, einen Burd auf dem Bildschirm zu sehen.

Android kennt zwei Arten von Animationen: die View-Animation und die Property-Animation. Der Code von Hungry Burds verwendet eine View-Animation. Die Eigenschaft `visibility` eines Objekts ändert sich nicht, wenn eine View-Animation dafür sorgt, dass ein Objekt eingeblendet oder ausgeblendet wird. Bei dem

Beispiel dieses Kapitels startet ein Burd mit `View.INVISIBLE`. Eine einblendende Animation sorgt dafür, dass der Burd langsam auf dem Bildschirm sichtbar wird. Aber wenn die Animation endet, enthält das Feld `visibility` des Burds immer noch den Wert `View.INVISIBLE`. Das führt dann normalerweise dazu, dass der Burd einfach verschwindet, wenn die Animation fertig ist.

Wenn der Benutzer einen Burd anklickt, ruft Android in Listing 14.3 die Methode `onClick` auf. Der Parameter `view` dieser Methode stellt das Objekt `ImageView` dar, das der Benutzer angeklickt hat. Im Körper der Methode `onClick` versichert die Anweisung

```
((ImageView) view).setImageResource
                    (R.drawable.burd_burger);
```

Java, dass es sich bei `view` tatsächlich um eine Instanz von `ImageView` handelt, und ändert das Bild auf der Oberfläche dieser Instanz von einem hungrigen Autor in einen gut gefütterten Autor. Die Methode `onClick` legt als Sichtbarkeit der Instanz `ImageView` `View.VISIBLE` fest. Auf diese Weise bleibt der glückliche Burd auch dann auf dem Bildschirm des Benutzers sichtbar, wenn seine Animation endet.

Android-Animationen

Android kennt zwei Arten von Animationen:

✔ **View-Animation:** Ein älteres System, das Sie so mit einer Tweening- oder mit einer Frame-by-Frame-Animation animieren, wie es diese Liste beschreibt:

- *Tweening:* (Abkürzung für *inbetweening*; stammt vom Englischen *in between* ab, was *zwischen* bedeutet.) Sie informieren Android darüber, wie ein Objekt anfänglich und wie es zum Schluss aussehen soll. Außerdem teilen Sie Android mit, wie sich das Objekt von seinem anfänglichen in sein endgültiges Erscheinungsbild ändern soll. (Soll die Änderung langsam oder plötzlich erfolgen? Wenn sich das Objekt bewegt, geschieht dies entlang einer Geraden oder in kurvigen Bahnen? Soll es zurückprallen, wenn es das Ende seines Pfades erreicht hat?)

    Beim Tweening berücksichtigt Android Ihre Anforderungen und findet heraus, wie das Objekt zwischen dem Start und dem Ende seiner Animation auszusehen hat.

- *Frame-by-Frame-Animation:* Sie stellen entlang des Pfades, den das Objekt nehmen soll, mehrere Schnappschüsse (Momentaufnahmen) des Objekts bereit. Android zeigt diese Momentaufnahmen nacheinander in schneller Folge an, was dazu führt, dass dadurch eine Bewegung oder eine andere Änderung des Erscheinungsbilds des Objekts vorgetäuscht wird.

✔ **Property-Animation:** Ein neueres System (das mit Android 3.0, API-Level 11 eingeführt wurde), in dem Sie jede Eigenschaft (englisch *Property*) eines Objekts über eine Zeitspanne hinweg ändern können.

Sie sind bei einer Property-Animation in der Lage, so gut wie alles eines Objekts zu ändern, und zwar unabhängig davon, ob das auf dem Bildschirm des Gerätes erscheint oder nicht. So können Sie zum Beispiel für zehn Minuten die durchschnittliche Temperatur eines Objekts `earth` *(Erde)* von 15 Grad Celsius auf 18 Grad Celsius anheben. Statt nun das Objekt `earth` anzuzeigen, können Sie zum Beispiel beobachten, wie die Durchschnittstemperatur den Meeresspiegel und das Leben von Pflanzen beeinflusst.

Der Einsatz einer Property-Animation ändert, anders als das bei einer View-Animation der Fall ist, den Wert, der in einem Feld des Objekts gespeichert ist. Sie können zum Beispiel eine Property-Animation verwenden, um den Zustand eines Widgets von unsichtbar in sichtbar zu ändern. Wenn dann die Property-Animation beendet ist, bleibt das Widget sichtbar.

Der Code von Hungry Burds verwendet eine View-Animation, die diese speziellen Animationsklassen enthält:

✔ `AlphaAnimation`: Einblendung bis zur Sichtbarkeit oder Ausblendung

✔ `RotateAnimation`: Dreht ein Objekt

✔ `ScaleAnimation`: Ändert die Größe

✔ `TranslateAnimation`: Verschiebt von einem Ort zu einem anderen

Der Code von Hungry Burds verwendet `AlphaAnimation`.

Die Anweisung

`AlphaAnimation animation = new AlphaAnimation(0.0F, 1.0F);`

erstellt eine einblendende/ausblendende Animation. Eine Alpha-Ebene von `0.0` gibt Durchsichtigkeit an, während eine Alpha-Ebene von `1.0` auf vollständige Undurchsichtigkeit hinweist. (Der Konstruktor `AlphaAnimation` erwartet, dass es sich bei seinen Parametern um Gleitkommawerte handelt, weshalb ich im Aufruf des Konstruktors die `float`-Werte `0.0F` und `1.0F` untergebracht habe.)

Der Aufruf

`animation.setAnimationListener(this);`

sagt Java, dass sich der Code in dieser Activity-Klasse befindet, damit er auf den Fortschritt der Animation reagieren kann. Und in der Tat informiert die Kopfzeile der Klasse oben in Listing 14.3 Java darüber, dass die Klasse `HungryBurds` das Interface `AnimationListener` einbindet. Damit diese Implementierung auch gut verläuft, enthält Listing 14.3 Körper für die Methoden `onAnimationEnd`, `onAnimationRepeat` und `onAnimationStart`.

Die Methode `onAnimationEnd` macht das, was ich weiter vorn in diesem Kapitel beschreibe: Die Methode überprüft die Anzahl an Burds, die bereits angezeigt wurden. Wenn diese Zahl kleiner als zehn ist, ruft die Methode `onAnimationEnd` noch einmal `showABurd` auf, und die Schleife im Spiel wird fortgesetzt.

Shared Preferences

Wenn ein Benutzer ein Hungry-Burds-Spiel beendet, zeigt die App den Punktestand des aktuellen Spiels und die höchste Punktezahl aller Spiele an (siehe Abbildung 14.3). Die Anzeige des höchsten Punktestandes gilt nur für ein Gerät – das Gerät, auf dem das aktuelle Spiel läuft. Um sich von einem Spiel zum nächsten an die Bestmarke zu erinnern, verwende ich die Android-Funktion *Shared Preferences*.

Android kennt verschiedene Wege, um Informationen von einer Programmausführung zur nächsten zu speichern. Zusätzlich zu den Shared Preferences (was so viel wie *gemeinsam genutzte Voreinstellungen* bedeutet) können Sie Informationen in der SQLite-Datenbank des Gerätes ablegen. (Auf jedem Android-Gerät gibt es die Datenbanksoftware SQLite.) Außerdem sind Sie in der Lage, Informationen in einer ganz normalen Linux-Datei oder auf einem beliebigen Host im Netzwerk zu speichern.

Und so können Sie mit Shared Preferences arbeiten:

✔ **Um Shared Preferences anzulegen, rufen Sie die Methode `getSharedPreferences` der Activity auf.**

Tatsächlich gehört die Methode `getSharedPreferences` zur Android-Klasse `Context`, von der die Klasse `Activity` eine Unterklasse ist. Ich rufe in Listing 14.3 `getSharedPreferences` in der Methode `onCreate` der Activity auf. Der Parameter des Aufrufs, `MODE_PRIVATE`, sagt Android, dass keine andere App die Shared Preferences der App lesen oder in sie schreiben darf.

Die Alternativen, die es zusätzlich zu `MODE_PRIVATE` gibt, werden in der folgenden Liste beschrieben:

- `MODE_WORLD_READABLE`: Andere Apps können diese Voreinstellungen lesen.

- `MODE_WORLD_WRITEABLE`: Andere Apps können in diese Voreinstellungen schreiben.

- `MODE_MULTI_PROCESS`: Andere Apps können in diese Voreinstellungen selbst dann schreiben, wenn eine App damit beschäftigt ist, die Voreinstellungen auszulesen. Das kann verrückte Situationen hervorrufen. Wenn Sie `MODE_MULTI_PROCESS` verwenden, müssen Sie aufpassen.

Sie können Modi mit Javas Operator *or* (`|`) kombinieren. Ein Aufruf wie

```
getSharedPreferences(
    MODE_WORLD_READABLE | MODE_WORLD_WRITEABLE);
```

sorgt dafür, dass Ihre Voreinstellungen für alle anderen Prozesse lesbar und beschreibbar werden.

✔ **Damit Sie mit dem Hinzufügen von Werten zu einem Satz von Shared Preferences beginnen können, verwenden Sie eine Instanz der Klasse `SharedPreferences.Editor`.**

In Listing 14.3 sorgt die Methode `onCreate` für ein neues Editor-Objekt. Dann verwende ich in der Methode `showScores` den Editor, um den Shared Preferences (`"highScore"`,

highScore) hinzuzufügen. Zusammengesetzt handelt es sich dann bei ("highScore", highScore) um ein *Schlüssel/Wert-Paar*. Der *Wert* (das, was meine Variable highscore enthält) ist die eigentliche Information. Der *Schlüssel* (der String "highScore") identifiziert dieses bestimmte Stückchen Information. (Jeder Wert muss einen Schlüssel haben. Anderenfalls sind Sie nicht in der Lage, aus den Shared Preferences einen bestimmten Wert zu erhalten, wenn Sie dort verschiedene Werte abgelegt haben.)

Ich rufe in Listing 14.3 putInt auf, um in den Shared Preferences einen int-Wert zu speichern. Die Android-Klasse Editor (eine innere Klasse der Klasse SharedPreferences) verfügt über Methoden wie putInt, putFloat, putString und putStringSet.

✔ **Um das Hinzufügen von Werten zu einem Satz von Shared Preferences zu beenden, rufen Sie die Methode commit des Editors auf.**

In Listing 14.3 erledigt diesen Job die Anweisung editor.commit() in der Methode showScores.

✔ **Um Werte aus Shared Preferences auszulesen, rufen Sie getBoolean, getInt, getFloat oder eine der anderen get-Methoden auf, die zur Klasse SharedPreferences gehören.**

In Listing 14.3 benötigt der Aufruf von getInt in der Methode showScores zwei Parameter. Der erste Parameter (der String "highscore") ist der Schlüssel, der eine bestimmte Information identifiziert. Der zweite Parameter (der int-Wert 0) ist ein Standardwert. Wenn Sie nun prefs.getInt("highScore", 0) aufrufen, geschieht Folgendes:

- Wenn prefs kein Paar mit dem Schlüssel "highscore" enthält, gibt die Methode 0 zurück.

- Wenn prefs einen zuvor gespeicherten Wert "highscore" enthält, gibt die Methode diesen Wert zurück.

Das hat Spaß gemacht

Dieses Kapitel hat Spaß gemacht, und auch dieses Buch hat Spaß gemacht! Ich liebe es, über Android und Java zu schreiben. Und ich liebe es, von meinen Lesern zu hören. Denken Sie daran, dass Sie mir unter java4android@allmycode.com eine Mail senden können (bitte auf Englisch), und Sie können mich auch auf Twitter (@allmycode) und auf Facebook (/allmycode) erreichen.

Ab und an fragt mich ein Leser Ähnliches wie: »Wenn ich Ihr ganzes Buch lese, weiß ich dann alles, was ich über Java wissen muss?« Die Antwort ist dann immer: »Nein, nein, nein!« Unabhängig davon, was Sie lernen, es gibt immer etwas, das Sie nicht wissen. Deshalb sollten Sie am Ball bleiben, weiterhin lesen, weiterhin üben und weiterhin lernen.

Teil V
Der Top-Ten-Teil

Auf www.wiley.de/publish/dt/books/ISBN3-527-70996-7 finden Sie die Übungsdateien dieses Buchs zum Download.

In diesem Teil ...

✔ Fehler verhindern
✔ Das Web nach weiteren Informationen durchforsten

Zehn Wege, um Fehler zu verhindern

In diesem Kapitel

▶ Die Groß-/Kleinschreibung prüfen und Werte vergleichen

▶ Vor Fehlschlägen auf der Hut sein

▶ Methoden, Listener und Konstruktoren dort unterbringen, wo sie hingehören

▶ Statische und nicht statische Verweise verwenden

▶ Andere grässliche Fehler vermeiden

»Die einzigen Menschen, die niemals Fehler machen, sind diejenigen, die nichts tun.« Dies sagte einmal einer meiner Professoren am College. Ich erinnere mich nicht mehr an seinen Namen, weshalb ich auch auf die Quellenangabe verzichten muss. Ich schätze mal, dass das mein Fehler ist.

Großbuchstaben dorthin stellen, wo sie hingehören

Java ist eine Sprache, die auf unterschiedliche Schreibweisen (Groß-/Kleinschrift) reagiert. Sie müssen deshalb auf Ihre Ps und Qs – und alle anderen Buchstaben des Alphabets – aufpassen. Hier ein paar Gedanken, an die Sie sich erinnern sollten, wenn Sie Java-Programme erstellen:

✔ Javas Schlüsselwörter bestehen nur aus Kleinbuchstaben. So darf zum Beispiel in Java in einer if-Anweisung das Wort `if` weder `If` noch `IF` geschrieben werden.

✔ Wenn Sie Namen aus dem Java Application Programming Interface (API) verwenden, müssen die Buchstaben im Namen auch in der Schreibweise genau mit denen in der API übereinstimmen.

✔ Außerdem müssen Sie darauf achten, dass Namen, die von Ihnen stammen, im gesamten Programm immer gleich geschrieben werden. Wenn Sie die Variable `meinKonto` deklarieren, können Sie auf sie nicht als `MeinKonto`, `meinkonto` oder `Meinkonto` verweisen. Wenn Sie im Namen der Variable unterschiedliche Schreibweisen verwenden, geht Java davon aus, dass Sie auf zwei vollständig unterschiedliche Variablen verweisen.

Wenn Sie mehr über die Unterscheidungen bei Groß- und Kleinschrift wissen wollen, die Java macht, schauen Sie sich Kapitel 5 an.

Aus einer switch-Anweisung aussteigen

Wenn Sie aus einer switch-Anweisung nicht aussteigen, werden Sie scheitern. Wenn zum Beispiel roll den Wert 7 hat, gibt der folgende Code die drei Wörter gewinnen, weitermachen und verlieren aus:

```
switch (roll) {
case 7:
  System.out.println("gewinnen");
case 10:
  System.out.println("weitermachen");
case 12:
  System.out.println("verlieren");
}
```

Sie können die ganze Geschichte in Kapitel 8 nachlesen.

Werte mit doppelten Gleichheitszeichen vergleichen

Wenn Sie zwei Werte miteinander vergleichen wollen, verwenden Sie doppelte Gleichheitszeichen. Die Zeile

```
if (inputNumber == randomNumber)
```

geht in Ordnung, aber die Zeile

```
if (inputNumber = randomNumber)
```

ist falsch. Warum das so ist, steht in Kapitel 6,

Listener hinzufügen, um mit Ereignissen umzugehen

Sie möchten wissen, wann ein Benutzer ein Widget anklickt, eine Animation fertig ist oder irgendetwas anderes passiert. Also erstellen Sie Listener:

```
public class MainActivity extends Activity
    implements OnClickListener, AnimationListener {
  ...
  public void onClick(View view) {
    ...
  }
  public void onAnimationEnd(Animation animation) {
    ...
  }
```

Wenn Sie den Aufruf von setOnClickListener vergessen, geschieht nichts, wenn Sie das Widget anklicken. Und auch wenn Sie dann ein zweites Mal viel fester klicken, geschieht nichts.

Siehe Kapitel 11, wenn es um einen Überblick über Listener geht.

Den benötigten Konstruktor definieren

Wenn Sie einen Konstruktor mit Parametern so definieren

```
public Temperature(double number)
```

weigert sich Java, für Sie einen parameterlosen Konstruktor zu erstellen. Dies bedeutet, dass Sie

```
Temperature roomTemp = new Temperature();
```

erst dann aufrufen können, wenn Sie explizit Ihren eigenen parameterlosen Konstruktor Temperature angelegt haben. Sie können alle blutrünstigen Einzelheiten dieses Themas in Kapitel 9 nachlesen.

Nichtstatische Verweise reparieren

Wenn Sie versuchen, den folgenden Code zu kompilieren, erhalten Sie eine Fehlermeldung:

```
class WillNotWork {
  String greeting = "Hello";

  public static void main(String args[]) {
      System.out.println(greeting);
  }
}
```

Es kommt zu dieser Fehlermeldung, weil main statisch ist, nicht aber greeting. Siehe Kapitel 9, wenn es um den vollständigen Führer für das Auffinden und Beheben dieses Problems geht.

Gefangen in den Grenzen eines Arrays

Wenn Sie ein Array deklarieren, das zehn Komponenten enthält, erhalten diese Komponenten Indexe von 0 bis 9. Oder anders ausgedrückt, wenn Sie

```
int guests[] = new int[10];
```

deklarieren, können Sie auf die Komponenten des Arrays guests verweisen, indem Sie guests[0], guests[1] und so weiter bis guests[9] schreiben. Sie können aber nichts mit guests[10] anfangen, weil das Array keine Komponente mit dem Index 10 besitzt.

Die neusten Geschichten über Arrays können Sie in Kapitel 12 nachlesen.

»Null Pointer« vorhersehen

Die Beispiele in diesem Buch neigen nicht dazu, die `NullPointerException` zu werfen, aber bei den alltäglichen Programmierungen stoßen Sie die ganze Zeit über auf diese Ausnahme. Es kommt zu einer `NullPointerException`, wenn Sie eine Methode mit einem Ausdruck aufrufen, der keinen zulässigen Wert hat. Hier ein kostenloses Beispiel:

```
public class ThrowNullPointerException {

  public static void main(String[] args) {
    String myString = null;
    display(myString);
  }

  static void display(String aString) {
    if (!aString.contains("vertraulich")) {
      System.out.println(aString);
    }
  }
}
```

Die Methode `display` gibt nur dann eine Folge von Zeichen aus, wenn der String das Wort `vertraulich` nicht enthält. Das Problem ist, dass die Variable `myString` (und somit der Parameter `aString`) nicht auf irgendeinen String verweist – noch nicht einmal auf den leeren String ("").

Wenn der Computer den Aufruf von `aString.contains` erreicht, sucht er die Methode `contains`, die `null` ist. Und `null` bedeutet Nichts. Der Wert `null` hat keine Methoden. Aus diesem Grund erhalten Sie eine große `NullPointerException` und das Programm bricht um Sie herum zusammen.

Um diese Art von Katastrophe zu verhindern, sollten Sie sich jeden Methodenaufruf in Ihrem Code doppelt und dreifach überlegen. Wenn der Ausdruck vor dem Punkt `null` annehmen kann, sollten Sie Ihrem Programm Code für eine Ausnahmebehandlung hinzufügen:

```
try {
  if (!aString.contains("confidential")) {
    System.out.println(aString);
  }
} catch (NullPointerException e) {
  System.out.println("The string is null.");
}
```

Sie können die Geschichte mit der Ausnahmebehandlung in Kapitel 13 nachlesen.

Berechtigungen verwenden

Einige Apps verlangen ausdrücklich Berechtigungen. So spricht zum Beispiel die App in Kapitel 13 über das Internet mit Twitters Servern. Das klappt nur, wenn Sie der Datei AndroidManifest.xml der App das Element <uses-permission> hinzufügen:

```
<uses-permission android:name=
    "android.permission.INTERNET"/>
```

Wenn Sie vergessen, der Datei AndroidManifest.xml das Element <uses-permission> -hinzuzufügen, kann die App nicht mit Twitters Servern kommunizieren. Die App funktioniert nicht mehr und gibt auch keine sinnvolle Fehlermeldung aus. Ziemlich schlecht!

Die Meldung »Activity not found«

Wenn Sie für Ihre App eine zweite Activity erstellen, müssen Sie in der Datei AndroidManifest.xml der App ein neues Element <activity> anlegen. So hat zum Beispiel die Android-App in Kapitel 12 zwei Activities: MainActivity und MyListActivity. Eclipse erstellt zwar automatisch ein Element <activity android:name=".MainActivity", aber für MyListActivity müssen Sie Ihr eigenes Element hinterlegen:

```
<activity android:name=".MyListActivity">
    <intent-filter>
        <data android:scheme="checked" />
    </intent-filter>
</activity>
```

(Mehr als) Zehn Websites für Entwickler

In diesem Kapitel
- Die Website dieses Buches
- Hilfe und Materialien bei Oracle finden
- Auf deutschsprachige Informationen zugreifen
- Mehr über Java lesen

Dieses Kapitel listet zehn nützliche und informative Websites auf. Auf jeder gibt es Hilfe und Material, die beziehungsweise das Sie dabei unterstützen, Java effektiver zu nutzen. Und soweit ich weiß, verwendet keine dieser Sites Werbung (sogenannte *Adware*) oder Popups oder andere fragwürdige Programme.

Die Websites dieses Buches

Besuchen Sie www.wiley.de/publish/dt/books/ISBN3-527-70996-7, um die in einer ZIP-Datei zusammengefassten Übungsdateien dieses Buches herunterzuladen.

Außerdem finden Sie alles, was mit den technischen Inhalten dieses Buches zu tun hat, auch auf der Website des Autors unter www.allmycode.com/Java4Android.

Aus erster Hand

Oracles offizielle Website für Java ist www.oracle.com/technetwork/java.

Wer Java-Technologien einsetzt, sollte www.java.com besuchen.

Programmierer und Entwickler, die daran interessiert sind, sich über Java-Technologien auszutauschen, sollten zu www.java.net gehen.

Alles, was ein Android-Entwickler wissen muss, finden Sie unter developer.android.com.

Neuigkeiten und Besprechungen

Für Artikel von Experten besuchen Sie die InfoQ-Site: www.infoq.com.

Für allgemeine Diskussionsbeiträge (auch von ausgesprochen klugen Köpfen) besuchen Sie JavaRanch unter www.javaranch.com.

Die Lieblinge aller

Keine Liste mit Ressourcen für Geeks wäre ohne Slashdog und SourceForge vollständig,

Der Slogan von Slashdot (»Neues für Nerds, Stoff, der wichtig ist«) sagt alles. Besuchen Sie unbedingt `slashdot.org`.

Die Sammlung von SourceForge beherbergt unter `Sourceforge.net` mehr als 200.000 kostenlose Open-Source-Projekte.

Das gibt es auch auf Deutsch

Auch für deutschsprachige Java-Entwickler ist gesorgt.

Sie sollten es auf keinen Fall versäumen, das nach eigenen Aussagen größte deutschsprachige Forum für Java-Entwickler, das Java-Forum, zu besuchen: `www.java-forum.org`.

Eine weitere Quelle hochwertiger deutschsprachiger Beiträge finden Sie bei *byte-welt* unter `forum.byte-welt.net/forums/6-Java-Forum-Das-Kompetenz-Zentrum-der-Java-Welt`.

Und dann gibt es noch SelfJava.de, mit einer Liste von Links, Tutorien und einem Forum mit vielen Informationen: `www.selfjava.de`.

Stichwortverzeichnis

A

action 154
Activity 315 f.
   Klasse 316
   Klasse erweitern 155
   Lebenszyklus 156
   ListActivity 363
activity_main.xml 323
ADT 42, 56
Android
   ADT 42, 56
   Animationen 415
   API 42
   App analysieren 115
   App, Verzeichnisstruktur *siehe* Ordner
   Application Programming Interface 42
   Codename 30
   Development Toolkit 42
   Fehlerbehebung 107
   Projekt anlegen 98
   Projekt ausführen 103
   Sammlung verwenden 358
   SDK 42, 56
   SDK einrichten 58
   SDK installieren 55
   Software Development Kit 42
   Target Version 100
   Versionen verwenden 100
   Virtual Device 45
   virtuelles Gerät 68
Android-x86 39
ANDROID_HOME 56
AndroidManifest.xml 127, 365
Animation
   Frame-by-Frame-Animation 415
   Property-Animation 414 f.
   Tweening-Animation 415
   View-Animation 414 f.
Animation, Android 415
Animationsklasse 416
Annotation 294
ANR 111
Anweisung wiederholen 224
API 42
API-Level 29
.apk 38
apkbuilder 38
App
   analysieren 115
   erstellen 97
   testen auf Android-Gerät 112
   Verzeichnisstruktur *siehe* Ordner
Application Programming Interface 42
Archivdatei 47
ARM 38
Array 353
   Grenzen 423
   Initialisierer 355
ArrayList 353
ASCII 165
AsyncTask 385, 387
Attribut 121
Ausdruck 164
Ausnahme 392
   geprüfte 392
   ungeprüfte 392
Ausnahmefehler 88
AVD 45, 68
   erstellen 68

B

Bedingung 175
beep() 314
Beispielprogramm 46
   importieren 65
Berechtigung 425
Betriebssystem 33
Bezeichner 135
Bibliothek hinzufügen 368
Bildschirm ausmessen 411
Bildschirmdichte 215
Bit 50, 160
Body 134
boolean 168
break-Anweisung 219, 230
byte 168
Bytecode 36

C

Calendar 312
Callback 305
case 219
Casting 190
catch 394
char 168
   rechnen mit 165
Chevron 96
.class 37
Close (Schaltfläche)
   Eclipse 95
Codename 31
Codierung, harte 188
Compiler 36
Console 104
Consumer 377
Context 362
ContextThemeWrapper 318
continue 230

D

Dalvik Virtual Machine 40
Dateierweiterung 46
default
   Klausel 223
   Klauseln 219
Dekrement 170
Development Toolkit 42
.dex 38
Display 411
do
   Anweisung 231
   Anweisung, Form 233
double 168
dpi 116
dx 38

E

Eclipse 36, 42
   Action 92
   Arbeitsumgebung 91
   Area 91
   ausführen 56
   Chevron 96
   Close (Schaltfläche) 95

Editor 93
Fenster 90
Layout 96
Markierungsleiste 96
Menu (Schaltfläche) 95
Symbolleiste 94
View 92
View, aktive 94
Window 91
Workbench 91
Editor 92
   Eclipse 93
   Zeilennummerierung 86
Einfärben, Syntax 83
Eingabefeld 179
Emulator 45, 68
   Bildschirm zu groß 112
   Fenstergröße ändern 112
   Startproblem 109
Entscheidung fällen 211
Entwicklerversion 31
enum 224
equals 213
Exception 392
extends 284

F

Factory 391
Fehler
   Ausnahmefehler 88
   logische 88
   Warnungen 89
Fehlerbehebung 107
Feld 243
final 163, 210
   Klasse 296
   Methode 296
finally 395
findViewById 331
Fließkommazahl 169
float 168
for
   Anweisung 233
   Anweisung, erweiterte 350
   Anweisung, Form 236
Formatierung 83
FpML 121
Funktion 138

G

Gebietsschema 197
Generic 343
Gerät

trennen 114
virtuelles 68
getSize 412
Getter 274
GiB 69
Gibibyte 69
Gleichheit, prüfen auf 212
Gleichheitszeichen, doppeltes 422

H

HashMap 353
HashSet 353
Header 134
Hervorhebung, Syntax 83
Hint 382
HTML 32

I

IDE 42
Identifier 135
if
   Anweisung 211
   Anweisung, Bedingungen 214
   Anweisung, Klammern 214
   Anweisung, zusammengesetzte 215
   Anweisungen 213
ImageView 414
Importdeklaration 150
   automatisch erstellen 150
   automatisch hinzufügen 325
Initialisierungswert 163
Inkrement 170
int 168
Integer, Wrapperklasse 348
Integral 169
Intent
   explizites 362
   implizites 362
   Objekt 362
Interface 301
Interpreter 39
Interpunktion 142
Invariable 163
Iteration 228
   beenden 230
Iterator 349

J

.jar 124
Java 30
   API, Methode

aufrufen 193
Arten 97
Bytecode 36
Codename 31
Entwicklerversion 31
Fehler 88
installieren 54
Interpunktion 142
Klasse, neue 81
Methoden 148
Produktversion 31
Programm ausführen 73
Programm schreiben 78 f.
Programm untersuchen 131
Runtime Environment 42
Version überprüfen 53
Java ME 30
.java 37
javac 38
JRE 42
JVM 41

K

Kernel 34
KiB 69
Kibibyte 69
Klammer 183
   geschweifte 142
   runde 143
Klasse 133, 241
   Activity 316
   Animationsklassen 416
   anonyme 335
   ArrayList 353
   AsyncTask 385
   Context 362
   ContextThemeWrapper 318
   Eltern 285
   erweitern 155, 285
   HashMap 353
   HashSet 353
   innere 333
   Kind 285
   LinkedList 353
   Mitglieder 263, 270
   Mitglieder, Zugriff auf 270
   neue 81
   Object 286
   öffentliche 268
   PriorityQueue 353
   Queue 353
   Sammelklasse 341
   Sammlungen, mehrfache 352

Stack   353
statisches Mitglied   277
statisches Mitglied, verweisen
   auf   278
Subklasse   285
Superklasse   285
übergeordnete   285
Unterklasse   285
Wrapperklasse   348
Klassenname   136
Kommentar   144 f.
   Javadoc   145
Kompilierungsfehler   86
Konstruktor   246
   aufrufen   249
   definieren   423
   Deklaration   250
   Name   249
   Parameter   253
   Standardkonstruktor   257
Kontext   362

L

Label   135
Layout   359
   Ausrichtung   359
   GridLayout   359
   LinearLayout   359
   RelativeLayout   359
Layout-Datei   371
LinkedList   353
Linux   33
   Shell   34
Listener
   hinzufügen   422
Literal   165
Locale   197
Lokalisierung   118
long   168

M

main   141, 154
Markierungsleiste, Eclipse   96
Maschine, virtuelle   38
Menibyte   69
Menü (Schaltfläche), Eclipse   95
Methode
   aufrufen   191
   aufrufen, Java-API   193
   Ausführung beenden   196
   Deklaration Kopfzeile   195
   Java   148

Namensgebung   139, 193
Objekte zuweisen   251
Parameter   140
Rückgabetyp   191
   überladen   151, 198
   überschreiben   155, 288
   Zugriffsmethoden   275
Methodenaufruf   138 f., 186
Methodendeklaration   138
Methodenkopf   139
MiB   69
Modifikator   138, 164, 267, 296
Multithreading-Framework   385

N

Name
   einfacher   136
   vollqualifizierter   136
   wiederverwenden   247
null   186
Null Pointer   424

O

OAuth   374
   Code erhalten   376
Object (Klasse)   286
Objekt   244
   erstellen   245
   Methoden zuweisen   251
onClick   338
onCreate   384
onStart   156
Operator   180
   !   181
   &&   178
   arithmetischer   169
   boolean   174
   logische verwenden   177
   Umwandlungsoperator   190
   ungleich   175
   Vergleisoperatoren   175
   Zuweisungsoperatoren   173
Ordner
   drawable   116
   gen   122
   layout   118
   res   116
   src   115
   values   117

P

Package   140
Package Explorer   75
Paket, Namensgebung   317
Parameterübergabe   266
   per Referenz   265
PERFORM-Anweisung   138
Perspective   96
Point   412
Portierbarkeit   39
PriorityQueue   353
Problemlösung   107
Produktversion   31
Programm
   ausführen (Java)   73
   schreiben (Java)   78 f.
   senden an Console   148
   untersuchen   131
Projekt
   Abhängigkeit   308
   anlegen   98
   ausführen   103
Prozedur   138
Prozessor, eingebetteter   30
public   268

Q

Queue (Klasse)   353
Quick Fix   86

R

R.java   107, 123
Referenz, Parameterübergabe   265
Rootelement   121
Rückruf   305
Runtime Environment   42
Runtime Exception   88

S

Sammlung
   durchlaufen   349
   in Android   358
Schaltfläche   321
   Klickereignis   338
Schleife beenden   230
Schleifenanweisung   228
Schlüsselwort   135
   final   296
   new   249
   protected   297
   static   277

super 315
this 259
SDK 42, 56
   einrichten 58
   installieren 55
SDK-Version 29
setListAdapter 364
Setter 274
SGML 32
Shared Preferences 417
short 168
Slot 363
Software Development Kit 42
SQLiteOpenHelper 242
Stack 353
Stacktrace 394
static 276
String 85, 117, 141, 167
   konvertieren 183
   vergleichen 212
   verknüpfen 171
Subroutine 138
Superklasse 285
switch
   Anweisung 219, 422
   Anweisung, Form 223
Symbolleiste, Eclipse 94
Syntax
   einfärben 83
   Hervorhebung 83

T

Tab 93
Tag 32, 119
   Ende-Tag 119
   Leeres-Element-Tag 119
   Start-Tag 119
Target 30
Terminal-App 34
Testen auf Android-Gerät 112
Text umwandeln in Zahl 179
Thread 384 f.
   Hintergrundthread 386
   UI-Thread 386

throws 397
Timeline 383
TimerCommon 305
Toolkit 314
Troubleshooting 107
Twitter4J 368
twitter4j.properties 374
Typ 160
   generischer 343
   inkompatibel 189
   Namensgebung 162
   parametrisierter 343
   primitiver 160, 168, 202
   Referenz- 168
   Referenztypen 263
   Rückgabetyp 191
   Rückgabetypen 195
   Wrappertyp 348
Typendeklaration 161

U

Überladen 254
UML 244
Unicode 166
Unterprogramm 138
Unterprozedur 138

V

varargs 355, 357
Variable
   Anfangswert 163
   logische 169
   Namensgebung 162, 193
   Typ 160
   wiederverwenden 247
Vererbung 285
   mehrfache 301
Version prüfen (Java) 53
Verweis, nichtstatischer 423
View
   aktive 94
   Größe ändern 323
   zugreifen auf 329

View Eclipse 92
Virtual Device 45
Virtuelle Maschine 38
Virtuelles Android-Gerät 68
VoiceXML 121
void 196

W

W3C 32
Warnung beim Kompilieren 89
Wert
   casten 190
   nicht änderbar 210
   umwandeln 190
   vorläufiger 202
while
   Anweisung 228
   Anweisung, Form 229
Workspace 74
   wechseln 78
Wortlänge 50
Wurzelelement 121

X

XML 32, 119
   Attribut 121
   Element 120
   Rootelement 121
   Wurzelelement 121

Z

Zahl anzeigen 197
Zeichen aneinanderreihen 167
Zeichenfolge verknüpfen 171
Zeilennummerierung
   Editor 86
Zeitpunkt, aktueller 312
Zielgerät 42
Zufallswert 411
Zuordnung 163
Zuweisung 163
Zuweisungsoperator 173